人力资源管理：
互联网时代的视角

林 枚 主编

中国财经出版传媒集团
经济科学出版社
Economic Science Press

图书在版编目（CIP）数据

人力资源管理：互联网时代的视角/林枚主编．
—北京：经济科学出版社，2018.12
ISBN 978-7-5218-0098-2

Ⅰ.①人… Ⅱ.①林… Ⅲ.①人力资源管理
Ⅳ.①F243

中国版本图书馆 CIP 数据核字（2018）第 292536 号

责任编辑：程晓云
责任校对：隗立娜
版式设计：齐　杰
责任印制：王世伟

人力资源管理：互联网时代的视角
林　枚　主编

经济科学出版社出版、发行　新华书店经销
社址：北京市海淀区阜成路甲 28 号　邮编：100142
总编部电话：010-88191217　发行部电话：010-88191522
网址：www.esp.com.cn
电子邮件：esp@esp.com.cn
天猫网店：经济科学出版社旗舰店
网址：http://jjkxcbs.tmall.com
北京季蜂印刷有限公司印装
710×1000　16 开　20 印张　360000 字
2019 年 1 月第 1 版　2019 年 1 月第 1 次印刷
ISBN 978-7-5218-0098-2　定价：43.00 元
（图书出现印装问题，本社负责调换。电话：010-88191510）
（版权所有　侵权必究　打击盗版　举报热线：010-88191661
QQ：2242791300　营销中心电话：010-88191537
电子邮箱：dbts@esp.com.cn）

前言

互联网时代，人力资源日益成为社会经济发展所依赖的综合性、无形的财富和生产要素，决定着组织的成败。把人看作组织在激烈的竞争中获得生存的特殊资源来刻意发掘并科学地管理，已成为管理理论和实践的重要组成部分。当人力资源管理具有组织管理中的重要职能，未来的管理者必须了解并熟悉人力资源管理，才能有效利用和充分开发人力资源，使组织形成并保持核心竞争优势。

互联网颠覆了传统的商业模式，改变组织工作状态，影响人们的生活方式，迫使组织管理发生变革。互联互通使组织人之间的距离无限趋近，无障碍沟通的同时实现交流价值倍增。组织必须更加依赖整体的力量，更加需要集合组织内人力资源的集体智慧和发明创造才能得以生存和发展，人力资源管理的创新成为必然。以人为中心的价值创造单元正在组织中悄然形成，改变着组织的传统结构，挑战着人力资源管理者的智慧。本书以人力资源管理为主题，以互联网时代为视角，围绕人力资源管理的基本理论和知识，结合互联网时代人力资源管理的新发展和新尝试，为学生们全景展现人力资源管理在新时代的发展。

本教材的特点之一：系统全面，重点突出。教材作为体现教学要求和教学内容的载体，是开展教学工作的工具，也是提高教学质量的重要保证。在内容的编排方面，本书为学生系统呈现人力资源管理理论体系，围绕人力资源管理的基本职能展开，突出重点，有助于学生对人力资源管理形成全面系统的认识。同时，努力将互联网时代人力资源管理领域的新动态和新发展传递给学生，力争全面展现近年来人力资源管理研究、实践和教学方面的新成果，有助于帮助学生了解人力资源管理的发展，掌握人力资源管理的理论和方法，培养人力资源管理的能力，解决未来人力资源管理的问题。

本教材的特点之二：理论联系实践，应用性强。随着高校改革的深入推进，学生职业能力，特别是创新能力和实践能力的培养成为专业培养目标的重要内容。立足于互联网时代组织人力资源管理的新特征，匹配高等教育改革的目标，将理论教学和实践能力培养有机结合，满足经济管理及相关专业学生对人力资源管理的现实需求。在保证人力资源管理基础知识和理论系统完整的前提下，注重与管理实践紧密结合。每章的开篇和结尾都引入了管理案例，激发学生学习积极性的同时，有助于培养分析问题和解决问题的能力，更好地强化能力培养。

本教材的特点之三：注重互联网时代人力资源管理的新动态和新发展。伴随互联网时代的到来，人力资源管理出现新的变化，传统的组织已经发生了巨变，组织扁平化、自组织、创客组织等多种新兴组织形式层出不穷、创新的人力资源管理制度和政策、不确定性环境中的人力资源管理模式转型、数据化人力资源决策与人力资源价值计量管理成为人力资源管理的核心；人力资源资本价值管理成为新的难点……本书每章都增加了互联网时代人力资源管理发展的相关内容，如互联网时代人力资源管理实践的发展、组织虚拟化背景下的职位分析、大数据支持下的人力资源规划和招聘录用新实践、基于互联网的主流培训模式、战略性绩效管理、互联网公司的股权激励等内容，更好地贴近了人力资源管理实践的最新发展，让学生可以更好地了解相关实践的最新动态。

本书共分8章，主要内容包括人力资源管理概述、职位分析、人力资源规划、招聘录用、培训与开发、绩效管理、薪酬管理和劳动关系管理。每章安排了"学习目标""引导案例""知识链接""管理实例""本章小结""章末案例""思考题""作业练习"等内容。"学习目标"突出本章内容的重点及难点；"引导案例"激发学生的学习兴趣，引导思考；"知识链接""管理实例"扩展学生的视野，丰富教学内容；"章末案例"导入组织管理实践，辅助学生理解和应用学到的理论和知识；"本章小结"总结章节内容，提示教学重点，强化学习效果；"思考题""作业练习"帮助学生理论联系实际，提高解决问题的能力。

本书由天津商业大学管理学院人力资源系教师共同编写完成。具体分工为：林枚负责第1章，李耘涛负责第2章；李岸达负责第3章；江柏良负责第4章；李隽负责第5章和第6章；曹晓丽负责第7章；刘学鹏负责第8章。感谢参与书稿审校的企业管理研究生马金芳、凌秀花、陈超、樊伟芳、张寒、李慧芳同学，感谢他们的大力支持和耐心付出。

编者在编写本书过程中，得到了天津商业大学管理学院领导和同事们的支持。参考了国内外众多专家、学者的著作和观点，收益颇多，在此表示衷心的感谢！

由于编者水平有限，本书不足之处在所难免，敬请广大读者多提宝贵意见，以便再版时修改与订正。反馈邮箱：tjlinmei@163.com。

林　枚
2018年4月

目录

第 1 章　人力资源管理概述 ⋯⋯⋯⋯⋯⋯⋯⋯⋯⋯⋯⋯⋯⋯⋯⋯⋯⋯ 1
　1.1　人力资源概述 ⋯⋯⋯⋯⋯⋯⋯⋯⋯⋯⋯⋯⋯⋯⋯⋯⋯⋯⋯⋯⋯⋯ 1
　1.2　人力资源管理概述 ⋯⋯⋯⋯⋯⋯⋯⋯⋯⋯⋯⋯⋯⋯⋯⋯⋯⋯⋯⋯ 11
　1.3　人力资源管理者和人力资源管理部门 ⋯⋯⋯⋯⋯⋯⋯⋯⋯⋯⋯⋯⋯ 22
　1.4　人力资源管理环境 ⋯⋯⋯⋯⋯⋯⋯⋯⋯⋯⋯⋯⋯⋯⋯⋯⋯⋯⋯⋯ 29
　1.5　人力资源管理发展 ⋯⋯⋯⋯⋯⋯⋯⋯⋯⋯⋯⋯⋯⋯⋯⋯⋯⋯⋯⋯ 32

第 2 章　职位分析 ⋯⋯⋯⋯⋯⋯⋯⋯⋯⋯⋯⋯⋯⋯⋯⋯⋯⋯⋯⋯⋯⋯ 46
　2.1　职位分析概述 ⋯⋯⋯⋯⋯⋯⋯⋯⋯⋯⋯⋯⋯⋯⋯⋯⋯⋯⋯⋯⋯⋯ 47
　2.2　职位分析程序与方法 ⋯⋯⋯⋯⋯⋯⋯⋯⋯⋯⋯⋯⋯⋯⋯⋯⋯⋯⋯ 54
　2.3　职位说明书编写 ⋯⋯⋯⋯⋯⋯⋯⋯⋯⋯⋯⋯⋯⋯⋯⋯⋯⋯⋯⋯⋯ 66
　2.4　组织虚拟化背景下的职位分析 ⋯⋯⋯⋯⋯⋯⋯⋯⋯⋯⋯⋯⋯⋯⋯⋯ 70

第 3 章　人力资源规划 ⋯⋯⋯⋯⋯⋯⋯⋯⋯⋯⋯⋯⋯⋯⋯⋯⋯⋯⋯⋯ 75
　3.1　人力资源规划概述 ⋯⋯⋯⋯⋯⋯⋯⋯⋯⋯⋯⋯⋯⋯⋯⋯⋯⋯⋯⋯ 76
　3.2　人力资源供需预测 ⋯⋯⋯⋯⋯⋯⋯⋯⋯⋯⋯⋯⋯⋯⋯⋯⋯⋯⋯⋯ 83
　3.3　人力资源供需平衡措施 ⋯⋯⋯⋯⋯⋯⋯⋯⋯⋯⋯⋯⋯⋯⋯⋯⋯⋯ 96
　3.4　人力资源规划的新趋势 ⋯⋯⋯⋯⋯⋯⋯⋯⋯⋯⋯⋯⋯⋯⋯⋯⋯⋯ 99

第 4 章　招聘录用 ⋯⋯⋯⋯⋯⋯⋯⋯⋯⋯⋯⋯⋯⋯⋯⋯⋯⋯⋯⋯⋯⋯ 104
　4.1　招聘录用概述 ⋯⋯⋯⋯⋯⋯⋯⋯⋯⋯⋯⋯⋯⋯⋯⋯⋯⋯⋯⋯⋯⋯ 105
　4.2　招聘录用程序 ⋯⋯⋯⋯⋯⋯⋯⋯⋯⋯⋯⋯⋯⋯⋯⋯⋯⋯⋯⋯⋯⋯ 115
　4.3　人员甄选 ⋯⋯⋯⋯⋯⋯⋯⋯⋯⋯⋯⋯⋯⋯⋯⋯⋯⋯⋯⋯⋯⋯⋯⋯ 122
　4.4　互联网时代大数据招聘录用新实践 ⋯⋯⋯⋯⋯⋯⋯⋯⋯⋯⋯⋯⋯⋯ 135

第 5 章　培训与开发 ⋯⋯⋯⋯⋯⋯⋯⋯⋯⋯⋯⋯⋯⋯⋯⋯⋯⋯⋯⋯⋯ 143
　5.1　培训开发概述 ⋯⋯⋯⋯⋯⋯⋯⋯⋯⋯⋯⋯⋯⋯⋯⋯⋯⋯⋯⋯⋯⋯ 144
　5.2　培训的理论基础 ⋯⋯⋯⋯⋯⋯⋯⋯⋯⋯⋯⋯⋯⋯⋯⋯⋯⋯⋯⋯⋯ 151

5.3　培训开发系统 ……………………………………………………… 157
　　5.4　培训开发的常用方法 ……………………………………………… 168
　　5.5　职业生涯管理 ……………………………………………………… 172

第6章　绩效管理 …………………………………………………………… 182
　　6.1　绩效管理概述 ……………………………………………………… 183
　　6.2　绩效管理过程 ……………………………………………………… 189
　　6.3　绩效考核方法 ……………………………………………………… 203

第7章　薪酬管理 …………………………………………………………… 224
　　7.1　薪酬与薪酬管理概述 ……………………………………………… 225
　　7.2　薪酬设计 …………………………………………………………… 240
　　7.3　薪酬决策 …………………………………………………………… 259
　　7.4　互联网时代的薪酬管理 …………………………………………… 267

第8章　劳动关系管理 ……………………………………………………… 278
　　8.1　劳动关系管理 ……………………………………………………… 279
　　8.2　劳动合同管理 ……………………………………………………… 283
　　8.3　劳动争议管理 ……………………………………………………… 296

参考文献 ……………………………………………………………………… 307

第1章

人力资源管理概述

学习目标

- 掌握人力资源和人力资源管理的定义
- 理解人力资源管理的目标、作用和职能
- 掌握人力资源管理的职能
- 了解人力资源管理的发展过程
- 关注互联网时代人力资源管理的新进展

引导案例

一家老牌的快速消费品公司经过多年的发展已经慢慢步入衰退期。常年的累积使得公司里管理层官僚主义之风盛行，同时由于福利不佳，员工的积极性很差。

目前企业主要存在以下问题：首先，固定工资与浮动奖励差距太大，员工对于每月固定工资很不满意。所以年终奖发放之后都会出现一个离职潮。其次，公司喜欢按资排辈，老员工成为"老油条"，工作不求有功但求无过，导致年轻员工干劲不足，缺乏积极性。最后，招聘多为当地居民，公司内部沾亲带故现象严重。

作为公司 HR 的负责人，应该如何变革来改善公司目前的困境呢？

1.1 人力资源概述

知识经济时代的到来，人力资源成为国家、地区和组织发展的关键资源，受到越来越多的重视。人力资源管理已经上升为国家和地区发展战略的重要组成部分，未来的管理者必须充分重视人力资源管理。

1.1.1 人力资源的概念

《辞海》将"资源"解释为资财的来源,一般指天然的财源。《现代汉语词典》将"资源"表述为生产资料或生活资料的天然来源。因此,"资源"一词在汉语中的本意是天然形成的可以被人类利用的物质总和。随着社会的不断发展,资源已经成为国家或地区乃至特定组织所拥有的人力、物力和财力等各种物质要素的总和,分为自然资源和社会资源两大类。

人力资源（Human Resource，HR）一词最早出现在经济学家约翰·康芒斯（John R. Commons）发表在20世纪20年代的著作中,用来解释制度经济学中的产权思想。正式使用"人力资源"一词进行明确表述的是当代著名管理大师彼得·德鲁克,1954年,他在《管理的实践》中讨论管理员工时,引入人力资源概念。他认为：人力资源是所有赋予人的资源中最有生产力、用途最广泛、资源最丰富的一种资源。人具有合作、综合、判断和想象的能力,这是人力资源特有的优势。

关于人力资源的定义,大量的相关文献中存在着不同的观点,尚未形成统一的意见。学者们从各自不同的角度给出了定义,主要分为两种观点,分别从人的角度和能力的角度进行解释（见表1-1）。

表1-1　　　　　　　　　　　人力资源的定义汇总

角度	作者	定义
人的角度	伊凡·伯格（Ivan Berg）	人力资源是人类可用于生产产品或提供各种服务的活力、技能和知识
	内贝尔·艾利斯（Nabil Elias）	人力资源是企业内部人员及外部人员,即总经理、雇员及顾客等可提供潜在服务及有利于企业预期经营的人员总和
	谢晋宇	人力资源是一定时间、一定空间范围内的总人口中具有劳动能力的人口之和
能力的角度	肖鸣政	所谓人力资源,是指劳动过程中可以直接投入的体力、智力、心力总和及其形成的基础素质,包括知识、技能、经验、品性与态度等身心素质
	董克用	人力资源是指人所具有的对价值创造起贡献作用,并且能够被组织所利用的体力和脑力的总和
	张德	人力资源是能够推动整个经济和社会发展的劳动者的能力,即处在劳动年龄的已直接投入建设和尚未投入建设的人口的能力

资料来源：根据相关文献整理。

综合以上学者的观点，本书将人力资源定义为人本身所具有的、能够为组织所利用、可以对价值创造起贡献作用的知识和技能的总和。

人力资源是体现在人身上的一种劳动能力，包含数量和质量的规定性，从而人力资源的定义包括以下内涵：

（1）人力资源概念突出人所具有的知识和技能，是创造价值贡献的重要条件，是对人的内在能力的总体表述。

（2）人力资源是在一定时间空间条件下，现实和潜在的具有劳动能力的人的总和，是对劳动人口数量的外在计量，有利于实现人力资源的数量计量、质量评价及有效利用。

（3）由于其贡献可以为国家、地区或组织所利用，人力资源被看作重要的财富来源。

1.1.2 人力资源的数量和质量

人力资源是人所具有的为社会创造财富的体力和脑力的总和，因此可以从数量和质量方面进行衡量，有助于实现对人力资源的有效开发和利用。

1. 人力资源的数量

人力资源数量的计量直接关系其价值贡献，无论对于国家、地区还是组织都是重要的。从数量上看，某一时间内一个国家或地区的人力资源数量的内容，主要包括以下部分（见图1-1）。

	②	①劳动年龄内的就业人口		③
		④劳动年龄内的失业人口		
	⑤家务劳动人口	⑥在学人口	⑦军队服役人口	⑧其他人口
未成年人口	劳动年龄（男16~60岁，女16~55岁）			老年人口

年龄划分

图1-1 人力资源数量示意

(1) 劳动年龄以内的就业人口。按照我国现有的劳动法律规定，劳动年龄以内的就业人口是法定劳动年龄内具有劳动能力的人口之和，是劳动年龄内的正在从事社会生产的劳动者。

(2) 未达劳动年龄但已从事社会劳动的就业人口。指受到多种因素的影响，有些尚未达到劳动年龄，但已经投入到社会劳动中的就业人口。尽管从身体和生理方面尚未满足劳动者的基本条件，因为这部分人已经进入社会生产活动中创造价值，也被计入人力资源范畴。

(3) 超过劳动年龄仍继续从事社会劳动的就业人口。指已经达到退休年龄，但依然从事社会生产，继续发挥他们的才能和智慧创造财富，也是人力资源的组成部分。

(4) 劳动年龄内的失业人口。指处于劳动年龄，但由于各种原因处于失业状态，没有从事社会生产的人。

(5) 劳动年龄以内的从事家务劳动的人口。指劳动年龄内但没有从事社会生产，而是开展家务劳动的人口，主要包括从事家务劳动的农村人口和部分城镇人口。

(6) 劳动年龄以内的在学人口。随着教育事业的不断发展，接受教育的人口不断增加，有越来越多地进入劳动年龄内的人口依然处于接受教育阶段，尚未投入社会生产活动中去，处于潜在形态的人力资源。

(7) 劳动年龄以内的军队服役人口。军队服役人员是保障国家和人民生命财产安全的重要力量，尽管也在劳动年龄内，但没有投入到社会生产中去创造财富。

(8) 劳动年龄以内的其他具有劳动能力人口。排除以上情况之外的其他情形的在劳动年龄以内的人口。

其中，(1)~(3)属于社会在业人口，是已在利用的人力资源；(1)~(3)表现为社会经济活动人口，属于现实劳动力供给，是现实的人力资源；(4)~(8)尚未形成现实的劳动力供给，是潜在形态的人力资源。

影响人力资源数量的因素可以来自特定地区人口总量及人口出生率的变化、人口年龄结构及其变动，还包括人口迁移等。随着生活水平的不断提高，医疗技术的发展，人的平均寿命逐渐提高，人力资源的数量相应地增加。

2. 人力资源的质量

作为生产者，人的生产能力不仅取决于人口或劳动者的数量，而且取决于人口或劳动者的内在质量。人口质量（Population Quality）是人口经济学的一个重要范畴，指在一定的社会生产力和社会制度下，人们所具备的思想道德、科学文化和劳动技能以及身体素质的水平。社会越发展，人口质量的总体水平也就越高。人力资源质量综合体现在劳动者个体或群体的健康状况、知识水平、技能水平等方面。

经济发展的实践证明，人力资源质量与经济发展速度成正比，为经济发展奠定了坚实基础。人力资源质量可以用人在道德、文化、能力、心理、身体等方面的质的规定性来表示，人的素质高低决定产品及服务的质量优劣和劳动生产率的高低，影响投入与产出关系的变化。因此，提高人力资源质量是人力资源开发和管理的重要目标和任务，尤其是在以信息、知识和技术密集为特征的知识经济时代，只有真正拥有高质量的人力资源，才能获得或具有核心竞争力。

人力资源质量主要表现为以下方面：

(1) 道德素质。道德素质是人的道德认识和道德行为水平的综合反映，包含道德修养和道德情操，可以从一个人的道德水平和道德风貌体现出来。道德素质可以通过个人的职业道德和社会公德等方面进行衡量。

(2) 文化素质。文化素质指人在社会生产过程中积累的经验以及在接受教育培训过程中学到的文化科技知识所形成的基本品质，通过人的行为和情感活动等反映出来。

(3) 能力素质。能力是人在社会生产过程中所体现出来的，影响活动效率和效果的综合素质的集合。如管理人员的能力包括：一般文化知识、专业知识、政策业务水平、语言表达能力、文字表达能力、分析判断能力、组织管理能力、预见反应能力、适应耐久能力、计划开拓能力等。

(4) 心理素质。心理素质是在遗传基础之上，在接受教育与生长环境的影响下，经过实践所形成的个人性格品质与心理能力的综合体现，包括气质、性格、意志、兴趣等心理特征。

(5) 身体素质。身体素质一般指人体在活动中所表现出来的力量、速度、耐力、灵敏、柔韧等机能。身体素质是一个人体质强弱的外在表现。

人力资源质量的影响因素，包括遗传因素、营养因素、教育因素、人力投资因素和社会文化与观念因素等。不同国家和地区处于不同的发展时期，受到各方面因素的影响，人力资源的质量会存在较大的差异。伴随着社会发展和科技进步，人力资源质量的要求也会相应地不断提升。

人力资源的数量和质量是构成人力资源总量的不可分割的两个方面，人力资源数量反映人力资源规模的大小，人力资源质量决定人力资源内在能力和水平的高低；人力资源的数量是形成人力资源质量的基础，人力资源质量反映人力资源的核心能力。我国是人力资源大国，但并不是人力资源强国。量多质低的人力资源带来的高消费、低效能将成为拖累我国社会经济发展的沉重负担。提高人力资源质量成为我国未来人力资源开发的重点。

1.1.3 人力资源相关概念界定

当人的作用日益被重视，并受到越来越多的关注，学者们采用不少与人力资源相似的概念开展研究。

1. 人口资源

人口资源是指特定空间范围内具有的数量、质量与结构的人口总体。人口是不同国家和地区开展社会生产不可缺少的基本物质条件。和其他自然资源相比，人口资源的数量、质量、结构及动态特征不仅受生物与生态环境等自然因素的影响，还会受到人类社会所特有的政治、经济、文化等诸多因素的影响。

2. 劳动力资源

根据我国相关的劳动法律法规，法定劳动年龄内具有劳动能力的人口被称为劳动力资源。和人口资源不同的是，劳动力资源强调劳动年龄内的人口数量。不同国家和地区人口的年龄构成、性别构成、劳动力参与率将影响着现实的劳动力数量和结构，而教育发展状况、生活水平的高低将影响劳动人口所拥有的知识和技能，直接决定劳动资源的质量，从而影响社会生产的效率和效果。我国作为世界上劳动力人口最多的国家，合理开发和充分利用劳动力资源，对于国民经济和社会发展具有决定性的作用。

3. 人才资源

《国家中长期人才发展规划纲要（2010～2020年）》中将人才定义为具有一定的专业知识或专门技能，进行创造性劳动并对社会做出贡献的人。人才资源是人力资源中能力和素质较高的劳动者。人才强国战略作为一项国家的重大战略提出，说明人才资源已经成为我国经济社会发展的第一资源，是大力提升国家核心竞争力和综合国力的重要战略。

在社会生产和技术进步日新月异的今天，人力资源尤其是高层次的人才资源对社会的贡献明显高于其他物质资源。相比较于劳动力资源和人力资源，人才资源更多地强调人力资源的内在高质量特点，突出人才投入对社会生产的较高贡献。与一般劳动力资源相比，人才资源具有明确的专业特性、形成时间较长、培养费用较大，从而决定人才资源可以创造出更多的财富和更高的价值。

从数量和质量的关系角度，人口资源是特定时间和特定范围内的所有人口总和，是对人口总体的客观描述，突出人的数量；劳动力资源是在劳动年龄以内的具有劳动能力并投入社会生产的人口总和，强调的是具有劳动能力的劳动者数量；人才资源是总人口中具有较高知识水平和技能水平、能够在社会生产中做出较大贡献的劳动者，反映人的质量。因此人才资源是人力资源的核心部分；由于人力资源包含了投入社会生产并创造价值贡献的所有人口，不受劳动年龄的限制，因而从数量上看，人力资源要大于劳动力资源的范畴。同时在质量方面强调了价值贡献，也突出了对人的质量的界定，是人口数量和质量的统一反映。关系见图1-2。

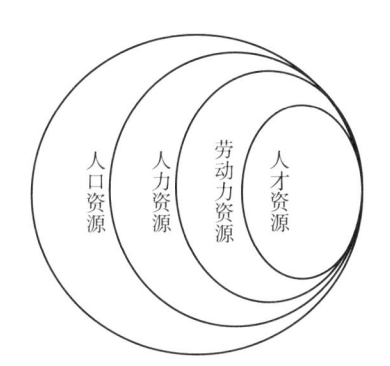

图1-2 人力资源相关概念关系示意

1.1.4 人力资本和人力资源的联系与区别

人力资本（Human Capital）和人力资源同样也是非常相近的概念。人力资本理论最早起源于经济学研究。费雪在1906年发表的《资本的性质与收入》中首次提出人力资本的概念，并将其纳入经济分析的理论框架。1960年，西奥多·舒尔茨（Thodore Schults）在美国经济协会年会上发表题为《人力资本投资》的演说。他将人力资本视为凝聚在劳动者身上的知识、技能及其所表现出来的劳动能力。人力资本理论不再把人力单纯作为经济发展的外在因素，明确提出人力资本是当今时代促进国民经济增长的主要原因，认为"人口质量和知识投资在很大程度上决定了人类未来的前景"。人力资本理论已经成为经济学领域的重大问题。

人力资本理论的内容主要包括以下观点：

(1) 人力资本理论是经济学的核心问题。该理论认为人力资本是体现在人身上的资本，即对生产者进行教育、职业培训等支出及其在接受教育时的机会成本的总和，表现为蕴含于人身上的生产知识、劳动与管理技能以及健康素质的存量总和。

(2) 人力资本在经济增长中的作用大于物质资本的作用。大量实证研究证明，人力资本投资的效益大于物力资本投资的效益。舒尔茨认为，在现代化生产条件下，劳动生产率的提高正是人力资本大幅度增长的结果。"二战"后的日本、德国在一堆废墟上重新迅速崛起而跻身于世界经济强国的主要原因可以归结为重视人力资本投资。在发达国家，人力资本以比物质资本快得多的速度增长，因而国民收入比物质资源增长的速度快得多，劳动者的实际收入明显增加，这正反映了人力资本投资的收益。

（3）人力资本理论的核心是提高人口质量，教育投资是人力投资的主要部分。按照劳动经济学的观点，人力资本的投资主要有教育和培训、迁移、医疗保健。舒尔茨认为提高人口质量更为重要。当人力资源可以进一步分解为具有不同技术知识程度时，拥有高技术知识程度的人力资源带来的产出明显高于技术程度低的部分。许多国家的经验证实，借助教育投入，大大提升人力资源的内在质量，有助于实现社会经济的发展。人力资本可以看作对人力资源进行开发性投资所形成的可以带来财富增值的人的能力内化的资本形式。因此有技能的人的资源是一切资源中最为重要的资源，教育投资是人力资本投资的主要部分。大量国外学者对人力资本理论的研究表明，各个国家的经济发展与其在教育方面的投资成正比。

人力资源与人力资本既有联系又有区别。共同之处表现在三方面。第一，研究对象相同。人力资源和人力资本都是以人为基础而产生的概念，研究的对象都是人所具有的劳动能力。第二，理论渊源相同。人力资源管理理论是以人力资本理论为基础和依据，两者有着共同的理论基础。第三，研究内容相似。人力资源经济活动及其收益的核算是基于人力资本理论进行的，两者都是围绕人力在经济增长和经济发展中的重要作用而展开。

人力资源和人力资本的区别在于：

第一，概念的范围不同。人力资源包括自然性人力资源和资本性人力资源。自然性人力资源是指未经任何开发的个体遗传素质表现在脑力和体力的总和；资本性人力资源是指经过教育、培训、健康与迁移等投资而形成的脑力和体力的总和。人力资本是指所投入的物质资本在人身上所凝结的人力资源，是可以投入经济活动并带来新价值的资本性人力资源。人力资本存在于人力资源之中。

第二，关注的焦点不同。人力资源关注的是价值问题，而人力资本关注的是投资和收益问题。人力资源将人作为财富的来源，从投入产出的角度来研究人对经济发展的作用，关注的重点是产出问题。人力资本是从成本投资与收益角度来研究人在经济增长中的作用，强调投资，考虑投资的成本与结果，研究价值增值的速度和幅度等关系，关注的重点在于投资的收益。

第三，人力资源和人力资本的计量形式不同。众所周知，资源是存量的概念，而资本则兼有存量和流量的概念，人力资源和人力资本也同样如此。人力资源是指一定时间、一定空间内人所具有的对价值创造起贡献作用并且能够被组织所利用的体力和脑力的总和。人力资本从生产角度看，往往是与流量核算相联系的，表现为经验的不断积累、技能的不断增进、产出量的不断变化和体能的不断损耗；从投资活动的角度看，表现为投入到教育培训、迁移和健康等方面的资本在人身上的凝结。因此，人力资源和人力资源存在着性质上的不同。

1.1.5 人力资源的特征

作为一种特殊的资源，和其他资源相比，人力资源具有以下特征：

（1）能动性。能动性是人力资源区别于其他资源的最根本特征。和其他资源只能被动地接受使用相比，个人的主观能动性对于人力资源开发的效果具有重要的影响。人能够接受教育或主动学习以丰富自己的知识、提高自己的技能，能够自主地选择职业，更重要的是人能够发挥主观能动性，有目的地利用其他资源进行生产，能够不断地创造新工具、新技术，并且利用其他资源去创造财富，从而推动社会和经济的发展。这是其他资源不具有的重要特性。

（2）时效性。人力资源的形成、开发、配置、使用均与人的生命周期有关，都要受到时间的限制。从个人成长的角度，人的生命周期存在婴幼儿期、少年期、青壮年期到老年期等生理阶段，不同的阶段人力资源的可利用程度不同，人所拥有的知识、技能、体力等要素相对于人的生命周期也存在一定时限。相应地，人力资源的使用也要经历培训期、试用期、最佳使用期和淘汰期的过程。结合人的成长过程，选择适应的开发和利用策略，可以实现人力资源的有效开发和合理利用。不同类型的人力资源发挥作用的最佳期也不尽相同，因此，充分考虑不同年龄的人的特征及时有效地开发和利用，才能最大限度地实现人力资源增值。反之，忽视人力资源的时效性，个人的知识技能如果得不到有效的使用，也可能过时，使劳动能力降低，形成人力资源浪费。

（3）增值性。相比较于自然资源在使用中被不断消耗，人力资源在投入社会生产过程中会通过不断的使用实现保值增值。知识经济时代，面临着更多的新问题和新挑战，决定了人类生产活动具有创新性。创新不仅丰富了人们的生产和生活，也给人们提供了新的视角、新的技术探索和实践尝试，不断强化人的能力，补充新的知识。由此，人的脑力和体力都会在使用过程中不断地被丰富和加强。在解决问题的过程中，人会不断地更新已有的知识，学习并且掌握新的技能，积累生产经验，从而实现人力资源增值。增值性突出人力资源只有在使用中才能不断地增长才干，从而实现人力资源价值提升。

（4）社会性。社会性是指人的社会属性。社会性强调人以群体方式开展生产和生活，处于特定的社会关系之中。马克思认为："人的本质不是单个人所固有的抽象物，在其现实性上，它是一切社会关系的总和。"从宏观层面看，人力资源的获取与配置要依赖于社会，人力资源的配置与使用从属于社会分工体系；从微观层面看，人类的劳动是社会性劳动，不同的个体参与社会经济活动中的社会分工。每个人都生活或工作在群体或组织之中，不同群体或组织都有自身的文化特征和价值取向，从而影响个体的行为。当人力资源投入社会生产过程中，除了带来生产力的提高和社会经济的发展的同时，还会产生社会性的影响，如人的素质的提高会提高社会文明程度、能够使人有意识地保护并改善自然环境等。

（5）可开发性。人力资源存在于人体之中，是一种"活"的资源，与人的生命特征、基因遗传等紧密相关。通过人口再生，伴随着生命的不断延续，人力资源可以不断再生，成为可以连续开发的资源，这是由人的生理特征决定的。此外，人力资源的使用过程是不断实现自我补偿、自我更新、自我丰富的过程，也是人力资源的开发过程。在知识更新周期缩短、全球经济一体化的时代，组织管理者将人视作需要不断开发的资源，借助完善教育体系，加强培训与开发，不断提高生活水平，改善医疗保健状况，持续地加以有效开发和利用，才能使人力资源价值不断增值。

1.1.6 人力资源的作用

随着人类社会步入知识经济时代，实践已经充分表明，人力资源已经超越其他任何经济资源成为影响社会经济发展进程的重要资源。人力资源已经成为决定一个国家和地区乃至组织核心竞争力的关键因素。

人力资源具体作用体现为以下方面：

1. 人力资源已经成为经济增长的决定因素

随着社会经济的不断发展，人力资源对经济增长的促进作用日益显现。古典经济增长理论十分强调物质资本对社会经济发展的作用，新经济增长理论将知识积累视为经济增长的原因，认为经济增长就是一个以知识积累为基础，技术进步、人力资本积累、劳动分工演进和制度变迁等诸因素共同作用的社会过程，提出了新的经济增长模型。罗伯特·卢卡斯（Robert Lucas）认为专业化人力资本积累才是经济增长的真正来源。他强调人力资本投资尤其是人力资本的外部效应，使生产具有递增效应，正是这种源于人力资本外部效应的递增收益使人力资本成为"增长的发动机"。

人力资本理论深入研究了人力资本投资与经济发展之间的关系，从经济学视角揭示了人的能力和素质对经济发展所发挥的关键性作用，揭开了现代人力资源与经济发展关系研究的序幕。1943~1990年，美国国民生产总值的增长总额中，1/3以上来自人力资本。现代经济发展的实践表明，人力资源不仅是地区经济发展的前提，更是地区经济增长的重要源泉之一。经历了 30 多年的艰苦努力，我国实现了从人口大国向人力资源大国的历史性转变，并且正在向人力资源强国迈进，人力资本得到了全面提升，对于未来中国的发展成为重要的利好。

2. 人力资源是组织的重要资源

人力资源已经成为组织的重要资源。知识经济时代，知识代替资本的地位，成为生产过程的关键要素，知识生产成为社会经济生活的中心，掌握并使用知识的人力资源就成为知识经济时代的关键资源。组织运营过程中人、财、物、时间、信息等各种资源的有效利用离不开人力资源，直接关系到组织效率和效益的提升，影响组织目标的实现。

人力资源为组织保持核心竞争力发挥决定作用。核心竞争力是组织相较于竞争对手而言所具备的竞争优势与核心能力差异。知识经济的发展离不开对知识的创新、生产与传播，离不开高素质人力资源。在知识经济环境下，代表创新能力、以人力资本为主要形式的人力资源成为组织发展的重要资源。以处于快速变化的不确定环境和激烈市场竞争中的企业为例，面对巨大的发展空间和前所未有的挑战，企业就必须采用更加有效的手段，科学规划、有效开发和合理使用人力资源，从而形成企业核心竞争优势，才能有效把握市场机遇，掌握发展主动，实现企业不断发展。××公司基本法充分反映出企业对人力资源的重视。

知识链接 1–1

××公司基本法

【第二条】认真负责和管理有效的员工是最大的财富。尊重知识、尊重个性、集体奋斗和不迁就有功的员工，是我们事业可持续成长的内在要求。

【第九条】我们强调人力资本不断增值的目标优先于财务资本增值的目标。

1.2 人力资源管理概述

1.2.1 人力资源管理的概念

1958 年，怀特·巴克（Wight Bakke）出版《人力资源功能》，首次提出人力资源管理（Human Resource Management）的概念。1984 年，美国斯坦福大学教授理查·巴斯克（Richard Pascale）和哈佛大学教授安东尼·艾索思（Anthony Aths）合著的《日本企业管理艺术》中对日本企业的人事管理进行研究，认为人力资源管理的出现比人事管理更重要，并且得出日本人比较擅长开发人力资源的结论。此后，人力资源管理逐渐被学术界接受，并逐渐传播开来。

目前大多数学者对于人力资源管理的概念存在不同的解读。董克用将目前各种观点进行归纳和综合，将人力资源管理的概念从不同的侧面进行阐释，包括从人力资源管理的目的、过程、职能、管理的实体以及综合角度等。学者们至今在对人力资源管理概念的表述方面还存在着视角、内容和重点方面的不同，表明人力资源管理的相关研究正在持续深入进行。

综合大多数学者的观点，本书从综合的角度提出人力资源管理的概念界定。人力资源管理就是在特定环境条件下，围绕人力资源的获得、开发、保持和有效利用而开展的一系列管理活动，以调动人的积极性，挖掘人的潜能，提高人的价值，从而实现组织和个人目标的过程。

理解人力资源的概念，需要把握以下重点：

（1）人力资源管理是有目的的活动。人力资源管理活动都是为了实现特定的目标，如个人价值最大化、个人投资的预期收益最大化、组织目标的实现、企业经营效益最大化及社会人力资源配置最优化等。

（2）人力资源管理的主要任务就是以人为中心，围绕人力资源的获得、开发、保持和利用等方面展开。人力资源管理以人力资源投资为主线，研究人与人、人与组织、人与事的相互关系，通过有效的管理活动，以调动人的积极性，挖掘人的潜能，提高人的价值，从而最大限度地发挥人力资源的作用。

（3）人力资源管理活动是在特定环境条件下开展的。无论是外部环境还是内部条件，环境因素为人力资源管理活动提供客观条件和所需要资源的同时，也为人力资源的有效开发和配置形成影响和制约。

（4）人力资源管理已经形成相对完善的理论体系。人力资源管理充分运用当代相关学科，包括社会学、心理学、管理学、经济学和技术学等学科的最新成果，强调对人管理的系统化、规范化和管理手段的现代化，不仅形成了较为系统的体系框架和理论基础，同时为管理者提供了科学的方法、工具和技术，为有效地实现人力资源管理提供理论和方法支持。

人力资源管理又被称作现代人事管理，与传统人事管理既有联系，又有区别。首先，人力资源管理和传统人事管理存在着历史上的渊源关系，两者既不能相互替代，也不能完全割裂。人力资源管理是从传统人事管理发展而来，在继承原有人事管理基本职能和作用的基础上，丰富和发展了人事管理的相关职能，提升了人事管理的组织地位和战略影响，采用更多的现代方法和技术，实现对人力资源的有效管理。因此，人力资源管理和传统人事管理之间存在着继承和发展的关系。其次，人力资源管理是现代人事管理，与传统人事管理存在着本质的区别。一位职业经理人形象地比喻传统人事管理与人力资源管理的区别，传统人事管理把人看作蜡烛，不停地燃烧直至告别职业生涯，强调企业目标的实现；人力资源管理把人看作蓄电池，可以不断地放电、充电，强调人的潜能的不断开发和利用，强调实现企业价值和员工个人价值的双赢目标。人力资源管理和传统人事管理的区别主要表现在以下方面（见表1-2）。

表1-2　　　　　　人力资源管理和传统人事管理的区别

比较项目	人力资源管理	传统人事管理
管理视角	将人看作财富来源	将人看作成本
管理目的	组织和个人利益共同实现	组织目标的实现
管理活动	重视培训开发	重使用，轻开发
管理内容	丰富的职能活动	简单的事务管理
管理地位	战略层	执行层
部门性质	生产效益部门	单纯的成本中心
管理模式	以人为中心	以事为中心
管理方式	民主化、参与式	命令式，控制式
管理性质	战略性、整体性	战术式，分散式

资料来源：改编自董克用．人力资源管理概论（第四版）[M]．北京：中国人民大学出版社，2015：19．

1.2.2　人力资源管理的目标和作用

1. 人力资源管理的目标

目标是未来一定时期内要达到的目的性标准。人力资源管理目标是为组织实现特定的目标，从而获得、开发、保持和有效利用人力资源，以提供相应的人力资源支持和保障。当人力资源成为组织的第一资源，人力资源管理的最高目标就是通过对人力资源的有效整合来驱动组织核心能力的形成与保持，以确保战略目标的达成。

从组织角度出发，人力资源管理要满足组织目标的实现对人力资源的现实需要。《××公司基本法》第五十五条规定：人力资源管理的基本目的，是建立一支宏大的高素质、高境界和高度团结的队伍，以及创造一种自我激励、自我约束和促进优秀人才脱颖而出的机制，为公司的快速成长和高效运作提供保障。由此可见，人力资源管理成功的关键，在于它是否能够有效地建立人力资源的有效管理体系，采用各种手段和措施，努力激发人的内在潜能，调动人的积极性和主动性，以支持组织实现预定的目标。

站在组织成员角度，人力资源管理的目标还要更好地满足人的全面发展。在个人发展需求日益提高的今天，以人为本的基本思想得到越来越多管理者的认同，人力资源管理在保证组织目标达成的同时，还要兼顾个人的发展和利益等内在需求，努力为员工提供成长和发展的空间和条件，强调在实现组织发展的同时实现个人的全面发展。人力资源管理更多地强调必须基于对人性的尊重以及对人的价值、内在需求和内在能力结构与特征的深刻把握，关心组织成员的个人利益和成长发展，激发人的内在潜能，从而实现个人和组织的双赢，有助于促进组织使命追求与战略目标的达成。

人力资源管理目标建立是人力资源管理过程的重要内容，必须与组织的战略目标和策略有机配合。鉴于各类组织存在性质不同，组织结构各异，战略目标和政策不断变化、人力资源结构和存量存在较大差异，这些因素都将制约和限制人力资源管理目标确立。反过来，组织的人力资源活动的效率和效果也会直接影响到组织整体战略目标的实现。

2. 人力资源管理的作用

21世纪的竞争是知识经济的竞争，是人的竞争。人力资源管理对组织的作用日益重要。

（1）人力资源管理形成对组织发展战略的重要支持。管理大师彼得·德鲁克曾经说过："企业只有一项真正的资源：人。管理就是充分开发人力资源以做好工作"。IBM董事长兼总裁沃森说："你可以接收我的工厂，烧掉我的厂房，然而只要留下我的人，我就可以重建IBM。"人力资源成为第一生产力，并且形成对组织发展战略的重要支持。

战略明确组织的发展方向，然而离开有效的资源支持，战略的实现无疑是"空中楼阁"。首先，人力资源是战略实现的保障。根据组织的战略目标，第一，要通过人力资源规划对未来的人力资源供给和需求做出预测，然后通过招聘录用或者培训与开发来进行人力资源的获得和储备，从而为战略的实现奠定坚实的人力资源基础。第二，组织战略的实现过程中，人力资源在很大程度上影响各种外在资源的使用效果，直接决定资源投入产出关系的改变，从而决定组织战略的实现。第三，组织成员对战略的认同是人力资源发挥作用的重要条件。只有组织战略得到全体员工的认同，员工才能够把组织的战略目标内化为自己的个人目标和行为准则，企业战略的实现才能获得有效的内在动力。这个过程离不开人力资源管理实践的支持。组织可以通过绩效考核和奖励等方式来传达组织的战略意图，以更有力地获得组织成员的认同和支持。因此，人力资源管理将对组织战略的实现形成强有力的支持。

（2）人力资源管理有助于形成组织的核心竞争力。迈克·波特（Michael Porter）的企业持续竞争优势理论模型认为，企业竞争地位归根结底取决于企业控制的资源状况，要想创造出持续竞争优势，企业资源就必须具备四个性质，即价值性、稀缺性、不可模仿性和非替代性。人力资源完全满足以上条件，独有的人力资源是竞争对手难以模仿并超越的，基于此，人力资源管理成为组织赢得持续竞争优势的基础。

知识经济时代，知识成为价值的重要来源，掌握并运用知识进行价值创造的关键在于人力资源。组织要在开放的环境和激烈的变化发展中赢得生存和发展，就必须拥有可持续发展的战略，形成自己的核心竞争力，而形成核心竞争力的关键就是获得并拥有符合组织价值观、充满激情、富有创新意识、开拓精神的优秀员工，他们获得个人的成长和发展的同时，也为组织的发展带来了源源不断的发展动力。人力资源管理实践还可以借助有效地构建组织成员与组织间良好的关系，培养组织成员的组织公民意识，实现组织成员个人期望与组织整体期望的高度拟合，从而更好地激发组织成员的积极性、主动性和创新性，使得人力资源真正成为获取持续竞争优势的源泉。

（3）人力资源管理已经成为提升组织绩效的重要保证。从管理的角度，绩效是指组织、团队或个人，在一定的资源、条件和环境下，完成目标任务的程度，是对目标实现程度的衡量与反馈。实证研究表明，人力资源管理绩效与企业经营绩效之间存在显著的正相关关系，人力资源管理对企业绩效有着积极的影响作用。米切尔·谢帕克（Mitchell Shepak）等提出的人力资源管理和组织绩效关系的模型表明，企业绩效的实现和提高有赖于人力资源管理的实践活动，但是人力资源管理不能单独对企业绩效产生作用，它必须和企业的环境、企业的经营战略以及人力资源管理的支持这三个变量相互配合才能发挥作用，这一结论也更加强调了人力资源管理在组织中的地位和作用。

作为社会经济细胞的企业，绩效可以体现为某一时期内企业生产经营任务完成的数量、质量、效率及盈利情况。在越来越激烈的市场竞争中，人力资源管理成为提升企业绩效的关键，它直接影响着企业的生产效率、核心竞争力、客户的满意度、市场份额、利润等方面。企业要想获得生存和发展，努力提升自身的核心竞争力，都必须重视人力资源，努力提升人力资源管理的水平，从而实现人的使用价值最大限度地发挥，达到人尽其才、人尽其能，不断提升个人绩效的同时，实现企业整体绩效不断提高，最终实现企业利润最大化的目标。

1.2.3 人力资源管理的职能

1. 人力资源管理的基本职能

职能是指事物、机构本身具有的功能或应起的作用。人力资源管理目标的实现和作用的发挥需要借助人力资源管理的基本职能表现出来。关于人力资源管理的职能，国内外学者也存在着不同的观点（见表1-3）。

表1-3　　　　　　　　　　　　人力资源职能划分

作者	职能划分
美国人力资源管理协会	人力资源规划、招募和甄选；人力资源开发；薪酬和福利；安全和健康；员工和劳动关系；人力资源研究
美国培训与开发协会	组织和工作设计；人力资源规划；人员甄选和安排；人事研究与信息系统；薪酬和福利；员工帮助；工会/劳动关系；培训与开发；组织开发
路易斯·R.戈梅斯-梅西亚	管理工作流程和工作分析；员工招募与甄选；绩效评估和管理；员工培训和职业生涯发展；薪酬管理和福利管理；发展雇佣关系；员工安全和健康管理
劳伦斯·克雷曼	人力资源规划；工作分析；招聘与甄选；雇员的培训与开发；工作绩效评价；薪酬和福利管理；雇员的安全和健康
赵曙明	预测、分析和计划；人员需求计划的制订；组织人力资源所需的配置；评价员工的行为；员工薪酬计划；工作环境的改善；建立和维护有效的员工关系
董克用	人力资源规划；职位分析与胜任素质模型；员工招聘；薪酬管理；绩效管理；培训与开发；职业生涯规划与管理；员工关系

资料来源：根据相关文献整理。

结合人力资源管理的定义，人力资源管理的基本功能主要表现为对人力资源的获得、开发、使用和维持，简称为求人、育人、用人和留人。这些基本功能的实现必须借助具体的人力资源管理活动来发挥应有的作用。综合学者们的观点，人力资源管理的基本职能包括职位分析、人力资源规划、招聘录用、培训与开发、绩效管理、薪酬管理和劳动关系管理。

（1）职位分析。职位分析是对特定的职位做出分析，并明确该职位从事的活动及使用的设备和条件等，确定完成这一职位所需要有什么样的行为，同时明确对职位承担者的行为和资格要求而开展的活动。职位分析以组织和工作设计为基础，突出对职位的行为和任职者的资格要求的分析，从而为后续的人力资源管理职能提供基本的依据和衡量的标准。职位分析是人力资源管理活动的基础。

（2）人力资源规划。人力资源规划是对组织在某个时期内人员供给和需求进行预测，并根据预测的结果采取相应的措施来平衡组织人力资源供需的活动。人力资源规划的目的在于保证人力资源的供需平衡与组织未来的发展相适应，以支持组织战略目标的实现。人力资源规划主要包括人力资源的供求分析、人力资源的总量规划、人力资源结构优化规划和人力资源素质提升规划，以及实现人力资源规划目标的具体措施，以便实现人力资源的合理配置，降低组织人工成本支出，提高人力资源的使用效率。

（3）招聘录用。招聘录用是组织寻找合适的人员来填补组织职位空缺的过程，包括招募、甄选、录用和评估等环节。招募是组织采用多种措施吸引符合空缺岗位需要的候选人的过程，甄选是采用科学的方法对候选人进行评价，从而挑选适合人选的过程，录用则是对候选人进行决策，确定录用人员并正式录用的环节，评估是对招聘过程进行检查和评价，对组织的招聘工作进行完善的过程。招聘录用是组织获得人力资源的重要手段，努力发掘、仔细鉴别适合组织、有培养潜质的人员对于构建和维持高效的人员队伍至关重要。

（4）培训与开发。培训与开发指组织通过各种方式从知识、技能及工作态度等方面，努力使组织员工具备完成现在岗位或者将来工作的需要，以实现个人绩效和组织绩效共同提升而开展的一系列的计划性和连续性的活动。培训和开发是帮助员工胜任工作并发掘员工潜能的重要手段。培训与开发包括培训目标和计划的确立、培训计划实施、培训成果转化和培训效果评估等阶段。组织以战略与核心能力为导向的培训开发体系，将对培养和提升员工的创造价值核心专长与技能提供重要的支持，也是深化组织发展、推行企业管理行为与文化实践的重要内容，作为外在薪酬表现形式的培训与开发也对激励和保留员工、提高员工的忠诚度发挥积极的作用。

（5）绩效管理。绩效管理是组织为实现组织目标，采取科学的方法和工具，对员工的工作能力、工作态度和工作业绩进行全面检测和评价，以实现人岗合理匹配，最大限度地发挥人力资源的潜能的同时，确保员工目标和组织目标相一致的活动过程。人力资源管理支撑企业的战略目标的实现，从根本上来讲，在于通过绩效指标体系的分解来实现对战略的传递，同时依靠绩效管理系统促进个体、团队和整个企业的绩效持续改进，来提升企业的核心能力与竞争优势。在组织人力资源管理系统中，绩效管理是最重要的子系统。绩效管理不仅是企业实现薪酬分配的前提和基础，也是培训开发体系设计与管理的重要依据。因此，绩效管理成为人力资源管理的核心职能，发挥非常重要的作用。

（6）薪酬管理。薪酬管理是组织在发展战略和发展规划的指导下，综合考虑组织内外部因素的影响,合理确定薪酬水平、薪酬结构和薪酬形式,实现薪酬调整和薪酬控制等活动,以实现企业绩效改善的同时,吸引、激励并保留优秀的员工。薪酬体系作为组织人力资源管理系统的子系统,在员工个人利益和组织利益之间建立直接的关联,是补偿、激励组织成员最有效的手段。设计良好的薪酬体系直接与组织的战略规划相联系,从而使员工努力符合组织对他们的期望,把个人的努力和行为集中指向绩效标准,从而有利于组织在市场竞争中处于优势。薪酬体系的设计更多地受到招聘录用、培训与开发和绩效评价等活动的影响,为合理回报员工的付出提供依据。上升到企业的战略层面,薪酬管理可以借助薪酬策略和薪酬管理系统来支撑企业的竞争战略,并帮助企业获得竞争优势。

(7) 劳动关系管理。劳动关系指组织和个人在社会生产活动中形成的各种权、责、利关系的总和。从企业角度出发,劳动关系是企业劳动力使用者或雇主与企业劳动者或雇员之间的一种社会经济利益关系。劳动关系管理涉及劳动时间、劳动报酬、劳动保护、劳动争议等方面,是组织和员工双方权利、义务关系的总和。和谐劳动关系的维护有助于组织与员工双方关系的协调,形成相互尊重、相互信任的工作环境和组织氛围,既满足组织正常运营的需要,也是对组织成员个人利益的最大满足,是实现组织和员工共赢的重要工作。

2. 人力资源管理职能之间的关系

为达成人力资源管理目标,围绕着"求人、育人、用人、留人"等基本功能而展开,人力资源管理具体表现为职位分析、人力资源规划、招聘与录用、培训与开发、绩效管理、薪酬管理和员工关系管理等职能活动。然而人力资源管理各个职能之间的关系是什么?如何有效地共同发挥作用?图1-3展示的是人力资源管理的基本功能和具体职能活动之间的关系。

人力资源管理活动的开展是在特定环境条件下进行的,为达成组织目标提供人力资源支持和保证。因此,组织目标和环境因素成为制约和影响人力资源管理活动的主要因素。基于此,人力资源的职能活动围绕"求人、育人、用人和留人"展开,形成一个相互联系的模型框架,以实现有效的人力资源管理。

求人是组织为达成组织目标需要获得相应的人力资源,这是人力资源管理的第一步。求人以职位分析为前提,确定不同岗位工作任务及职责的要求,同时明确任职者的具体条件;结合人力资源规划,对组织未来人力资源的需求进行预测,以确保结合组织发展战略的现实需要与人力资源的供给相匹配,通过招聘录用活动以获得理想的人力资源满足组织岗位的需要。求人的目标A是获得有能力的并且适应组织文化的组织成员。

第1章 人力资源管理概述

```
                    组织目标          环境影响
                      │                │
                      ▼                ▼
  求人  →  ┌─ 职位分析 + 人力资源规划 + 招聘录用 ─┐ ⇒ 有能力适合组织的人员A
          │      │                              │
  育人  →  │ A  培训与开发 + 职业开发 + 组织发展  │ ⇒ 获得新知识和技能的人员B
          │      │                              │
  用人  →  │ B  绩效管理  +  奖励   +  惩罚     │ ⇒ 与岗位相匹配的人员C
          │      │                              │
  留人  →  │ C  薪酬管理  + 劳动关系 + 组织文化  │ ⇒ 有组织归属感的人员D
          └──────┬───────────────────────────────┘
                 ▼
  有效的人力资源管理D           不断进行变革，以适应
   —高的生产率   —低的流失率  →  组织现在和未来的变化
   —高的工作满意度 —低的缺勤率
```

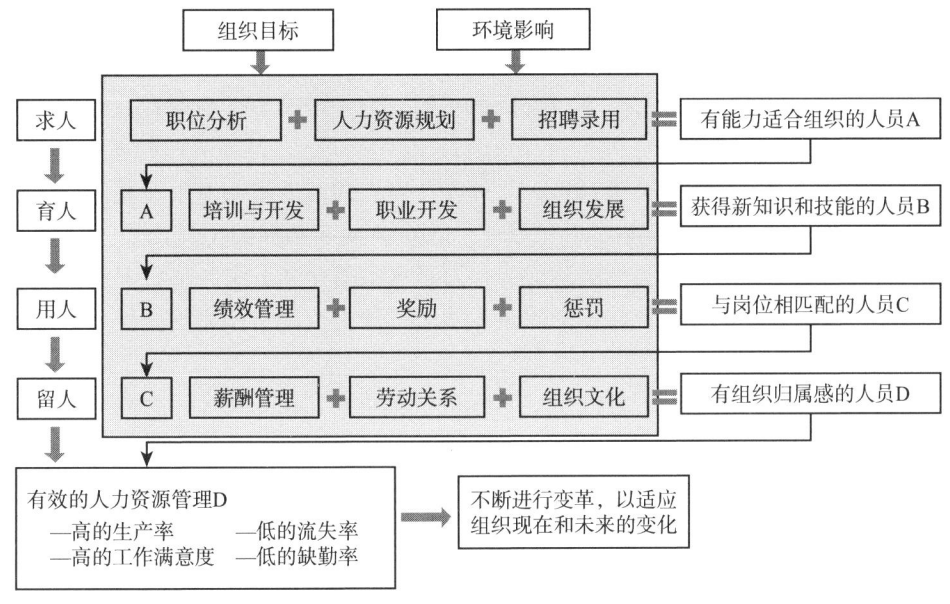

图1－3　人力资源管理基本功能示意

育人是在求人的基础上开展的以提升人力资源价值为目的的活动。育人即借助培训和开发、组织发展、职业发展等活动对获得的人力资源进行有效的培育和开发，赋予新的知识和技能的同时，最大限度地挖掘他们的潜力，以符合组织岗位现在及未来工作的需要。育人的活动按照不同层面可以分为培训与开发、组织发展和职业生涯发展。培训与开发是建立多元化的培训体系，通过有效的培训与开发活动，以提升员工的能力，促进工作效率的提高，从而提升组织整体绩效；组织发展是为了改进组织效率，在组织中进行有计划的变革的过程；职业开发是借助职业生涯规划与管理，把个人发展需要与组织发展联系在一起，形成人力资源开发的合力。育人的目标B是赋予新员工以新的技能和知识，以更好地满足组织发展和岗位任务的需要。

用人是指人与事的有机配合，是求人和育人的结果，是人力资源发挥作用的关键。用人是为组织的岗位配备相适应的人员，满足岗位任务需要的同时，最大限度地发挥人力资源的价值。借助绩效管理系统以衡量是否实现人岗匹配，用人所长，采取有效的奖励和惩罚等手段，充分调动员工的工作积极性。用人的目标C是确保人机配合，使得组织拥有愿意提供高质努力的组织成员。

留人是组织为维持和保留人力资源而做出的努力。如何留住并激励人力资源，管理者必须借助有效的方法和科学的工具，调动员工的积极性，满足员工的内在需求，以实现组织和个人的双赢。大量的成功实践证明，令人满意的薪酬管理、协调的劳动关系、企业文化建设等方面显示了组织从外在到内在，从物质到

精神，尽可能全面地满足员工的个人需求，以达到留住人才的目的。留人的目标D表现为员工努力承担组织义务的同时，对工作感到满意，产生强烈的组织归属感，全心投入到工作中去。留人对维持现有的人力资源储备、实现有效的人力资源管理奠定基础。

有效的人力资源管理是通过求人、育人、用人和留人等功能来实现的，可以借助高的劳动生产率、低的人员流失率、低的缺勤率和高的工作满意度反映出来，从而有利于组织战略目标的达成。随着环境的变化和组织内部状况的不断调整，人力资源管理的活动都将伴随着组织发展不断进行调整和完善，以更好地为组织目标实现提供服务。

综上所述，人力资源管理的基本职能是相互联系、相互配合，共同达成有效的人力资源管理。从系统角度出发，如果将人力资源管理体系比喻为一辆"汽车"，那么职位分析是"底盘"，人力资源规划系统是"方向盘"，招聘录用系统是"车身"，培训开发系统则是"加速器"，绩效管理系统是"发动机"，薪酬管理系统是"燃料"；劳动关系管理是"润滑剂"。通过这些要素的相互协同配合，才能使人力资源管理系统的"汽车"顺利发动前进，安全行驶的同时充满动力，朝着目标奋力向前。

3. 人力资源管理的三支柱模型

在快速发展的时代，越来越多的组织在日益激烈竞争中面临主动或者被迫转型，以适应环境的变化。人力资源管理也从传统走向现代，人力资源价值和效能的提升关键在于人力资源管理职能的变化。"求用育留"模式到"三支柱"模式的发展代表了人力资源管理转型的积极探索。

人力资源三支柱模型最早由美国密歇根大学罗斯商学院教授大卫·乌里奇（Dave Ulrich）提出，他将企业人力资源管理分为三个领域，共享服务中心（Shared Service Centre，SSC）、专家中心（Centre of Excellence or Center of Expertise，COE）和业务合作伙伴（Human Resource Business Partner，HRBP）。该模型突出人力资源在企业各项业务发展方面发挥的导向作用，三者之间具备相互辅助与推动的关系，在协同努力下推进企业业务程序重塑、组织改革等进程，不断提升人力资源业务管理水平。SSC可以被视为基础服务中心，其功能体现在将职员招聘、培训、薪资发放、人事政策等内容整合进平台模块内，网络平台负责完成程序性基础业务的管理工作。SSC通过解决各部门共性的人力资源管理问题，意在保证管理的科学有效；COE是人力资源管理系统性的顶层设计，作用体现在根据组织和业务发展的需求推出配套的计划与创新管理政策等方面，为业务管理提供指导性的战略支持；HRBP借由挖掘和满足业务部门的独特需求，目的是保证人力资源管理职能支撑企业的业务发展，实用价值体现在强化企业人力资源部门与业务部门之间的密切配合,进而不断强化协作与交流能力,为以业务导向为基础的事务处理提供咨询处理计划。图1-4为三支柱模型示意。

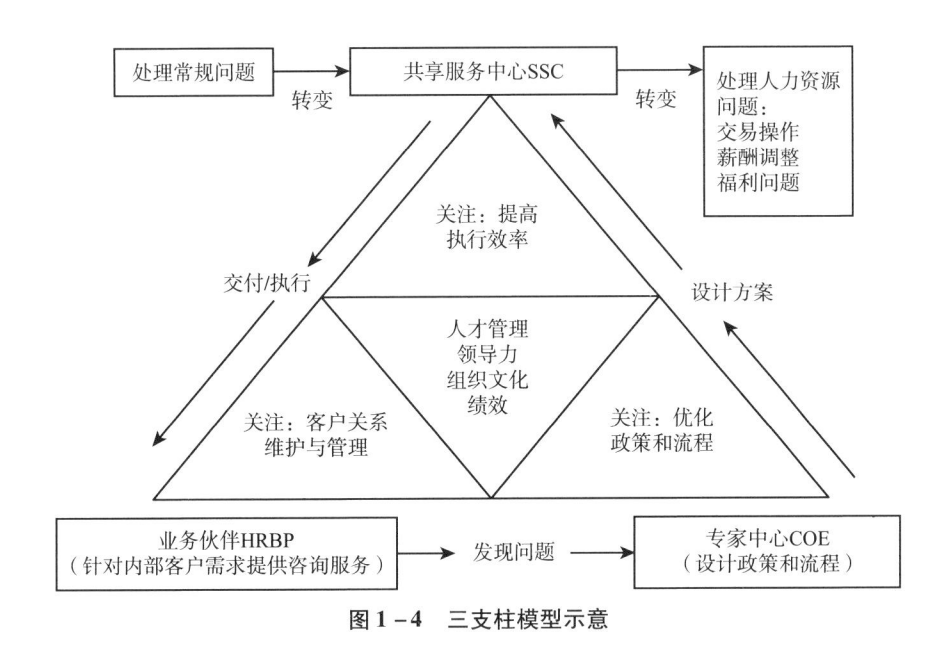

图1-4 三支柱模型示意

人力资源三支柱模型被认为是一种新的人力资源管理解决方案,旨在通过重塑人力资源管理职能及其责任主体,以充分发挥人力资源管理部门和管理者的价值效能。然而也有专家认为,人力资源部门实现真正的"三支柱"转型至少需要5~8年时间,涉及的内容包括人力资源的组织结构调整、共享服务中心建设、流程再造、IT系统集成和人力资源能力提升等。

知识链接 1-2

阿里巴巴的 HR 三支柱模式

2001年为通用电气公司服务25年的关明生加盟阿里巴巴,打造了一套与国际接轨的绩效管理体系,奠定了阿里巴巴绩效管理的基础。2005年为了适应员工规模的迅速扩张,提升组织的核心竞争力,阿里巴巴制定完善的人力资本战略,开启HR三支柱发展的源头。阿里巴巴政委体系即在B2B部门的一线销售团队中派出既懂业务又代表公司政策,还要肩负企业价值观宣导重任的人力专员成为人力资源管理体系的代名词,也是阿里巴巴HR三支柱中HRBP的发源点。同时,阿里巴巴组织IT(信息技术)和管理方面的专家进行人力资源管理咨询论证,构建了统一的e-HR平台,这是HR三支柱中共享服务中心的雏形。2007

年开始集团各公司都成立了人力资源管理部门，同时通过统一的 e-HR 平台开展员工档案管理、薪资管理、绩效管理、福利和休假管理等方面的工作，人力资源管理工作流程实现了规范化和自动化，人事统计分析报表自动生成，显著提高了人力资源管理的精确性和工作效率，为阿里巴巴人力资本战略的成功实施奠定了坚实的基础。

阿里巴巴 HR 三支柱架构包括专家中心 COE 由组织发展部、校园招聘部、社会招聘部、企业文化部、薪酬福利部等构成。组织发展 OD（Organization Development, OD）分为平台 OD 和业务 OD。平台 OD 负责公司大体系发展、高管领导力发展和商业教练，业务 OD 则直接驻点在各个事业群，负责事业群相关的组织架构、人才盘点、业务复盘。校园招聘部负责阿里巴巴集团的校园招聘策划、招聘录用分配、新大学生培养（培训）计划及实施。社会招聘部主要负责高级人才猎聘，并在各个事业群与人事专员协同开展工作。

HRBP 在阿里巴巴的名字是"政委"。主要是原来业务线转过来的人事专员，他们熟悉业务并且能够比较深入地从事工作，对事业群进行组织变革推动和服务支撑。他们是事业群和业务部门的 HR 通才。一般情况下，大事业群下面有 15 个左右的政委。规模较大的部门下面有一个大政委带 3~4 个小政委。小政委在工作内容上不是按照招聘、培训、考核、员工关系的职能模块划分的，而是每个人负责部门内二级组织单元的全 HR 模块。人员发展部负责各事业群内部的人员技能培训及相关承接公司文化要求的培养工作，原来隶属于各事业群的客户中心，从 2015 年开始整合到事业群的人力资源部门。共享服务中心 SSC 涉及外包员工，包括针对员工的服务呼叫中心，日常的社保、公积金、假期、合同管理等人事业务。

资料来源：改编自阿里巴巴的 HR 三支柱模式．三茅人力资源网，http://www.hrloo.com/rz/14240032.html.

1.3 人力资源管理者和人力资源管理部门

1.3.1 人力资源管理者和人力资源管理部门的活动

在当今组织管理活动中，人力资源管理已经成为一个重要的子系统。人力资源管理者和部门承担了主要的人力资源管理活动。一般而言，组织中人力资源管理部门的职能活动主要反映在以下方面（见表 1-4）。

表1-4　　　　　　　　　　　人力资源管理部门的活动

职能活动	具体内容
人力资源规划	配合组织发展战略，制定人力资源规划，确立人力资源发展战略 建立和执行组织人力资源管理政策和制度
组织结构设计	根据组织发展状况，对组织结构进行设计和调整 岗位设计和职位分析，明确岗位职责和任职资格
人员配置	根据组织结构实施人员变动，调配人员 优化人力资源配置，提高人力资源管理的有效性
招聘录用	根据各部门的用人需求，负责企业人员招聘、甄选、录用和评估
培训与开发	制订员工培训计划，组织员工培训，完成培训效果评估 实施职业生涯规划与管理，实现管理者能力开发与评价
绩效管理	制定、监控和评估组织的整体绩效和个人绩效，确保绩效目标的实现
薪酬管理	建立、实施和管理组织的薪酬福利体系，有效激励，合理分配
员工关系管理	建立组织和员工间的沟通渠道和方法 开展劳动关系管理，努力保障员工的安全和健康
组织文化建设	组织对组织文化的提炼、传播，提高企业凝聚力
人力资源数据库建设与管理	建立组织人力资源管理信息库，为人力资源决策提供依据

从职能角度，人力资源管理活动可以划分为行政性的事务活动、业务性的职能活动、战略性和变革性的活动等三种类型（董克用，2015）。行政性的事务活动包括监督员工考勤、管理员工档案、办理人事手续、员工薪酬福利发放等活动；业务性的职能活动指人力资源管理的具体职能活动，包括招聘录用、培训与开发、薪酬管理、绩效管理等；战略性和变革性的活动则是站在组织整体，将人力资源管理活动纳入组织战略规划中，包括制定和调整组织战略、推动组织变革等内容。相关研究结果表明人力资源管理部门在上述三类活动中投入与产出的关系见图1-5。人力资源管理部门将大部分时间都花费在行政性的事务活动和业务性的职能活动中，而这两类活动为企业产生的附加值却相对较低，贡献较少；然而人力资源管理部门投入较少时间在战略性和变革性的活动中，但这类活动才是能够为企业创造较高价值的核心。所以人力资源管理部门需要合理调整三类活动的时间投入，才能够为企业创造更多价值，做出更多的贡献。

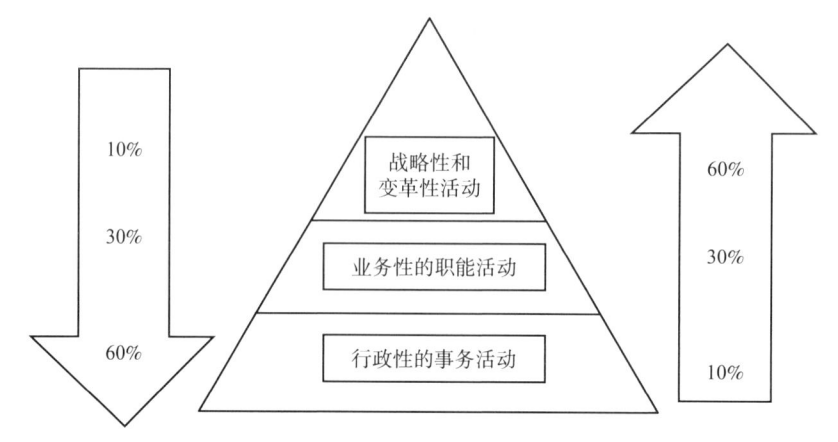

图 1-5　人力资源管理活动投入与产出情况

资料来源：董克用. 人力资源管理概论 [M]. 第三版. 北京：中国人民大学出版社，2015：91.

随着互联网、大数据、云计算等网络技术的普及，为更好地提升人力资源管理的效率，人力资源管理部门借助计算机和网络技术处理程序化和计算类型的工作，可以将一部分不太重要但烦琐耗时的行政事务性工作委托给专业的人事代理机构或者服务企业，专业化的服务大大地提高了人力资源管理工作的效率，大幅度降低了企业的管理成本，见图 1-6。运用现代通讯技术手段在人力资源管理领域中的应用已经显现成效，这也为未来人工智能技术应用在人力资源职业领域、提升人力资源价值提供可能。

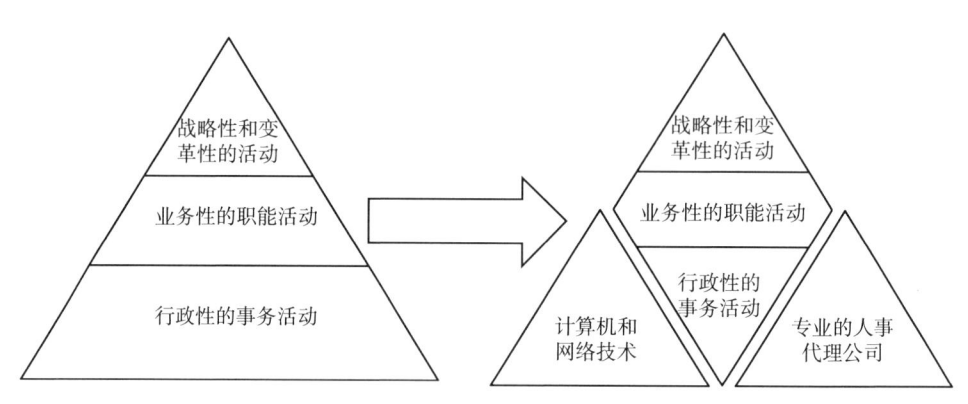

图 1-6　HR 从事活动类型的层次变化

知识链接 1-3

面向未来的吉利人力资源管理转型

浙江吉利控股集团是以汽车和汽车零部件生产经营为主的民营企业集团，旗下拥有吉利汽车集团、沃尔沃汽车集团、宝腾—路特斯和吉利新能源商用车。

吉利集团1997年进入汽车行业，2012年营业收入233亿美元，世界500强排名第575。2016年营业收入314亿美元，排名攀升至第343。目前吉利拥有员工近4万人，有科研技术人员近1万人。在业务迅速扩展、战略迅速转型和业务国际化背景下，企业的发展战略对人力资源管理提出了更高要求。人力资源要支撑集团的全球化战略发展，必须从原来行政事务管理占最主要的工作，变革为提供咨询服务占最主要的份额。集团人力资源管理体系从行政事务占60%、咨询服务占30%、战略支持占10%转变为服务资讯占60%、战略支撑占30%、事务性工作占10%。这样的转变是依靠集团HR三支柱模式来支撑的，包括业务单元、共享服务和领域专家。集团未来追求更高的人力资源管理效率，全球共享人力资源团队由娴熟的人力资源管理专业人士和特定领域专家构成，通过标准化的制度提高工作效率，人力资源全球化确保人力资源与业务部门密切合作，确保世界各地的经理都有直接联系的HRBP，全球核心团队致力于流程业务单位来领导。

资料来源：改编自基于吉利2020战略的人力资源管理．中国汽车报网，http：//ev.cnautonews.com/xw/201709/t20170905_553226.htm.

1.3.2 人力资源管理者和人力资源管理部门的角色

组织中，人力资源管理者和部门在很大程度上决定了人力资源管理作用发挥。人力资源管理的角色揭示人力资源部门及管理者在协助组织实现战略目标、创造价值的过程中所遵循的行为模式、发挥的作用以及作用机制。目前，学者们从多个方面对人力资源管理角色开展了研究，包括从不同的划分依据得出的不同结果，从业务逐渐转向战略，反映出人力资源管理角色的研究在持续进行。表1-5集合了相关的代表性观点。

表1-5 人力资源管理角色的转变

研究者	主要角色	划分依据
舒勒（Schuler）	业务人员、变革塑造者、代理人、组织顾问、战略规划师、人才管理者、资产管理者、成本控制者	对业务的关注
威利（Wiley）	战略角色、法律角色、运营角色	战略能力的关注
沃克（Walker）	战略性角色和运营性角色，如支持者、服务者、顾问、领导者	
乌里奇等（Ulrich & Beatty）	教练、设计师、建筑师、推动者、领导者、伦理道德监督者	

续表

研究者	主要角色	划分依据
美国国际人力资源管理学（IPMA-HR）	业务合作伙伴、变革推动者、领导者与人力资源管理专家	人力资源管理活动
美国联邦人事（OPM）	战略伙伴、领导者、员工支持者、技术专家和变革咨询者	

资料来源：根据相关文献整理。

其中，最为著名的是大卫·乌里奇教授采用四象限的方法将人力资源管理者和部门所扮演的角色划分为四种，如图1-7所示。横向表明人力资源管理活动关注的是过程或是人员，纵向表示着关注战略还是日常操作，纵横交叉就产生了人力资源管理者和部门的四种角色，即战略伙伴、管理专家、员工激励者和变革推动者。

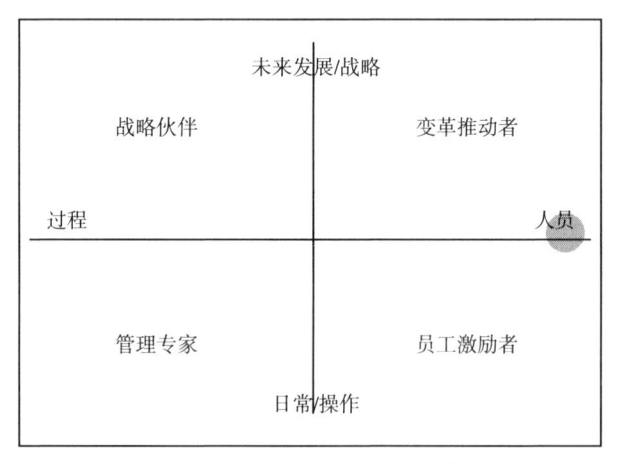

图1-7　乌里奇人力资源管理者和人力资源管理部门角色模型

（1）战略伙伴。战略伙伴强调人力资源管理者和部门要参与到组织战略的制定中去，并且要确保组织的人力资源战略得以有效实施，这就要求人力资源管理者和部门的工作必须以组织战略为导向。人力资源管理者从组织设计入手，通过定义组织结构，划分部门职责权限，以确定组织管理的基本模式，实现人力资源战略和企业经营战略有机结合，成为组织经营的发展伙伴，如战略人力资源规划、人力资源作业为业务伙伴等。

（2）管理专家。管理专家突出人力资源管理者和部门负责人力资源管理制度和政策的设计及执行，并据此承担相应的职能活动，包括人力资源规划、招聘录用、培训与开发、绩效管理、薪酬管理等，以专业的视角构建适合组织发展人力资源管理体系，并对直线部门的管理者开展人力资源管理的指导、咨询和服务。

（3）员工激励者。员工是组织运营的主体，人力资源管理者和部门要通过各种激励方案和制度的设计，反映员工的基本诉求，为员工提供组织支持，包括员工关系、劳动关系、薪酬福利、安全和健康等方面。

（4）变革推动者。组织变革常常伴随着结构和人员的变动以及政策的调整。变革推动者角色要求人力资源管理者和部门要成为变革的发动者和推进者，积极参与到战略的制定和调整、变革方案的制定和实施等工作中去，借助组织设计、人员安置、绩效管理和培训开发等工作，努力降低员工对变革的抵制和消极心态，降低变革为组织带来的风险。

1.3.3 人力资源管理者和人力资源管理部门的责任

到目前为止，大多数组织都设有人力资源管理部门和专业人员。然而，并非只由人力资源管理者和部门承担组织的人力资源管理实践的责任，需要由人力资源专业人员和一线管理者们共同承担。例如××公司基本法第六十二条：人力资源管理不只是人力资源管理部门的工作，而且是全体管理者的职责。而部门管理者有责任记录、指导、支持、激励与合理评价下属人员的工作，负有帮助下属人员成长的责任。下属人员才干的发挥与对优秀人才的举荐，是决定管理者的升迁与人事待遇的重要因素。

然而依然有不少管理者持有错误的观念。现代组织中，人力资源管理需要所有部门和管理者的共同配合才能得到落实，真正发挥作用。因此，所有的管理者都承担了人力资源管理的责任。

从组织角度出发，人力资源管理部门和其他部门在履行人力资源管理责任方面存在着对应的关系。首先，制度制定和制度执行的关系。人力资源管理部门负责制定相关人力资源管理的制度和政策，其他部门则贯彻执行。其次，监控审核与执行申报的关系。人力资源管理部门要对其他部门的人力资源管理制度和政策的执行情况进行监控和指导，发现问题及时处理，以确保制度政策的有效执行。其他部门则要执行相关制度和政策，并就发现的情况和信息及时反馈。最后，提供服务和请求支持的关系。人力资源管理部门要及时为其他部门提供人力资源服务和支持，满足其他部门的需要，从而确保人力资源管理工作的正常开展。表1-6列出了人力资源管理部门和其他部门在履行人力资源管理职能中的职责分工情况。人力资源管理部门与其他部门的分工如表1-6所示。

表1-6　　　　　　　　人力资源管理部门与其他部门的分工

职能	人力资源管理部门	其他部门
职位分析	根据部门的岗位信息，编写职位说明书 与其他部门沟通，修订职位说明书 组织结构调整和岗位设计	提供岗位信息和任职资格条件 配合人力资源管理部门修订职位说明书
人力资源规划	汇总部门人力资源需求情况 开展人力资源供求预测 拟定人力资源规划	提交本部门人力资源需求计划 落实人力资源业务计划
招聘录用	制定规范招聘流程和招聘计划 开展候选人招聘活动 对候选人进行初选推荐给部门主管 办理新员工入职手续并开展招聘评估	提出招聘需求，明确人员需求 参与候选人甄选，给出建议 安排应聘人员试用 试用评价，录用决策
培训与开发	制定培训管理体系，编制培训计划 指导、协助其他部门的培训工作 组织培训效果评估 建立员工培训档案和职业生涯规划	收集并提供部门培训需求信息 执行培训计划，安排员工培训 对新员工进行指导和培训 提供培训效果信息反馈与建议
绩效管理	设计绩效管理体系，编制考核计划 提供管理工具及相关表格 审核部门考核计划并组织落实 考核结果汇总，结果运用 建立完善员工绩效档案	参与绩效管理方案讨论，提供建议 确定部门考核内容、目标及评价标准 实施绩效沟通，及时跟进绩效 开展绩效面谈，制订绩效改进新周期绩效目标计划及调整
薪酬管理	设计薪资管理体系 开展薪酬调查和职位评估 核算员工薪酬福利和保险 审核其他部门的奖惩建议	参与薪资管理方案的讨论，提供建议 参与确定本部门薪资调整 决定业绩工资的合理分配 提供员工的福利和服务建议
劳动关系	制定劳动合同管理制度和政策 及时处理员工投诉 制定公平对待的政策并进行培训 参与制定安全操作规程提出建议	执行劳动合同管理制度和政策 了解员工需求，保持良好的沟通 确保职工受到公平对待 制定部门劳动保护规范并实施

直线管理者与人力资源管理者之间相互协作和有效配合才能使得人力资源管理覆盖到组织的整体，从而获得有效的人力资源管理实践。

知识链接1-4

华为公司的人力资源委员会职责

人力资源委员会是公司组织、人才、激励和文化等组织核心管理要素的综合管理和提升者，在董事会授权范围内，进行人力资源管理关键政策和重大变革的制定、决策以及执行监管，既体现公司统一的人力资源管理哲学和核心理念，保证人力资源政策的一致性，又充分适应公司各类各层部门的业务特点和管理模式，体现针对性，以支撑业务发展。

人力资源委员会主要职责包括：

在董事会授权范围内的关键管理者与人才的继任计划、调配、任免、考核和薪酬激励的管理；

整体激励政策、福利保障政策、薪酬框架与结构及人岗匹配的管理；

组织的建设与优化政策，及各预算单元人力资源预算与人员编制管理；

各类各级员工学习与发展的政策管理和工作指导；

员工纪律遵从管理的政策和重大违规管理；

员工健康与安全的政策和日常管理指导；

人力资源战略规划管理和人力资源重大变革管理。

资料来源：选自华为投资控股有限公司 2017 年年度报告. annual_report2017_cn.pdf http：//www-file.huawei.com/-/media/CORPORATE/PDF/annual-report/annual_report2017_cn.pdf? la=zh.

1.4 人力资源管理环境

环境是指与组织活动有关的各种内外部因素的组合，包括以大气、水、土壤、植物、动物、微生物等为内容的自然物质因素，还包括以观念、制度、行为准则等为内容的非物质社会因素。从组织角度出发，环境指组织界限以外的一切事物，不仅包括组织外部的资源条件等制约因素，而且还包括组织内部的结构及运营状况。

人力资源管理环境是指对人力资源管理活动产生影响的各种因素的集合。了解人力资源管理的环境，有助于实现人力资源管理决策和活动与环境的和谐统一，以便更好地实现人力资源管理的目标。因此，环境分析成为组织战略决策的前提，为人力资源管理的实践提供行动依据。人力资源管理管理环境主要可以分为外部环境和内部环境两方面。

1.4.1 人力资源管理的外部环境

外部环境是指在组织系统之外能够对人力资源管理环境产生影响的各种因素的集合。一般来说，可以从政治因素、经济因素、科技因素、法律因素、文化因素、劳动力市场因素等方面来分析。

（1）政治因素。政治环境是特定地区政治主体从事政治活动所带来的各种现象和条件的总和。国家层面的政治环境主要通过政治制度、政党和政党制度、政治性团体、执政党和国家的方针政策和政治气氛等方面反映出来。变化的政治环境可以给组织的生存和发展带来影响，政策和制度的变化势必会导致组织战略的改变，影响对人力资源的需求，相对稳定的政治环境十分有利于组织正常管理活动的开展。

（2）经济因素。经济环境是指组织面临的社会经济条件，其运行状况和发展趋势会直接或间接地对组织开展的各项活动产生影响，包括社会经济条件及其运行状况、发展趋势、产业结构、交通运输、资源配置等情况，是制约组织生存和发展的重要因素。市场经济条件下，经济发展状态会影响人力资源管理活动的开展。如市场活动活跃，对人力资源的需求就会上升，劳动力市场价格相应地发生变化，组织获得人力资源的就必须付出更高的成本，从而影响人力资源的有效使用。

（3）科技因素。科学技术环境是科学技术的进步以及新技术手段的应用对社会发展及组织运营所产生的作用和集合。随着科技发展带来的岗位需求提升，对员工的知识和能力的要求也相应地水涨船高。人力资源管理必须不断满足科技发展给组织带来的新变化和新要求，及时有效地提供人力资源支持。科学技术的发展也为人力资源管理技术的更新提供了新的工具。现代通信技术的发展改变了人们的沟通方式，也使得 e-HR 大行其道，极大地提升了人力资源管理的效率。

（4）法律因素。法律环境主要是法律意识形态及其与之相适应的法律规范、法律制度、法律组织机构、法律设施所形成的有机整体。受到法律调整的社会关系的影响，人力资源管理活动也必然受到相关法律法规的约束和限制。我国颁布的《中华人民共和国劳动法》《中华人民共和国劳动合同法》等一系列法律法规为组织开展人力资源管理进行最基本的行为规范，有利于组织和员工个人双方的权利义务得到保障。

（5）文化因素。广义的文化指人类在社会历史发展过程中所创造的物质财富和精神财富的总和，狭义的文化特指宗教信仰、风俗习惯、道德情操、学术思想、文学艺术、科学技术、各种制度等。马克思认为人的本质是一切社会关系的总和，不同的社会制度和阶级关系都会导致人力资源管理的模式存在较大差异，从而影响人力资源管理活动的效果。中国企业和美国企业完全不同的人力资源管理模式可以充分地反映出两者文化的差异。

（6）劳动力市场因素。劳动力市场的发展给人力资源的获取和流动提供平台。随着市场的不断变化，劳动力的有效供给、特定人才短缺引发的人才价格的变化、生活水平提高带来的人工成本上升、竞争对手薪酬福利改变等都将影响到组织人力资源管理决策，给招聘录用、辞退解聘、人才流动等人力资源活动形成外在的制约和限制。

1.4.2 人力资源管理的内部环境

内部环境是指组织系统中能够对人力资源管理活动产生影响的各种因素的总和。人力资源是组织维持正常活动必不可少重要的资源，人力资源管理贯穿于组织运营的所有方面。组织的内部因素包括组织战略、资源状况、组织结构、管理制度、组织文化等方面，直接影响人力资源管理活动的开展。

（1）组织战略。组织战略是组织对全局性、长远性、纲领性目标的谋划和决策，是为适应未来环境的变化、寻求生存发展的重大决策。人力资源管理作为组织系统的重要组成部分，必须服从组织战略，服务于组织长远发展，才能真正发挥人力资源的作用。当组织处于不同的发展时期，战略选择对人力资源的需求不同，导致人力资源管理职能的重点不同。

（2）资源状况。资源是财富创造的来源。组织开展正常运营需要各种资源的支持，包括自然资源和社会资源。人、财、物、时间和信息等资源的分布状况和稀缺性都会影响组织正常活动的开展，从而影响人力资源管理工作的效率。

（3）组织结构。组织结构是组织成员为实现组织战略目标，在职务范围、责任、权力等方面所形成的结构体系。组织结构决定了组织中人力资源的配置布局，形成分工与协作的关系，随着组织的战略调整和发展，组织结构也会相应地调整。

（4）管理制度。管理制度是企业组织和管理制度的总称，是对企业管理活动的制度安排。人力资源管理制度和政策是企业管理制度的重要组成部分，借助有效的人力资源管理活动，配合组织变革，强化组织管理的效果。

（5）组织文化。组织文化是在一定的条件下，组织逐渐发展并形成的精神财富的集合，包括文化观念、价值观念、企业精神、道德规范、行为准则、历史传统、企业制度、文化环境等。组织文化对组织成员的行为和态度均将产生持久和深远的影响，影响组织对人力资源管理模式选择、制度和政策的设计。

达尔文的适者生存理论认为，不是最强壮、最有权力的会活下来，而是那些最能适应环境改变的会赢得生存。社会发展和科技进步致使组织外部环境和内容条件发生了重大的变化，动态和不确定因素都在不断增加，导致组织面临着前所未有的挑战。人力资源管理必须充分认识环境的重要性，才能更好地面对环境变化给人力资源管理实践带来的机遇和挑战。

1.5 人力资源管理发展

1.5.1 人力资源管理的发展过程

人力资源管理经过了漫长的发展过程,实现了从传统人事管理发展到现代人力资源管理的转变。综合不同学者的观点,本书将人力资源管理的发展划分为以下阶段:

1. 萌芽阶段(18~19世纪末)

18~19世纪末,当人类社会发展进入到工业革命时代,机器代替人力投入到生产过程中。大量的农民进入工厂,从原来的单一生产转为集体劳动,管理的作用开始显现。伴随着社会生产力迅猛发展,企业创造出巨大的经济效益。这个时期企业规模较小,生产力水平相对较低,企业经营与管理缺乏严格的规章制度。企业的所有者就是管理者,凭借着经验和直觉进行管理。主要采用"师傅带徒弟"的方式培训员工。为了获得更多的收益,企业主往往采用提高劳动定额、延长劳动时间、降低工资等手段,管理水平相对较低。罗伯特·欧文(Robert Owen)曾经在苏格兰的一家纺织工厂进行了改革,他废除对工人的惩罚,强调人性化管理,创建了工作绩效评价系统,致力于改善工人的工作环境。他大力呼吁制定改善工人劳动条件的议会法案……由于他对人事管理的贡献,被人们尊称为"现代人事管理之父"。

2. 科学管理理论阶段(20世纪初至30年代)

20世纪初,随着资本主义的发展,从自由竞争资本主义转向垄断资本主义。企业规模日益扩大,雇用的员工越来越多,生产技术和劳动分工日益复杂。1911年,弗雷德里克·泰罗(Frederick Taylor)提出科学管理理论,强调用科学管理代替经验管理,从而开启了科学管理时代。泰罗通过注重科学的工作设计来提高工人的生产率,同时注重采用科学方法对员工进行招聘和挑选,用系统培训来取代自我培训,极大地提高工人的生产效率。泰罗创造了差别计件工资制,并最早提出将生产率改进的收益在企业和工人直接分享的思想。

科学管理的出现促进了工厂管理水平的提高,特别是动作和时间研究、劳动力管理制度化、工具系列化和标准化、科学培训员工等管理方法为提高企业人事管理的发展提供了科学的方法。这个时期对人的管理常常更多地重视工作年限、个人资格与经历，强调人事管理的程序和形式，重消极防御，轻积极启发。

3. 人际关系理论阶段（20世纪30～50年代）

从20世纪20年代后期至第二次世界大战结束，进入人际关系理论发展阶段。科学管理理论虽然在推动劳动效率方面发挥了重要作用，但因为忽视个人行为的差别和人与人之间关系的影响，引发新的问题。随着工人阶级日益觉醒，反抗日益激烈，导致劳资双方关系紧张。经济发展和科技进步，已有的管理理论和方式已经不能有效达到提高劳动效率的目的。30年代，哈佛大学教授乔治·梅奥（George Mayo）以著名的霍桑试验为基础，创立了人际关系学说。霍桑实验证明，员工的生产率不仅受到工作设计和报酬的影响，而且员工的情绪和态度强烈地受到工作环境的影响，从而影响生产率的改善。人际关系学说的提出将管理从注重效率和效果转向工作中的人。更多的企业管理者开始注重生产过程中的人的因素。人际关系学说认为管理者必须采用新型的领导方式，加强沟通，增加对员工的关心，提升员工的士气和工作满意度，从而实现劳动生产效率的提升。

4. 行为科学理论阶段（20世纪50～70年代）

1949年梅奥提出了"行为科学"代替了人际关系学说，代表行为科学理论时代的到来。继梅奥之后，又陆续涌现了马斯洛的需求层次理论，赫茨伯格的"激励—保健"双因素理论，麦格雷戈的X－Y理论等。行为科学的发展极大地拓宽了人事管理的领域，由一般的事务性工作扩展到对人的研究；由人事法规管理发展到人事心理研究，实现了由静态管理转向动态管理，由资格行为的限定到动机潜能的激发，从注重工作效率效益的提升转向提升员工的心理满足……为此，管理者的行为方式也从专制的家长式领导发展到民主式领导、参与式领导。

第二次世界大战结束后，随着经济从萧条走向繁荣，企业或组织的发展带动了人事管理的发展。组织分工日益细化，人事管理与生产、营销、财务等管理一样，成为组织的基本管理功能之一。人事管理的职责处于执行层面，与组织目标联系不够紧密，在组织中的地位不高，范围相对狭窄，主要的职能包括招聘、培训、考核和薪资等方面。

伴随着相关人事管理的法律法规逐步完善，劳资双方的分歧得到有效规范和约束，组织行为的科学研究也突破了人际关系学派的局限，从整体的角度研究组织，对人的价值有了更深刻的认知。彼得·德鲁克的《管理的实践》中第一次提出人力资源的概念，怀特·巴克出版了《人力资源功能》，标志着人力资源管理作为管理的重要职能的出现。至此，人事管理开始从最初的劳动管理、人事管理走向更为规范的发展道路；职能涵盖了劳动人事阶段的组织、工作分析、分工、选人、福利、激励和行为科学阶段的职业规划、企业文化、培训、绩效等人力资源管理功能。这些都为人力资源管理的出现奠定了理论基础，提供了实践经验的支持。

5. 现代管理阶段（20世纪70~80年代）

20世纪70年代以后，日趋激烈的竞争环境中，企业越来越强调对外部环境的反应能力，努力保持组织弹性，寻求发现并增强企业的竞争力。人力资源的重要性开始受到关注，对人的管理也从人事管理阶段发展到人力资源管理，成为现代管理理论的重要组成部分。

人力资源管理在原有人事管理的基础上，结合组织生存和发展的现实需要，将人力资源视为组织的重要资源，形成了对组织目标和战略实施的有效支持。这样就形成了现代人力资源管理的新思路。美国等发达资本主义国家开始出现人力资源开发和管理机构，专门从事对人的管理。进入20世纪70年代，一些发达国家如美国、日本的许多著名公司已经纷纷将"人事部"更名为"人力资源部"，标志着人力资源管理阶段的到来。

人力资源管理时代的到来，引发人事管理一系列变化。人事部门纷纷变成了人力资源部门，高层管理者开始关注人的管理工作，人力资源管理职责开始向各层级管理者拓展，并向上延伸；当人的投资收益开始高于其他资源时，组织对人的投资持续增大，教育和培训成为人力资源开发的重要手段；人事部门开始从行政部门独立出来，人事主管开始享有更大的发言权；专业人员的出现使得人力资源管理的效率得到明显提升，为此对人事工作者的资历和能力要求越来越高，待遇也有较大改善；人力资源部门的工作职责范围扩大，其职责权限、对组织的贡献上升；全球化时代的到来，跨文化管理的出现，必然要求人力资源管理保持更高的针对性与灵活性，以应对新的情况和问题……因此，人力资源管理的出现是管理理论和实践发展的必然结果。

20世纪80年代由于信息技术的发展，互联网和电子商务的应用，人类进入新经济时代。战略管理理论和实践的兴起和发展导致人力资源管理向战略人力资源管理转变。1981年，戴瓦纳、弗布鲁姆等（Devanna & Formbrum et al.）在《人力资源管理：一个战略观》中提出了战略人力资源管理（Strategic Human Resource Management）的概念。1984年，比尔等《管理人力资本》的出版标志着人力资源管理向战略人力资源管理的飞跃。90年代，人力资源管理的一个重要变化就是把人力资源看成是组织战略的贡献者，依靠核心人力资源建立竞争优势和依靠员工实现战略目标成为战略人力资源管理的基本特征。

战略性人力资源管理就是以组织战略为导向，根据组织战略制定相应的人力资源管理政策、制度与措施，以推动组织战略实现的过程。和传统人事管理相比，战略人力资源管理的最大变化在于基于战略导向，强调人力资源管理在组织管理活动中应处于核心的位置，将人力资源纳入组织发展战略规划，与组织发展战略有机结合，使得人力资源管理为组织总体战略目标服务；战略人力资源管理以系统的观点看待人力资源管理同组织其他系统之间的相互协调和配合。当组织环境处于不断发展和变化的过程中，人力资源管理就必须着眼组织整体，实现与动态发展的组织战略相匹配，服务于组织战略的发展。

战略人力资源管理实践的局限性在于提高组织绩效的目标过于强调经济合理性，未考虑人力资源政策和实践目标的长远性。战略人力资源管理要求人力资源与企业战略之间匹配，以保证人力资源发展与企业战略和外部环境相一致，但变化的环境难以确保人力资源政策和实践与战略的紧密对应，难以实现人力资源的可持续供给，从而无法成为企业获取持续竞争优势的来源。

1.5.2　21 世纪人力资源管理理论的新发展

进入 21 世纪，在全球化经济一体化发展、经济危机预警不断发出、许多国家经济发展无力、环境污染引发低碳化经济发展等背景下，环境呈现高度的动态性、复杂性与不确定性特征，这就要求人力资源管理必须做出积极的反应，理论和实践的探索也在不断进行中。可持续人力资源管理和绿色人力资源的提出代表学者对人力资源管理发展的积极思考。

1. 可持续人力资源管理（Sustainable Human Resource Management）

可持续发展概念于 1987 年由世界环境与发展委员会首次提出，倡议保护全球环境，主张兼顾经济、生态和社会三个层面共同发展的模式。随后，可持续发展理论被延伸应用到社会和组织变革的各个领域，产生广泛影响。在此背景下，可持续人力资源管理概念应运而生，开始了可持续理念与人力资源管理实践相结合的积极探索。

20 世纪 90 年代末，欧洲学者开始主张将可持续发展理念与人力资源管理相结合，并展开两者的融合研究。随后，越来越多的学者开始从可持续性的视角去思考人力资源管理问题。蒋建武（2017）提出可持续人力资源管理是在考虑雇主和股东利益的同时，延伸到优化和保护个体员工、政府等内外部利益相关者的利益诉求，为实现各方利益主体可持续发展目标的一系列人力资源战略和管理实践。这种观点极大地丰富了人力资源管理的范畴。

可持续人力资源管理很大程度上克服了战略人力资源管理的局限性，致力于平衡组织经济效应和可持续发展之间的分歧，保证人力资源的可持续供给，减少对外部利益相关主体的负面影响。与战略人力资源管理相比，可持续人力资源管理更强调维持并发展组织的人力资源基础，通过评估人力资源活动对人力资源基础和来源可能带来的消极影响，致力于平衡组织经济效应和可持续发展之间的分歧。因此，有研究者认为可持续人力资源管理是继战略人力资源管理理念后的新研究动向和实践方向。

可持续人力资源管理突破了传统人力资源管理理念范围，不仅关注组织的内部效益（个人效益、组织效益），还关注组织外部效益（社会效益和环境效益）。可持续人力资源管理的核心是促进人力资源的维持、再生与发展，其目标不仅在于增加组织的经济利润，更应落实到减少对生态环境的破坏和对员工的身体及心理危害。然而，在组织的管理实践中，实施全面系统化的可持续人力资源管理方式仍具备挑战性，这要求组织必须努力拓展新路径，尝试从可持续的视角逐步践行新的管理理念并且改革现有的组织工作系统。

2. 绿色人力资源管理（Green Human Resources Management）

绿色人力资源管理的出现发展了可持续人力资源管理的主张。早在1996年就有学者强调应该将环境管理与人力资源管理联系起来。随着研究的深入，学者们从功利性和非功利性角度对人力资源管理涉及的可持续发展问题进行了观察和研究，将可持续发展、环境管理和人力资源管理进行交叉，把可持续发展的人力资源管理定义为"既满足企业和社会目前的需要，又不对其未来需要的满足构成危害的人力资源管理"（唐贵瑶，2015），从而形成了一个全新的研究领域，即绿色人力资源管理。

绿色人力资源管理是指将"绿色"理念应用到人力资源管理领域所形成的新的管理理念和模式。其主要任务是通过采取符合"绿色"理念的管理手段，实现企业内部员工的心态和谐、人机和谐和生态和谐的三大和谐，从而为企业带来经济效益、社会效益和生态效益相统一的综合效益，实现企业和员工的共同、持续发展。

不同于战略人力资源管理过于强调竞争，关注与雇主商业战略的契合，绿色人力资源管理以建立与内外环境共生的人力资源管理系统为目的，充分考虑环境与相关主体的价值存在与诉求。李中斌（2014）认为绿色人力资源管理是在组织人力资源管理中融入可持续发展、关爱包容与和谐共赢等理念，使人力资源战略管理、招聘管理、培训管理、绩效管理、薪酬管理、劳动关系管理等各环节形成绿色管理生态链和关爱管理价值链，从而实现组织经济效益、社会效益和生态效益的协调统一。

综上所述，人力资源管理的发展是一个不断探索、不断进步的过程，也是历史发展的必然。回顾发展历史，可以使得我们更深入地了解人力资源管理的昨天、今天和明天。知识经济时代的到来，人力资源管理受到越来越多的关注，给人力资源管理的发展提供更为有利的条件，值得不断思考、总结和探索。

1.5.3 互联网时代人力资源管理实践新探索

科技发展和社会进步相伴相生。回顾农耕时代—工业时代—信息时代的发展，科学技术在不断推动人类社会向前进步。互联网时代的到来，在全球范围掀起一场深刻变革，人类又将开启一个新的发展阶段。互联网以超越时空的互联互通，使组织与用户、人与人之间的距离无限趋近，实现无障碍沟通的同时交流价值倍增；它将无数个微型组织、自主经营体有机联系形成的"网状价值结构"决定了以用户为中心的价值交互网和以人力资源为中心的价值创造网交互作用；大数据成为互联网时代的重要特征。互联网的发展使得组织进入开放、合作、共享的良性循环的有机关系状态。任何组织都必须顺势而为，抓住互联网时代带来的前所未有的机遇和挑战，寻求生存和发展。

互联网时代同样也给人力资源管理带来新的挑战，许多组织特别是企业已经在行动，积极应对，走出一条探索人力资源发展的创新之路。

1. 组织边界扩展，员工与顾客共创价值

互联网时代，科技发展带来的信息技术更新日益加快，人与人之间的关系发生重大的变化，市场需求引发的资源配置形式发生重要改变，使得商业模式不断更新……科技价值远远大于传统产品的价值，人力资源成为最重要的资源，人力资源管理的重要性日益显著。

管理学大师彼得·德鲁克曾说过，客户是企业存在的依据，企业的生存依赖于它们的服务和产品能否长期得到客户的充分认同。员工创造价值的同时，也创造了客户。互联网背景下，客户不仅仅包括外部合作者和市场消费者，还包括企业内部员工的客户群体。"跨界联动、交互协同"的管理理念已经成为社会的共识。

小米的"粉丝"是小米产品的客户，自发地去了解小米产品背后的东西，并且内心认同小米的价值观、企业文化、运营模式、经验理念和产品，自发地为当地的小米门店开展宣传，成为志愿者参与市场推广。他们已经不是传统的客户，以自己的贡献带动了小米的发展；美国维基百科也是网站和用户之间协作最好的产品之一。一个仅有着142名员工的网站成为全球第6大网站的秘密就在于，维基百科作为一个多语言百科全书协作计划，为每个愿意提供并发表意见的人提供了机会，让每个用户以编辑的身份参与到为建造一个"无所不包的知识库"的崇高的事业中来。维基百科的目标是向全人类提供自由的百科全书，并希望各地民众能够使用自己选择的语言来参与编辑条目。维基百科的文化充分体现在网站的

方针和指引中，使得全球上百万人于线上以协作方式促进了维基百科的快速成长。有人认为维基的成功是对知识分享、自由协作精神的认同。正是互联网导致了员工顾客角色互换，共同创造价值。当组织边界无限扩展，员工顾客协同一致成为可能，人力资源的管理也相应地发生了本质的变化。

管理实例 1-1

人单合一——海尔生态平台上的人力资源管理新模式

2005 年 9 月，张瑞敏在海尔全球经理人年会上提出了"人单合一"的全球化发展战略。"人单合一"就是把员工、为顾客创造的价值、面对的顾客资源整合在一起。

2012 年 12 月，海尔发布网络化战略，正式宣布进入互联网时代，全面对接互联网。顺应的"零距离""去中心化""分布式""迭代创新"等时代发展的新趋势，海尔明确了新的人力资源管理开放、共享、共赢的核心思想，即通过从传统封闭的科层制组织转型为开放包容的创业平台，创建机会均等、结果公平的游戏规则，实现利益攸关各方共建共享共赢。张瑞敏领导下的海尔对组织战略如何落地、组织效率如何提升、外部优质资源如何接入和配置、员工创业创新精神如何激发等问题进行了深入思考和系统探索，在此基础上形成了按单聚散的人力资源管理新模式。

新模式带来新发展，组织开放度不断提高，组织沟通更加顺畅，小微组织的创新精神、进取意识和团队活力都得到空前释放。2014 年，人均效率、人均效益指标较 3 年前实现倍增，人力资源效率改善 36%，员工收入平均增幅 30%。截至 2014 年 10 月，在海尔的平台上已经孕育和孵化出 100 多个创客小微，支持了组织向平台型企业的转型。

扩展阅读：海尔集团人力资源平台. 按单聚散——海尔生态平台上的人力资源管理新模式 [J]. 企业管理，2015（3）：6-13.

2. 组织结构创新，充分激发个体活力

互联网改变人与人关系的同时，也给传统的组织结构带来巨大的冲击与颠覆，传统的直线职能制逐渐被新的组织结构取代，组织中的权、责、利等方面也相应地发生变化。美的集团通过七大措施推动了组织架构深化转型，建立了技术领先和产品创新的价值路径，实现了真正以用户和产品为中心，放大员工价值创造，提升了企业运营效率；新希望集团和安踏集团都通过人才机制的大胆转型和有序授权，实现由内部驱动的主动性变革，激发员工创造力，以积极的组织变革获得企业不断发展。

通讯技术的发展为灵活的小团队或项目小组提供了具有强大支撑作用的平台，从而带来组织结构的创新。阿里巴巴的"大中台，小前台"、腾讯的特征团队、韩都衣舍的小组制等都是顺应发展而做出的主动选择。事实上，现在的企业为了更好地满足市场多元化、差异化和个性化的现实需求，组成了不同类型、不同规模、不同业务方向的各种小团队，团队成员之间高效协作，致力于团队目标的达成。小团队的运作离不开"大平台"的支持，需要从平台端获取所需的产品技术资源和大数据决策支持，实现灵活、精确地对接，及时满足客户的需要；另外，"大平台"有效聚集资源，实现团队共享，极大地减少信息的不对称性，在提升效率的同时，也激发了员工的工作积极性。海尔集团的"人单合一"的人力资源管理模式中，内部的"小微"组织享有决策权、分配权和用人权，通过自组织的方式实现价值的共创、共治与共享。模式创新让海尔从强执行力的组织转变成创业的平台；员工则由被动的执行者变成开放创新平台上的创业者，用户需求驱动的员工创业的动力，为用户创造价值的同时也实现企业和自身的价值。海尔也借力众小微自组织，实现了从一家传统企业向互联网平台企业的转型，推动了海尔网络化战略的有效实施。

无论是传统企业的自组织化管理，还是"大平台 + 小团队"模式，都是企业的主动变革，新的组织形式依托于组织对人力资本价值的重新定位，目的在于使组织及时适应外部环境变化，更好地激发员工个体的能力与活力，以更为有效的结构方式开展运营。

管理实例 1 – 2

腾讯的人力资源管理

腾讯公司认为"HR 的价值是帮助企业创造附加价值"。公司人力资源的特点包括：第一，确保 HR 与公司长期战略发展紧密联结。HR 要负责制定各类规划、通过各种人力资源工具和方法的实施，预判未来，给予政策指引。为此公司专门设立了 HR 的研发条线，确保 HR 站在战略前沿。第二，让 HR 深入事业群内部，建立懂业务 HRBP 团队。HR 做企业战略伙伴不是一句空话，要做到与业务捆绑，HRBP 的团队成员会每天参与事业群的业务会议，了解不同事业群业务的个性化的特征，给出个性化的解决方案。第三，建立中间平台，实现"资源共享"。腾讯的 HR 平台将通过高效的 e – HR 信息化系统，为各部门提供一站式 HR 解决方案，同时提高 HR 团队的工作效率。

资料来源：人力资源工作经验分享. 腾讯人力资源管理经验分享. https://www.wenjiwu.com/doc/awwoii.html.

3. 大数据有效利用，人力资源管理提质增效

大数据（Big Data）顾名思义就是海量数据的集合，是经过处理得到的具有更强的决策力、洞察发现力和流程优化能力来适应海量、高增长率和多样化的信息资产。大数据是高科技时代的产物。大数据可以用于客户群体的细分，用于为特定群体提供量身定制的产品和服务；实现现实情境的模拟，以发现新的需求的同时，探索提高投资回报的可能方法或路径；加强系统联系，将分工后的各部门或子系统有机地联系起来，提高整体运行效率；发现隐含的问题和不确定性，开展产品和服务的创新，努力降低服务成本。

在大数据的帮助下，人力资源管理将由原来依靠经验进行管理向更加科学规范的管理方式转变，通过先进的平台对数据信息进行获取、整理和分析，使管理过程更加规范化，也为管理者开展决策提供了更为可靠的依据，为有效地开展求人、育人、用人、留人等活动提供数据支持，为科学人力资源决策提供依据，从而大大提升人力资源管理的效率（见表1-7）。作为全球最大的信息技术和业务解决方案公司，IBM正在将业务重心从传统领域向认知计算和云平台积极转型，并在大数据分析、物联网、认知服务等领域保持领先。IBM尝试通过预测性高级分析技术实施人才保留计划，将最先进的技术手段第一时间应用在内部人力资源管理实践中，以认知计算的分析辅助能力有效保障保留和激励员工目标的完成。大数据为人力资源管理提高效率提供了有效的技术支持。

表1-7　　　　　　　　大数据在企业HR中的应用

求人	为人力资源规划提供数据支持，实现人力资源供求平衡，配合组织战略需要 为职位分析和岗位评价提供客观数据支持 为空缺岗位和候选人之间匹配过程提供了精准高效的工具 基于个人信息数据挖掘，全面了解应聘者的情况，实现科学甄选 基于候选人的评估结果和个人意愿，提高人岗匹配决策的科学性
育人	结合战略需求和技术特点，提炼并综合培训的项目 根据员工绩效评估结果，提取培训需求信息 培训数据的整合与分析，以更好地选择培训方法，合理控制培训成本 基于员工行为特征数据分析，针对性的项目选择，实现个人潜力的有效挖掘 基于培训数据，实施有效的培训效果评估
用人	有助于实现基于客观数据支持的客观全面的绩效评估 实现人才测评，实现对人的基本素质及绩效的测量和评定 明确员工偏好和工作动机，为员工创造发挥价值的空间 有效实现人岗匹配，降低管控成本，减少内耗
留人	分析员工的价值诉求与利益期望，制定合理的薪酬策略 提供奖励选项和人性化的福利制度，满足不同员工的个性化需求 发现劳资关系的分界点，针对性地改善组织关系，减少矛盾和冲突

管理实例 1-3

基于大数据的谷歌人力资源管理

谷歌公司将 HR 的职能部门称为"人力运营部"。谷歌所有的人事决策都是通过强大的"人事分析团队"基于数据和数据分析做出的,目标在于人事决策所采用的精确化水平与项目决策相同。

(1) 氧气项目。氧气项目通过研究分析大量的内部数据,判定杰出的管理者都是基于其卓越的表现。它进一步鉴别出卓越领导者的特性。员工们会每年两次根据这些特性对其上司的表现进行评价。

(2) 人力资源实验室。谷歌的人力资源实验室通过实验来判定员工管理的最有效的方法并提供多种的工作环境(包括使用最令员工愉悦的奖励方式)。实验室甚至借助科学的数据和实验,通过降低员工饮食中卡路里的摄入量(仅通过减小餐盘的尺寸),来促进员工的健康。

(3) 人才保留算法。谷歌借助自己开发的一个数学算法积极并成功地预测到哪些员工很有可能会离职。这项举措允许管理者在为时过晚之前采取行动,并为员工留任提供个性化解决方案的空间。

(4) 人才管理预测模型。谷歌开发了一个预测模型并运用有效分析进一步改善对未来人事管理问题与契机的预测。谷歌也将运用数据分析提供更具成效的员工计划,这是实现企业快速发展与变革的关键。

(5) 人才多样性管理。作为国际化公司,谷歌公司运用数据分析来处理员工多样性问题。从结果来看,人员分析团队运用数据分析来鉴定人员(尤其是对于女性员工)招聘、留任和升职板块薄弱的本质原因。鉴定的结果对于企业的人员招聘、留任和升职的影响存在显著的可测量性。

(6) 高效招聘算法。谷歌公司开发了一个算法来预测应聘者在获聘后是否具有最佳生产力,还包括鉴别面试背后所隐含的价值,显著地缩短聘请员工的周期。在部分项目中,谷歌针对每类工作员工招聘开发了一个算法,用于分析被拒绝的简历,分辨出任何他们可能错过的卓越的应聘者,结果仅有 1.5% 错失率。

(7) 优秀人才的绝对值。为了检验优秀人才的价值,谷歌的人力运营部专业人员会整理各行各业最佳"商业案例",然后利用必要的资源去聘请、留下卓越人才,并进一步发展员工的卓越才能。

(8) 工作环境设计对部门合作影响。谷歌特别关注提升不同职能部门员工之间的合作水平。谷歌发现需要增加三方面变革:学习、合作以及娱乐。因此,谷歌有意识地设计工作环境来最大化地实施变革,甚至追踪员工在咖啡厅花费的时间,以此最大化地开展项目。

（9）提升发现和学习机制。相比传统的室内学习，谷歌公司更加强调在实践中学习（绝大多数的人是通过在岗学习的）。谷歌通过循环式学习、从失败中学习、成功人士演讲等以提供员工发现与学习的契机。

（10）用数据来说服而非胁迫员工接受。谷歌人员分析团队成功的最后一项关键要素出现在给高管们和管理者的最终建议书上。相比于用要求或胁迫的方式令管理者接受变革，它借助内部的顾问和高影响力的人基于强大的数据以及所呈现的行为来说服他们，运用数据去改变现在的观念，去影响现在的人。

资料来源：谷歌：成功源于重新定义HR，http://www.360doc.com/content/14/0612/15/15477063_385999279.shtml.

4. 人力资源优先，全面优质服务

人力资源是价值创造的源泉。人力资源管理将为员工提供有效的产品和服务以实现人力资源价值的提升的同时，有效激励员工更加投入到工作中去。

由于组织结构改革及工作方式的变化，组织需要根据战略目标和组织结构的变化重新界定人力资源发展战略，并且针对不同层次、不同类型的员工设计并制定相应的策略，努力提高员工积极性的同时，为实现个体价值的不断提升和能力发展创造条件，从而为组织大发展提供源源不断的动力来源。为此，新技术应用背景下的人力资源管理的制度设计、产品和服务都将对组织目标的实现发挥重要作用。

人力资源的价值提升直接关系到组织产出和效率的提升。培训与开发的手段和方式在互联网时代发生变化。相比于传统的室内学习，现在更加强调在实践中学习。液化空气中国公司（Air Liquide China）作为全球工业与医疗保健气体、技术和服务领域的领导者，通过自下而上的岗位/人才盘点、针对性的员工发展项目和灵活的e-HR工具，成功搭建了系统性的人才发展框架，不仅为员工发展提供了广阔的平台，也提升了员工在职业发展上的自主性；腾讯公司通过TTCP（技术职业发展通道管理委员会）完成员工自我实现的需要满足，它就像腾讯的"黄埔军校"。在TTCP，技术人才被分为六个级别，从T1（工程师）到T6（首席科学家），各级别人才都会得到详细有效的提升培训计划。除了TTCP外，腾讯还提供各类职业通道体系，在腾讯学院设有学分制培训计划，员工凭特长和兴趣自由选择相应的课程，即包括管理、技术、设计、产品、市场等。

传统的薪酬激励方式难以满足现代员工的期望要求，难以激发员工的工作积极性和创造力。如单纯依靠薪酬激励，手段单一，绩效反馈不及时等都将导致激励失效。互联网的发展可以为员工提供更加全面的激励。借助互联网的互联互通，企业对员工的付出和贡献，特别价值创造的回报将更加全面和及时。一家澳大利亚的IT公司利用人力资源分析显著地提高了员工敬业度。该公司开发了一

款手机应用程序，该程序有利于制定快速调查问卷、员工合作、反馈和评估。云计算将这类数据汇总分析，并且通过该程序作出快速响应，肯定员工对组织的价值贡献和工作努力，对其给予应有的认可和奖惩，实现对员工的有效激励。它还能够对反馈结果进行分析，持续促进工作环境和人际关系的改善，提高员工的满意度。

更多的技术正在不断被应用到人力资源工作中来。基于现代技术构建的企业福利积分系统，打造全面弹性的福利积分平台，借助灵活多样的福利选择，解决传统福利众口难调的问题，成为节约用工成本的工具；基于大数据、用自然语言处理和机器学习技术构建员工档案，可以从心理和行为方面对员工的情绪和压力等进行判断，预测员工离职倾向，发现影响员工工作积极性的内在因素，以选择更加有效的管理措施消除风险；搭建优秀的组织社交网络平台，及时沟通信息，提供参与决策的机会，实现组织支持的多元化，让员工更多地感受到协作、关爱、共享和尊重，有利于维护员工工作和家庭的平衡，有利于组织氛围的和谐，稳定人力资源队伍。

管理实例 1-4

苹果公司的 iHR

苹果公司为实现全球范围人力资源管理的网络化，运用基于先进的软件系统和高速、大容量的硬件构成的 iHR 人力资源管理系统实现专业管理。该系统通过集中式的人事核心信息库、自动化的信息处理、员工自助服务桌面、内外业务协同以及信息共享，从而达到降低管理成本、提高效率、改进员工服务模式以及提升人才管理战略地位等目的。

特色一：以人为本的员工帮助中心。苹果公司专门设立员工帮助中心，处理员工日常学习和咨询事宜。员工在工作、学习中碰到了任何问题，都可以随时通过 iPod、iPhone、iPad 向员工帮助中心求助。接到员工求助后，帮助中心将及时做出解答。员工对答复不满意时，可以进一步追问，直到问题彻底解决为止。中心也成为人力资源部新员工的入职培训基地，新员工可以了解人力资源部的日常工作内容。员工帮助中心的高效运作，使人力资源管理部门有充裕的时间进行战略思考和全局规划。

特色二：自我管理的员工福利计划。1996 年，苹果公司首次使用内网的福利登记系统 FBE（Flex Benefis Enrollment），替代了原来烦琐的书面登记系统，向员工提供高效、准确、交互式的登记办法。此后，苹果公司开始强调员工的自我管理，而非依赖人力资源代表进行管理。这一转变使绝大多数员工逐步养成习惯，把网站作为主要信息来源和交易场所，并对自己进行福利管理产生浓厚的兴趣。苹果公司不断推出新的在线应用软件，包括家庭状况变化登记软件、退休计划登记软件等，以强化员工自助操作的软件环境。此后，苹果公司重新设计了FBE软件和福利网站的外观设计，这些改进使得登记工作变得更加简便易行。调查结果显示，员工对在线获取信息、作出选择感到满意，员工也乐于自己上网选择福利方案。

资料来源：苹果公司的人力资源管理有哪些显著特点？中国人力资源网，http://www.hr.com.cn/p/1423415526.

本章小结

人力资源是人所具有的、能够为组织所利用、可以对价值创造起贡献作用的知识和技能的总和。人力资源的本质是附在人身上的劳动能力，能够被组织用于创造价值。作为一种特殊而又重要的资源，人力资源可以从数量和质量方面进行衡量。与其他资源不同，人力资源具有能动性、时效性、增值性、社会性和可开发性。人力资源已经成为经济增长的决定因素和组织发展的重要资源。

人力资源管理就是在特定环境条件下，围绕人力资源的获得、开发、保持和有效利用而开展的一系列管理活动，以调动人的积极性，挖掘人的潜能，提高人的价值，从而实现组织和个人目标的过程。人力资源管理目标是为组织实现特定的目标从而获得、开发、保持和有效利用人力资源，以提供相应的人力资源支持和保障。人力资源管理的功能可以概括为职位分析、人力资源规划、招聘录用、培训与开发、绩效管理、薪酬管理和劳动关系管理，各职能之间相互联系、相互影响，共同构成一个有机的系统。

人力资源管理是在传统人事管理基础上发展而来，经历了从萌芽阶段、科学管理、人际关系、行为科学不同的发展阶段，逐渐发展成为人力资源管理。战略人力资源管理、可持续人力资源管理和绿色人力资源管理代表了人力资源管理的探索和发展还在继续。

思 考 题

1. 和其他资源相比，人力资源具有哪些特征？
2. 人力资源和人力资本是一回事吗？
3. 人力资源管理的含义是什么？
4. 人力资源管理的职能通过哪些活动反映出来？职能之间的关系是怎样的？
5. 如何看待人力资源管理的发展？

章末案例

王经理的苦恼

王经理是××公司的人力资源部经理。近一个月，公司接二连三发生的事情似乎都与他有关，让他苦不堪言，执行总裁责令他尽快拿出解决方案。

第一，新生产基地扩建，急需招聘新人。公司准备再建立一个生产基地，新工厂将于一年后建成投入使用，必须雇用与培训近500名新员工。同时，从总部还要调去50名技术与管理人员。这是件不容易的事，因为大家习惯了工作和生活环境，要动员他们去，可要花费不少的口舌。

第二，新技术应用带来产品转型，引发大量员工下岗安置。公司的竞争对手M公司在芯片技术开发上与国外某品牌公司达成战略联盟。新技术的应用可以大幅度地削减产品成本。这样，公司生产与销售同类产品的子公司将会遭受毁灭性打击，大量员工将下岗或重新安置。如何处理这个问题，关系到员工的士气维持与企业的稳定运营，也要耐心筹划，稳妥应对。

第三，员工工资不断上升，带来人工成本增长的压力。随着生活水平不断提高，最低工资水平不断提升，企业的人工成本增大，负担加重。如果不能及时提高员工收入，有可能面临着士气低落、人员流动的风险……如何有效控制人工成本的过快上升，需要尽快制定合理的薪酬调整方案。

第四，骨干员工流失，削弱企业核心优势。公司最近半年来，中层管理者的离职比例明显高于去年，尤其是物流部老张的辞呈，更让总裁恼火，因为老张是公司元老之一。如何留住骨干，关键在于有一套好的激励措施。

怎么才能有效应对面对的问题？王经理陷入深思之中……

思考题：
1. 企业人力资源管理职能活动包括哪些方面？
2. 结合人力资源管理职能，王经理应当从哪些方面提出相应的解决对策？

第 2 章

职 位 分 析

学习目标

- 掌握职位分析的概念和职位分析的相关术语，理解职位分析的作用
- 熟悉胜任素质的概念和典型的胜任素质模型
- 掌握职位分析程序，熟悉收集职位信息的相关方法
- 熟悉职位说明书内容，了解职位说明书的编写注意事项
- 了解组织虚拟化背景下的职位分析

引导案例

到底谁来做清扫？

一个机床操作工把大量的机油洒在机床周围的地面上。车间主任命令操作工把洒掉的机油清扫干净，操作工拒绝执行，理由是职位说明书里并没有包括清扫的条文。车间主任顾不上去查职位说明书上的原文，就找来一名服务工做清扫。但服务工同样拒绝，他的理由是职位说明书里也没有包括这一类工作。车间主任威胁说要把他解雇。服务工勉强同意，但是干完之后立即向公司投诉。

有关人员看了投诉后，审阅了两类人员的职位说明书。机床操作工的职位说明书规定：操作工有责任保持机床的清洁，使之处于可操作状态，但并未提及清扫地面。服务工的职位说明书规定：服务工有责任以各种方式协助操作工工作，如领取原材料和工具，随叫随到，即时服务，但也没有明确写包括清扫地面工作。

资料来源：根据 https://wenku.baidu.com/view/5ce831add1f34693daef3e08.html 相关资料整理。

2.1 职位分析概述

2.1.1 职位分析的概念

关于职位分析（Job Analysis），最早的思想可追溯到古希腊的苏格拉底，他提出了"社会分工"概念。1979年，德国人沃特·罗莫特提出职位分析调查法，被认为是职位分析的创始人。自从职位分析这一概念出现以来，不同学者分别从不同侧面对其进行了阐释，表2-1是不同学者对职位分析的定义。

表2-1　　　　　　　　　　不同学者对职位分析的定义

学者	职位分析的定义
加里·德斯勒	组织确定某一项工作的任务、性质，以及什么样的人员可以胜任这一工作，并提供与工作本身要求有关的信息的一道程序
罗伯特·马希斯	一种系统地收集、分析和职位有关的各种信息的方法
雷蒙德·A.诺伊	获取与工作有关的详细信息的工程
R·韦恩·蒙迪	确定完成各项工作所需的技能、职责和知识的系统过程
亚瑟·W.小舍曼	遵循一系列事先确定好的步骤，进行一系列的工作调查来收集工作岗位的信息，以确定工作的职责、任务或活动的过程
村中兼松	包括两个方面：一是分析者对确定的目标职位进行仔细观察；二是为适应招聘录用、人员配置、薪酬考核、培训开发、升迁异动等人力资源管理工作的需要，对该职位的性质等进行全面的分析，并建立信息库

综上所述，职位分析是一种应用系统方法，收集、分析、确定组织中职位的全面信息，并对职位相关信息进行描述的过程，这些信息包括职位定位、目标、工作内容、职责权限、工作关系、业绩标准、人员要求等因素，核心问题是如何制定职位职责和任职资格的相关标准。所谓职位职责，即解决"职位做什么事情的问题"，涉及职位工作具体内容、要求、工作关系、工作条件等一系列内容。所谓任职资格，即解决"什么人担任此职位最合适的问题"，涉及任职者的一系列必要资格，包括专业知识、工作技能、工作经验、必备证书、心理素质等方面。

2.1.2 职位分析的作用

1. 职位分析对组织各级员工的作用

在组织中,当面临以下情况时,急需进行职位分析:
(1) 缺乏明确的完善的书面职位说明,人们对职位的职责和要求不清楚;
(2) 虽然有书面的职位说明,但与实际工作情况不符,很难遵照其实施;
(3) 经常发生推诿扯皮、职责不清或决策困难的现象;
(4) 刚刚进行了组织机构和工作流程的变革或调整;
(5) 当需要招聘某个职位的新员工时,发现很难确定用人的标准;
(6) 当需要对员工的绩效进行考核时,发现没有根据职位确定考核的标准;
(7) 当需要建立新的薪资体系时,无法将各个职位的价值进行评价。

通过职位分析,组织可以明确以下问题:应该设计什么样的组织结构?应该设置多少部门?部门的职能是什么?承担部门职能需要多少职位?每个职位需要多少人?每个职位应该支付多少报酬?哪些人可以胜任这个职位?

中层经理可以明确以下问题:主管的部门应承担的职能是什么?应该有多少职位?需要多少人?应该选什么样的人就任该职位?应该从哪些方面辅导员工做好工作?如何评价员工的工作业绩?如何指导下属在企业内的发展?

员工可以明确以下问题:我的责任范围是哪些?我将如何开展我的工作?我将如何改进我的工作?我的工作标准是什么?我在这个企业里将如何发展?

因此,职位分析对于管理者来说,可以使其更加明确本部门的人员需求,为合理地分派工作、制订计划、绩效考核提供参考,也可以为员工提供更好的辅导和支持。

职位分析对于任职者来说,可以使其明确本岗位的价值和主要产出,清楚自己的主要产出领域及结果,是他们任职素质提升和向上级寻求更有针对性的指导的依据。

2. 职位分析与其他人力资源管理职能的关系

职位分析作为人力资源管理的基础工作,对于其他人力资源管理职能的顺利运行发挥着重要的作用。

(1) 职位分析对人力资源规划的作用。人力资源规划的核心工作是人力需求与供给的预测。职位说明书规定的任职资格条件是进行人力需求预测的重要参考,职位说明书列出的岗位层级关系和晋升、岗位转换关系是进行人力供给预测的重要依据。

(2) 职位分析对招聘录用的作用。职位说明书规定的任职资格条件既是职位评价的重要参考因素，又是职位人员空缺时设计招聘广告的基础。招聘广告中对于任职人员的具体要求在职位说明书的任职资格条件中均可找到。

(3) 职位分析对培训开发的作用。在预测员工培训需求时，主要参考依据是职位说明书列出的职位职责要求、考核要求等；在对员工职业生涯进行开发时，职位分析还可以为职业发展提供路径与具体要求。

(4) 职位分析对薪酬管理的作用。职位分析通过了解各项工作的内容、工作所需要的技能、学历背景、工作的危险程度等因素确定工作相对于组织目标的价值，成为合理进行岗位评价，进而合理确定不同职位薪酬的依据。在此基础上，使薪酬结构与工作挂钩，有利于制定公平合理的薪资政策。

(5) 职位分析对绩效管理的作用。职位分析明确界定了每个职位的工作内容及所要达到的标准，可以为绩效考核提供明确的方向，有效减少考核中的主观因素，提高考核的客观性和科学性。

2.1.3 职位分析相关术语

在明确职位分析基本概念的基础上，还需对职位分析相关术语有一定了解，才能更加透彻地认识职位分析。职位分析相关的基本概念包括：工作要素、任务、职责、权限、业绩标准、职位、职务、职业。其基本关系如图 2-1 所示。

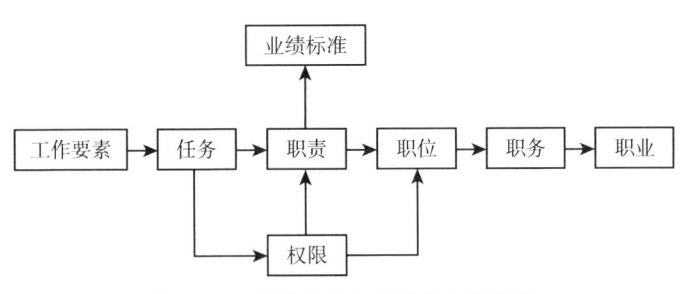

图 2-1 职位分析基本概念之间关系

(1) 工作要素。是指工作中不能再继续分解的最小活动单位，工作要素是形成职责的信息来源和分析基础，并不直接体现于职位说明书之中。例如：拨打电话。

(2) 任务。是指为了达成某种目的而进行的一系列工作要素，是职位分析的基本单位，并且它常常是对工作职责的进一步分解。例如：回答客户的电话咨询。

(3) 职责。是指为了在某个关键领域取得成果而完成的一系列任务的集合，它常常用任职者的行动加上行动的目标来加以表达。例如：维护客户关系，以保持和提升公司在客户中的形象。

(4) 权限。是指为了保证职责的有效履行，任职者必须具备的，对某事项进行决策的范围和程度。例如：具有独立审批 10 万元以内的预算开支的权限。

(5) 业绩标准。是指与职位的工作职责相对应的对职责完成的质量与效果进行评价的客观标准。例如：人力资源经理的业绩标准一般包括：员工满意度、招聘计划完成率、培训计划完成率等。

(6) 职位。是指承担一系列工作职责的某一任职者所对应的组织位置，它是组织的基本构成单位，职位与任职者是一一对应的。如果存在职位空缺，那么职位数量将多于任职者人数。例如：生产部经理。

(7) 职务。是指组织中承担相同或相似职责或工作内容的若干职位的总和。例如：生产部经理。

(8) 职业。是指在不同的组织中从事相似活动的一系列职务。职业的概念有较大的时间跨度，处在不同时期，从事相似工作活动的人都可以被认为具有相同的职业。例如：教师、工人都属于职业。

此外，在职位分析的基础上，还可以把职位进行横向或纵向分类。

职位横向分类的依据是职位工作性质的相似程度，分类的结果是形成职系、职组、职位簇。职系是指职责繁简难易、轻重大小及所需资格条件存在差异，但工作性质充分相似的所有职位集合。例如："人事行政"就是一个职系。职组是若干工作性质相近的所有职系的集合。例如："人事行政"和"社会行政"可并入"普通行政"职组。职位簇是根据工作内容、任职资格或者对组织的贡献的相似性而划分为同一组的职位。例如：生产职位簇。

职位纵向分类的依据是工作的轻重程度，分类的结果是形成职级、职等。职级是指同一职系中职责繁简、难易、轻重及任职条件十分相似的所有职位的集合。例如：同为语文教师，"中教一级"与"小教高级"的教师职级相同。职等是指不同职系之间，职责的繁简、难易、轻重及任职条件充分相似的所有职位的集合。例如：大学的讲师和企业的工程师属于同一职等。

2.1.4　胜任素质模型

传统的职位分析主要关注工作组成要素。基于胜任特征的分析，则研究工作绩效优秀的员工，结合与优秀表现相关联的特征及行为，定义职位的职责内容，具有更强的工作绩效预测性。下面简要介绍胜任素质模型的基本知识。

1. 胜任素质概念的提出

胜任素质的应用起源于20世纪50年代初，麦克里兰（McClelland）博士应邀帮助美国国务院设计一种能够有效地预测实际工作业绩的人员选拔方法。1973年，麦克里兰博士在《美国心理学家》杂志上发表一篇文章：*Testing for Competency Rather Than Intelligence*，强调离开被实践证明无法成立的理论假设和主观判断，回归现实，从第一手材料入手，直接发掘那些能真正影响工作业绩的个人条件和行为特征，为提高组织效率和促进个人事业成功做出实质性的贡献。他把这样发现的、直接影响工作业绩的个人条件和行为特征称为胜任素质（Competency）。这篇文章的发表，标志着胜任素质运动的开端。

麦克里兰博士在研究中发现，从根本上影响个人绩效的是"能在特定工作岗位和组织环境中区分绩效水平的个体特征"，后来又进一步将胜任素质定义为个人的一些潜在的特点，这些特点包括动机、个性、自我形象、价值观、知识和技能，强调这些特点产生了个人有效或卓越的工作绩效。

综上所述，胜任素质是能把工作中表现优异者和表现一般者区分开的员工潜在的、相对持久的个人特征。胜任素质具有以下3个核心特点：与工作绩效密切相关，甚至可以预测员工未来的工作业绩；与工作情景相关联，具有动态性；能够区分业绩优秀者与一般者。

2. 典型的胜任素质模型

（1）冰山模型。冰山模型是胜任素质模型中最为经典的模型。它将个人能力比作冰山，冰上部分代表表层特征，如知识、技能等，即基准性胜任特征（Threshold Competence），这只是对胜任者基础素质的要求，这些特征容易感知，但不能预测或决定能否在工作中有突出的表现。水下的深层胜任特征，如自我形象、社会角色、个性、动机等，统称为鉴别性胜任特征（Differentiating Competence），是区分表现优异者与表现平平者的关键因素，决定着人们的行为与表现。冰山模型如图2-2所示。

冰山模型分为三个层级。职位、学历等外在的表象为第一层级，是与完成工作或与职位有关的必须具备的可观察到的知识和技能。专业知识和技能通过专业和职业的培训可以学习到。价值观等文化方面的为第二层级，包括了价值观、态度、社会角色、自我形象。这些价值和标准是一种对世界和他人的看法，是一种对文化、价值和传统的特殊看法，涉及人格和专业框架，包括价值、定位、标准和规范，能够辨认出胜任特征的人格特性。动机等心理方面为第三层级，位于人格深层结构，包括实际动机、内驱力、行动的努力程度。这些方面的胜任特征很大程度上决定了人怎样在特殊情况下行动，能够成功完成哪些需要高度负责的复杂任务。

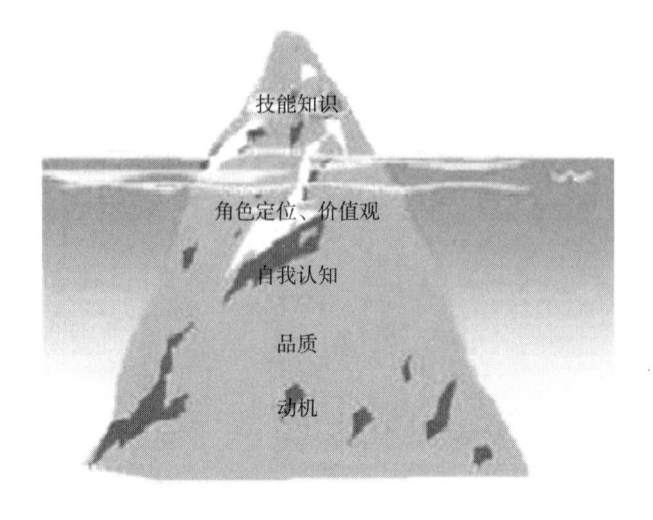

图 2-2　冰山模型示意

（2）通用胜任素质模型。在冰山模型的基础上，出现了通用胜任素质模型。此类模型将承担某一特定的职位角色所应具备的胜任特征要素进行归纳，建立针对该职位表现优异要求的胜任素质结构。

建立通用胜任素质模型一般要经历以下步骤：

第一，定义绩效标准。绩效标准一般采用职位分析和专家小组讨论的办法来确定。采用工作分析的各种工具与方法明确工作的具体要求，提炼出鉴别工作优秀的员工与工作一般的员工的标准。专家小组讨论则是由优秀的领导者、人力资源管理层和研究人员组成的专家小组，就此岗位的任务、责任和绩效标准以及期望优秀领导表现的胜任素质行为和特点进行讨论，得出最终的结论。

第二，选取分析效标样本。根据岗位要求，在从事该岗位工作的员工中，分别从绩效优秀和绩效普通的员工中随机抽取一定数量的员工进行调查。

第三，获取效标样本有关胜任素质的数据资料。可以采用行为事件访谈法、专家小组法、问卷调查法、全方位评价法、专家系统数据库和观察法等获取效标样本有关胜任特征数据，但一般以行为事件访谈法为主。行为事件访谈法是一种开放式的行为回顾式调查技术，它要求被访谈者列出他们在管理工作中发生的关键事例，包括成功事件、不成功事件或负面事件各三项，并且让被访者详尽地描述整个事件的起因、过程、结果、时间、相关人物、涉及的范围以及影响层面等。同时也要求被访者描述自己当时的想法或感想，例如是什么原因使被访者产生类似的想法以及被访者是如何达成自己的目标等，在行为事件访谈结束时最好让被访谈者自己总结一下事件成功或不成功的原因。

第四，建立胜任素质模型。通过行为访谈报告提炼胜任素质，对行为事件访谈报告进行内容分析，记录各种胜任素质在报告中出现的频次。对优秀组和普通组的要素指标发生频次和相关的程度统计指标进行比较，找出两组的共性与差异特征。根据不同的主题进行特征归类，并根据频次的集中程度，估计各类特征组的大致权重。

第五，验证胜任素质模型。验证胜任素质模型可以采用回归法或其他相关的验证方法，采用已有的优秀与一般的相关标准或数据进行检验，关键在于企业选取何种绩效标准来做验证。

知识链接 2-1

IPMA 素质模型

IPMA 人力资源素质模型，是美国国际人力资源管理协会（IPMA）综合国际上关于人力资源管理人员素质（或称为核心胜任能力）的研究成果，并参考吸收美国 AT&T 公司和全美公共管理协会的关于人力资源管理素质的模式，于 1999 年推出的。该模型认为，一位优秀的人力资源管理者不能仅仅满足于当一位"人事管理专家"，还要努力成为"业务伙伴""领导者"和"变革推动者"。

人力资源管理专家熟悉组织或企业人力资源管理的流程与方法，了解政府有关人事法规政策。业务伙伴熟悉业务，参与制订业务计划，并参与处理问题，保证业务计划得到有效的执行。领导者发挥影响力，协调平衡组织或企业对员工职责和贡献的要求与员工对于工薪福利需求的关系。变革推动者协助组织或企业管理层有效计划和应对变革，并在人员集训和专业配备上为变革提供有力协助。

表 2-2 为 IPMA 素质模型提出的 22 种胜任素质。

表 2-2　　　　IPMA 素质模型提出的 22 种胜任素质

素质	变革推动者	业务伙伴	领导者
1. 对公共服务环境的理解能力	×	×	
2. 使命感		×	
3. 对业务流程了如指掌，并知道如何变革或改善效率与效益的能力	×	×	
4. 熟知团队行为	×	×	×
5. 设计并实施变革流程	×		
6. 良好的沟通能力	×	×	×
7. 拥有应对风险环境的能力		×	

续表

素质	变革推动者	业务伙伴	领导者
8. 在竞争中的周旋与平衡能力	×		×
9. 应用组织发展原则的能力		×	
10. 全面把握业务系统能力	×	×	
11. 在人力资源管理中应用信息技术的能力	×		
12. 理解客户和组织文化的能力		×	
13. 良好的分析技能	×	×	×
14. 熟知人力资源政策、法规	人力资源管理专家		
15. 咨询、谈判和解决争端能力	×		×
16. 达成一致与建立联盟能力	×		×
17. 构建诚信关系的能力	×	×	
18. 将人力资源与组织使命、工作结果联系起来的能力		×	
19. 表达客户服务深层次内涵的能力	×		
20. 对多元化及其价值的理解和维系能力			×
21. 实践并发扬正直与道德行为的能力			×
22. 开拓市场或充当业务代表的技能	×		

在这22种胜任素质中，各种角色都需要具备的素质叫作共有素质。显示的共有素质有3个：团队技能、沟通技能和分析技能。其含义是，领导角色、业务伙伴角色和变革推动者角色均须具备团队、沟通和分析技能。其他19种素质则属于分别由不同角色具备的专有素质。其中，人力资源管理专家角色只对应"熟知人力资源政策、法规"一项素质。

2.2 职位分析程序与方法

2.2.1 职位分析程序

作为一项对科学规范性要求很强的工作，在进行职位分析时必须遵照一定的程序，包括准备阶段、调查阶段、分析阶段、总结阶段，如图2-3所示。

准备阶段 → 调查阶段 → 分析阶段 → 总结阶段

图 2-3 职位分析程序

1. **准备阶段**

准备阶段的任务是了解有关情况，建立与各种信息渠道的联系，设计全盘的调查方案，确定调查的范围、对象与方法。大体需要做以下几项工作：

（1）确定职位分析的意义、目的、方法与步骤；

（2）组成由职位分析专家、岗位在职人员、上级主管参加的工作小组，以精简、高效为原则；

（3）确定调查和分析对象的样本，同时考虑样本的代表性；

（4）根据职位分析的任务、程序，将职位分析分解成若干工作单元和环节，以便逐项完成；

（5）做好其他必要的准备工作。在进行职位分析之前，应由管理者向有关人员介绍并解释，使有关人员对分析人员消除不必要的误解和恐惧心理，帮助两者建立起相互信任的关系。

2. **调查阶段**

调查阶段的任务是对整个工作过程、工作环境、工作内容和工作人员等主要方面做一个全面的调查。具体工作如下：

（1）编制各种调查问卷和提纲；

（2）在调查中，灵活运用观察法、访谈法、问卷法、工作日志法等不同的调查方法；

（3）根据职位分析的目的，有针对性地搜集有关工作的特征及所需要的各种数据；

（4）重点收集任职人员必要的特征信息；

（5）要求被调查人员对各种工作特征和人员特征问题的发生频率和重要性做出等级评定。

3. **分析阶段**

分析阶段的任务是对调查阶段所获得的信息进行分类、分析、整理和综合，也是整个分析活动的核心阶段。具体工作如下：

（1）整理分析资料。将有关工作性质与功能调查所得资料，进行加工整理分析，分门别类，编入职位说明书的项目内；

（2）创造性地分析、揭示各职位的主要成分和关键因素；

(3) 归纳、总结出职位分析的必需材料和要素等工作。

4. 总结阶段

总结阶段的任务是在深入分析和总结的基础上，编制职位说明书。具体工作如下：

(1) 将信息处理结果写成职位说明书，并对其内容进行检验；

(2) 召开职位说明书的检验会，将职位说明书的初稿复印，分发给到会的每位人员；

(3) 将草拟的职位说明书与实际工作对比，以决定是否需要进行再次调查；

(4) 修正职位说明书，对特别重要的岗位，还应按前面的要求进行再修订；

(5) 将职位说明书应用于实际工作中，并注意收集应用的反馈信息，对职位说明书进行不断完善；

(6) 对职位分析工作进行总结评估，并以文件形式将职位说明书确定下来归档保存，为今后的职位分析提供经验与信息基础。

2.2.2 职位分析方法

在职位分析的调查阶段，如何科学选择调查方法收集职位分析信息，对于整个职位分析过程都有关键性的影响，现选择一些在组织进行职位分析时常用的方法介绍如下。

1. 观察法

观察法是职位分析者通过实地观察工作以获取职位分析信息的方法。采用观察法时，职位分析者应观察一个正在工作的员工，并将该员工正在从事的任务和职责逐一进行记录。具体观察时，可采用直接观察法、阶段观察法、工作表演法等不同的观察方法。具体采用哪种观察方法，应根据职位的工作特点确定。直接观察法是直接对员工工作的全过程进行观察，适用于工作周期很短的职位。阶段观察法是分阶段观察员工的工作，适用于工作周期较长的职位。工作表演法是让任职者表演工作的具体过程，由职位分析人员进行观察，适用于工作周期很长和突发事件较多的职位。

在运用观察法时，要注意以下几点：被观察者的工作应相对稳定、工作场所也应相对固定，这样便于观察；观察者尽可能不要引起被观察者的注意，也不要干扰被观察者的工作，否则可能引起观察效果失真；对于不能通过观察法得到的信息，应辅以其他形式如访谈法来获得。

观察法的优点是：取得的信息比较客观和正确。观察法的缺点是：要求观察者有足够的实际操作经验;主要用于标准化的、周期短的以体力活动为主的工作,不适用于工作循环周期长的、以智力活动为主的工作;不能得到有关任职者资格要求的信息。

2. 访谈法

访谈法是职位分析者通过与分析对象面对面谈话来获取职位分析信息的方法,是获取职位分析信息的通用方法。访谈可采取与任职者一对一的面谈、与一群从事同样工作的任职者的集体面谈、与对任职者从事的工作非常了解的主管面谈等多种方式。

在运用访谈法时,要注意以下几点:预先准备访谈提纲;与主管密切配合,找到最了解工作内容、最能客观描述工作职责的员工;尽快与被访谈者建立融洽的感情氛围;访谈中应该避免使用生僻的专业词汇;访谈者只能被动地接收信息;就工作问题与员工有不同意见,不要与员工争论;员工对组织或主管有抱怨,也不要介入;不要流露出对某一职位薪酬的特殊兴趣;不要对工作方法与组织的改进提出任何批评与建议;请员工将工作活动与职责按照时间顺序或重要程度顺序排列,这样就能够避免一些重要的事情被忽略;访谈结束后,将收集到的信息请任职者和主管阅读,以便修正。表2-3为一份访谈法分析提纲示例。

表2-3　　　　　　　　　访谈法分析提纲示例

```
职位名称_____        主管部门_____
所属部门_____        工作地点_____
间接主管_____        监督者_____
直接主管_____

一、职位设置的目的
本职位设置的目的是什么?
_____
_____

二、职责
按顺序列举说明本职位的工作责任及其重要性
(责任分为每日、一定时期内与偶尔担负的三种类型)
1. 每日必做的                    完成该任务花费的时间百分比
 (1) _____            _____
 (2) _____            _____
 (3) _____            _____
 (4) _____            _____
2. 一定时间内必做的工作          完成该任务的时间百分比
   (季、月、周)
 (1) _____            _____
 (2) _____            _____
 (3) _____            _____
 (4) _____            _____
```

续表

3. 偶尔要做的工作　　　　　　　　　　完成该任务的时间百分比
（1）_____　_____
（2）_____　_____
（3）_____　_____

三、教育要求

对于本职位的工作来说，哪些教育或知识是必需的？这些教育与知识可以从学校获得，也可以通过自学、在职培训或工作实践获得。请确定下列教育或知识哪些是必要的，并在每条开头的横线上打钩。

_____任职者能够读写并理解基本的口头或书面指令；
_____任职者能够理解并执行工作程序，以及理解上下级的隶属关系，能够进行简单的数学运算和办公室设备的操作；
_____任职者能够理解并完成交给的任务，具备每分钟打50个文字的能力；
_____具备本职位工作需要的专业知识；
_____具备相近专业领域的一般知识；
_____具备商业管理与财政方面的基础知识与技能；
_____具备商业管理与财政方面的高级知识与技能；
_____其他方面要求。
_____

四、经验

本职位要求任职者具备哪些经验？请确定下列哪些经验是必需的。

_____只需要1个月的相关实习期或在职培训期；
_____只需要1~3个月的相关实习期或在职培训期；
_____只需要4~6个月的相关实习期或在职培训期；
_____只需要7~12个月的相关实习期或在职培训期；
_____只需要1~3年的相关实习期或在职培训期；
_____只需要3~5年的相关实习期或在职培训期；
_____只需要5~8年的相关实习期或在职培训期；
_____需要8年以上的相关实习期或在职培训期；
_____其他方面的经验要求。
_____

五、担负的管理职责

任职者担负的管理责任有哪些？下列每项工作所花费时间的百分比是多少？

1. 工作指导　　　_____　　_____
2. 布置工作　　　_____　　_____
3. 检查工作　　　_____　　_____
4. 制订计划　　　_____　　_____
5. 目标管理　　　_____　　_____
6. 协调活动　　　_____　　_____
7. 解决雇员问题　_____　　_____
8. 评价下属　　　_____　　_____
9. 其他管理责任　_____　　_____

_____

任职者直接管理的职工人数_____

六、工作关系

本职位的工作者有哪些关系？在描述这些联系时，要考虑这些联系是怎样建立的？在部门内部还是部门外部？联系次数是否频繁？联系中包括信息搜集判断，还是仅仅作为一种服务形式？哪些联系对部门有用，这里的联系对象包括本部门与外部的所有人员。

续表

_____
_____

七、本职位所受到的监督与管理
本职位需要接受哪些监督和管理？接受的程度如何？通过下列情况加以确定并在每条开头的横线上打钩。
　　_____直接。任职者的工作简单重复进行，工作处于明确、具体的指导下，基本上每天都接受指导。
　　_____严密性。任职者要求按程序工作，从上级部门接受任务安排。
　　_____一般性。任职者可以有计划安排自己的工作，但需要不定期地与上级商讨例外的、复杂的问题。
　　_____有限性。任职者在一定目标与指导下，计划自己一定时期（每月）内的工作。
　　_____宏观指导。任职者可以独立地计划与实施自己的主要工作，只需要在目标方向上与主管者要求保持一致。
　　_____自主性。任职者可以自主地确定工作目标。绩效标准只需与他人协商即可，不需要征得上级同意。

八、决策责任
任职者独立决策的权限与范围有多大？他做出的决定是否要由他人审核？如果要，那么由谁审核？
_____
_____

九、错误分析
1. 最易犯的错误有哪些？举例说明，并指出它们是操作上的，还是观念上的或两者皆有。
_____
_____

2. 这些错误多长时间才能被发现？谁能发现？常在哪些工作环节上被发现？
_____
_____

3. 这些错误存在哪些障碍？在纠正错误过程中可能出现什么枝节问题？
_____
_____

十、数据保密
任职者是否要对一些数据加以保密？保密的程度如何？保密对公司的利益有无影响？请对下列情况予以确定并在每条开头的横线上打钩。
　　_____不保密。工作中没有任何数据需要保密。
　　_____有一点保密。偶尔有些数据需要保密。
　　_____一般保密。一般情况下，需要保密，泄密将对公司起负作用。
　　_____绝大部分工作都需要保密，泄密将对公司有重大影响。
　　_____完全保密。稍加泄露，便会有损公司的名声和地位。

十一、工作条件
描述工作顺利进行时必需的生理条件、物理条件，如任职者工作期间站、走、负荷的时间各是多少等？
_____
_____

十二、心理要求
为了使工作顺利进行，对任职者在心理方面有哪些要求？
_____
_____

十三、列出工作中所使用的机器或设备
　　一直使用　　　　　　　经常使用　　　　　　　偶尔使用
　_____　　　　　_____　　　　　_____
　_____　　　　　_____　　　　　_____
　_____　　　　　_____　　　　　_____

续表

十四、附加说明 本职位还有哪些方面需要补充说明，请列出。

访谈法的优点是：既可以得到标准化工作信息，又可以获得非标准化工作的信息；既可以获得体力工作的信息，又可以获得脑力工作的信息；同时可以获取其他方法无法获取的信息，比如工作经验、任职资格等，尤其适合对文字理解有困难的人。访谈法的缺点是：被访谈者对访谈的动机往往持怀疑态度，回答问题时有所保留，信息有可能会被扭曲。因此，访谈法一般不能单独用于信息收集，需要与其他方法结合使用。

3. 问卷法

问卷法是根据职位分析的目的、内容等事先设计一套调查问卷，由被调查者填写，再将问卷加以汇总，从中找出有代表性的回答，形成对职位分析的描述信息。问卷调查法是职位分析中最常用的一种方法。

目前，国外已开发出很多量化的职位分析问卷。其中比较著名的包括由麦考米克等开发出的职位分析问卷（PAQ）、由洛佩斯等开发出的临界特质分析问卷（TTA）、由美国控制数据经营咨询企业开发出的职业分析问卷（OAQ）。但是这些问卷都具有问项过于烦琐的特点，导致很多组织很难利用这些成果进行问卷调查。因此，根据组织实际情况，自制职位调查所需的问卷，可能达到更好的效果。表2-4为一份自制的职位调查问卷示例。

表2-4　　　　　　　　　　职位调查问卷示例

一、基本资料			
职位名称	（所在岗位名称）	所在部门	
职位定员及人员来源	（目前从事承担类似岗位职责的定员数和人员的来源，如正式员工、返聘、借调或聘任等）		
直接上级	（岗位名称）	从事本岗位工作时间	
直接下级	请将目前直接下级岗位名称、各岗位当前人数、人员来源（正式员工、返聘、借调或聘任等）一一列举：		
职位填写日期	年　　　月　　　日	填写人姓名	

续表

二、工作描述		
本岗位工作目标：		
主要目标： ① ② ③		其他目标： ① ② ③
工作任务：请认真、详尽地一一对应描述您所从事的工作、占年度工作时间的百分比和相应的发生频次：	占年度工作时间的百分比： （%，约数）	发生频次 （年、季、月，每日发生为日常）
（1）主要工作任务（即任务中属较为重要的职责） ① ② ③ ④ ⑤		
（2）日常工作任务（即每日工作中都需从事的工作） ① ② ③ ④ ⑤ ⑥ ⑦		
（3）临时工作任务（即领导交办的或公司组织大型活动时所涉及的工作） ① ② ③ ④		
权限：决策权、建议权、监控权、裁决权、决定权、人事权、审批权、审定权、监督检查权、使用权、制止权和处罚权、命令整改权、盘查权、指挥权、督办权、监督实施权、督促权、索取权、提名权等		
目前拥有权限：请描述目前在完成本岗位职责时，您所拥有的权力	权限一：	
^	权限二：	
^	权限三：	
^	权限四：	
^	权限五：	
^	权限六：	
^	权限七：	
^	权限八：	
^	权限九：	
^	权限十：	

续表

所缺权限：请描述为更好地完成本岗位职责，目前尚缺少哪些权力？	权限一：
	权限二：
	权限三：
	权限四：
	权限五：
	权限六：
	权限七：
	权限八：
	权限九：
	权限十：

工作协作关系：请详细地描述您在工作中需要接触到哪些岗位？哪些部门？哪些外部单位？	
内部协调关系	部门内岗位协调关系：（请一一列举所联系岗位名称）
	部门间较为密切的协调关系：（请一一列举所联系部门名称）
	其他相关部门：（请一一列举所联系部门名称）
外部协调关系	经常性的协调关系：（请一一列举所联系外部单位、部门名称）
	临时性的协调关系：（请一一列举所联系外部单位、部门名称）

三、任职资格	
教育水平	您认为基本胜任本岗位所需的最低学历应该是什么？（请在以下认可的项目上画√） 初中　高中　中专　大专　本科　硕士　博士　博士后　其他（　　　）
专业	您认为可基本胜任本岗位的学历专业有哪些？（请一一列举）

续表

经验	1. 您认为一位刚刚开始走向工作岗位的毕业生，基本胜任该岗位工作需要多长的时间？（请在认可的项目上画√） 3月以下　3~6月　6月~1年　1~2年　2~3年　3~5年　5年以上　其他（　　） 2. 您认为一位已有工作经历的人员，若能基本承担本岗位工作职责，需具备哪些方面的工作经验，约多少年？ {| 工作经历要求 | 最低时间要求（年、月）|}
培训	您认为较好的完成岗位工作应该接受哪些培训课程？（培训课程包括从业人员应有的心理准备、公司简介、主要制度规章办法说明、本公司工作精神及观念介绍、岗位实习、必备的知识和技能、质量管理、市场营销、贷款回收、债权及票据有关法律知识、信用调查实物、商业知识、人事考核管理、薪酬制度、事物处理流程及改善、人际关系培训、有关政府政策演变、公司产品介绍等） {| 培训科目 | 培训内容 | 培训方式（包括新员工职前培训、在职培训、脱产或半脱产培训）| 最低培训时间 |}
知识	为完成岗位的工作要求，您认为应该具备基本层面的知识涉及哪些？对应的水平？（通晓、熟悉、具备、了解……）
熟练程度	1. 您认为对于初次承担该岗位工作的人员，多长时间才能较熟练地开展工作？（请在认可的项目上画√） 3月以下　3~6月　6月~1年　1~2年　2~3年　3~5年　5年以上　其他（　　） 2. 您认为对于有类似岗位工作经验的人员，尚需多长时间才能较熟练地开展该岗位工作？（请在认可的项目上画√） 3月以下　3~6月　6月~1年　1~2年　2~3年　3~5年　5年以上　其他（　　）
技能技巧	为更好地完成岗位职责，您认为需具备的技能应该有哪些？如办公软件、英语应用水平、管理办法的掌握（看板管理、滚动计划等）、网络知识、软件编辑能力、写作水平等

续表

四、其他		
使用工具/设备	1. 请列举您目前岗位工作中用到的主要办公设备和用品：如计算机、电话、传真机、打印机、Internet/Intranet 网络、交通及通讯设备、计算器、档案柜等	
	2. 请列举您目前岗位工作中需用到，但至今尚未配备的办公设备和用品：	
工作环境	1. 请描述您目前开展工作的环境，如独立办公室/一般工作环境/敞开办公等	
	2. 请描述您认为可较为有效开展工作所需的环境	
工作时间特征	请您在以下各类问题中填写您目前岗位工作时间的特征： ①每日午休时间为（　　　）小时，（　　　%）情况下可以保证。 ②每周平均加班时间为（　　　）小时。 ③实际上下班时间是否随业务情况经常变化？（请在以下认可的项目上画√） 总是（　　），有时是（　　），偶然是（　　），否（　　）。 ④每周外出时间占正常工作时间的（　　　%）。 ⑤外地出差时间每月平均（　　　）次，每次平均（　　　）天。 ⑥本地出差时间平均每周（　　　）次，每次平均（　　　）小时。 ⑦其他需要补充说明的问题：	
所需记录文档	请简明地列举您目前岗位工作中作为档案留存的文件名称： （包括通知、简报、信函、汇报文件或报告、总结、公司文件、研究报告、合同或法律文本、经营票据或其他等） ① ② ③ ④ ⑤ ⑥ ⑦	所需传送的部门、岗位： ① ② ③ ④ ⑤ ⑥ ⑦
考核指标：		
1. 对于您承担的岗位职责，目前公司是从哪些指标项开展考核，考核的基准（指标值）是多少？		

续表

考核角度： ① ② ③ ④ ⑤	对应的考核基准： ① ② ③ ④ ⑤
2. 对于您目前承担的岗位职责，您认为公司应该考核哪些指标项？基准是什么？	
考核角度： ① ② ③ ④ ⑤	对应的考核基准： ① ② ③ ④ ⑤
您认为集团公司以及您所从事的工作中存有哪些不合理的地方，应该如何改善？	
不合理处： ① ② ③ ④ ⑤	对应的改进建议： ① ② ③ ④ ⑤

在设计问卷时，要注意以下要求：提问要准确；问卷表格设计要精练，语言通俗易懂，问题不能模棱两可；问题排列应有逻辑，能够引起被调查人兴趣的问题放在前面。

问卷法的优点是：费用低、速度快、调查范围广，尤其适合对大量工作人员进行工作分析；调查结果可以量化，进行计算机处理，开展多种形式、多种用途分析。问卷法的缺点是：对问卷设计要求比较高，设计问卷需要花费较多的时间和精力，同时需要被调查者的积极配合。

4. 工作日志法

工作日志法是指任职者按照时间顺序详细记录下来自己的工作内容和工作过程，然后经过工作分析人员的归纳、提炼，获取所需工作信息的一种工作分析方法，又称工作活动记录表。表2-5为一份工作日志示例。

根据不同的职位分析目的，需要设计不同的工作日志格式，通过填写工作日志，提供有关工作的内容、程序和方法，工作的职责和权限，工作关系以及所需时间等信息。

表 2-5　　　　　　　　　　　　工作日志示例

序号	工作活动名称	工作活动的程序	权限	时间消耗	备注
1	复印文件	审核领导签字—复印—登记	执行	45 分钟	例行
2	开介绍信	审核领导签字—开信—登记	执行	15 分钟	例行
3	起草公文	领会领导意图—撰写—修改—提交	需报审	2 小时	偶然
4	送公文	亲送—收件人签收	委托负责	40 分钟	例行

工作日志法的优点是：经济、方便，分析复杂工作经济有效。工作日志法的缺点是：只适用于任务周期短、工作状态稳定的工作；获得的记录和信息比较凌乱，难以组织。

2.3　职位说明书编写

职位分析的最终成果体现为职位说明书。作为人力资源管理的重要基础性文件，职位说明书编写的规范化程度关系到人力资源管理其他工作是否能顺利开展。职位说明书包括职位描述和职位规范两方面内容，前者反映职位工作情况，是关于职位承担任务及职责的清单；后者反映职位任职者要求，是任职者为完成职位工作活动必须具备的知识、技能、经验和其他特征的清单。

2.3.1　职位说明书内容

完整的职位说明书应包括以下部分：

（1）岗位基本信息。包括：岗位名称；直接上级岗位名称；所属部门；岗位编码；工资等级；定员人数；岗位性质。同时也可选择性地列出岗位分析人员姓名、人数和岗位分析结果的批准人等栏目。岗位名称应标准化，以求通过名称就能使人了解岗位的性质和内容，避免随意冗长。

（2）岗位职责概述。即用最简练的语言说明岗位的性质、中心任务和责任。

（3）岗位职责详述。这是岗位说明的重点之一，要逐项列出本岗位所应负有的职责。较为理想的格式是首先把岗位工作内容归为几个大类，然后再分点说明。列出职责时按照重要程度由高到低进行排列，必要时还可给出每项职责对应的大致权重。

（4）关键业绩指标。这个内容指明各项工作内容所应产生的结果或所应达到的标准，以定量化为最好。最常见的关键业绩指标有三种：一是效益类指标，如资产盈利效率、盈利水平等；二是营运类指标，如部门管理费用控制、市场份额等；三是组织类指标，如满意度水平、服务效率等。

（5）岗位关系。岗位关系包括：此岗位受谁监督；此岗位监督谁；此岗位可晋升的岗位；可转换的岗位；可升迁至此的岗位；与哪些岗位发生联系及联系的密切程度；有时还包括与企业外部的联系。

（6）岗位环境。主要包括五个方面：工作场所，在室内、室外，还是其他的特殊场所；工作环境的危险性，说明危险性存在的可能性，对人员伤害的具体部位、发生的频率，及危险性原因等；工作时间特征，如正常工作时间、加班时间等；工作的均衡性，即工作是否存在忙闲不均的现象及经常性程度；工作环境中的不良因素，即是否在高温、高湿、寒冷、粉尘、有异味、噪声等工作环境中工作，工作环境是否使人愉快。

（7）任职资格条件。常见的任职资格条件有：学历及专业要求；所需资格证书；经验，包括一般经验、专业经验、管理经验；知识，包括基础知识、业务知识、政策知识、相关知识；技能要求，即完成本岗位工作所需要的专业技术水平；一般能力要求，如计划、协调、实施、组织、控制、领导、冲突管理、公共关系、信息管理等能力及需求强度；个性要求，如情绪稳定性、责任心、外向、内向、支配性、主动性等特点。

2.3.2 职位说明书编写注意事项

在编写职位说明书时，需要注意以下事项：

（1）着眼点在未来。职位说明书并不是对职位目前工作状况的简单罗列，而是着眼于围绕组织战略发展需要设定的职位应该完成哪些工作。

（2）与职位而非具体任职者挂钩。职位说明书针对的对象是职位，而不是在此职位上工作的特定人，因此即使职位任职者出现更替，并不影响职位说明书的有效性。

（3）描述清晰。职位说明书对工作的描述应清晰透彻。任职者读过以后，可以明白其工作内容，无须再询问他人或查看其他说明材料。避免使用原则性的评价，专业难懂词汇需要解释清楚。

（4）用词具体。在措词上，应尽量选用一些具体的动词，如"安装""加工"等。同时，应明确指出工作的种类，复杂程度，需任职者具备的具体技能、技巧，应承担的具体责任范围等。

（5）结构规范。职位说明书在描述某项职位的职责时，需使用动宾结构或状动宾结构。例如：按上级要求处理客户投诉、组织本地校园招聘等。

（6）形式灵活。职位说明书的内容可根据职位分析目的进行调整，没有固定格式，可繁可简。

2.3.3 职位说明书示例

下面给出两份职位说明书示例，供大家在练习编写职位说明书时参考（见表2-6、表2-7）。

表2-6　　　　　　　　　　　职位说明书示例一

职位名称	理货员	职位代码		所属部门	
直接上级	业务代表、市场督导专员	直接下级		薪金标准	
职位概要：对商品进行出样、陈列、标价、补货等工作，维护企业产品的终端形象					
工作内容					
工作职责	计划阶段	执行阶段		检查阶段	改进阶段
营业前	1. 全面掌握商品上架陈列的基本原则和方法； 2. 熟练地掌握商品产地、用途、性能、特征、使用方法等知识； 3. 其他相关技巧	1. 打扫责任区域内的卫生；2. 检查购物篮、车；3. 检查劳动工具；4. 查阅交接班记录		1. 检查工作做得是否标准化和规范化； 2. 检查工作中的失误与差错	1. 调整与完善管理过程的规范性； 2. 总结经验，提升自我
营业中	^	1. 巡视责任区域内的货架，了解销售动态；2. 根据销售动态及时做好领货标价、补货上架、货架整理、保洁等；3. 协助顾客、做好服务工作，如回答顾客询问、接受顾客批评和建议等；4. 协助其他部门做好销售服务工作，如协助收银、排除设备故障		^	^
营业后	^	1. 打扫责任区域内的卫生；2. 检查购物篮、车；3. 检查劳动工具；4. 整理商品单据，填写交接班记录		^	^
权力					
对商品进行出样、陈列、标价、补货等工作，维护企业产品的终端形象					
工作协作关系					
内部协作关系	销售部、市场部等职能部门和各职能领导				
外部协作关系	商超、卖场等				
考核指标					
任务的完成情况、服从安排、遵守制度、人际能力、专业知识及技能等					

表 2－7　　　　　　　　　　职位说明书示例二

岗位名称	总经理助理	岗位编号	
所在部门		岗位定员	
直接上级	总经理	工资等级	
直接下级		薪酬类型	
所辖人员		岗位分析日期	

本职：负责总经理交办的长期及临时任务

职责与工作任务：

职责一	职责表述：协助总经理，参与经营管理与重大决策		工作时间百分比：50%
	工作任务	协助总经理制定公司发展战略	
		及时了解和监督公司发展战略规划的执行情况	
		参与制定公司年度经营计划和预算方案	
		参与公司重大财务、人事、业务问题的决策	
		掌握和了解公司内外动态，及时向总经理反映，并提出建议	
职责二	职责表述：根据总经理的授权，抓好公司"××"产业化示范工程建设工作，确保工程建设的高质量、低成本，按期建成投产		工作时间百分比：30%
	工作任务	协调相关部门配合产业化示范工程建设工作	
		组织相关部门完成产业化示范工程建设的制度、文件编制	
		负责与省计委、市计委、省建行、工程设计与施工单位等部门保持联系与沟通	
		定期向总经理汇报工作	
职责三	职责表述：完成总经理交办的其他各项工作任务并定期汇报		工作时间百分比：20%

权力：

公司重大决策的建议权
对参与任务的人员有调配、奖惩的建议权
对参与任务的部门和人员的工作有监督、检查权
对参与任务的人员的工作争议有裁决权
对参与任务的人员的管理水平、业务水平和业绩有考核评价权
权限内的财务审批权

工作协作关系：

内部协调关系	高层管理人员、各部门
外部协调关系	省计委、市计委、省建行、工程设计与施工单位及其他授权联系单位

续表

任职资格：		
教育水平	大学本科以上	
专业	企业管理或者××相关专业	
培训经历	MBA 职业培训，项目管理培训	
经验	5 年以上工作经验，3 年以上管理经验，在部门经理岗位工作 1 年以上	
知识	具备相应的生产管理、财务管理、法律、质量管理、人力资源管理等较全面的知识	
技能技巧	熟练使用 Word，Excel 等办公软件 具备基本的网络知识 具备一定的英语应用能力	
个人素质	具有很强的领导能力、判断与决策能力、人际能力、沟通能力、影响力、计划与执行能力、谈判能力	
其他：		
使用工具/设备	计算机、一般办公设备（电话、传真机、打印机、Internet/Intranet 网络）、通讯设备	
工作环境	独立办公室	
工作时间特征	正常工作时间，根据需要加班	
所需记录文档	工作总结和报告	
考核指标：		
产业化建设的执行情况、重要任务的完成情况		
预算控制情况		
部门合作满意度		
领导能力、判断与决策能力、人际能力、沟通能力、影响力、计划与执行能力、谈判能力、专业知识及技能		
备注		

2.4　组织虚拟化背景下的职位分析

现代社会，随着知识更新速度加快，客户需求差异化的显著增强，环境不确定性和经营风险大大提高，组织经营中的边界模糊化、单位虚拟化现象日益突出，对职位分析提出了新的挑战。

2.4.1 组织虚拟化背景下职位分析面临的新挑战

(1) 职位职责难以清晰界定。传统的职位分析强调对职位职责的明确界定,通过厘清职位之间的职责、权限的边界来为组织与管理的规范化提供基础。随着工作本身从重复性向创新性的转变,知识型工作允许、甚至鼓励职位之间的职责与权限的重叠。在边界模糊的条件之下,职位说明书中应该包含什么样的工作内容将成为难以确定的问题。

(2) 团队工作取代个人职位。在组织虚拟化背景下,知识型员工对组织所做出的贡献不再仅仅取决于其个人的、直接的工作成果,而是依赖于其所在团队的整体工作业绩。团队成员按照角色界定来开展工作,团队成员的工作交叉、职能互动成为团队创造力的重要来源。因此在团队中将不再存在固定的、稳定的职位。这样,传统的职位分析就失去了研究与分析的对象。

(3) 职位分析信息来源扩大。在组织虚拟化背景下,从上司权力向顾客权利,从上级协调向同级协调的转移,使传统的以对任职者本人及其上级进行调查来收集职位信息的方法,已不能全面把握职位的工作内容与任职要求。职位分析发展的一大趋势,是要将该职位的内在顾客与外在顾客、业务流程的上下游环节都纳入到职位分析的信息来源之中,形成对职位全面的信息收集与判断。

2.4.2 应对组织虚拟化背景下职位分析面临的新挑战的措施

(1) 建立分层、分类的职位说明书。不同层级、不同类别的职位在职位本身的稳定性与不确定性方面差异很大。稳定性较差,创造性要求较高的职位对传统的标准化的职位说明书提出了挑战。因此,需要根据职位类型的差异来建立分层分类的职位说明书。职位说明书中界定的职位目标可能是稳定不变的,但工作任务则需随着工作情景、人员风格的差异而进行调整,工作职责更应根据职位类别和管理层级灵活修正。

(2) 注意"组织公民行为"在职位说明书之中的作用。在组织虚拟化背景下,员工对组织的贡献不仅来自其正式职责范围内的绩效与成果,同时还要包括员工超越其职位对组织所创造的价值(如向同事提供无偿的帮助、向组织提出合理化的建议、主动维护组织的形象与声誉等)。这些行为构成了员工的组织公民行为,在制定职位说明书时应对此项内容有所关注。

(3) 采用互动式的职位分析方法。在组织虚拟化背景下,个人工作向团队工作的转变,要求在职位分析中,不仅要收集来自任职者本人及其上级的信息,同时,还要收集来自同事与内外部客户的信息。在对某一职位进行分析时,不仅要考虑该职位本身的现状与职位上级的要求，同时还要考虑该职位与同事之间的互动以及该职位与其他部门的相关职位在流程上的衔接关系。通过在职位分析中树立流程观念，将流程上下游环节的期望转化为该职位的目标与职责，从而帮助组织确立客户本位主义，提高流程的效率与效果。

本章小结

职位分析是一种应用系统方法，收集、分析、确定组织中职位的全面信息，并对职位相关信息进行描述的过程，这些信息包括职位定位、目标、工作内容、职责权限、工作关系、业绩标准、人员要求等因素，核心问题是如何制定职位职责和任职资格的相关标准。

胜任素质是能把工作中表现优异者和表现一般者区分开的员工潜在的、相对持久的个人特征。典型的胜任素质模型包括冰山模型和通用胜任素质模型。

作为一项对科学规范性要求很强的工作，在进行职位分析时必须遵照一定的程序进行，包括准备阶段、调查阶段、分析阶段、总结阶段。组织进行职位分析时常用的方法包括观察法、访谈法、问卷法、工作日志法。

职位分析的最终成果体现为职位说明书。职位说明书包括职位描述和职位规范两方面内容，前者反映职位工作情况，是关于职位承担任务及职责的清单；后者反映职位任职者要求，是任职者为完成职位工作活动必须具备的知识、技能、经验和其他特征的清单。

组织虚拟化背景下职位分析面临的新挑战包括职位职责难以清晰界定、团队工作取代个人职位、职位分析信息来源扩大，应对措施包括建立分层分类的职位说明书、注意"组织公民行为"在职位说明书之中的作用、采用互动式的职位分析方法。

思 考 题

1. 管理学院院长属于职位分析相关术语中的哪个概念？为什么？
2. 怎样建立通用胜任素质模型？
3. 你认为如果调查大学教师的职位分析信息，适合采用哪些调查方法？为什么？
4. 以你所在班级或学校社团为背景，为某个班委职位或社团职位编制一份职位说明书。
5. 你认为组织虚拟化背景下职位分析是否还有存在的必要？为什么？

章末案例

小王为何要辞职

小王来到公司的人力资源部，"张经理，"小王说，"可能我无法适应目前的工作，我希望在这个月末试用期结束时离开公司。"张经理听了很惊讶。小王是两个月以前到公司销售部担任销售部经理助理的。在这段时间的工作中，人力资源部通过销售部经理及销售部其他同事了解小王试用期的工作情况，大家都反映很好，想不到小王会主动提出辞职。

三个月以前，销售部经理提出了增加经理助理职位的需求，由于销售部将加强与国外厂商的业务联系，急需熟练使用英语口语和处理英语书面文件的员工，并希望新增加的员工具有一定的计算机水平，同时可兼顾公司对外网站的管理工作。人力资源部就所需增加的工作岗位进行分析，经过与销售部经理协商，编写了该岗位的工作说明书。其中对岗位职责的描述是：

1. 协助经理处理国外业务的联系及英文书面文件、合同；
2. 在需要的情况下可担任英文翻译；
3. 整理销售部内部业务文档；
4. 负责在网站上发布有关公司的业务信息，并进行公司网页的更新、调整。

由于工作岗位对语言能力方面的要求决定了应聘人员最好是英语专业的毕业生或在国外生活过的人员；而计算机网站管理又对应聘人员的计算机水平提出了较高的要求，要求能制作网页和进行数据库处理，应聘者最好是具备计算机专业学历的人员。

看到这样的任职资格要求，人力资源部感到这个岗位的招聘工作难度较大。当招聘信息在人才招聘渠道发布后，应聘的人员不多。小王是华南地区某商学院毕业的学生，毕业后在广告公司做过业务工作，后来到英国留学，在国外所学的专业是计算机应用，留学回国才一个月，各方面的条件完全符合招聘岗位的要求。经过两次面试后，销售部和人力资源部都觉得小王是这个岗位的最佳人选，于是通知小王来公司报到上班。

"为什么你会觉得自己不能适应这项工作呢？"张经理问小王。

小王说："工作中业务文件处理、与客户的业务联系都没问题，内部文档也能按要求管理好，但是我不了解我们公司生产产品的技术参数和生产能力，在与客户联系的过程中，需要根据客户的需要为客户量身订制产品的技术参数，并在合同中注明交货期限。销售部要求我向客户提供技术方案和能为客户量身订制的产品的规格、型号，有时还要决定我们什么时候能给客户供应哪些类型的产品。

这些工作需要较多技术方面的知识，何况我不是销售部经理，我也无法决定。目前我承担的工作与应聘时对我提出的工作要求完全不一样。"

资料来源：根据 小王为何要辞职 百度文库，https：//wenku.baidu.com/view/895bec647f21af45b307e87101f69e314332fa78.html 相关资料整理。

思考题：
1. 你认为从职位分析的角度来说，小王为什么要辞职？
2. 如果你是人力资源部经理，你需要对职位分析工作进行哪些改进？

第3章

人力资源规划

学习目标

- 掌握人力资源规划的概念、作用和程序
- 掌握人力资源规划供需预测的定义和方法
- 熟悉人力资源规划的分类
- 熟悉人力资源规划与其他职能的关系和分类
- 了解常见人力资源供需平衡措施的作用
- 了解人力资源规划的新趋势

引导案例

手忙脚乱的人力资源经理

短短5年D集团由一家手工作坊发展成为国内著名服装厂商。企业的管理也发生了很大转变。企业规模比较小时,人力资源管理随意性较大,缺人就直接去人才市场招聘。企业规模增大后,人力资源管理也更加正规,员工定编人数有了标准,人数少的就招聘新员工,人数超的就要求减人,而招聘一般在年初进行。但是,每年不断有员工的升职、平调、降职、辞职,人力资源部在年初也没有充分考虑这些因素,难以在年初确定招什么人、招多少人,结果人力资源经理一年到头地往人才市场跑。

在前一个月,2名高级技术工人跳槽,3名高级技术工人退休,使得企业生产线面临瘫痪。集团高层紧急开会,命令人力资源部3天之内招到合适技术工人顶替空缺岗位,恢复正常生产。人力资源经理两夜没睡,频繁奔走于人才市场和面试现场之间,最后勉强招到3名年轻技术工人,使生产线重新开始运转,然而年轻技术工人缺乏经验,生产的高级服装出现了大量不合格,给公司造成较大损失。高层领导批评人力资源经理没有招到理想员工,人力资源经理也很委屈。

资料来源:彭剑锋. 人力资源管理概论. 第2版[M]. 上海:复旦大学出版社,2011:105-106. 有改编。

3.1 人力资源规划概述

组织在瞬息万变的市场环境中经营运作,市场变化为组织整体的运营带来了极大的挑战。为了保证组织有效运行,各部门、各管理模块都应及时调整应对外界环境的变化,这其中就包括人力资源管理。为了保证整个人力资源管理的正常运行,并能支撑企业整体战略,应提前做好人力资源管理的规划。

3.1.1 人力资源规划的概念

关于人力资源规划(Human Resource Planning),不同学者给出了不同的定义。董克用指出,"人力资源规划是指在组织发展战略和经营规划的指导下,对组织在某个时期内的人员供给和人员需求进行预测,并根据预测的结果采取相应的措施来平衡人力资源的供需以满足企业对人员的需求,为组织的发展提供合质合量的人力资源保证,为实现企业的战略目标和长期利益提供人力资源支持。"

劳伦斯·S. 克雷曼指出,"人力资源规划是识别和应答组织的人力资源需求,制定新的人力资源政策、系统和方案,使人力资源管理在变化的环境中保持有效性的过程。"

何永福、杨国安指出,"人力资源规划是将组织目标和战略转化成人力的需求,透过人力资源管理体系和做法,有效达成量和质、长期和短期的人力供需平衡。"

彭剑锋从广义和侠义两个层面对人力资源规划进行了定义。广义上讲,"人力资源规划是指根据组织的发展战略、组织目标及内外部环境的变化,预测未来组织任务和环境对组织的要求,以及完成这些任务和满足这些需求而提供人力资源的过程"。广义的定义强调了人力资源对组织战略目标的支撑作用。狭义上讲,"人力资源规划是指对可能的人员需求、供给情况进行预测,并据此储备或减少相应的人力资源"。狭义的定义强调了对人力资源供需平衡的管理。

不同学者从不同的角度对人力资源规划进行了定义。本书采用狭义概念,人力资源规划是在分析组织内外部环境、盘点组织内部人力资源状况的基础上,采取合理的供需预测方式对人力资源供需情况进行预测,并根据预测结果采取相应的人力资源供需平衡计划,保证组织未来一段时期所需人力资源需求得到满足,达到支持组织战略目标和经营规划的目的。

准确理解人力资源规划的含义,应把握以下几点。

(1) 人力资源规划基于组织发展战略和经营规划。人力资源管理是组织经营管理的一部分,是服务支持组织经营发展的管理模块。因此,在进行人力资源规划时,必须结合组织发展战略和整体规划来制定,否则人力资源规划不可能成功。正如管理专家苏珊·杰克逊(Susan Jackson)和蓝道尔·舒勒(Randall Schuler)所说,人力资源规划是"把其他所有人力资源活动联结在一起,并把这些活动与组织其余部分整合起来的线"。

(2) 人力资源规划包含两方面的活动,供给需求预测和供需平衡措施的制定和实施。前者预测特定时期组织人员的供需状况。后者基于预测结果,制定并采取应对措施,达到平衡人力资源供需的目的。前者是后者的基础,而后者才是根本目标。

(3) 人力资源规划在进行供需预测时要考虑数量和质量。人力资本观点认为,劳动力不是同质的,也就是不同的人拥有不同的工作能力或是适应于不同的工作岗位。因此,在进行供给和需求预测时,不能仅考虑人员的数量,更重要的是要保证人员的质量,使员工能够胜任工作岗位,达到结构上的匹配。对于质量,人们往往容易忽视。

(4) 人力资源规划是不断调整和变化的动态过程。组织内外部环境和组织战略规划是不断变化的。为了适应这种变化,人力资源规划需通过不同层次(长期和短期、战略层面和战术层面)的供需预测和平衡措施,使组织人力资源供需达到动态平衡。

3.1.2 人力资源规划的分类

按照不同维度,人力资源规划可以划分为不同的类型。

根据所涉及的期限划分,人力资源规划可以分为短期、中期和长期三种类型。短期规划一般指1年或1年以内的规划,这种规划目标明确、内容具体,要求在短期内完成具体的操作性任务。长期规划是指5年以上的规划,由于规划时间长,存在较多不确定因素,这种规划对组织未来的目标、任务等只有概括性说明,其主要目的是指导中期、短期规划的制定和实施,具有战略性的性质。中期规划一般指1~5年的规划,从目标、内容来说,其具体性介于短期和长期规划之间,可以看作是长期规划的阶段性任务,具有战术性质。

根据所涉及的范围划分,人力资源规划可以划分为总体规划和业务规划。人力资源总体规划是指在规划期内组织人力资源的目标、政策、实施计划和预算的总体安排，是站在组织总体角度来考虑，为实现组织总体战略目标而制定的。业务规划实际上是将总体规划的目标、任务进行了划分，得到人员补充计划、配置计划、接替和提升计划、培训计划、薪酬计划、劳动关系计划等，这些涉及人力资源管理的各职能模块。表3-1为各类型人力资源规划比较。

表3-1 人力资源总体规划和业务规划比较

规划类型	内容	目标	政策	预算
总体规划	人力资源规划	人力资源供需平衡 人力资源结构合理	人力资源总体政策（扩大、收缩、保持）	总体预算
业务规划	人员补充计划	人员补充类型、数量 人力资源结构和绩效改善	人员标准 人员来源 待遇	招募、甄选等相关费用
	人员配置计划	部门人员编制 人力资源结构优化 绩效改善 职务轮换幅度	任职条件 职位轮换规定	规定的工资和福利预算
	人员接替和提升计划	人才储备 提高人才结构 提高绩效目标	选拔标准 任职资格 试用期 提升比例 为提升人员安置	职务变动引起的薪酬变化
	人员培训计划	员工素质及绩效改善 提供新人力资源 转变态度和作风	培训计划安排 培训过程监控 培训效果评估	培训花费 劳动力（时间、质量）下降带来的组织损失
	绩效、薪酬计划	降低人员流失 提升士气 改进绩效	绩效政策 薪酬政策	增加工资、奖金所带来的投入 绩效、薪酬方案制定和实施的费用
	劳动关系计划	减少非期望离职率 减少投诉 改善劳资关系	员工参与管理制度 员工沟通制度	法律诉讼费

资料来源：赵曙明，张正堂，程德俊．人力资源管理与开发［M］．北京：高等教育出版社，2009.

3.1.3 人力资源规划的作用

人力资源规划的作用主要有以下方面。

（1）有助于制定组织发展战略。人力资源规划是组织发展战略的重要组成部分，同时也是实现组织战略目标的重要保证。组织发展战略与人力资源规划之间存在着双向互动关系。人力资源规划的制定要以完成组织发展战略为前提，同时人力资源规划又是实现组织发展战略的重要组成部分。

（2）确保组织生存发展过程中对组织、对人力资源的需求。组织保持平稳正常的运转要求其人员状况保持相对稳定。但是，不断变化的复杂的内外部环境又对组织生产经营活动造成影响，要求组织应对外界变换不断做出调整。外部环境的变化，如产业结构调整、技术变革等，引起组织结构、经营计划变动，进而引起组织人员数量、结构的变化。内部环境的变化，如人员离职、退休、生病等，也会引起人员数量和结构的变化。为了保证组织竞争力，降低组织运营风险，必须提前预测内外部变化可能引起的人员数量结构变化，并采取应对措施。因此，人力资源规划显得尤为重要。

（3）有利于各个人力资源管理职能的有效运行。人力资源规划与人力资源管理其他职能有着密切的关系。薪酬管理和绩效考核的结果能够为需求和供给预测提供信息。而供给和需求的预测结果，又是制定员工招聘、培训开发等计划的前提。组织人力资源管理职能的有效运行，离不开清晰的人力资源规划。

（4）有利于控制人力资源成本。人力资源规划有助于检查和测算出人力资源规划方案的实施成本及其带来的效益。通过人力资源规划预测组织人员的变化，调整组织的人员结构，把人工成本控制在合理的水平上，这是组织持续发展不可缺少的环节。

3.1.4 人力资源规划与其他人力资源职能的关系

人力资源规划作为人力资源管理中的一个重要职能，必须与人力资源其他职能实现配合、互动才能保证人力资源规划目标的实现。人力资源规划与其他职能存的关系可简要概括如下。

1. 人力资源规划与招聘录用的关系

人力资源规划与员工招聘录用存在密切关系。如果组织制订员工招聘录用计划时，没有考虑到组织对员工质量、数量的需求情况，就会造成招聘过多、过少或招聘到不适合员工的情况，这种情况不利于组织长期稳定发展。因此，招聘录用必须在人力资源规划的指导下，依据人员补充计划进行。当组织在规划过程中预测的人员需求大于组织内部供给时，就需要到外部招聘录用新的员工。

2. 人力资源规划与员工配置的关系

员工配置包括组织内部人员的调动、晋升和降职。除了组织结构调整、员工绩效结果等因素导致员工配置的调整，人力资源规划也是导致员工配置调整的重要因素。人力资源规划的目标是使组织人力资源达到数量和质量的供需平衡，内部人员供给是满足人力资源需求的重要来源，而员工配置的重要作用之一正是实现人力资源的内部供给。

3. 人力资源规划与绩效管理的关系

绩效管理是人力资源规划的基础。绩效管理一方面考核员工是否完成了组织的绩效目标，员工的工作态度如何；另一方面考查了员工在工作中工作能力是否得到了提高，员工的工作潜力如何，还存在哪方面需提高的方面。通过对员工的绩效考核，可以发现组织的人岗匹配情况，如果员工不适合职位，就需要进行调动、辞退等调整，这些调整是预测未来人力资源需求的基本信息；同时通过绩效考核对员工能力的评价，也能发现未来内部人力资源供给的数量和质量情况。

4. 人力资源规划与薪酬管理的关系

人力资源规划和薪酬管理关系密切。一方面，组织通常要对薪酬总额进行控制，使之保持在一定范围之内，将薪酬总额与人力资源需求结果结合可以确定各层次员工的薪酬水平，为薪酬计划提供依据。另一方面，组织的薪酬政策也是制定人力资源规划中需要考虑的重要因素。不同岗位的薪酬政策和薪酬水平，直接反映了该岗位在市场的竞争力，对人力资源的内部和外部供给量有直接影响。总之，组织薪酬管理一定要考虑到组织的总体战略，薪酬管理过程要在人力资源规划中的工资与奖励计划指导下实现。

5. 人力资源规划与培训开发的关系

人力资源规划的结果是制订培训计划的依据。人力资源规划中，不但要考虑到人员数量的需求和供给状况，更要发现人员质量的需求和供给差距。除了外部招聘满足对人员质量的需求之外，培训和开发是满足内部人力资源供给的重要手段。培训与开发能够提高内部员工的质量，以满足组织内部的人员需求。因此，培训与开发计划的制订不是随意性的，要参照人力资源规划的供需预测结果来制定。人力资源规划为培训开发提供了任务、目标，提高了培训开发的有效性和针对性，使得培训开发真正为组织战略规划而服务。

6. 人力资源规划与解聘辞退的关系

解聘辞退与人力资源规划间的关系比较显而易见。当人力资源的供给大于需求时，解聘辞退就是最直接的平衡人力资源供需的措施。需要注意的是，这里的供给大于需求不一定是总体上的结果，个别岗位、部门的员工供给大于需求时，就可以采取解聘辞退的方式平衡供需。

3.1.5 人力资源规划的程序

人力资源规划的具体程序如图3-1所示。可以看到，人力资源规划一般包括以下四个步骤：准备阶段、预测阶段、实施阶段和评估阶段。

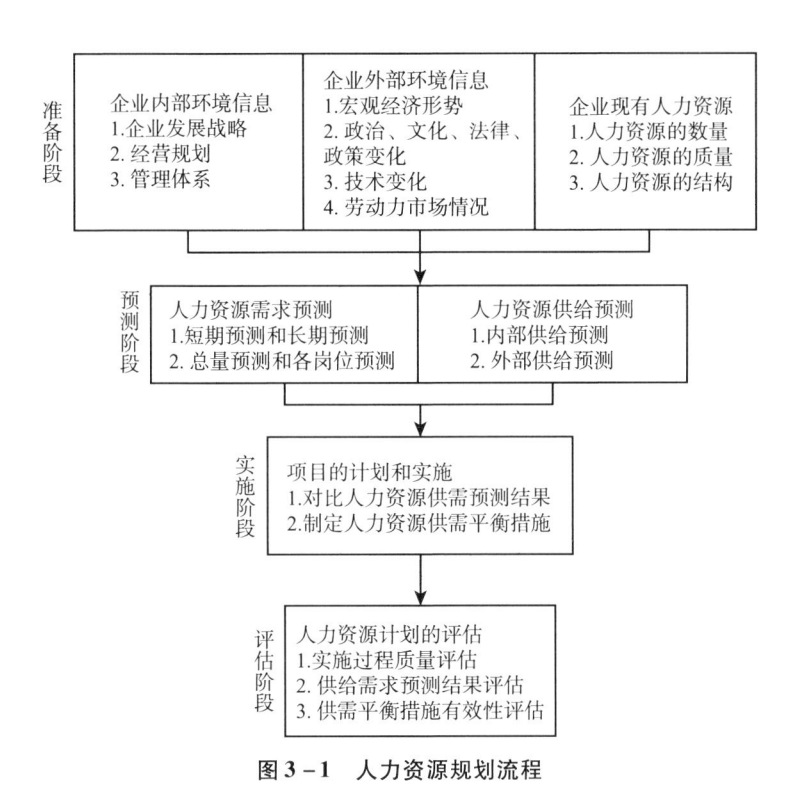

```
准备阶段
┌─────────────────┬──────────────────┬─────────────────┐
│ 企业内部环境信息 │ 企业外部环境信息 │ 企业现有人力资源 │
│ 1.企业发展战略   │ 1.宏观经济形势   │ 1.人力资源的数量 │
│ 2.经营规划       │ 2.政治、文化、法律、│ 2.人力资源的质量 │
│ 3.管理体系       │   政策变化       │ 3.人力资源的结构 │
│                  │ 3.技术变化       │                  │
│                  │ 4.劳动力市场情况 │                  │
└─────────────────┴──────────────────┴─────────────────┘

预测阶段
┌─────────────────────────┬─────────────────────┐
│ 人力资源需求预测        │ 人力资源供给预测    │
│ 1.短期预测和长期预测    │ 1.内部供给预测      │
│ 2.总量预测和各岗位预测  │ 2.外部供给预测      │
└─────────────────────────┴─────────────────────┘

实施阶段
┌──────────────────────────────┐
│ 项目的计划和实施             │
│ 1.对比人力资源供需预测结果   │
│ 2.制定人力资源供需平衡措施   │
└──────────────────────────────┘

评估阶段
┌──────────────────────────┐
│ 人力资源计划的评估       │
│ 1.实施过程质量评估       │
│ 2.供给需求预测结果评估   │
│ 3.供需平衡措施有效性评估 │
└──────────────────────────┘
```

图3-1 人力资源规划流程

资料来源：徐明. 战略人力资源管理：理论与实践 [M]. 大连：东北财经大学出版社，2015：45.

1. 准备阶段

充分收集相关信息、做好准备工作对于人力资源规划的成败至关重要。影响组织人力资源供给和需求的因素很多。为了准确预测供给需求状况，需从内外部环境充分收集、调查相关信息，并盘点现有人力资源信息。

内部环境信息包括两个方面。一是组织环境信息，如组织发展战略、经营规划、生产技术、产品结构；二是对人力资源供给和需求有直接影响的管理环境信息，如组织结构、组织文化、管理风格、人力资源政策等。在收集内部环境信息时，应当对组织的优势和劣势进行评估，因为组织的战略目标应当立足于充分利用优势而把劣势降到最低。

外部环境信息包括两个方面。一是与经营环境相关的外部环境信息，包括政治、经济、文化、法律等。由于人力资源规划与组织经营密不可分，这些相关外部环境信息对人力资源规划有着深刻的影响。二是直接影响人力资源供给和需求的外部环境信息，包括劳动力市场状况、人口社会发展情况、技术变化、国家教育政策等。同时，应当注意竞争对手正在做什么，哪些新公司可能加入到市场，有哪些可能出现的替代性产品和服务。

现有人力资源信息包括组织现有人力资源数量、质量、结构等。具体包括个人基本情况、受教育情况、工作能力、工作态度、工作经历、工作业绩、安全事故资料等。这些信息对于成功的人力资源规划非常重要，组织应准确及时掌握这些信息。实际组织管理中，这些信息的存储、更新等一般都借助人力资源信息系统。与组织管理高度契合的人力资源信息系统，是有效收集人力资源规划信息的有效途径。

2. 预测阶段

在收集充分的信息之后，就需要采取合理的预测方法，对组织未来某一时期的人力资源供给和需求状况进行预测。按照不同维度，人力资源需求预测包含短期和长期预测，以及总量预测和各岗位预测。供给预测包括内部供给预测和外部供给预测。一般来说，内部供需的预测相对简单，外部供需的预测受到很多不确定因素影响，相对较难。这一阶段是人力资源规划中最为关键的一部分，也是最难的一部分，直接关系到整个人力资源规划的成败。只有准确对人力资源的需求和供给进行预测，才能估计出组织人力资源的需要，并采取有效的平衡措施。

3. 实施阶段

在实施阶段，组织要做的工作就是对比供给和需求的预测结果，确定人力资源供给需求在数量、质量和结构方面的匹配情况，最后制定出平衡人力资源供需的措施，以使组织对人员的需求得到满足。人力资源规划的最终目的是使组织人力资源达到供需平衡，供需平衡需要组织在实施阶段采取必要的措施来实现。在不同供需情况下，具体的措施有所差异。另外，在制定相关措施时，要注意使人力资源规划与组织总体战略和其他职能的规划达到协调一致。

4. 评估阶段

对人力资源规划实施结果进行评估是规划过程的最后一步，对人力资源规划的评估包括两个方面。一方面，需要对实施过程的质量进行评估。根据内外部环境的变化及时修正供给和预测结果,动态调整所采取的措施,是非常重要的。该过程不仅可以保证规划实施的有效运行,还可以加强执行控制的作用。另一方面,人力资源规划是持续性、长久和动态的一个过程,具有循环滚动的特点。对预测结果准确性和平衡措施的有效性进行评估,找出存在的问题并吸取有效经验,能够为后续成功的人力资源规划奠定基础。

3.2 人力资源供需预测

人力资源的供需预测是人力资源规划的核心内容,也是难度最大的一部分。只有准确预测人力资源的供给和需求,才能预估未来组织人力资源是否出现不足或过剩的情况,进而采取人力资源的平衡措施。人力资源的平衡措施是建立在人力资源预测结果的基础上的,根据不同的人力资源预测结果,应采取对应的平衡措施。

3.2.1 人力资源需求预测

人力资源需求预测是指对组织在未来某一特定时期内所需要的人力资源数量、质量以及结构进行估计的过程。

1. **人力资源需求分析**

在预测人力资源的需求时,应该考虑以下因素:

(1) 宏观层面因素。宏观层面影响人力资源需求的因素有很多,包含经济环境、社会政治法律环境、劳动力市场环境、技术进步等。组织的经营发展离不开外部经济环境的影响,组织所处地区、行业的经济状况对组织人力资源需求有很大影响。例如,在外部经济环境好的时期,通常组织对人力资源的需求也较高,而在经济危机等经济环境较差的时期,组织的人力资源需求也下降,甚至出现大规模裁员的情况。社会习惯、国家政策、法律法规等因素也影响组织人力资源需求状况。劳动力市场是随时变化的,劳动力市场的变化必然影响组织对人力资源的需求预测。技术的进步的一个重要结果就是机器对人的替代,这在一定程度降低了部分人员的需求。

(2) 组织发展战略和经营规划。从微观层面来看,组织发展战略和经营规划是影响人力资源需求的重要因素。组织发展战略和经营规划确定了组织的发展方向和发展目标。组织需要确定合理的人力资源需求来支撑组织战略目标的实现。例如,企业如果制定了扩张型的企业发展战略,对人力资源数量和质量的需求就会增加。企业调整经营领域时，对人员结构的需求也会面临调整。

（3）组织的经营状况。组织经营状况对人力资源需求的影响体现在产品和服务需求、职位工作量和生产效率等方面。根据劳动经济学的观点，劳动力需求是派生需求。当市场对产品和服务的需求增加时，对人力资源的需求也会增加，反之亦然。职位工作量是否合理同样影响人力资源需求状况。职位工作量不饱满时，就需要合并相关职位，减少职位数量，进而减少人力资源需求。而职位工作负荷超载时，就需要寻求增加人力资源需求，对相关岗位的工作人员减负。另外，进行人力资源需求预测时，不能忽略员工生产效率的变化。生产效率提高时，人力资源的需求就会减少，反之亦然。

（4）组织管理水平和组织结构。组织管理水平对人力资源需求有显著影响。若组织管理理念先进、管理人员素质高，并采用业务流程重组等方式不断优化组织运行效率，那么总体上对人力资源的需求就会下降。反之，人力资源需求会上升。组织结构调整也会对人力资源需求的质量和数量有显著影响。例如，组织结构的扁平化意味管理层、执行层员工的比例结构会随之发生变化，人力资源的需求和供给便会随之变化。

2. 人力资源需求预测方法

根据方法的性质，可以将人力资源需求预测划分为定性预测法和定量预测法。常见定性预测法包括主观判断法、德尔斐法，常见定量预测法包括时间序列预测法、回归预测法、比率分析法。

（1）主观判断法。主观判断法是最为简单直接的一种预测方法。该方法根据管理人员以往的工作经验，对未来人力资源需求数量进行估计。实际操作中，采取自下而上汇总的方法统计人力资源需求状况。一般先由基层管理者根据自己的经验和对未来工作量的估计，提出本部门人员需求，再由上一层管理者估计人员需求，直至最高层管理者，汇总得出总的人员需求预测值。

这种方法主要依靠人员的主观经验来进行，主要适用于短期预测，并且适用于组织规模较小、经营环境较为稳定的情况。主观判断法对管理人员的经验要求较高。在实际中，应注意经验的积累，包括保留历史档案，采用多人经验进行估计，以提高预测准确性。主观判断法应用于不同类型的组织、部门和工作岗位时，预测准确性会存在差异。例如，对于可准确度量工作量的岗位，一般准确性较高，对于难以确定工作量的岗位，准确性相对较低。此外，在应用这种方法时，管理人员倾向于高估本部门人员的需求量，导致人才需求预测出现偏差。

（2）德尔斐法。德尔斐法（Delphi Method）又称专家预测法，该方法通过系统性、交互性的沟通程序，使得某一领域的专家和有经验的管理人员对人力资源需求进行预测并达成一致意见。专家需要对预测的问题进行两轮或更多轮的回答，在每轮回答结束之后，协调人员（Change Agent）对各位专家的预测进行匿名性的总结，并附上各专家做出相应预测的逻辑和原因。在下一轮的预测中，专家根据前一轮的总结对自己的预测进行修正。在多轮回答总结的过程中专家的预测逐步达到统一，整个过程结束。总体来说，德尔斐法主要适用于人力资源需求的长期预测。

德尔斐法的具体操作步骤为：

第一步，整理相关背景资料并设计调查问卷，问卷中需明确列出专家的需回答的预测问题；

第二步，将背景资料和调查问卷交给专家，专家对问卷中的问题进行回答并说明自己的理由；

第三步，协调人员收回问卷，并对专家们的意见和预测进行汇总和统计，并将结果和意见反馈给专家们进行第二轮预测；

第四步，由协调人员再次回收问卷，对第二轮预测的结果和意见进行汇总和统计，并向专家返回结果进行下一轮预测；

第五步，经过多轮预测专家们的意见基本一致时结束调查，将预测结果整理成预测报告。

德尔斐法的特点是：①集思广益。它吸取和综合多个专家的意见，避免了个人预测的有偏性。②匿名性。它不采用集体讨论的形式，而是采用匿名的方式进行，也就是"背靠背"方式，使专家能够独立判断，避免互相影响。因此，德尔斐法需要协调人员作为中间人，对各专家的意见进行汇总、传递和反馈信息。③准确性高。它采用多轮预测的方式，让专家对预测结果进行反复调整，直到专家意见基本一致，具有较高预测准确性。

应用德尔斐法要遵循以下原则：①必须保证专家独立提出意见，防止专家面对面讨论的出现，以保证专家意见的独立性；②为专家提供充足背景资料和信息，使他们做出准确预测；③提高问卷质量，所提问题应尽量简单，符合预测的目的，避免专家对问题理解的偏差；④对专家预测结果不要求精确，但要求专家说明对预测结果的肯定程度；⑤取得专家的支持，让专家认真进行每次预测。

（3）时间序列预测法。不同时间节点收集的人力资源需求数据组成了人力资源需求的时间序列数据。对于人力资源时间序列数据从中排除偶然、随机的干扰因素，找出长期趋势是预测未来需求的关键。这里介绍三种方法：趋势外推法、简单移动平均模型和加权平均模型。

①趋势外推法。趋势外推法就是根据组织之前若干年份的人员数量情况，预测出组织未来一段时期的人员需求量。具体操作步骤是：以时间（年）为横轴，

以人员数量为纵轴，绘制出各年的人员数量散点图，并根据散点图形状确定需要使用的趋势线，接着使用最小二乘法得到趋势方程，最后根据趋势方程预测未来某一时期的人力资源需求。

实际上，趋势外推法是回归预测法只考虑单个因变量（时间）的特殊情况。这种方法的缺点是过于简单，只能大致预测人力资源需求趋势，不能反映与人力资源质量相关信息。优点在于实用性较强，容易实现，并且只需要将自变量由时间换为工作任务、生产率等其他影响人力资源需求的因素，就能根据工作量预测相应的人力资源需求数量。

②简单移动平滑模型。假设已知每一期（年度、月度等）的人力资源需求时间序列为 $\{x_1, x_2, x_3, \cdots, x_N\}$，该模型预测第 t 期的人力资源需求 HRD_t 为之前 n 期的平均值，即

$$HRD_t = \frac{x_{t-1} + x_{t-2} + x_{t-n+1}}{n}; \quad n \geq 1, \; t \geq n+1$$

例如，某企业某部门过去 8 个月的人员数量如表 3-2 所示，假定移动平均采用的周期数 $n=3$，可以通过简单移动平滑模型得到各月人力资源需求的预测结果。

表 3-2　　　　某公司某部门各月人员需求数量及预测结果

月度	1	2	3	4	5	6	7	8	9
实际需求人数	30	46	55	66	78	76	96	92	—
预测需求人数	—	—	—	44	56	66	73	83	88

表 3-2 中，第 9 月人员需求数为 (76+96+92)÷3=88，若要预测第 10 个月的人员需求状况，可将第 9 月的预计结果代入公式进行预测，即 (96+92+88)÷3=92。

③加权移动平均模型。简单移动平均模型对历史数据同等对待，不考虑时间距预测期的远近。但实际上，近期数据更能准确反映对需求的预测，因此加权平均对各期数据设定了不同权重。同样假设已知每一期（年度、月度等）的人力资源需求时间序列为 $\{x_1, x_2, x_3, \cdots, x_N\}$，该模型预测第 t 期的人力资源需求 HRD_t 为之前 n 期的加权平均值，其中各期权重分别为 $a_1, a_2, \cdots, a_n$，即

$$HRD_t = \frac{a_1 x_{t-1} + a_2 x_{t-2} + a_n x_{t-n+1}}{a_1 + a_2 + \cdots + a_n}; \quad n \geq 1, \; t \geq n+1$$

同样以表 3-2 中数据为例，假定周期数 $n=3$，预测周期前三期权重分别为 1、2、3，则通过加权移动平均法可以预测第 9 期需求数量为

$(1\times76+2\times96+3\times92)\div(1+2+3)=91$

对于加权移动平均法，a_i 和 n 的选取是依据实际经验来设定的。n 越大，模型预测的稳定性越好，但响应性越差；n 越小，模型预测的稳定性越差，而响应性越好；近期数据的权重越小，模型稳定性越好，响应性越差，反之稳定性差，响应性好。总体来说，加权移动平均模型比简单移动平均模型更适用于人力资源需求的预测。

（4）回归预测法。回归预测法是统计学中的常用方法，该方法首先确定人力资源需求量的影响因素，再基于历史数据构建出近似的影响因素和需求量的函数关系式，最后根据函数关系式和未来的影响因素值估计未来的人力资源需求量。对于人力资源需求预测，如何识别与人力资源需求高度相关的因素直接关系到回归预测法的准确性。

根据影响因素的个数（即回归方程中的自变量个数），可以将回归分析分为一元回归分析和多元回归分析。由于一元回归只涉及一个自变量（例如时间），因此回归模型的构建是比较简单的；而多元回归涉及变量更多（例如时间、部门、职位），建立回归模型时要更复杂，但是它考虑的因素更加全面，因此预测的准确度一般是高于前者的。回归分析又可以划分为线性回归和非线性回归，线性回归模型的建立要比非线性回归模型简单很多，并且范化能力更好，因此在实践中通常都是用线性回归方程来进行预测的。

一元线性回归预测可以帮助企业进行人力资源规划。某服装厂要预测明年所需工人的数量。使用回归预测法之前，需先找到与工人需求数量相关的因素。通过对历史数据进行统计分析，加工设备与工人的需求量之间相关程度非常高，初步确定加工设备为影响因素。通过对加工设备和工人数量的市场调查，得到如表3-3所示的数据。

表3-3　　　　　　　　加工设备和工人数量关系

加工设备	2	4	7	10	11	13
工人数量	13	16	27	38	37	43

根据表3-3的数据，采用散点图的形式，将设备数量和工人数量的对应关系画在图3-2中。可以看到，总体上工人需求数随着设备数量的增加而增加，并且基本上呈现一种线性关系。因此，采用一元线性回归模型找到一条直线来拟合图中的散点。

图 3-2 设备数—工人数散点图

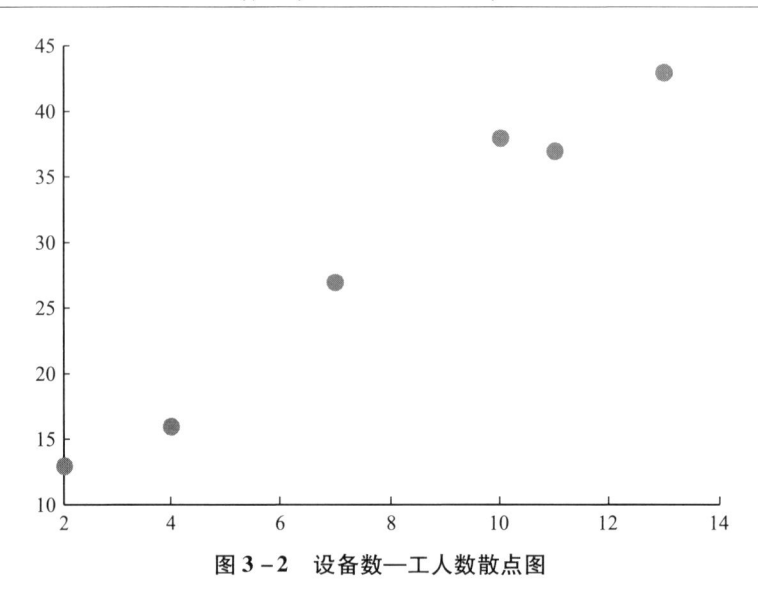

根据一元线性回归模型,给定一组数据 (x_i, y_i),$i = 1, \cdots, N$,可以构建出线性回归模型 $y = a + bx$ 来拟合给定的数据。其中对回归系数 a 和 b 的估计用 $\hat{a}$ 和 $\hat{b}$ 表示,通常采用最小二乘法进行估计,具体计算方法如下:

$$\hat{b} = \frac{\sum_{i=1}^{N}(x_i - \bar{x})(y_i - \bar{y})}{\sum_{i=1}^{N}(x_i - \bar{x})^2},$$

$$\hat{a} = \bar{y} - \hat{b}\bar{x},$$

其中 $\bar{x} = \frac{1}{N}\sum_{i=1}^{N}x_i$,$\bar{y} = \frac{1}{N}\sum_{i=1}^{N}y_i$。将加工设备数量和工人数量的数据代入上式中,得到采用最小二乘法估计出的一元线性回归模型 $\hat{y} = 1.89 + 3.46x$,将该直线画到图 3-2 的散点图中,得到图 3-3 的结果。可以看到,所得一元线性回归模型基本解释了工人数随设备数变化的趋势。基于该模型,可以根据未来一段时期内的设备数来预测需要的工人数。假如在新的一年设备数增加到 20 台,则所需工人数量约为 $1.89 + 3.46 \times 20 = 71$ 人。

(5) 比率分析法。比率分析法是基于对员工生产效率的分析进行预测的一种方法。一般来说包括人员比例法和劳动定额法。

人员比例法。根据各类人员之间的比例关系,根据已知某类人员数量来对其他人员的需求进行预测。在进行这种预测时,要求人员之间的比例变动不宜过大,如果变动过大,则会影响预测的准确性。例如,某部门 1 个团队负责人管理 10 名职员。如果由于企业规模增大,该部门下一年需职员 30 人,那么根据团队负责人和职员的比例可以确定需要 3 名团队负责人,也就是说需要增加 2 名团队负责人。

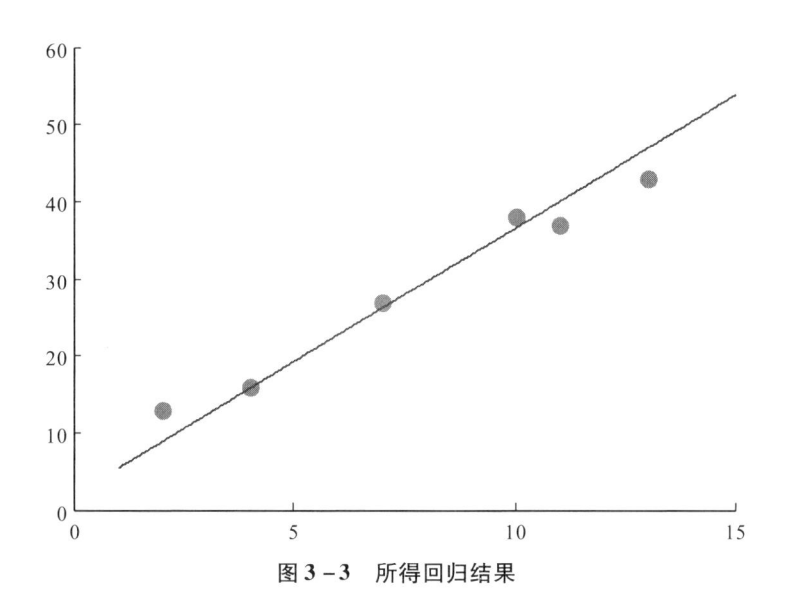

图 3-3 所得回归结果

劳动定额法。首先计算人均生产效率,然后根据业务量需求值计算得到人力资源需求的预测值。一般来说这种方法可以分为:生产效率不变和生产效率可变两种模型。

生产效率不变时,对人力资源的需求为:

$$人力资源需求 = \frac{业务量需求}{人均生产效率}$$

若某服装厂工人 200 名,每天可以生产 4000 套服装。可知每名工人每天可生产 20 套服装。如果服装厂希望提高产量,每天生产 6000 件服装,根据比率可以确定需要 300 名工人。因此,企业需要再雇用 100 名工人。

生产效率变化时,在进行计算时应考虑到未来生产率的变化情况。计算方法如下:

$$人力资源需求 = \frac{业务量需求}{目前人均生产效率 \times (1 + 生产效率变化率)}$$

若某工厂有工人 300 名,每天共计可以生产 3000 件产品,即每名工人每天可生产 10 件产品,工厂希望一个月后提高产量到每天 30000 件,同时引入先进机器提高人均生产效率,生产效率变化率为 50%。则采用劳动定额法可以得到未来人力资源需求预测值为 $\frac{30000}{10 \times (1 + 50\%)} = 2000$(人)。

3.2.2 人力资源供给预测

人力资源供给预测是指对某一未来特定时期内，组织内部和外部劳动市场所能为企业提供的人力资源的数量、质量以及结构情况的估计。一般来说，人力资源供给的来源包括内部供给和外部供给，前者是指组织内部提供的人力资源供给，后者是指从外部劳动力市场所能提供的人力资源供给。

1. 人力资源供给分析

人力资源需求分析是以组织的任务、目标为中心而展开的，而人力资源供给分析就要以人员的质量、数量为中心来展开。由于人力资源的供给来源包括内部和外部两个方面，因此需从内、外部分别进行人力资源供给分析。

（1）外部供给分析。通常组织并不能直接控制和掌握外部供给情况，因此对外部供给的分析主要是在分析影响供给因素的基础上，对外部供给的总体趋势和有效性进行较为定性和粗略的判断。一般来说，外部供给的影响因素包括组织竞争力、劳动者的就业意识、劳动力市场情况等。组织竞争力通常体现在组织的规模、盈利能力、组织薪酬福利等各个方面，竞争力越强，吸引高质量人才的能力越高，即外部供给越充足。另外，在分析组织竞争力时，不仅要看绝对的水平，还要看相对的水平，与竞争对手相比，组织实力越强，则越能吸引高质量人才。劳动者的就业意识同样影响组织的外部供给情况，当劳动者总体上比较愿意在组织所处行业就业时，外部的供给就越多，反之，供给量越少。劳动参与率较高、外部劳动力市场状况比较宽松时，外部供给的数量会增加；而劳动参与率较低、外部劳动力市场紧张时，外部供给数量就会减少。

（2）内部供给分析。内部供给分析与组织内部条件相关，主要是对未来一定时期组织内部员工供给到各岗位的情况（如晋升、调用都是典型的内部供给表现）进行预测分析。一般来说，内部供给的主要内容包括现有人力资源的分析、人员流动的分析和人员质量的分析。

①现有人力资源的分析。不同于其他资源，在外部条件都不变的情况下，人力资源的供给也会受到自身的自然变化影响，比如退休、生育等都会减少人力资源的供给，因此在预测人力资源供给时，需首先对现有人力资源状况进行分析。假如60岁为退休年龄，若组织现有58岁的员工为50人，则在不考虑其他影响因素的情况下，2年之后这些人会退休，那么组织内部人力资源供给数量就会减少50人。一般来说，对现有人力资源的分析主要通过对员工年龄结构进行分析。员工年龄结构不但能够反映员工的新老交替周期，同时也能够反映组织的年龄构

成的合理性。年龄结构分析可以粗略地计算员工平均年龄来判断组织是否出现青黄不接的情况，也能通过统计分析的方式，以图表等方式来清晰呈现年龄结构的分布情况和统计分析结果，便于组织了解情况和做出决策。

②人员流动的分析。人员的流动主要包括组织流出和组织内部的流动。组织员工的流出减少了内部人力资源供给，造成员工流出的可能原因有很多，如辞退、辞职等。例如，某企业现有员工500人，预测明年的辞职率是5%，那么明年的内部人力资源供给数量就会减少25人。

组织内部流动分析应针对具体部门、岗位等来进行，虽然总体上这种流动没有影响内部的人力资源数量，但是对组织内部人力资源供给结构造成改变。例如某企业由生产部门向售后部门流入人员时，生产部门的内部供给量减少，而售后部门的内部供给量增加。在对组织内部的人员流动进行分析时，不仅要分析实际发生的流动，还要对未来可能发生的职位调动等情况进行分析，来预测未来的内部人力资源供给。例如，对于销售经理这一职位来说，企业每年都在培养新的销售经理备选人才，预计在未来三年有5名员工可以从事该职位，那么内部供给数量就是5。与实际流动的分析一样，分析可能的流动时也要针对具体的部门、职位层次或类别来进行。分析员工可能的流动性，主要的依据是绩效考核时对员工工作业绩、工作能力的评价结果。

③人员质量的分析。人员质量决定了员工的生产效率，因此人力资源内部供给分析的主要内容之一就是人员质量分析。人员质量主要由员工素质状况体现，包括员工的知识技能水平、思想素质和文化价值观、员工群体的知识技能层次结构等。一般情况下，员工素质提高，则劳动生产率提高，内部人力资源供给增加；反之，内部人员供给减少。员工素质的改善受到工资水平、是否有培训教育、是否采取有效的激励措施等因素影响。因此，对组织内部员工素质状况进行分析，必须对这些影响因素进行调查分析。除了以上显性的因素，还要分析隐性的影响人员质量的因素。例如，加班加点导致员工工作时间增加，虽然员工实际生产效率没有发生变化，但员工完成的工作量增加了，人力资源的内部的供给也增加了。

需要注意的是，各因素是共同作用影响人力资源供给状况的。例如，当部分员工知识水平提升，导致生产效率提高。同时，部分员工流出企业，并且流出员工的工作量恰好等于生产率提升的工作量，那么总体上人力资源供给是保持不变的。因此，在实际预测内部人力资源供给时，应充分收集相关背景资料，并综合考虑影响内部供给的各因素，对内部人力资源供给做出准确预测。

2. 人力资源供给预测的方法

人力资源供给预测的方法种类繁多，本章选取几种有代表性的方法进行的介绍。

(1) 技能清单。当组织职位出现空缺时，组织现有员工中哪些人适合这些空缺的岗位，是管理者需要考虑的。作为管理者，必须首先了解组织现有员工的综合技能情况，以确定他们的任职资格条件。通过技能清单，人员空缺时选派候选人将变得一目了然。例如，美国微软公司前CEO比尔·盖茨在寻找微软公司新用户界面项目领导人时，他最先想到的候选人是李开复。因为比尔·盖茨深刻了解李开复的专业技能能够胜任这项工作（李开复后来离开微软，先后成为谷歌大中华区负责人和创新工场创始人）。事实上，在绝大多数情况下，员工技能情况不是那么显而易见的，这就需要采用系统的人员核查方法来评价人员技能，人员核查一般采用技能清单的方式实现。

技能清单是一张员工信息表，列出了反映员工工作能力的相关特征，包括教育背景、所接受的培训情况、工作经验、获得的证书、各类资格考试成绩、职业发展兴趣、期望的工作安排等。技能清单能够体现员工各种关键工作能力，可以帮助管理者判断员工与新工作岗位的匹配程度和工作意愿，预测其从事新的工作岗位的概率，从而达到预测人力资源供给状况的目的。人力资源规划的目的在于为空缺岗位提供足够的人员供给，更重要的是保证供给的人员质量，因此，记录员工能力必不可少。随着信息技术的发展和广泛应用，人力资源信息系统在组织中广泛普及和应用，极大简化了技能清单制作和修改。

一般来说，技能清单信息包含如下内容。个人数据：年龄、性别、婚姻状况；技能：教育经历、工作经验、培训经历；特殊资格：专业团体成员、特殊成就；薪酬和工作历史：现在和过去的薪酬水平、加薪日期、承担的各种工作；个人能力：在心理或其他测试中的测试成绩、健康信息；个人偏好：地理位置偏好、工作类型偏好。表3-4所示为技能清单简要示例。

表3-4　　　　　　　　　某公司员工技能清单

姓名		性别		出生年月	
部门		职务		职称	
参加工作时间地点				婚姻状况	
教育背景	类别	学校	专业	毕业时间	学位类型
	大学前学历				
	本科				
	硕士				
	博士				

续表

工作经历	起止时间		单位		从事何种工作	
培训经历	培训时间		培训主题		培训机构	
技能	技能种类			证书或证明		
志向	是否愿意到其他部门工作？			是		否
	是否愿意承担其他类型工作？			是		否
	愿意承担哪种类型工作？					
需要接受何种培训？						
愿意接受哪种指派？						

资料来源：张丽．长庆局采油二处人力资源规划研究［D］．西安：西安理工大学，2006．

（2）人员替代法。人员替代法是在对员工绩效表现和员工晋升潜力评估的基础上，对组织人力资源调动潜力的一种图形化梳理方式。这一方法可以用来预测人力资源供给，尤其适用于组织高层管理岗位候选人的供给分析。人员替代法最终得到一个层级树状的人员替代图，该图表明了各岗位管理人员和替代者人选，同时各人员在当前岗位的绩效表现和晋升潜力也在图中表示。人员替代图是使组织了解内部人员绩效和潜力情况的系统化手段，同时又体现了组织对员工职业生涯发展的关注。

人员替补图的制定步骤如下：

第一步，确定人员晋升计划涉及的岗位。

第二步，确定各岗位的潜在替代人选。

第三步，评价各替代人选的当前绩效和晋升潜力，并划分绩效等级和晋升潜力等级。例如，绩效等级可划分为：优秀、良好和需改进三个级别；晋升潜力等级可划分为：具备晋升条件、需进一步培训和需进一步考察三个级别。

第四步，确定替代人选。在确定替代人选时，要注意将组织目标和个人目标相结合，也就是在组织安排替代人选时要考虑到员工个人职业生涯的发展和自身意愿，使替代人员能够快速胜任工作。

图3-4为某组织的管理人员替代图。图中列出各岗位当前的管理人员和替代人选的当前绩效和晋升潜能。通过阅读该图可以很容易地为各个岗位选择替代人员。

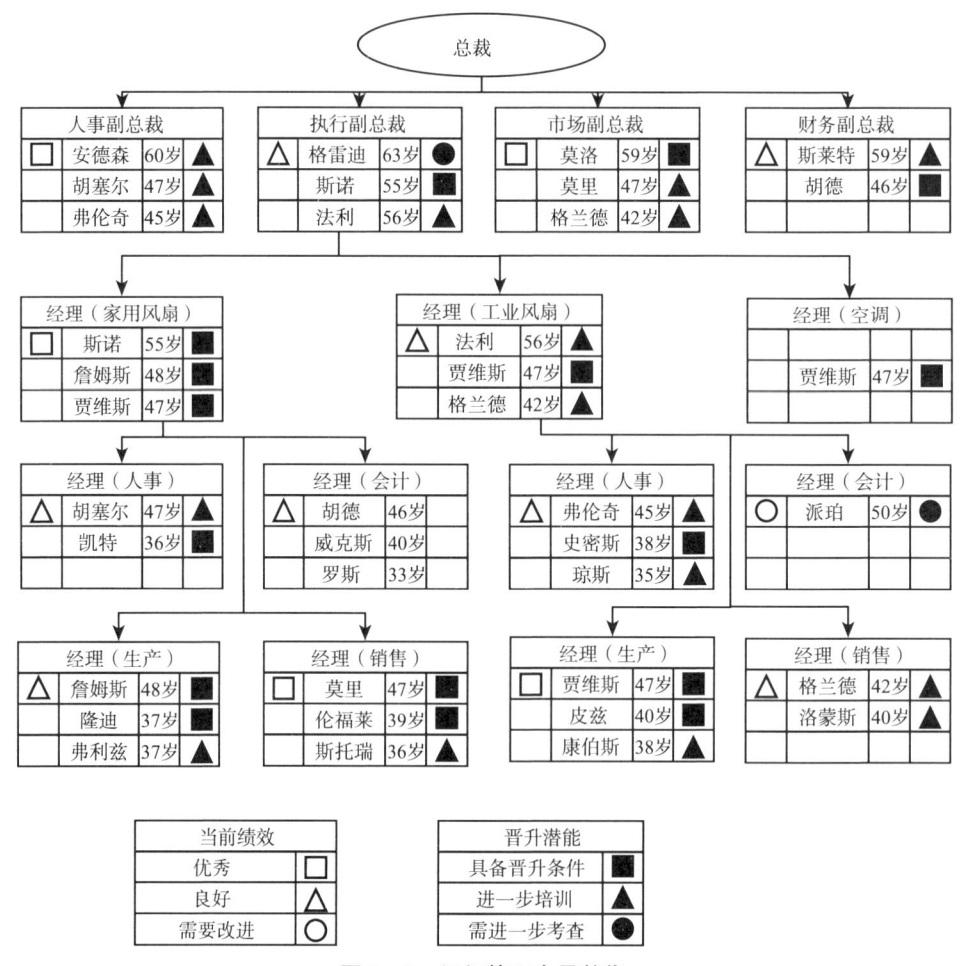

```
                              总裁
┌──────────────┬──────────────┼──────────────┬──────────────┐
人事副总裁      执行副总裁      市场副总裁      财务副总裁
□ 安德森 60岁▲  △ 格雷迪 63岁●  □ 莫洛  59岁■  △ 斯莱特 59岁▲
  胡塞尔 47岁▲    斯诺   55岁■    莫里   47岁■    胡德   46岁■
  弗伦奇 45岁▲    法利   56岁▲    格兰德 42岁▲
```

经理（家用风扇）	经理（工业风扇）	经理（空调）
□ 斯诺 55岁 ■	△ 法利 56岁 ▲	贾维斯 47岁 ■
詹姆斯 48岁 ■	贾维斯 47岁 ■	
贾维斯 47岁 ▲	格兰德 42岁 ▲	

经理（人事）	经理（会计）	经理（人事）	经理（会计）
△ 胡塞尔 47岁 ▲	△ 胡德 46岁 ■	△ 弗伦奇 45岁 ▲	○ 派珀 50岁 ●
凯特 36岁 ■	威克斯 40岁 ▲	史密斯 38岁 ▲	
	罗斯 33岁 ▲	琼斯 35岁 ▲	

经理（生产）	经理（销售）	经理（生产）	经理（销售）
△ 詹姆斯 48岁 ■	□ 莫里 47岁 ■	贾维斯 47岁 ■	△ 格兰德 42岁 ▲
隆迪 37岁 ■	伦福莱 39岁 ▲	皮兹 40岁 ▲	洛蒙斯 40岁 ▲
弗利兹 37岁 ▲	斯托瑞 36岁 ▲	康伯斯 38岁 ▲	

当前绩效		晋升潜能	
优秀	□	具备晋升条件	■
良好	△	进一步培训	▲
需要改进	○	需进一步考查	●

图3-4 组织管理人员替代

资料来源：National Industrial Conference Board. The Expanded Personnel Function [J]. Studies in Personnel Policy（New York），1996：203.

（3）马尔科夫预测模型。马尔科夫预测模型的主要思路是根据历史数据，找到过去的人事变动规律，进而对未来的人事变动进行预测。马尔科夫链是统计学中常用的方法之一，因俄罗斯数学家安德烈·马尔科夫得名，该模型的基本假设是在给定当前知识或信息的情况下，将来状态只与当前状态有关，与过去的状态是无关的，这种性质也称为无后效性。

应用于人力资源供给预测，马尔科夫预测模型构建如下：

$$N_i^t = N_i^{t-1} + \sum_{j \neq i} N_j^{t-1} \cdot P_{ji}^{t-1} - \sum_{j \neq i} N_i^{t-1} \cdot P_{ij}^{t-1}, \quad i=1, \cdots, k$$

式中，k 表示共有 k 类工作人员，N_i^t 表示时刻 t 第 i 类人员数量，P_{ij}^{t-1} 表示时刻 $t-1$ 到 t 这段时间由 i 类人员向 j 类人员转移的概率（人员转出数量/人员总数量），式中 $\sum_{j \neq i} N_j^{t-1} \cdot P_{ji}^{t-1}$ 表示其他岗位工作人员转往 i 类工作岗位的人数，$\sum_{j \neq i} N_i^{t-1} \cdot P_{ij}^{t-1}$ 表示第 i 类工作岗位转向其他岗位的人数。

为了便于理解马尔科夫预测模型的应用，本章给出一个简要算例进行说明。表 3-5 所示为某企业各类人员分布情况。

表 3-5　　　　　　某企业第一年各类人员分布情况

职位	采购人员	销售人员	售后人员	管理人员
人数	40	50	20	10

表 3-6 所示为人员转移率矩阵表，表中给出了当前各类人员相互之间转移的概率，需要注意的是，表中的离职率也是一种转移概率。表中每个数字表示在固定时期（一般为 1 年）内，两类人员转移的概率。例如，对于采购人员，预计在这一年内有 10% 的人员调换到销售岗位，而有 10% 的人选择离职。同时可以注意到，售后人员有 10% 在这一年内调换到采购岗位，因此可以根据马尔科夫模型预测得到第二年采购人员的人数为 40 + 20 × 0.1 - 40 × 0.2 = 34（人）。根据马尔科夫模型，可以依次得到每个岗位在第二年的人员供给情况，具体如表 3-7 所示。

表 3-6　　　　　　　　人员转移率矩阵

转移概率	采购人员	销售人员	售后人员	管理人员	离职率
采购人员	0.8	0.1	—	—	0.1
销售人员	—	0.9	—	0.06	0.04
售后人员	0.1	0.1	0.7	—	0.1
管理人员	—	—	—	0.8	0.2

由表 3-7 可以看到，预测的第二年采购人员供给人数为 34 人，销售人员为 51 人，售后人员为 11 人，管理人员为 11 人，离职人数为 10 人。将各岗位供给预测和需求预测进行比较，就可以得到第二年各岗位的净需求。同理，若要计算

第三年的供给的预测,将第二年的供给预测带入马尔科夫模型即可得到。第三年的供给预测结果只与第二年状态有关,与第一年的状态无关,这体现了马尔科夫模型的无后效性。

表3-7　　　　　　　　第二年企业人员分布情况

人员类别	第一年人员分布	采购人员	销售人员	售后人员	管理人员	离职人数
采购人员	40	32	4	—	—	4
销售人员	50	—	45	—	3	2
售后人员	20	2	2	14	—	2
管理人员	10	—	—	—	8	2
第二年供给预测	—	34	51	14	11	10

基于马尔科夫模型的人力资源供给预测的核心在于表3-6所示的转移概率矩阵,矩阵中的转移概率通常通过历史数据、管理者经验、组织运营情况等综合得到。由于影响因素较多,准确得到人员转移概率比较困难,通常只能大概估计。随着物联网大数据、人工智能的普及和发展,基于大数据人工智能算法预测员工行为逐渐得到深刻应用,也将改善对转移概率的估计精度。例如,谷歌基于人力资源大数据建立了基于人工智能的预测算法,来提前预测哪些员工可能离职,从而能够尽早采取措施挽留人才。

3.3　人力资源供需平衡措施

对人力资源供给和需求进行预测之后,就要对人力资源供给和需求进行平衡。对人员数量、结构的供需平衡体现了人力资源规划的核心目的。通常,根据对人力资源供给预测和需求预测结果的比较,可以得到如下三种结果:①供给和需求在结构、数量、质量等方面达到了平衡,②供给和需求在数量上是平衡的,但是在结构上是非平衡的,③供给和需求在数量上不平衡,出现供大于求或供小于求的情况。可以看到,三种情况中,第一种情况是所有管理者所乐意看到的,然而实际中出现第一种情况的概率是很小的,第二、第三种情况是管理者所经常看到的。当出现第二、第三种情况时,就需要采取人力资源供需的平衡措施,以平衡组织未来人力资源的供需。

3.3.1　总量平衡、结构不平衡的应对措施

总量平衡、结构不平衡是指,从组织人员供给和需求的总数量来看,两者是

一致的，但是具体到每个部门、岗位时，发现这些岗位会出现供给量和需求量不一致的情况。当出现这种情况时，一般可以采取如下应对措施。

（1）重新配置内部人员职位。通过人员内部晋升、调动甚至降职等措施，满足空缺岗位人员需求，并应对部分岗位人员过剩的情况。

（2）进行人员针对性培训。在进行人员调动之后，新调入的人员不一定能够胜任新的工作岗位，这就需要展开针对性培训，使之能够胜任工作岗位。

（3）招聘和裁员措施。当人员调动不足以平衡供需时，就需要对供给过量的岗位进行裁员，并通过招聘的方式补充新的人员到空缺岗位。

3.3.2　人力资源供大于求的应对措施

当人力资源总的供应量大于需求量时，可以采取如下措施进行供需平衡。

扩大组织经营规模，开拓新的增长点，增加组织对人力资源的需求，使得供需达到平衡。例如，企业可以通过开发新的产品、开拓新市场的方式增加对人力资源的需求。

永久性裁员。这种方式简单直接，但是会受到政府法律法规的限制，同时也可能会对组织员工的士气带来影响。例如，微软在2013年收购诺基亚不久，就进行裁员，引起了诺基亚老员工的抗议。

鼓励员工提前退休。这种方式就是通过提供一些优惠政策，鼓励接近退休年龄的员工提前退休，来降低人力资源供给水平以达到供需平衡。

暂停招聘工作。取消组织的招聘计划，以确保不在有新的员工加入，增加供需的不平衡性。

降低工作效率。通过工作岗位分享、弹性工作制、降低员工工资等方式减少劳动力供给。

对富余员工培训。培训是人力资本投资的主要方式之一，根据人力资本理论，培训期间员工的工作效率是下降的，这在一定程度上降低了人力资源的供给，同时培训又能为组织进行人才储备，有利于组织的长远发展。

3.3.3　人力资源供不应求的应对措施

当人资源得供给量小于需求量时，可以采取如下措施进行供需平衡。

外部招聘（包括返聘退休员工）。外部招聘既可以是全职员工，也可以是临时员工。如果人力资源需求是长期都存在的，那么雇用全职员工就是必要的。如果人力资源需求仅是临时、短期的任务，并且任务仅需要简单的培训就可完成，那么招聘临时员工就是一个比较好的选择。

提高工作效率。工作效率是指员工在单位时间内完成的工作量，提高员工的工作效率能够降低对员工数量的需求，达到供需平衡的目的。提高工作效率的方式有多种，包括改进生产技术（例如，用自动化生产线替代人员密集的生产线能够降低对生产人员的需求）、进行培训、提高工资、优化工作流程等。

延长工作时间。根据《中华人民共和国劳动法》，延长工作时间包括加班、加点两个概念。加班是指在法定节假日和双休日工作，加点是指员工在法定的日工作时间外意外延长工作时间。

采用业务外包。组织可以将非核心的工作交给合作伙伴完成，减少组织对人力资源的需求。实际上，很多企业将非核心业务外包给专业的公司，以使企业专注核心业务、提高资源利用率，增强企业竞争力。

以上总结了应对人力资源供需的不平衡的不同措施，实际上这些措施的效率和效果是不同的，表3-8给出了不同供需平衡措施的比较。

表3-8　　　　　　　　　　不同供需平衡措施比较

	方法	速度	对员工的伤害程度
供大于求	裁员	快	高
	减薪	快	高
	降级	快	高
	职位调动	快	中
	工作分享	快	中
	暂停雇用	慢	低
	退休	慢	低
	自然减员	慢	低
	再培训	慢	低
	方法	速度	可撤回性
供小于求	延长工作时间	快	高
	临时雇用	快	高
	外包	快	高
	培训后换岗位	慢	高
	减少流动率	慢	中
	雇用新员工	慢	低
	技术改进	慢	低

资料来源：雷蒙德·A. 诺伊，等. 人力资源管理：赢得竞争的优势 [M]. 刘昕译. 第七版. 北京：中国人民大学出版社，2013.

通常情况下，即使总的人力资源的供给大于需求，还是会有个别岗位的供给出现小于需求的情况。同理，总的人力资源供给小于需求，某些岗位的供给也有可能会大于需求。因此，组织在制定供需平衡措施时，应系统综合地应用这些常用措施，使人力资源需求在数量、质量和结构方面得到满足。实际上，制定一套高效的人力资源供需平衡策略是一项系统化的工程，这涉及人力资源管理的招聘、培训、薪酬等各个模块，合理、科学制定一套人力资源供需平衡方案对管理者是一项极具挑战的任务。

3.4 人力资源规划的新趋势

近年来，互联网、大数据分析、人工智能等信息技术得到了飞快发展，这些技术不断渗透各行各业，改变了传统的商业运行模式，其中就包括人力资源管理。对于组织人力资源规划、共享服务中心和大数据分析技术的运用将极大提升其运行效率。

3.4.1 人力资源共享服务中心

人力资源共享服务中心（Human Resource Shared Service Center，HRSSC）将组织与人力资管理有关的行政性事务（人力资源管理的招聘、薪酬福利等过程）集中起来，建立统一的服务平台。可以说，人力资源共享服务中心为组织提供了一体化、自助化和数据化的平台支撑。

共享服务中心的建立是信息和网络技术的发展在人力资源管理中的应用，通过应用共享服务中心，人力资源部门能够从重复的事务型工作中脱离出来，专注于组织战略人力资源管理。对于人力资源规划职能，共享服务中心的作用体现在以下几方面。从信息收集的角度来看，共享服务中心实际上集成了组织人力资源管理内外部相关的各种环境信息、组织人力资源管理信息，这些信息为组织实行战略人力资源规划提供坚实的支撑作用。从供需预测过程来看，常用的供需预测方法都能嵌入共享服务中心，实现智能化的供需预测。从平衡措施的制定来看，共享服务中心能够根据供需预测的结果，提供建议的平衡措施，为组织制定人力资源规划提供决策支持。

共享服务中心实际是人力资源三支柱模型中的组成部分。人力资源三支柱模型是一种新的管理模式，除了共享服务中心，专家中心（Center of Expertise，CoE）和人力资源业务伙伴（Human Resource Business Partner，HRBP）是另外两个组成部分。专家中心汇集了人力资源管理的高层次专业人才，其核心价值在于服务与组织高层，帮助他们制定正确的与企业战略一致的人力资源战略，除此之外，专家中心也服务于人力资源业务伙伴，为他们提供专业的意见。人力资源业务伙伴的角色是人力资源通才，为组织的业务部门提供专业的人力资源知识、经验，辅助业务部门对人才进行管理。人力资源伙伴要发挥作用，必须主动地发现业务部门管理人才的问题，为他们提供专业的人力资源管理方法、理论、工具，例如招聘计划、绩效考核方案、培训计划等。

人力资源三支柱模型已在国外企业中得到成熟的应用，近年来国内一些企业（例如腾讯、阿里巴巴、华为）也将该管理模式引进并改进用于企业管理实践。但国内组织更广泛、成功实施该管理模式需要注意以下几个问题：①注意转变组织管理观念。三支柱模型与传统的金字塔式人力资源管理是完全不同的管理模式，要实施三支柱模型，必须根本地转变组织管理观念。三支柱模式使人力资源部门从纯粹的职能部门转变为支持企业运行的服务者和智库，因此在这种新观念指导下，推动组织变革显得尤为必要。②注意信息技术和管理理念的匹配。共享服务中心的建立不是简单地布置人力资源信息系统，实施共享服务中心的前提是企业组织变革、业务流程再造。共享服务中心与组织人力资源管理是否匹配，是否能够支持组织战略人力资源管理，关系到三支柱模型的成败。

3.4.2 大数据分析

大数据是近年来非常流行的词汇，大数据的显著特点是数据量大、速度快、多样性和价值性。数据量大体现在数据的海量化，互联网技术、各类传感器的发展使得数据呈现井喷式的增长。速度快体现在两方面：一是数据产生的速度快，二是的数据处理的速度快。多样性体现在数据类型的多样性，文本、音频、视频、图片实际上都是大数据的组成类型。价值性的含义是大数据中蕴含着无穷无尽的应用价值。关于大数据分析有很多成功的应用案例，最为著名的当属谷歌的流感趋势预测。谷歌公司于2008年推出一款流感预测产品，该产品通过分析海量网上人们搜索流感的信息，近乎实时地对全球当前流感疫情进行预测。作为对比，美国疾控中心得到流感趋势的时间要比谷歌公司慢几周。

大数据时代，组织的人力资源管理同样面临机遇和挑战。随着人力资源共享服务中心的建立或人力资源信息系统在组织中的应用，收集人力资源管理相关数据，实时监控组织人力资源状况已是一种必然趋势。另外，互联网的发展，使得组织收集外部人力资源数据更加便捷。例如，职业社交网站领英、智联招聘等人才网站中包含大量人才信息。如何分析组织内部、外部海量的人力资源管理大数据，对于组织成功的人力资源规划至关重要。

大数据分析在人力资源规划的供需平衡预测方面有重要作用。大数据分析技术将更加充分利用公司内部数据和从互联网中收集的外部数据进行预测。这些数据包括：内部的人才相关数据、人力资源模块相关数据、员工行为数据等，外部的市场数据（如社交媒体）、经济行业数据、大学生毕业数据等。通过精准、快速预测人力资源供需方面的存在的人员数量、质量、结构的差距，能够极大提升平衡供需的人力资源业务规划的效率。例如，在招聘计划制订方面，通过更精确地预测未来人员的需求，能够制订更有针对性、更具体的招聘计划，保证招聘的效率和降低招聘成本。在培训计划的制订方面，大数据分析技术能够通过员工各方面的数据，及时发现每个员工个性化的培训需求，从而组织员工制订有针对性的培训计划，为提高企业人力资源质量奠定基础。除了人力资源规划，大数据分析的技术也将渗透到人力资源管理的各个职能模块，基于大数据分析的人力资源管理将是未来的趋势。

本章小结

人力资源规划的主要目的是对组织未来某段时期内的人员供给和需求情况进行预测，进而根据需求和预测的结果制订平衡人力资源供需的计划，为组织的人力资源需求提供保障，实现对组织战略发展和经营的支持作用。人力资源规划可以按照时间维度，划分为短、中和长期三种类型，按照所涉及的范围，可以划分为总体规划和更具体的业务规划。人力资源规划在制定组织发展战略、确保组织人力资源需求、保障人力资源管理职能运行、控制人力资源成本等方面有重要作用。人力资源规划与招聘录用、员工配置、绩效管理、薪酬管理、培训开发等职能模块有密切关系。人力资源规划的程序包括：准备阶段、预测阶段、实施阶段和评估阶段。

人力资源的供需预测是人力资源规划的核心内容。进行人力资源需求分析时需要考虑宏观层面、组织发展战略和经营规划、组织经营状况、组织管理水平和组织结构等方面的因素。人力资源需求预测方法包括：主观判断法、德尔斐法等定性方法，以及时间序列预测法、回归预测法、比率分析法等定量方法。人力资源供给预测包含外部供给预测和内部供给预测。外部供给受到组织外部环境的影响，通常只能定性地进行粗略分析。内部供给分析包括现有人力资源的分析、人员流动的分析和人员质量的分析，常用方法包括技能清单、人员替代法、马尔科夫链预测模型等。

互联网、大数据分析等在近年来得到飞速发展，改变了传统各行各业的运营模式。在互联网、大数据背景下，共享服务中心和大数据分析技术的应用改变人力资源规划的模式并提升其效率。

思 考 题

1. 人力资源规划的概念是什么？为什么人力资源规划对组织来说至关重要？
2. 人力资源规划的总体规划和各业务规划的关系是什么？
3. 人力资源规划的程序是什么？
4. 人力资源供需预测时要考虑哪些影响因素？常用的供需预测方法有哪些？这些方法有什么优缺点？
5. 人力资源供需平衡的常见措施有哪些？这些措施能够解决什么样的问题？

章 末 案 例

大数据在人力资源规划中的应用

大数据分析技术在企业人力资源规划实践中得到有效应用，陶氏化学公司和黑山公司就是典型代表。

一、陶氏化学公司

陶氏化学公司是利用人力规划分析指导员工行动的最佳案例。维奈·库托、弟兰克·里贝罗和安德鲁蒂平共同写了一篇名为《调整是合理的》的文章发表在《策略+商业》。作者分析了陶氏化学公司是如何基于包含4万员工的历史数据中获取有用信息，来预测整个化工行业每个波动周期的劳动力需求情况，进而提高员工质量。

公司挖掘了三年的历史数据来预测员工晋升率、内部职位调动等状况，在此基础上设计了一个工具——陶氏战略性人员配置模拟，来对三年后的人员需求以及供给进行预测。该工具将员工分为10个职务级别和5个年龄组，随即根据各职务级别和年龄组的历史人力资源状况，预测员工调动、晋升、离职等情况。另外，根据每个商业计划和生产率目标，陶氏化学公司能够预测未来各部门需要的员工人数。通过汇总，能够形成整个公司的人力资源需求预测数据。陶氏化学公司通过综合考虑内部的据员工晋升、调动等变量，以及外部的政策和法律等变量，为公司人力资源可能会发生的状况做出规划和假设。因此，陶氏化学公司的人力资源部门能够提前对各种可能出现的状况提前制定应对方案，例如制订员工招聘、裁员计划和关闭生产设施计划等。

二、黑山公司

作为拥有130年历史的能源行业巨头，黑山公司也是将大数据方法应用于人力资源规划的一家公司。黑山公司在一次收购之后，将员工数量翻倍到2000人。

与其他能源公司类似，黑山公司面临着员工老龄化、技术需求高、员工培训耗时间等问题，对公司人力资源管理提出了严重挑战。事实上，公司已经预测到在未来5年内公司可能会因为人才流失和员工退休失去多年积累下来的企业经营优势。为了防止这些风险，公司需要采取措施进行应对。

黑山公司所采用的方法就是人力分析。公司通过历史数据估算每年退休的员工人数、预测需要补充的人才类型和来源。最终成果体现在人力规划报告中89项重要行动计划，旨在解决公司潜在人才短缺问题。

除此之外其他公司也将大数据分析的方法应用于人力资源规划实践。Ameriprise Financial 是一家 2005 年从 American Express 独立的公司。当这家新成立的公司开始从事人力资源管理的各项活动如招募、培训、绩效管理时，员工反馈显示该公司的人力资源管理实践是不合格的。为了提高人力资源管理效率，Ameriprise Financial 将员工数据和财务数据结合，综合分析人力资本投资和商业回报的结果，并从数据驱动的角度来预测员工流动状况、降低招聘失败率、管理持续表现不佳的员工。结果表明，采用大数据分析的方法进行人力资源规划之后，员工对企业的人力资源管理转变为完全正面的评价。

资料来源：吉恩·保罗·艾森，杰西·S. 哈里奥特. 人力资源管理大数据：改变你吸引、猎取、培养和留住人才的方式 [M]. 胡明，邱黎源，徐建军，译. 北京：机械工业出版社，2017：102 – 103. 有改编。

思考题：
1. 基于大数据分析的人力资源规划与传统方法有什么不同？
2. 基于大数据分析的人力资源规划有哪些优缺点？

第 4 章

招 聘 录 用

学习目标

- 掌握招聘录用的概念与作用
- 了解招聘录用的影响因素
- 熟悉招聘录用渠道
- 掌握招聘录用的基本程序和组织实施
- 了解人员甄选内容和方法

引导案例

上海通用汽车公司（SGM）的人员招聘

上海通用汽车公司（SGM）是上海汽车工业（集团）总公司和美国通用汽车公司合资建立的汽车生产制造企业，SGM 的目标是成为国内领先、国际上具有竞争力的汽车制造公司。一流的公司需要一流的员工队伍，如何建设一支高素质的员工队伍是公司的首要问题，优秀员工需要具备良好的技能、管理能力、出众的适应能力、沟通能力和团队合作精神等，其中客观公正地招聘高素质员工对 SGM 公司建设优秀员工队伍起着至关重要的作用。

第一，根据 SGM 公司的发展战略和宗旨，在人员招聘过程中，应聘者必须认同公司的核心价值观：以客户为中心、安全、团队合作、诚信正直、不断改进与创新。同时，SGM 公司也为应聘者自我发展、自我实现的价值需求提供良好的机会和条件。

第二，根据 SGM 公司的经营发展规划和生产任务进度要求，从公司的组织结构、各部门岗位设置的实际需求出发分层次、分阶段、分步骤地开展招聘录用工作。1997 年 7 月至 1998 年 6 月分两步实施对车间高级管理人员、部门经理、各专业工程师、行政管理人员和工段长等第一层次第一阶段的招聘录用工作；

1998年末到1999年10月分两步实施对班组长、制作工人和维修工等第二层次第二阶段招聘录用工作。

第三，根据"一流企业需要一流员工"的公司发展目标，确立面向全国选拔22名教授级员工的招聘方案。并根据岗位的层次和性质，有针对性地采用新闻媒体和高端人才市场为主的招聘渠道方式。

第四，为确保招聘工作的信度和效度，建立员工测评中心，确立规范化、程序化、科学化的人员评估体系，并出资几十万元聘请国外知名的咨询公司对测评人员进行培训，在借鉴美国通用汽车公司基础上设计出具有SGM特点的"人员测评方案"，明确各岗位人员素质要求。

第五，建立人才储备库，统一设计岗位分析表、应聘登记表、人员评估表、员工招聘预算规划表及员工招聘目标跟踪管理表等。

现在，公司每年都可以收到近30000封应聘者来信，最多一天能收到700多封应聘者来信。这些信来自全国各地，有的信还来自澳洲、欧洲和美洲等国家，为了准确及时地处理这些信件，SGM建立了完善的人员招聘录用管理系统，并开通了应聘者垂询热线，成千上万的应聘者来信，为SGM招聘录用工作的成功奠定了坚实基础。

资料来源：百度文库整理。

4.1 招聘录用概述

招聘录用是人力资源管理工作的前提和基础，成功的招聘录用可以获得合适的人才，可以为组织提供稳定的人才支持，促进组织的成长发展。招聘录用工作直接关系到组织人力资源的形成，有效的招聘工作不仅可以提高员工素质、改善人员结构，也可以为组织注入新鲜血液，为组织增添新的活力，还可以为组织带来新思想和新技术，有效的招聘录用工作还能为以后的员工培训、绩效管理、薪酬福利、劳动关系管理等活动打下坚实基础。

4.1.1 招聘录用的概念与作用

招聘录用（Personnel Recruitment）是指在人力资源战略规划和职位分析指引下对人员需求数量与任职资格条件提出要求，通过人员需求信息发布，采取一系列科学方法有选择性地面向组织内外环境有效吸引潜力人员予以筛选录用，并安排他们到组织所需岗位任职的过程，包括招募、筛选、录用和评估四个阶段。

招聘录用是人力资源管理工作的基础，招聘录用的主要内容包括以下几个方面：（1）招聘录用基础工作，包括人力资源需求和供给预测规划、岗位分析（岗位的职责、工作任务、工作关系以及素质条件即任职资格条件等内容）、劳动定额、劳动定员等内容。（2）招聘信息渠道发布选择、信息内容的设计、信息时间发布、招聘人员组成等内容。（3）筛选内容、筛选方法、应聘者综合评价以及根据综合评价结果择优选取等内容。（4）将录用人员安排到适合的岗位上以及适度培训等内容。（5）对招聘录用工作进行成本效益评估、数量和质量评估、信度和效度评估以及过程评估等内容。

比尔·盖茨曾经说过"如果把我最优秀的20名雇员从微软拿走，那么微软将变成一个不起眼的公司。"组织招聘到合适人员对组织来说具有重要作用，归纳起来可以概括为以下几点。

1. 招聘录用是组织调控人力资源的基本途径

组织人力资源状况处于不断变化中，组织人力资源向社会流动、社会人力资源向组织内部流动。组织制定了扩张型经营发展目标和规划以后，人力资源处于稀缺状态，需要不断补充员工，因此，通过市场获取所需人力资源成为组织的一项经常性工作任务，招聘录用也就成为组织补充人员的基本途径。反之，组织制定了紧缩的经营发展目标和规划以后，组织需要裁减辞退员工，裁减辞退员工既组织负招聘过程，也即组织招聘的组成部分。

2. 招聘录用有助于组织创造竞争优势，提高组织的绩效水平

现代组织竞争归根到底是人才的竞争。组织拥有什么样的员工，在一定程度上决定了它在组织竞争中处于何种地位——是立于不败之地还是最终被淘汰，拥有规范的招聘程序和科学的选拔手段可以吸引和留住组织需要的优秀员工，优秀员工可以很快地转变角色进入状态，可以在短时间内创造工作业绩而不需要大量的培训。所以说招聘工作可以有效地提升组织竞争力，从而提高组织整体绩效水平。

3. 招聘录用有助于树立良好的组织形象

招聘录用既是吸引招募人才的过程，又是向外界宣传组织形象、扩大组织影响力和知名度的过程，组织通过各种途径发布招聘信息，求职者通过这些途径即可以了解组织相关信息，如组织发展历史、经营战略规划、组织建设和组织文化等各方面情况。除此以外，组织招聘人员素质状况，如工作热情、诚实守信、友善、公平、公正态度、业务技能熟练状况、分析把握问题、组织能力、口头表达能力和应变能力等都是提升组织形象的重要方面。

4. 招聘录用可以提高员工的满意度，减少劳动纠纷的发生

"一开始就聘用到合适的员工，会给组织带来可观的利益。"有效招聘管理意味着员工将与他的岗位相适应，组织和所从事的工作能带给员工较高的工作满意度和组织责任感，进而会减少员工旷工、士气低落和员工流动现象。员工在工作中不可避免地要和上司、同事、下级以及客户产生工作上的联系。在工作关系的处理上，受到工作技能、受教育程度、专业知识及个性等方面的影响，组织和不同员工之间为了利益产生劳动纠纷是不可避免的。倘若组织严把招聘关，尽量按照组织文化的要求去招聘员工，使新员工不仅在工作上符合岗位的任职资格，而且在个性特征和认知水平上，特别是自身利益追求上也符合组织的价值观，就会增进组织和员工的共识，从而减少劳动纠纷的发生。

5. 招聘录用有助于组织文化建设

招聘录用使组织得到了人员同时，也为人员的保持打下了基础，有助于减少因人员流动过于频繁而带来的损失，增进组织的良好气氛，增强组织的凝聚力，提高士气，增强员工对组织的忠诚度等。组织中大多数工作不是由员工单独完成，而是由多个员工共同组成的团队完成，这就要求组织在配备人员上掌握他们个性差异状况，按照工作要求合理配置，使其能够和谐相处，创造最大化的团队工作绩效。所以，招聘录用可以增加团队工作士气，使员工能彼此配合默契，愉快和高效率地工作。同时，有效的招聘工作对人力资源管理的其他职能也有帮助，如减少员工的培训成本等。

4.1.2 招聘录用的影响因素

招聘录用活动的实施受多种因素影响，归纳起来主要有外部和内部两大影响因素。

1. 外部影响因素

（1）国家法律法规。由于法律法规的本质是规定人们不能做什么事情，因此在一般意义上，国家法律法规对组织招聘活动具有限制作用，它规定了组织招聘活动的外部边界。例如，《劳动法》《劳动合同法》《就业促进法》等法律法规规定组织应当向劳动者提供平等就业机会和就业条件，不得实施就业歧视，保障妇女享有与男子平等的劳动权利。组织招用人员，除国家规定的不适合妇女的工种或者岗位外，不得以性别为由拒绝录用妇女或提高对妇女的录用标准，组织录用女职工，不得在劳动合同中规定限制女职工结婚、生育的内容。组织招录人员应当依法对少数民族人员给予适当照顾，还要保障残疾人的劳动权利，不得歧视残疾人，为残疾人就业创造条件，组织招聘录用人员不得以传染病病原携带者为由拒绝录用，农村劳动者进城就业享有与城镇劳动者平等的劳动权利，不得对农村劳动者进城就业设置歧视性限制。这些都对组织招聘活动起到了一定的限制和约束作用。

（2）外部劳动力市场。由于招聘录用主要是从外部劳动力市场得以实现的，因此市场人力资源供求状况会直接影响招聘录用的效果，当劳动力市场供给小于需求时，组织招聘录用工作就会比较困难；相反，当劳动力市场供给大于需求时，组织招聘录用工作就会比较容易。除此以外，在分析外部劳动力市场的影响时，还要针对具体的职位层次、职位类别和职位地理位置来进行，例如现在技术人员和技术工人的市场比较紧张，组织招聘这类人员比较困难，需要投入大量的人力、物力和财力，而一般人员的市场比较充裕，组织招聘这类人员比较容易；市场地理位置优越的地方可以吸引更多人员，劳动力市场竞争更加激烈，反之，地理位置欠佳的地方难以招聘优秀人员，组织招聘录用要密切关注劳动力市场变化情况。

（3）行业发展状况。组织所属行业具有发展潜力，能吸引大量的人员涌入这个行业，组织选择的余地较大；相反，组织所属行业远景欠佳，组织就难以有充裕的人员可供选择。

（4）竞争对手状况。在招聘录用活动中，竞争对手也是非常重要的一个外部影响因素。应聘者往往是在进行比较之后做出决策，如果组织招聘录用政策和竞争对手政策存在差异，那么应聘者就会做出比较选择判断，从而影响招聘效果。因此，在招聘录用过程中掌握竞争对手招聘录用状况非常重要。

2. 内部影响因素

（1）组织声誉。组织声誉作为组织的一项重要的无形资产，对组织招聘录用有着非常重要的影响。一个组织要在社会中生存发展，它的声誉非常重要，好的声誉不仅可以给一个组织带来崇高的地位，还可以给组织带来众多人员的仰慕、信任、员工服从与社会尊重等利益，可以提高组织的气场，是一种无形资产，而这个无形资产甚至比有形资产还重要，组织是否在应聘者心中树立了良好声誉以及强大号召力，将影响着招聘录用活动。如一些著名的大公司，以它们在公众中的声誉很容易吸引大批应聘者。

（2）组织所处发展阶段。招聘录用活动是随着组织所处的发展阶段而变化的。处于初创期的组织由于产品或服务范围扩大需要增设新的岗位和更多的人员，需要招聘更多的员工。这一阶段组织发起人往往有思想、有资金、有项目而无人才，此时组织无知名度，发展前景无法评估，优秀人才不愿加盟。此时，组织即便是"花血本"去招聘，应聘者出于对组织发展前景的担忧和对自身职业发展的考虑，往往慎重考虑应聘加入。因此，初创期的组织应着重用情感、待遇、事业发展机会和个人魅力来吸引人才加盟。处于成长期的组织，因组织发展较快，既懂管理又精通业务的复合型人才往往得不到保证，为了组织快速发展需要，生产制造、研发工艺、营销服务等领域都需要行家里手，需要准确地评估内部人力资源，准确地选拔与业务发展相匹配的关键人才，以帮助组织突破发展的"瓶颈"。处于成熟期的组织需要持续的创新力驱动，以实现组织更大发展，而此时组织面临内部人力资源活力和创新力不足情况，这就需要招聘具有新思维、新技术、新知识人员来推进组织转型升级，带领组织实现突破的人员，需要提升其工作岗位的安全性和工资福利待遇等。处于衰退期的组织一般会出现市场萎缩、业绩快速下滑、关键人才流失等现象，由此带来的最直接问题是"人都去哪里了"？

（3）招聘录用政策。组织的招聘政策影响着招聘录用选择。例如，对于要求较高业务和技能工作，可以利用不同的招聘来源和招聘方法，招聘来源是从组织内部获取还是从组织外部获取。目前，大多数组织倾向于从内部获取需要人员，这种内部招聘政策可以为员工提供更多发展晋升机会，有利于调动现有员工的积极性，其缺点是可能将不具备条件的员工选拔到重要岗位，造成不能适应岗位需要的情况。此外，还关乎用人是否合理、上下级关系是否良好、升迁路径设置如何、进修机会是否平等问题。

（4）薪酬福利待遇。组织薪酬福利待遇在招聘录用中的作用是非常重要的。组织薪酬福利待遇包括薪酬福利、学习与发展机会、工作环境、灵活的工作时间和自身价值的认可等内容，它可以使员工多层次的物质和精神需求得到满足，是吸引与留住优秀人才从而获得竞争优势的前提，薪酬福利待遇始终是一个人人关注的问题，但是不同的薪酬福利待遇在招聘录用中的作用不相同，基于吸引与留住优秀人才的薪酬福利待遇需要不断创新，需要确立全面薪酬福利待遇理念，没有一劳永逸的方法，每一种薪酬福利待遇的内容都有其优点和缺点，要根据组织的具体情况设计具体的薪酬福利待遇体系以适应招聘录用需要。

（5）成本和时间。由于招聘录用涉及效益问题，而效益受成本和时间限制明显，资金充足的组织在招聘录用上可以有更多的选择，它们可以大量投入资金进行广告宣传，所选择的传播媒体范围广泛，可以采用人才交流中心、直接进入大学（校园招聘）或其他地区进行招聘录用活动，还可以借助猎头公司等高级中介机构招募所需要的人才。除此以外，时间因素也是招聘录用需要重点考虑因素，如果组织面临扩大产品或服务所带来的突发性经营需求，那么它就需要考虑季节性经营因素影响，快速完成招聘录用任务；反之，如果组织面临减少产品或服务所带来的突发性经营需求，那么它就需要考虑缩减或裁撤人员任务。

4.1.3　招聘录用渠道

招聘录用渠道有两种：一种是内部招聘渠道，另一种是外部招聘渠道。内部招聘渠道包括布告法、主管推荐、员工档案等；外部招聘渠道包括熟人推荐、广告媒介、网络招聘、人才交流会、校园招聘、猎头公司和人才外包等。招聘录用渠道优劣势分析如表4-1所示。

表4-1　　　　　　　　　　招聘录用渠道优劣势

类别	渠道	优势	劣势	使用建议
组织外部招聘	组织网站	花费较少	组织知名度对招聘影响很大	提升组织整体知名度
	专业招聘网站	可随时发布招聘信息，发布后管理方便，受众面广，周期长，简历数量大，花费较少	简历筛选量大，岗位针对性不强	此渠道发布一周后发现效果不理想可考虑其他方式，不太适合资深专业技术人员和高级管理人员
	微博、微信、QQ群等	人群针对性强	需要一定的人力和时间，诚信度不高	尝试论坛发帖
	学校海报	花费很少	声誉较低	4、5月份和9、10月份比较合适
	校园招聘会	花费很少	应聘者缺乏实践经验较多	适合初级技术人员，加强与校方联系
	校企联合专场	吸引人数较多，可以提升组织知名度	花费较多，适合知名组织、批量招聘	需要做一些组织宣传工作
	大型招聘会	效率较高，可快速淘汰不合试人选，掌控应聘者数量和质量	需要投入一定的人力和财力，受展会主办方宣传推广力度影响，求职者的数量和质量难以有效控制	适用一般人才和大量岗位需求
	人才市场招聘会	包含各类各层级应聘者	专业性不强	适用于各类职位招聘
	广播电视媒体	吸引人数较多，受众面广，简历数量大，可以提升组织知名度，可以吸引到各类人才	需要投入大量的财力，受媒体受众面影响，需要对媒体有深入了解，不适合中小组织	需要考虑成本因素
	杂志期刊	保存性好，针对性强	时效性差，不利于解决人员急需	专业性较强岗位

续表

类别	渠道	优势	劣势	使用建议
组织外部招聘	报纸	覆盖范围广，传播迅速	费用高，可信度低	中小组织因招聘效果不佳不建议使用，大组织可以针对性使用
	猎头招聘	周期长、针对性强、可以短期内快速、主动、定向寻找组织所需要的人才，信息准确，成功率高，从而确保招聘效果	花费高，通常为被猎成功人员年薪的20%~30%	适用于中高层管理人才以及中高端技术岗位和稀缺人才招聘，确保猎头公司掌握用人岗位特点和需求，还要注意避免猎头公司从自己组织挖人
	网猎招聘	网络招聘与猎头结合体，猎头公司通过网站广泛吸引人才，经过评估推荐给组织，相对于单独猎头公司招聘费用低廉，可以轻松获得高素质人员	对年龄偏大的高端人才有局限性	留意一些招聘网站，如中华英才、猎聘网等
	熟人推荐	招聘成本低、成功率高，推荐人员比较了解公司情况，针对性好	受众面比较窄，容易出现内部小帮派	适合中小组织，优秀员工推荐的人比较优秀，可给予适当的推荐奖励
组织内部招聘	主管推荐	花费低，内部人员对公司情况有一定了解，工作上手较快，有利于公司内部人才的晋升、调动、轮岗，减少人员流失	增加培训成本，易近亲繁殖，形成派系	适合忠诚度比较高、熟悉组织情况人员选拔，技术专业度较高岗位不适合内部招聘
	布告法	广泛了解，留住人才，具有竞争性、公平性	时间长，可能影响工作	需要全面了解组织人员状况
	员工档案	发现没有提出申请的合格应聘者	处于静止状态	不断补充档案

4.1.4 招聘录用组织实施

从招聘录用的实际出发，构建完善的招聘录用体系，组建合理的招聘录用团队，实施严格的过程监控，以确保员工素质能力水平提升。

1. 招聘原则

（1）双向选择原则。组织根据自身发展和岗位情况自主地选择员工，劳动者根据自身能力和意愿，结合劳动力市场供求状况自主选择职业，即组织自主选人，劳动者自主择业。双向选择原则一方面能使组织不断提高效益，改善自身形象，增强自身吸引力；另一方面，还能使劳动者为了获取理想的职业，努力提高自身的知识水平和专业技能素养，在招聘竞争中取胜。

（2）效率优先原则。效率高的一方能在激烈的市场竞争中赢得主动权，招聘录用工作也不例外。效率优先在招聘中的体现就是根据不同的招聘要求，灵活选用适当的招聘内容和形式，在确保招聘质量的基础上，尽可能降低招聘成本，一个好的招聘系统能够保证组织用较少的人力成本获得适合岗位要求的最佳人选；或者说，以较低的招聘成本招聘到与岗位素质要求相互匹配的人员。

（3）发展潜力原则。组织招聘新员工不仅要看其综合素质与职位要求素质的符合程度，更重要的是可持续发展、可开发的潜力。优秀人才往往都已拥有一份工作，没有必要去寻找一份新职位，组织需要花费一些时间到高等院校就业指导中心或专业人才服务机构开展招聘活动，唯此，才有可能成功地寻找到优秀人才。与此同时，构建组织人才库，将具备潜力的人员收入人才库以备所需。

（4）确保质量原则。一般来说，选聘人员时应尽量选择素质高、水平好的人员，但也不能一味强调高素质高水平，而应当是人尽其才、用其所长，以保证组织人员结构合理和较高的相容度，使员工间心理素质差异得以互补，形成群体优势。在组织招聘过程中，可以采用"二八定律"规则，要招聘属于20%的重点人员同时招聘80%的一般人员。

（5）按需招聘原则。组织按需招聘原则是指根据实际工作需要制定招聘政策。组织根据自身的发展战略对未来的招聘录用需求进行调查预测，需要考虑增产、员工素质、劳动强度、员工辞职、退休等综合情况予以必要裁撤增补员工。

（6）公平公正原则。组织对应聘者应一视同仁，应该根据测试结果择优录用。但是，这并非表明不为内部员工提供晋升机会，内部员工晋升对现有员工士气能够起到积极促进作用，并增强内部员工的自信心，让他们充分认识到自己的才能，组织需要找到内部晋升与外部招聘的平衡点，因为内部晋升可以充分体现过去行为是未来行为的最好预测观点，为组织准确地招聘到需要的、合适的人员。

2. 构建招聘金字塔

招聘金字塔（Recruitment to Pyramids）是指在招聘各个环节过程中，应聘者随着测试环节的增多人数逐步减少，就像金字塔一样，第一层级吸引提出求职申请人数最多，然后通过各种测试环节人数逐步减少，以确保招聘录用效果的提升。招聘录用工作的成败在很大程度上取决于吸引多少应聘者来应聘，应聘的人数越多,组织选择到合适人员的可能性就越大,因此构筑招聘金字塔非常重要(见图4-1)。

图4-1 招聘金字塔

录用1人
人才库5人
面试15人
初试35人
求职申请100人

收到了数量繁多的求职申请之后,可以通过筛选简历确立初试人员,简历所反映出来的基本个人信息、工作经历、知识、技能等情况是否符合岗位要求,基本符合岗位要求的人员进入下一轮初试环节,这一环节可以根据情况采用笔试等方式,然后可以进行第一轮面试,需要对应聘人员的整体素质和人生观、事业观等做基本判断,选出符合要求人员进下一轮面试,第二轮面试可以采用较为复杂的情景测试方式,测试环境、内容是仿真的,以测试应聘人员所说所做,这一形式应聘人员自由度高、伸缩性强,是一个自主灵活、即兴发挥的测试方式,测试结果的可靠性、准确性提高,但是测试费用显著提升,在此基础上,可以构建人才库,人才库即招聘申请池,应聘人员经过各项能力评估后进入人才库,并按技术序列、职衔等级排序,以备岗位空缺使用,它可以节省招聘录用重置成本,通过构建招聘金字塔最终确保录用人员符合岗位要求。例如,组织要雇用5名新员工,根据上图实例可知招录通知发出以后,求职申请人数与组织人员录用比例是100∶1,即通过组织广告宣传等手段吸引求职者人数应该达到500人,通过初试、面试进入人才库25人,而最后实际上只有5人被雇用,从而确保录用人员的素质。

3. 组建招聘团队

招聘团队是组织吸引人才的核心组织,它决定了组织吸引人才的效率和质量,但在实际操作过程中,很多组织忽视了招聘团队的建设,无法促使人才的合理流动,也无法促使组织招聘到合适人选,出于工作需要,招聘人员只是应付,导致招聘人员为招人而招人,无法与组织岗位相互匹配,难以招聘到合适人选。组织发展到一定阶段就需要组建招聘团队,组建招聘团队是吸引人才的核心基础工作,同时还可以提升招聘效率、提高组织雇主品牌价值。组建高效的招聘团队要考虑团队成员素质、岗位技术分析能力等各方面情况。

招聘团队组建过程中需要遵循以下原则：（1）知识互补。招聘团队知识结构方面要互补，丰富招聘团队整体的知识深度和广度，能够对不同知识结构的人员进行筛选考评，从而起到互相补充的目的。（2）气质性格互补。不同的团队成员具有不同的心理特征、气质和性格，将不同气质性格的成员组合在一起可以消除招聘工作中由于某一种气质类型员工的心理偏差或成见造成的误判。（3）性别互补。不同性别成员互补可以避免招聘过程中的性别优势或性别歧视，有利于正确地选拔人才。（4）年龄互补。年龄差别体现了精力、知识、经验、处理问题方式以及思维方式等方面的差别，不同年龄的招聘团队成员组合在一起，能客观地对不同年龄阶段的应聘者进行正确分析。（5）能力互补。招聘团队要为组织选拔各个岗位员工，如果招聘团队中有人懂生产、有人精通销售、有人掌握办公室工作，那么各种不同能力人组合在一起，则有利于选拔不同岗位员工。

招聘团队成员应符合以下标准：（1）工作积极努力、充满热情、不断进取；（2）具有幽默感的员工，应聘者无不希望谈话的气氛愉快、幽默、风趣和轻松，都愿意接触开明而爽朗的人；（3）具有丰富的专业知识技能和社会经验，练就了一双火眼金睛；（4）品德高尚、举止儒雅、文明、办事高效、有魅力的人。招聘完成率、招聘周期、人才库数量、招聘渠道合理性、投递简历数量、面试人员数量、试用人员顺利度过试用期数量、人才流失数量等指标对招聘团队和招聘人员进行考核奖罚评估的重要指标。除此以外，招聘团队成员还应该具备分析洞察能力、开拓能力、沟通能力、人际交往能力等，避免招聘团队成员内部矛盾分化、拉帮结派、士气低落等情况。

4. 求职简历表设计

求职简历表是由组织设计，包含了职位所需基本信息，并用标准化格式表示出来的一种招募筛选表，其目的是招募筛选出那些背景、潜质与职务规范要求条件相当的候选人，并从候选人中选出参加后续选拔的人员，它可以初步了解参选人员状况，为后续选择聘用提供参考，并节省时间节省成本。招聘申请表一般包括以下内容：（1）个人基本情况（如年龄、性别、电话、身体状况、联系方式、婚姻状况等）；（2）求职岗位意向（如应聘岗位名称、求职地点、工作性质等）；（3）教育培训情况（如学历教育、所获学位、接受培训情况等）；（4）工作经历经验（如曾经工作单位、职务、时间、工资、离职原因、证明人等）；（5）获奖情况和能力证明（如以往学校组织获奖情况、取得各类证书情况）；（6）生活家庭情况（如家庭成员姓名、关系、个性、工作单位等）（见表4-2）。

表4-2　　　　　　　　　　　求职简历表

基本情况	姓名		性别		照片
	学历		出生日期		
	政治面目		籍贯		
	毕业院校		民族		
	专业		身高		
	身份证号码		健康状况		
联系方式	手机号码				
	通讯地址				
	户籍地址				
	电子邮箱				
求职意向					
教育培训					
工作经历					
获奖情况					
兴趣爱好					
自我评价					

4.2　招聘录用程序

　　招聘录用是一项系统工程，需要按照科学的程序进行分阶段规划和实施，这样可以提高招聘效率，招聘到组织所需要的人才。它的具体内容可以分为几个相对独立而又相互联系的阶段：招募、甄选、录用和评估四个阶段组成（见图4-2）。

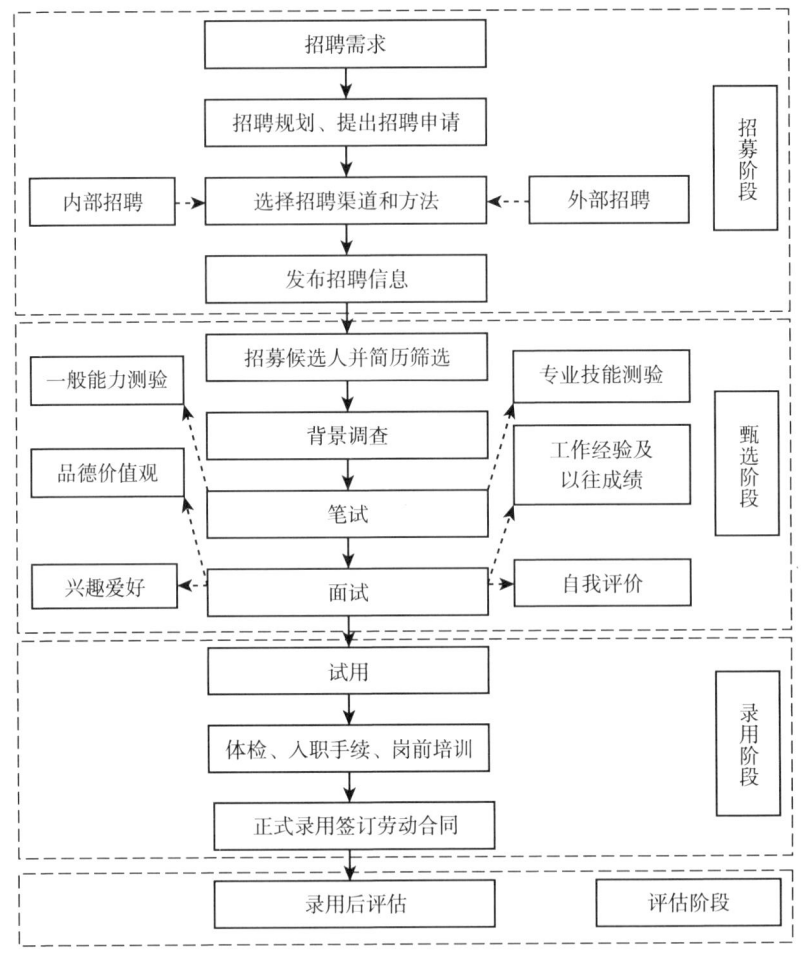

```
┌─────────────────────────────────────────────────┐
│                  招聘需求                        │
│                     ↓                           │
│            招聘规划、提出招聘申请      招         │
│                     ↓                  募         │
│   内部招聘 → 选择招聘渠道和方法 ← 外部招聘  阶     │
│                     ↓                  段         │
│               发布招聘信息                        │
└─────────────────────────────────────────────────┘
┌─────────────────────────────────────────────────┐
│  一般能力测验    招募候选人并简历筛选   专业技能测验 │
│                     ↓                            │
│                  背景调查           工作经验及    甄 │
│  品德价值观         ↓               以往成绩     选 │
│                   笔试                          阶 │
│                     ↓                           段 │
│   兴趣爱好        面试              自我评价      │
└─────────────────────────────────────────────────┘
┌─────────────────────────────────────────────────┐
│                   试用                          录 │
│                     ↓                           用 │
│            体检、入职手续、岗前培训              阶 │
│                     ↓                           段 │
│            正式录用签订劳动合同                   │
└─────────────────────────────────────────────────┘
┌─────────────────────────────────────────────────┐
│              录用后评估              评估阶段     │
└─────────────────────────────────────────────────┘
```

图 4-2 招聘录用基本程序

4.2.1 招募阶段

组织需要招聘多少人？招聘什么样的人？采用什么样的策略、渠道和方法招聘？这些都要在招聘工作开始前确定下来。具体来说，招募阶段要做的工作包括：确定招聘需求、制订招聘规划、制定招聘策略、确定招聘成员、提出招聘申请等。

1. 确定招聘需求

招聘首先要掌握组织发展战略规划、产业状况、组织人才需求和劳动力市场情况，对组织的人员结构、人员数量、人员素质、劳动强度有一个比较全面的掌握，需要配备具有何种技能、素质、人格特征的人员，还要收集劳动力市场供给情况，组织能够给予的待遇情况等问题。职位分析有利于选拔合格人才，组织各类人员的招聘录用标准只有通过职位分析才能明确。因为职位分析确立的任职资格是用以判断应聘者是否合格的客观标准，是设计招聘面试内容的主要依据，只有按照任职资格规定的内容来筛选应聘者，才能科学准确地从中选拔出符合组织需要的人才。

2. 制定招聘规划

招聘规划制定需要根据组织的人力资源供给状况，结合组织业务发展战略规划、产业状况，分析组织所需人员结构、数量、质量和劳动强度等问题，招聘规划要具体、全面、有针对性，招聘规划一般包括以下内容：（1）人员需求清单，包括招聘的职务名称、人数、任职资格要求等内容；（2）招聘信息发布的时间和渠道；（3）招聘团人选，包括姓名、职务、各自职责任务；（4）应聘者的考核方案，包括考核场所、时间、题目内容等；（5）招聘截止日期；（6）新员工上岗时间；（7）招聘费用预算，包括资料费、广告费、人才交流会费用等；（8）招聘时间，以便他人配合；（9）招聘广告。

3. 招聘渠道选择

组织选用何种渠道取决于多种因素，需要根据招聘职位要求、组织特点、经济实力和渠道状况予以综合运用，可以采用如媒体广告、人才洽谈会、网络招聘、校园选聘、内部推荐和内部竞聘等多种渠道方式。

4. 发布招聘信息

招聘信息发布后可以吸引多少应聘者接受信息，接受到信息而且对信息感兴趣，进而采取行动而参加招聘活动，这一阶段所要完成的工作是吸引求职者，组织一旦确定了对人才的需要，就应该及时地把信息散布出去，否则，没有人知道组织空岗虚位以待，也就解决不了单位用人问题，发布信息时招聘单位可以采用多种方式，一切根据招聘人员要求和成本收益对比来做出判断。报刊招聘方式覆盖面大，但招聘成本较高，可以根据它们的覆盖地域或读者群来选择要采用的报纸。电视招聘方式与报纸招聘广告一样，也需要选择在不同的频道、不同的时段、不同的覆盖范围做广告，电视可以迅速把组织的需求信息传播到千家万户，但这同时也需要支付更高的广告费用。中介机构发布招聘信息可以付出低廉的费用把信息传递给潜在求职者。熟人推荐招聘方式是一种效果不错的招聘方式，组织把现有需要的招聘信息传递给信任的员工，这等于为组织招聘人员进行了一次初步筛选，而且，由于推荐人员一般比较了解所推荐的人选，因此通过这种方式往往可以招聘到符合要求的人选,而且节省招聘成本。

招募的主要工作是吸引求职者的注意,宣传组织形象,扩大组织在劳动力市场上的影响力,把组织所需要的潜在员工尽量吸引过来,以达到组织人员供需平衡,这一阶段是整个招聘工作顺利完成的重要前提和基本保证。

4.2.2 甄选阶段

甄选是从职位申请者中选拔组织所需要人员的过程。它包括资格审查、初选、笔试、面试、心理测试以及其他测试、体检、个人资料核实等内容。这一阶段管理工作的质量将直接影响组织最后的录用质量,也是招聘管理中技术性最强和难度最大的阶段。甄选要注意标准统一,以符合组织人员甄选的基本要求,同时考虑招聘岗位的职责和要求,避免出现以偏概全、以个人好恶出发和光环效应的甄选误区,体现甄选过程中适岗要求并兼顾潜质原则。

1. 初步甄选

组织将其职位需求信息发布出去后,会收到一些求职者的求职信和履历表,招聘人员应及时整理这些信息,把求职信息输入求职数据库中。初步甄选是以职位分析要求顺序排列每一位求职者情况,以选择符合职位要求的求职者,这个过程就是寻求求职者基本情况与职位分析相匹配的过程,在初步甄选中只要求遵循基本合格原则,而并不要求完全合格,即只要基本符合职位要求,就可以把他们挑选出来,为下一步甄选做准备。初步甄选可以节省此后选拔过程中大量的时间和财力,但要注意以下几点问题:(1)充分利用求职信和履历表中的信息,一般来说,求职者提供的求职信和履历表信息比让求职者填写一份预先准备好的申请表能提供更多的信息,但另一方面,让求职者填写事先准备好的申请表能使招聘人员获取组织想要的信息。在实际招聘录用中,可以把这两者结合起来,既让求职者提交一份求职信,又填写一份申请表,这样,组织可以获取更加准确信息,以利于做出选择判断。(2)作为招聘人员要"睁大眼睛",发现虚假的和自相矛盾的材料,应予以去伪存真。(3)初步甄选应注意求职者年龄、性别、教育培训背景、资格证书、工作经验、专业技能、健康状况、兴趣爱好、工作变动原因等信息。(4)与通过初步甄选候选人建立联系,并确定进一步面谈时间、地点;对初步甄选中被淘汰求职人员表达歉意和感谢。对应聘者进行初步甄选决定符合要求的求职者,是招聘过程中的一个重要组成部分,其目的是比较各位应聘者的综合能力和素质,从中选取出最符合公司发展需要的人才。基于这一阶段的重要性,初步甄选是招聘人员在运用各种技巧、方法对应聘者进行综合评价基础上审慎做出的。

2. 笔试甄选

传统而古老的笔试也可以视同为初步甄选的一个重要过程，它是根据应聘者试卷答题的正确程度评判其对职位适应情况的一种初步甄选方法。笔试测试适宜测试应聘者的业务知识能力、文字能力和分析问题综合能力等内容，据此判断应聘者素质能力等方面的差异。笔试中应根据岗位的需要设计笔试内容，同时要严格控制笔试过程，讲求原则，不能弄虚作假，严格把关，以确保招聘工作效果。

3. 面试甄选

在甄选过程中，面试环节是组织招聘录用工作的灵魂，也是招聘环节中技术难度最大环节，如何使招聘更加客观、公正，应注意以下几个方面工作：（1）面试官选择。面试官专业素养很大程度上决定着招聘质量，面试官要具备识人、选人能力。（2）确定面试内容及面试大纲。面试前应根据招聘岗位职位说明书要求确定哪些内容可以通过面试测试，将这些内容挑选出来以后，针对每一项内容由招聘人员设计相应的问题和答案。面试大纲是围绕面试的重点内容来编写的，如品德价值观、气质性格、一般技能、专业技能、管理技能、兴趣爱好等，编制相应提纲有针对性地提问、考察，面试提问题目应具体、明确，避免提及个人隐私问题，避免使用带有倾向性问题和简单地用"是"或"不是"来回答问题，多采用开放式问题来引发应聘者更多解释回答。（3）重视应聘者品德价值观考察。所谓品德价值观是当一个人面临抉择时候做出选择价值趋向，人的价值观不像专业技能通过培养可以提高改变。（4）胜任力审查。胜任力是将在工作中表现优异者与平庸者区分开来的个人潜在的、深层次特征，包括动机、特质、自我形象、态度、某领域的专业技能，面试中注重对胜任力考查是招聘录用工作的核心工作，也是高素质、高潜能、高能力鉴别内容。（5）标准化评定尺度。面试评分难度大，对面试官要求高，为保证评分质量，在评分时应严格把握评分标准的客观统一。第一，每位面试官的评分标准要前后宽严一致，不能对首先进行面试应聘者打分严格，而对后面试应聘者放宽标准，做到前后一致，宽严相当；第二，各面试官在评定第一位应聘者面试成绩后及时交流情况、统一评分标准，统一宽严尺度，避免评分差距过大；第三，对应聘者机会均等，考核标准统一，提问范围大小、难易程度保持一致，既要体现应聘者个性，又要考虑应聘者现实情况。

4. 情景模拟法甄选

情景模拟法测试是把应聘者放置到一个情景模拟的环境中，考察应聘者在情景模拟工作环境中的行为表现的一种招聘方法。情景模拟测试法比较注重实践性和操作性，可以考察应聘者在各种场景下的综合素质能力，它的形式主要有公文筐测试法、无领导小组讨论测试法、角色扮演测试法、案例分析测试法、管理游戏测试法等。

5. 其他测试法甄选

可以采用仪器测试法、体检、资格审查（可列入下一阶段）方法进行甄选，以进一步核实个人资料真实性，是否符合岗位要求等内容。

6. 构建招聘人才库

专职招聘人员的一项日常工作就是建立维护组织人才数据库，用以存放求职者的详细信息，在组织短期内出现职位缺口时，可以利用人才库进行人员招聘，迅速补充人员缺口，每个组织都应建立求职者人才库用于网络人才。

4.2.3 录用阶段

组织在录用员工时，并不是瞄准最优秀的员工，而是尽量找到最有潜能、符合组织文化、能够与组织共同发展的人，适合组织需要人员的才是最好的。如果组织招录一位很有能力、高素质的员工，如果他对岗位工作任务不感兴趣或认为是"大材小用"，那他也不会将工作做好，同时会影响其他同事的工作热情，从而影响整个团队的工作绩效。录用阶段主要包括新人上岗引导、新员工培训和谈话等工作内容。目的是帮助新员工适应工作岗位，尽快熟悉和驾驭工作内容，唤起新员工工作热情，使其顺利融入组织文化。有不少组织由于不重视录用阶段的工作，使新员工在录用后对组织和本岗位工作缺乏认识和适应就直接上岗，导致新员工无法较快地胜任本岗位工作，难以表现出令组织满意的工作绩效。而对于未录用的人员，组织应根据应聘材料上的联系方式及时给予回复，感谢他们的应聘，肯定他们的优点，并祝愿他们找到合适的工作，录用阶段主要有四项工作内容。

（1）资格审查。对符合录用条件的候选人，组织在征得其同意的条件下，可以与其以前工作学习过的单位联系，核实应聘者简历、面试等过程中所提供信息的真实性。

（2）体检。组织一般都有自身业务项目和身体要求，体检是必不可少的录用环节，可以进一步甄选掉身体体质状况不合格人选。

（3）岗前培训。岗前培训是指为使新入职员工熟悉本企业的各项规章制度和行为规范，尽快地融入组织工作而对其进行有关规章制度、组织文化、工作技能以及场区布置、办事程序、财务制度等要求的培训。

（4）签订劳动合同。劳动合同一般由组织提出，劳动合同的签订应该本着双方平等自愿、协商一致的原则，签订劳动合同以后即宣告正式录用。

（5）试用期工作。适用期工作是招聘录用工作的犹豫期，可以通过这一时期最后考察确定被录用者素质能力状况，以决定是否最终录用。

4.2.4 评估阶段

招聘评估是整个招聘工作最后环节，也是招聘录用重要工作之一，它可以通过成本效益评估、数量与质量评估、信度与效度评估以及过程评估得以实现。

1. 成本效益评估

在员工招聘过程中，由于招聘岗位和要求不同、招聘指标内容、渠道和甄选方法等不相同，而不同的招聘渠道和甄选方法的成本也不相同，员工招聘的目标任务就是用较低的成本获得较高的边际收益，将最符合岗位要求的人员吸引录用到组织中，招聘评估工作是区分哪些支出项目应予列支，哪些支出项目不应列支，项目支出以后收益情况如何，即可以通过投入产出予以评估，具体计算公式如下：

$$总成本效益 = 录用人数 / 招聘录用总成本 \times 100\%$$
$$招募成本效益 = 应聘人数 / 招募期间成本 \times 100\%$$
$$甄选成本效益 = 被选中人数 / 甄选期间成本 \times 100\%$$
$$录用成本效益 = 正式录用人数 / 录用期间成本 \times 100\%$$

总成本效益、招募成本效益、甄选成本效益和录用成本效益指标是对招聘录用工作进行有效性考核的四项重要指标，成本效益指标比值越大，说明招聘录用工作越有效。

2. 数量与质量评估

招聘评估工作还可以通过应聘者的数量评估指标和实际素质能力评估指标予以测量，通过数量评估，分析在数量上满足或不满足需求的原因，有利于找出各招聘环节上的不足之处，以改进招聘工作，而质量评估是对员工的工作绩效行为、实际能力、工作潜力的评估，有利于招聘方法的改进，同时为员工培训、绩效评估等人力资源工作提供必要的信息。人员数量与质量评估可以通过录用比、招聘完成比和应聘比等方面进行，具体计算公式如下：

$$录用比 = 录用人数 / 应聘人数 \times 100\%$$
$$录用完成比 = 录用人数 / 计划招聘录用人数 \times 100\%$$
$$应聘比 = 应聘人数 / 计划招聘录用人数 \times 100\%$$

一般情况下，录用比指标数值越小，说明录用者素质越高；录用完成比指标数值大于100%，说明超额完成招聘录用任务；应聘比越大，说明招募信息发布效果良好，吸引了众多应聘者参与招聘活动。

3. 信度与效度评估

信度与效度评估是对招聘过程中所使用测试指标、方法等内容的正确性和有效性的检验，只有信度和效度达到一定水平，其结果才适合作为录用决策依据。信度主要是指测试结果的可靠性或一致性。人员招聘录用过程中，招聘录用测试指标和方法等内容的设计要符合岗位任务要求，否则将降低招聘录用的信度。效度主要是指测试结果的有效性或精确性。人员招聘录用过程中，是否能够按照招聘录用事先设计的测试指标和方法严格进行甄选测试，否则会降低招聘录用的效度。

4. 过程评估

招聘评估工作还需要对招聘的招募环节、甄选环节和录用环节的全过程进行评估，发现招聘过程中存在的问题、原因，以寻找解决问题的对策，对招聘策略、招聘规划、招聘的指标内容、渠道和方法等进行优化，以提高今后招聘工作效果。评估是招聘录用过程中必不可少的一个环节，注重评估工作才能使招聘工作不断得到完善，以适应组织不断发展需要。

4.3 人员甄选

人员甄选（Personnel Screening）是通过心理学、管理学、考试学、系统论和计算机技术等多学科的理论、方法和技术，对组织所需要人员的品德价值观、知识水平、能力结构、行为特点、职业倾向和发展潜能等多种因素进行综合测试，并结合人员甄选测试内容合理选取方法以选拔录用人员的管理活动。

4.3.1 甄选测试内容

甄选应从众多应聘者中选出适合岗位要求并且能为组织创造收益的人员，应聘者测试内容可以从以下几个方面选择。

1. 品德和价值观

品德指一个人的道德修养，它反映人员的思想品质，可以体现在社会责任感、组织纪律和团队精神等方面。社会责任感要求应聘者爱国敬业，具有正确的世界观、人生观和价值观；组织纪律要求应聘者恪尽职守、勤奋扎实、精益求精、勇于创新；团队精神要求应聘者顾全大局，正确对待个人利益、集体利益和国家利益三者关系，同事之间团结合作、乐于奉献，相互帮衬共同完成工作。价值观则反映了一个人对社会、工作和生活的认知情况，而工作态度决定了一个人对待事物的重视程度和努力程度，正确的价值观和工作态度是考察应聘者的又一重要指标。

2. 科学知识和专业技能

科学知识主要通过受教育程度、知识面广度深度、专业知识及外语、计算机水平等内容，受教育程度可以通过学历水平高低予以表明，知识面广度反映应聘者对各类知识掌握情况，知识面深度反映应聘者对某一类知识掌握情况，专业技能是指应聘者在某一专业领域是否有很深造诣，是内化于心的技术能力总和，人的专业技能由心理素质、身体素质、文化素质和工作技能等要素构成。

3. 工作经验和工作业绩

通过了解应聘者过去的工作经历可以考察其工作经验和胜任力状况，可以鉴别其责任心、主动性、忠诚感、进取心等内容，还可考察紧急情况下的应变能力，可以推断其具备的素质与岗位的匹配度。工作业绩最能体现一个人的工作能力，工作业绩包括工作数量指标和工作质量指标。例如，研究型专业技术人员工作数量指标包括承担科学研究课题数量、成果数量及专著、论文数量等内容；工作质量指标包括科学研究成果获奖等级、论文、专著水平、科学研究成果推广应用情况等内容。

4. 气质和性格

气质是表现人们心理活动强度、速度、灵活性和指向性等方面内容的一种稳定性心理特征，人的气质是先天形成的，受神经系统活动过程特性制约，可以通过行为举止、待人接物、谈话方式等内在人格魅力形式表现出来，气质并不是自己说出来的，而是自己长久形成的内在文化修养。性格是一个人在先天生理素质的基础上，经历不同文化背景熏陶和社会实践活动逐渐形成比较稳定的心理特征反应。有学者认为工作中气质性格产生的影响比能力产生的影响重要，如果一个人能力不足，可以通过后天训练提高，如果一个人气质性格与职业不匹配，要改变起来就比较困难，在甄选时应将气质性格测试放在重要位置，当气质性格与职业相匹配时，再进行其专业技术能力评价。

5. 行为习惯

行为习惯是人们长期生活生产实践中养成的相对稳定的生活生产方式，行为习惯是一种长期养成的不容易发生改变的定型性行为。行为习惯一旦养成，就进入到人们的潜意识中，使人们难以察觉，却处处产生影响，在不知不觉中控制着人们的行为，影响着人们生活中的每个细节。行为习惯可以减少思考时间，简化行动步骤，使人们对待日常事务时不必事事学习、探究和尝试，可以从容应对提高效率，使我们有更多的时间和精力从事创造性和挑战性的工作，但是不良的行为习惯会对人们生产生活工作产生负面影响。

6. 兴趣和爱好

兴趣爱好可以使人们在学习工作时精神振奋，情绪愉快，感到工作乐趣，可以表现得既自觉又积极，可以为取得良好业绩奠定基础。兴趣可以使一个人充满活力，还可以使一个人在某一时间段内专注于某一项或几项活动；爱好是在兴趣基础上产生的，如果一个人对某项活动感兴趣，就会产生参与此项活动的动机，继而参与这项活动，在活动中感受到乐趣，继而产生对此项活动相对持久的爱好，爱好是兴趣持久发展的动力，兴趣和爱好是促使人们工作并取得成绩不可或缺的一个重要因素。

7. 求职欲望和动机

每个应聘者求职欲望和动机差别很大，有的人向往稳定生活，有的人向往高收入，有的人向往继续深造，有的人向往事业发展机会，有的人因为组织名气大、有面子，还有的人因为组织能解决大城市户口等问题。当一个求职者非常渴望得到眼前工作时，无论他出于什么欲望动机，他会认真地思考这项职位给他带来什么以及有可能失去什么，还会决定进入岗位之后面临困难和挑战时，他是主动承担责任，还是选择放弃逃避，进而对工作产生影响。

4.3.2 甄选测试方法

甄选测试方法有很多种，常用的甄选测试方法有甄选简历法、背景调查法、笔试法、面试法、情景模拟法、STAR 测试方法等内容。不同人员获取的方法是不一样，方法选择合理可以找到合适的人选，可以提升组织甄选的工作绩效。

1. 甄选简历法

简历是应聘者对自身基本情况、教育背景、工作经历、以往业绩和个性特点等个人情况的总结概括。通常情况下,组织发布招聘信息后,会同时收到大量的求职简历,招聘者面对大量简历,能否在短时间内选出合格人选进入下一轮测试非常关键。在招聘过程中,简历主观性较强,有比较大的自由发挥空间,从而导致简历有大量冗余信息,甚至是虚假信息,面对成百上千经过巧妙修饰的简历,招聘者如何运用甄选技术,将符合标准的人员甄选出来是非常重要的工作内容。通常来说,甄选简历是招聘者第一次接触应聘者,在甄选简历过程中,应该针对应聘者基本信息、所学专业、工作经验、取得成绩等客观内容与选聘岗位是否匹配等问题做出判断选择,对简历中的亮点、年龄较大人员转换岗位的动机、变换工作的频度、高职低聘等情况予以标明,通过下一步甄选进行核实确认,甄选简历成本很低,可以为下一步甄选奠定基础。

一般情况下,应聘者简历主要由以下几个部分组成:(1)应聘者基本情况,包括姓名、性别、年龄、学历专业、住址等。与应聘岗位所要求的经验相比,年龄是一个重要因素。可以把应聘者的年龄与其工作经验进行比较,可以看出应聘者经验真伪,一般来说,应聘者不会虚报年龄,而在经验上造假。真假文凭是学历中的大问题,有必要通过各种渠道查询学历的真伪,如学历网、学信网等进行查询。(2)求职意向。一般职位说明书中都对应聘者专业、工作经验做了规定,求职意向需要与学历专业、工作经历基本一致。(3)教育背景。一般情况下教育背景和培训经历应该与所从事的职业相互吻合。(4)工作经历经验。工作经历经验是简历分析的重点。工作变换频繁程度,一方面说明应聘者经历丰富,也说明应聘者工作稳定性较差;当应聘者存在非常频繁的变换工作情况下,需要对他们每次工作轮换原因进行分析;如果每项工作关联性不大,而且每项工作时间不长,那么就需要高度注意;工作是否有间断,间断期间做什么工作;目前正在做什么工作,何时能到职,为什么离职;应聘者是否比较深入从事过某一项工作;每个阶段负责的主要内容和业绩情况;应聘者的经验与岗位要求是否匹配,如果已经达到一个相对较高职位来应聘一个较低职位,动机是什么?招聘人员可以通过简历分析获得应聘者完整而全面的信息,发现其中的亮点和疑点,疑点问题可以通过进一步甄选核实。(5)以往取得的成绩。应聘者以往学习过程和工作过程中取得的各种奖励情况。(6)待遇要求。应聘者从业工作条件要求和薪酬福利待遇要求等内容。(7)自我评价兴趣爱好、工作动机和专业特长等内容。如果应聘者是跨越城市应聘,应聘者动机是什么,因为他们将面临非常现实的一些问题,比如生活成本增加、生活环境变化等问题,这些都会影响其进入组织后的工作状态。

应聘者简历甄选还需注意以下几点问题:(1)审查客观内容。结合招聘职位要求审查个人基本信息、受教育程度、工作经历和个人成绩四方面;在审查应聘者教育经历中,要关注应聘者专业教育、证书培训情况,以查看专业是否对口;

审查应聘者工作经历是甄选的重点，应重点关注其以往的工作内容，分析应聘者所述工作经历是否属实、有无虚假信息；查看应聘者所述个人成绩是否适度，是否与职位要求相符。(2) 审查主观内容。主要审查应聘者自我评价或描述是否适度，是否属实，并找出这些描述与工作经历描述中相矛盾或不符、不相称的地方，如判定应聘者所述主观内容不属实或不符可以直接甄选掉。(3) 初步判断简历是否符合职位要求。(4) 审查简历中的逻辑性。主要审查应聘者工作经历和个人成绩，要注意其条理性、逻辑性、时间连贯性、相互矛盾性，找出相关问题。(5) 简历的整体印象。审查应聘者简历书写格式是否规范、整洁、美观，有无错别字，通过阅读简历，给自己留下的印象如何。(6) 求职者薪资期望值。结合以上内容最终判定简历是否符合职位要求。

2. 背景调查法

背景调查法是指通过正常的、符合法律制度规定的方法和途径对应聘者提供的教育培训背景、工作经历、担任职务等情况进行核实，以确认其个人提供情况的真实性，它是证明应聘者学习工作情况的有效方法。背景调查法既可在面试之前进行，也可在面试之后进行，可以通过电话、书面、上门拜访等方式征询其工作过单位的上司、下属、平级同事、客户等多方意见，背景调查法在阻止应聘者虚假信息情况下，还可以搞清应聘者原单位离职的原因，如品德方面、经济方面、知识技能等方面有无问题，对于重要的资金岗位、核心技术岗位、核心客户资源岗位、中高级管理岗位等多采用此种方法，这一方法需要花费一定的精力和财力，一般情况下还应征得应聘者的同意，避免产生误解，背景调查可以同其他甄选方法配合使用，利用 HR 行业联盟进行背景调查，可以提升甄选可靠性。

3. 笔试法

笔试法是一种古老的招聘方法，可以考核应聘者特定文化知识、专业技术水平和文字运用技巧等素质能力的一种书面考核形式，这一招聘方法可以在大规模的员工招聘中，对应聘者的基础知识、专业知识、管理知识、综合分析能力和文字表达能力等素质能力进行测试，它适用范围广、费用低廉、花费时间少、效率高，但这一招聘方法会出现高分低能现象，不能考察应聘者工作态度、品德修养以及组织能力、口头表达能力和各项操作技能等，可以采用其他招聘方法，如面试法、情景模拟法、心理测验法予以补充测试。笔试是让求职者在事先设计好的试卷上答题，然后由主考人员根据拟定的评分标准来评定成绩的一种测试方法。通过笔试可以测定求职者的基本知识、专业知识、管理知识以及综合分析能力和文字表达能力等。笔试是让应聘者在试卷上笔答事先拟好的试题，然后根据应聘者解答的正确程度予以评定成绩的一种选择方法。一般来说，在甄选中，笔试往往作为应聘者的初次甄选，成绩合格者才能继续参加下轮甄选。

笔试的优点是通过一次考试能够提出几十道甚至上百道试题，对应聘者知识进行较为全面的评价；测试的信度和效度较高；可以一次考察众多求职者，时间少、效率高；受试者心理压力小，容易发挥真实水平，成绩评定较为客观，而且可以复核。笔试的缺点在于不能直接与应聘者见面，不能考察应聘者的工作态度及道德修养、口头表达能力、管理能力和操作能力等。

笔试的过程如下：（1）设计好笔试试卷。笔试成功的首要保障是命题，招聘笔试的命题可以从组织命题库中选择标准化试卷，还可以聘请人力资源专家和命题专家协助命题，命题应该拟定标准答案、评分细则、分值分配等内容。不管是从题库中挑选试题，还是请命题专家命题，都要保证命题信度，在试卷评阅过程中，要按照拟定的标准答案给分，只有这样才能有较好的区分度，才能保证测试效度，从而做到公正、客观。（2）考场安排。事先要确定考场，并在桌子上贴上准考证号码，桌子之间保持一定的距离。（3）确定监考教师。每个考场至少安排两位监考老师，监考教师要有应付考场突发事件的能力，遇到情况及时处理。（4）组织专人批阅。按照事先给定的标准答案客观、公正评分。如果有多位教师批阅，则应该采取教师轮流阅卷方式，以提高阅卷标准化程度和阅卷速度。

4. 面试法

面试法是经过招聘者精心组织策划，在特定的时间和场合对应聘者通过面对面交谈和观察的方式，检测和评价应聘者综合素质能力的一种招聘方法，它通过"问""听""察""析""判"等方式对语言行为和非语言行为进行综合分析、判断与推理，它既可以考察应聘者的知识水平，也可以考查应聘者的仪态、气质、口才、应变能力等素质能力，面试可以弥补甄选简历、笔试等其他测试形式的不足，多维度评价人员，面试是招聘者和应聘者双向沟通过程，招聘者可以通过观察和谈话来评价应聘者，应聘者也可以通过沟通交流判断招聘者，以调整自己在面试中的行为表现，面试试题带有主观性，没有标准答案，有不可预测性，往往带有强烈的主观性，成绩易受主观因素影响，可以使用客观性命题，有明确答题标准命题，以便做出准确公允的判断。这里探讨的面试法是指以面对面交谈形式为主的测试方法，其他形式的面试方法在本书中定义为情景模拟法。

面试测试内容根据面试特点与前面总结的甄选测试内容有所不同，根据面试测试特点可以概括为：（1）面试可以测试应聘者仪表风度。面试对应聘者体型、外貌、气色、衣着举止、精神状态等内容一目了然。仪表端庄、衣着整洁、举止文明的人，一般做事有规律、注重自我约束、责任心强。（2）面试可以补充笔试测试专业知识的不足。应聘者掌握专业知识的深度和广度以及专业知识是否符合职位要求，面试对专业知识考查更具灵活性和深度，所提问题也更贴近空缺岗位对专业的知识要求。（3）面试能够进一步掌握应聘者的工作经验。一般根据前期甄选简历结果作相关提问，询问应聘者有关背景及过去工作情况，以补充、证实其所具有的实践经验。（4）面试最适合测试综合分析能力。应聘者是否能抓住主考官提出问题的本质，并且说理透彻、分析全面、条理清晰、回答恰当地将自己思想、观点、意见和建议顺畅迅速准确地表达出来，具有逻辑性、准确性、感染力等。（5）面试利于测试求职者的求职动机和欲望。应聘者对哪类工作感兴趣，在工作中追求什么，本单位提供的职位或工作条件等能否满足其工作动机和欲望。（6）面试还可以测试工作态度、进取心、人际交往能力、自我控制能力与情绪稳定性等内容。应聘者对学习、工作的态度，是否能够勤勤恳恳、认真负责地工作。面试可以判别应聘者的人际交往能力、抗压能力、耐心、克制、容忍、理智地对待处理事情。（7）兴趣与爱好也可以通过面试获取。应聘者喜欢哪些运动，喜欢阅读哪些书籍以及电视节目等爱好，对录用后的工作安排和职务任命有帮助。此外，面试时主考官还应该向应聘者介绍本单位及拟聘职位的情况与要求，讨论有关薪酬福利等应聘者比较关心的问题，以及回答应聘者可能要提出的其他问题。

　　面试的主要形式可以划分为以下几种。（1）按面试对象多少划分：单独面试和集体面试。单独面试是指由一个或多个招聘人员逐与应聘者单独面谈的一种招聘方式，是最普遍、最基本的一种面试方式。集体面试是指由一个或多个招聘人员对多个应聘者进行集体面谈的一种招聘方式。（2）按面试问答形式划分：常规面试与情境面试。常规面试是指由招聘人员采用面对面问答形式测试应聘者的一种招聘方式，这种面试方式招聘人员提出问题处于积极主动位置，应聘者处于被动地位，根据招聘人员提出问题做出回答。情境面试突破了常规的面试方式，引入了无领导小组讨论、公文筐处理法、角色扮演法、管理游戏法、案例分析法等人员甄选中的情境模拟方法，面试的模拟性、逼真性强，应聘者的才华得到更充分、更全面的展现，对应聘者素质能做出更全面、更深入、更准确的评价。（3）按面试过程划分：一次性面试与系列化面试。一次性面试是指组织对应聘者面试集中于一次进行，只是招聘人员比较多，通常由人事部门、业务部门及行政部门等组成。系列化面试是指组织对应聘者进行一系列面试，初试可以从众多应聘者中甄选出较好的人员进入下一轮面试，将不合格者予以淘汰然后进入复试，还可以进行多次复试，复试成绩合格者为最终人选。（4）按面试标准化程度划分：结构化面试、非结构化面试与半结构化面试。结构化面试是指面试题目、面试实施程序、面试评价标准、招聘人员构成等方面都有统一明确规定的面试；非结构化面试是指对面试有关因素不做任何限制，即通常没有任何规范程序的随意性面试。半结构化面试是指只对面试的部分因素有统一要求，如规定有统一的程序、部分必须测试内容和评价标准。(5) 按面试开放程度划分：引导式面试与非引导式面试。引导式面试是指招聘人员向应聘者征询某些意见以获得一些较为肯定的回答。非引导式面试是指招聘人员所提问题是开放式的，内涵丰富，涉及面较广泛，招聘人员提问后，应聘者可以充分发挥说出自己的意见看法，它没有"特定"的回答方式，也没有"特定"的答案，应聘者可以畅所欲言，可以获取较丰富的信息，有利于做出较为客观的评价。

面试的组织实施是保证面试顺利进行和面试能否达到预期效果的重要环节，面试组织实施主要有以下几项工作：(1) 确定招聘人员。组织会组建一个面试测评小组，其成员可以由人事部门、相关业务部门、面试方面的专家、学者组成，面试测评小组成员要考虑专业优势互补、年龄结构、性别结构、层级结构等因素组成，具备较高的政治素质和业务素质，掌握面试内容、方法、要求、评分标准、面试技巧等。(2) 确定应聘者。面试一般是在甄选简历和笔试之后进行，甄选简历和笔试合格者才有机会参加面试，要按规定比例选定面试者，一般要求面试者是拟任录用职位指标的 3 倍，然后按应聘者笔试成绩排序，面试对象确定后，要尽快通知本人，让其做好充分面试准备。从高分到低分的排序选定录用者。(3) 确定面试测评要素。确定面试测评要素首先要进行面试前职位分析，如确定面试方法、编制面试试题、面试实施前提条件等内容。(4) 确定面试场所。面试场所包括面试室、应聘者等候室、考务办公室等场所，面试场所适宜安静、独立、不受外界干扰的地方，而且要整洁、宽敞、明亮、通风、冷暖适宜。面试考场选择和布置对测评结果有一定影响，因此，应该按照面试实施要求来设置考场。(5) 制定面试实施方案。招聘人员要制定面试实施方案，确保面试工作有目标、有规划、有组织、按程序进行。第一步是面试工作开始前，招聘人员要检查面试工作的准备情况，明确面试内容、方法、面试评分标准、面试人员职责分工与协调配合。第二步招聘人员应引导应聘者进入面试考场，向应聘者讲解清楚注意事项，招聘人员提问时用语准确，提问最好由浅入深、由表及里、由易到难，逐步深入。第三步是面试工作结束后，招聘人员要对应聘者进行综合评分。第四步是招聘人员要及时整理面试材料，以确定面试合格分数线和合格人选。第五步是公布面试成绩，组织要在一定范围内公布面试成绩，公布面试成绩可以采用只写考号不写姓名的办法。

管理实例 4-1

××公司结构化面试

××公司的面试有两轮，第一轮为初试，由有一定工作经验并受过专门面试技能培训的经理人员分别对每个求职者进行面试，面试时间大约为 30 分钟。第一轮面试通过的人员，公司将出资约请应聘者来公司总部参加第二轮面试，面试时间大约 60 分钟，面试官至少是 3 人，由各部门高级经理亲自面试。

面试过程：

1. 相互自我介绍并创造轻松交流氛围，为进一步深入面试进行铺垫；

2. 面试官按照既定方案提出 8 个问题，要求每位应聘者对提出的问题进行实例分析，而实例必须是过去亲自经历过的，公司希望得到每个问题的细节回答，细节回答可能会让应聘者难以适应，没有丰富实践经验的应聘者很难回答这些问题。

3. 面试官会给应聘者留有一定时间，由应聘者提出几个自己关心的问题。

4. 面试结束后面试官根据应聘者回答问题的情况和总体印象，当场为应聘者在各自"面试评分表"上打分，打分分为拒绝等级、待选等级、接纳等级。面试结果采取 1 票否决制，任何一位面试官投出反对票即为拒绝等级，该应聘者将被淘汰。

公司面试的 8 个实例问题：

（1）请你举例说明你是如何设定 1 个目标然后实现这一目标的。

（2）请你举例说明在 1 项团队活动中如何取得主动性和领导者作用，最终获得你所希望结果的。

（3）请你描述 1 种情景，在这种情景中你去寻找相关信息、发现关键问题并且按照一定步骤来解决问题的。

（4）请你举 1 个例子说明你是如何履行对他人承诺的。

（5）请你举 1 个例子说明在完成 1 项重要任务时，你是怎样与他人进行有效合作的。

（6）请你举 1 个例子说明你的 1 个好创意对 1 项计划成功起到重要作用的。

（7）请你举 1 个例子说明你是怎样对你所处的环境进行评估，并且将注意力集中于最重要事情上获得你所期望结果的。

（8）请你举 1 个例子说明你是如何学习 1 门技术并且将其用于实际工作中的。

资料来源：百度文库整理。

5. 情景模拟法

情景模拟法是所有招聘方法中准确率最高的招聘方法，它通过把应聘者置于相对隔离的一系列模拟工作场景中，以独立作业或者团队作业的方式，采用多种方法观察和分析应聘者在各种模拟情景下心理、行为表现。这一招聘方法尽可能真实地模拟特定的工作条件、工作环境，并在一定的压力下进行测试，它以岗位分析为前提条件，通过一系列的情景模拟活动来激发应聘者内在素质，这一方法耗时耗力、费用较高。

情景模拟法的主要工具有：

（1）公文筐测试法。这是一种模拟各类人员处理公文工作情况的测评方法，在模拟活动中，公文筐中装有各种文件、手稿、指示、技术图纸和文学艺术作品等，应聘者要在规定时间内做出分析判断和决策。这一方法可以较好地测试应聘者各种专业技术能力，还可以对目标管理、规划决策、组织、领导和控制等各项管理能力进行测试评价。

（2）无领导小组讨论测试法。它是一种将应聘者集中在一起就某一特定问题展开讨论，它事先不指定负责人，成员之间是平等合作的关系，招聘者不参与讨论，而是在一旁观察应聘者行为表现的一种招聘方法。这一方法可以考察应聘者的组织领导能力、人际交往能力、说服能力和逻辑思维能力等，同时还可以考察应聘者的自信心、进取心、责任感、灵活性以及团队精神等个性特点。

（3）案例分析测试法。它是一种通过应聘者阅读一些与招聘职位相关的材料，然后针对材料中的出现问题提出建议措施的一种招聘方法。这种方法可以从某个特定职位角度提出问题听取建议，以衡量其分析问题能力、决断能力等。

（4）角色扮演测试法。它是根据测试职务要求编制与该职务实际情况相似的测试项目，将应聘者放置于逼真的工作环境中处理可能出现的各种问题，用以测评其素质能力的一种招聘方法。这一方法可以测试应聘者气质、性格、兴趣爱好等心理素质特征，也可测试应聘者的判断能力、决策能力和领导能力等各种潜在能力。

（5）管理游戏测试法。这是一种以完成某项"实际任务"为基础的情景模拟测试活动，通常采用小组形式进行，数名应聘者组成一个小组，给定特定材料、工具等，每名小组成员被分配一定的角色任务，不同的角色任务权限不同，招聘者通过观察其在游戏中的行为表现进行素质能力测试，这一方法适用于管理能力、创造性思维能力、合作能力、团队精神等方面的招聘工作。

除此以外，笔迹学分析法具有简捷、方便、准确性高、个性化强的特点，一个书写者可以变换字体的斜度、大小、轻重和速度，但是他一生中的书写习惯如同指纹一样，是改变不掉的，即使他涂抹或者雕琢，也改不掉其个性心理特征，笔迹学分析法准确率一般为85%～95%，且只需花很少的时间和精力，书写工具和材料很简单，只需知道他的性别、年龄、所受教育程度以及书写在自然状态下即可，但笔迹学分析法也有一些局限性，要求从事笔迹分析的人员素质较高。行为痕迹分析法是一门通过行为痕迹倒推出行为发生时情形表现的分析方法，其主要是通过微观察和缜密的逻辑推理能力推断人们在某一事件中的行为表现，你的一切秘密都会暴露在行为分析专家眼里。仪器测试法不仅指一般身体健康体检，它还应该包括心电图和脑电图等仪器测试法，以测试应聘者心理素质和诚信度等品德方面内容，当然也可以通过仪器测试某些岗位需要测试的气力、握力、耐力、控制力、调整力、坚持力、手指手臂灵巧度、手眼足协调性、视觉灵敏度、听力灵敏度、辨色能力等内容。

6. STAR 测试方法

STAR 测试方法是指情境（Situation）、任务（Task）、行动（Action）和结果（Result）四个英文首字母组合而成的测试方法，S 指的是 situation，中文是指"情境"意思，也就是在面谈中要求应聘者描述他在所从事岗位期间曾经做过的某件重要的且可以当作考评标准的事件所发生的背景状况；T 指的是 task，中文是指"任务"意思，即是要考察应聘者在其背景环境中所执行的任务与角色，从而考察该应聘者是否做过其描述的职位及其是否具备该岗位的相应能力。A 指的是 action，中文是指"行动"意思，是考察应聘者在其所描述的任务当中所担任的角色是如何操作与执行任务的。R 指的是 result，中文是指"结果"意思，即该项任务在行动后所达到的效果。具体如图 4-3 所示。

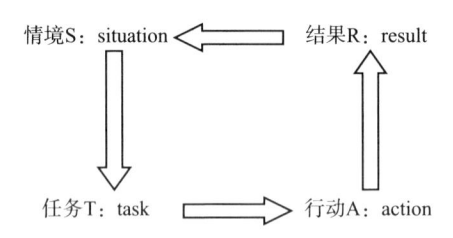

图 4-3 甄选中的 STAR 测试方法

STAR 测试方法是面试过程中涉及实质性内容的谈话程序，任何有效的面试都必须遵循这个程序。第一，要了解应聘者工作业绩取得背景。通过不断提问工作业绩有关的背景问题，可以全面了解该应聘者取得优秀业绩的前提，从而获知所取得的业绩有多少是与应聘者个人有关，多少是和市场的状况、行业的特点有关。第二，要详细了解应聘者为了完成业务工作，都有哪些工作任务，每项任务的具体内容是什么样的，通过这些可以了解应聘者工作经历和经验。第三，继续了解该应聘者为了完成这些任务所采取的行动，即了解他是如何完成工作的，都采取了哪些行动，所采取的行动是如何帮助他完成工作的。通过这些，可以进一步了解他的工作方式、思维方式和行为方式。第四，未来关注结果，每项任务在采取了行动之后的结果是什么，是好还是不好，好是因为什么，不好又是因为什么。这样，通过 STAR 式发问的四个步骤，将应聘者的陈述引向深入，挖掘出应聘者潜在信息，为组织更好的决策提供正确和全面的参考。

问题：请说出你通过学习顺利完成工作任务的一件事。
追问：（1）这件事发生在什么时候？——S 时间、场所、背景
（2）你从事的工作任务是什么？——T 项目、工作任务
（3）接到任务后你怎么办？——A 做法、伙伴、团队中的角色
（4）你用多长时间获取完成该任务必需的知识？——A 员工学习能力
（5）你在这个过程中遇到困难了吗？——A 坚韧性以及处理事件灵活性
（6）你最后完成任务的情况如何？——R 最后的结果

STAR 测试方法就是要通过应试者的过去行为推断未来表现。过去有所作为才能在应答时侃侃而谈。过去的实例成功与否不是最重要的，重要的是你从实践中能否总结出经验和教训，并在此基础上继续学习和探索。面试应该是招聘人员面对应聘者求职材料所描述的问题展开问答，而有时招聘人员会忘记是在面试，离题万里，等面试结束才发现自己想了解、该了解的信息竟然没有了解，仅凭手头信息又无法做出准确的判断，因此，给双方都造成了不必要的损失。所以，STAR 测试方法需要控制面试场面，使之朝着正确轨道进行。

4.3.3 甄选测试综合评定

由于传统的甄选缺乏科学性测试内容和测试方法，大多以主观臆测作为考核应聘者，不能为组织挑选合适的人员，所以组织应对应聘者进行综合性科学性地甄选，全方位系统地获取应聘者的各种人格及素质特征，给最合适的职位找到最合适的人选，最大限度地排除主观因素对应聘者的人格素质方面影响。综合上述科学性测试内容和测试方法，可以将甄选指标由招聘一级维度层指标、招聘二级维度层指标和指标权重数组成。招聘一级维度层指标是指招聘所指向的总体对象与范围，它由数个不同二级维度层组成，二级维度层指标是指招聘指标体系所测量对象具体能力素质要求。招聘一级维度层指标主要包括：行为、知识、技能、工作经验、以往成绩、品德、价值观、自我认知、人格特征、动机、欲望和需求等指标维度。招聘二级维度层指标是对招聘一级维度层的细化，可以通过态度、行为举止、亲和力、纪律性、自信心和谦虚谨慎的态度等指标来体现。指标权重数是甄选维度层指标量化的重要性程度，即招聘指标在评价体系中的指标权重数量，具体甄选测试内容可以通过表 4-3 得以完成人员综合评定任务。

表4-3　　　　　　　　　　　　　　招聘录用指标体系

一级指标	二级指标	指标权重	评价分数			
			极佳10分	尚佳8分	佳6分	欠佳4分
行为	自信心	15%	□	□	□	□
	工作态度		□	□	□	□
	亲和力		□	□	□	□
	纪律性		□	□	□	□
	行为举止		□	□	□	□
知识技能	教育背景	10%	□	□	□	□
	知识结构		□	□	□	□
	基础知识		□	□	□	□
	专业知识		□	□	□	□
工作经验以往工作业绩	工作内容	15%	□	□	□	□
	工作年限		□	□	□	□
	工作主观条件		□	□	□	□
	工作客观条件		□	□	□	□
	获奖情况		□	□	□	□
品德价值观	诚信	20%	□	□	□	□
	责任心		□	□	□	□
	意志品质		□	□	□	□
	主动性		□	□	□	□
	追求卓越		□	□	□	□
自我认知人格特质	观察力	20%	□	□	□	□
	感受力		□	□	□	□
	创造力		□	□	□	□
	想象力		□	□	□	□
	活力		□	□	□	□
	形象思维		□	□	□	□
动机欲望需求爱好	接受力	20%	□	□	□	□
	求职动机		□	□	□	□
	创造欲望		□	□	□	□
	需求性		□	□	□	□

4.4 互联网时代大数据招聘录用新实践

大数据是互联网时代一种新兴的技术支持手段，对提高组织竞争力有着十分重要的作用，但是对于大多数组织而言，受主观因素（管理者缺乏远见等）和客观因素（自身技术条件等）限制，大数据还未发挥出其应有作用，实际上大数据对组织人员招聘既是机遇又是挑战，如何利用好大数据优化组织招聘管理十分重要。

大数据系统对于招聘市场信息的深度捕捉与分析能力是组织最为需要的，它可以更加快速地捕捉到市场变化可能产生的机遇，并利用大数据分析能力进行准确选聘决策，帮助组织在激烈的人才市场竞争中获得先机；大数据可以推进人员招聘工作量化管理，人力资源招聘管理很难用量化指标进行管理，随着大数据的出现得到了很大改善，以精准的数字化分析、量化的标准和结果来为招聘人员决策、制定招聘方案、创新招聘方法提供依据；可以促进组织对整个招聘流程进行量化分析，减少不必要的消耗，提升组织人员招聘效率。

虽然，大数据对组织人员招聘工作具有积极作用，但也存在以下几个方面问题。组织对于大数据人员招聘工作缺乏足够的积极性，由于招聘人员学识限制，本身缺乏足够的能力和远见，大数据作用明显，但时效性不高，其回报需要下一个周期才能充分体现，一般情况下，大数据投入资金不足，大数据这类非生产性技术储备并不多，技术水平低，提高了组织建设大数据的难度，阻碍大数据推广。

4.4.1 大数据招聘录用的产生与发展

大数据是一组数据集合，涵盖所有数据类型与数据指标数量，它能够被提取、存储、共享等操作，从而为决策提供依据，在处理信息能力与技术不断提高的过程中，基于大数定理，即在试验条件不变情况下，重复试验多次，随机结果近似必然结论，人们对海量数据进行整合优化与决策分析，进而预测现象与行为的发生，提供个性化的精细推荐与服务。基于理性决策有限性的特点，数据规模庞大，扩大了人们进行理性判断的基础，大数据为人们从更全面理解不同现象和行为之间的相关关系，提高正确决策的可能性。

近年来，大数据招聘凭借其范围广、信息量大、时效性高、流程简单而效果显著成为招聘管理的一种重要方式，在人本管理招聘思想指引下，探索大数据招聘具有重大理论意义和现实意义。招聘中大数据使用将人员、岗位和素质标准等内容进行数据专业化处理,增加了招聘管理的智能化,提高了招聘录用管理体系中的人员合理配置、人员招聘渠道、人员招聘测试内容和测试方法等的科学性。总之,基于大数据招聘管理为组织吸纳人员提出解决方案和对策建议,并以此为出发点推动招聘录用方式的创新以适应不断变化的环境要求。

大数据招聘录用是基于数据搜集与计算、信息平台技术和云储备技术的迅猛发展,通过互联网平台实现人员和岗位匹配,满足招聘人员和应聘者需求的过程。传统的招聘录用以传统媒介广告、校园招聘和招聘会等方式为主,而大数据招聘可以借助互联网优势对应聘者行为进行大数据分析,多方面收集与评估应聘者的专业技能、个人特质、品德价值观等信息进行岗位匹配,可以覆盖传统 SNS 平台、移动端 APP、论坛网站等信息系统进行招聘活动,从而更好地满足招聘市场多元化需求。

4.4.2 大数据对招聘录用的影响

大数据对于招聘录用的影响体现在四个方面。

第一,招聘录用活动中人们工作思维方式的转变。基于海量招聘数据的收集,招聘录用工作在引入大数据的技术同时,要不断分析大数据背后人员应聘信息与组织架构、岗位特征、调整动态等内容的潜在关系,推动招聘录用新思维和新方法的不断产生。

第二,招聘录用测试内容的合理使用。根据相关数据处理工具对员工的入职倾向和工作内容进行大数据模型测算,从而预测员工的入职后职业发展状况,针对性地提出招聘录用测试内容等解决方案。

第三,招聘录用渠道和方法的更替创新。结合互联网、大数据、云计算、人工智能等一系列技术手段,产出大量的交互数据,从中分析可以得到更加适合招聘录用需要的渠道方案和测试方法。

第四,招聘录用更好地结合相关学科先进理念和技术。结合心理学、运动学和各专业学科等先进的科学技术成果,实现跨学科的合作与升级,进一步增强招聘录用的科学性。

4.4.3 大数据招聘录用对策措施

大数据作为一种新兴的信息技术支持手段,对组织的发展有着十分重要的推动作用。虽然,受制于组织自身条件,组织发展大数据还存在一定的困难和不足,但可以通过加大投入、完善计划等方式来逐步推进大数据建设,为组织长远发展创造良好的条件。

1. 树立招聘录用大数据理念

理念是指导组织发展的重要前提。组织管理层应加强自身对于信息时代下组织发展与市场竞争的学习，从长远角度审视大数据对于组织发展的重要意义。要对大数据的功能有一个清晰的认识，眼光不能只盯在眼前利益上，应放长远。考虑到组织高层管理人员自身能力限制，可以采取外聘职业经理人的方式来加快树立大数据理念。通过聘用高素质的职业经理人来直接带动组织大数据系统的建设与应用。

2. 分步推进招聘录用系统建设

可以采取分步推进的办法来进行大数据系统的建设。要制定完善的系统建设规划，分步骤地来推进，通过将大数据建设的时间拉长，进而平摊成本，减轻组织的负担。可以优先选择对组织经营影响最大的方面进行建设，如市场分析系统、销售管理系统等，并在适当的时间间隔后，逐步在招聘录用领域内应用大数据。要根据信息技术的发展动态，随时进行更新改进，保证大数据的建设不会滞后于时代需要。

3. 进行大数据技术外包

技术外包是当前信息技术领域广泛使用的一种建设办法。由于技术基础较弱，组织在推进大数据建设时主要应通过技术外包的方式来实施。首先，外包组织要选择技术水平高、资质好且有良好信用口碑的组织，在确保系统建设质量的同时，也防范可能出现的泄密风险。其次，要对外包内容进行仔细确认，一方面是控制外包的整体成本，降低组织压力；另一方面则是明确主要的建设方向，集中力量率先完成优先项目，提高外包效率，让组织尽快地从大数据中获益。

4. 加强大数据人员培训管理

好的工具需要优秀的人员使用才能最大限度地发挥作用。在大数据建设的过程中，加强对使用人员的培养力度，可以在系统外包的过程中，学习操作和使用大数据系统，为更好地利用大数据开展招聘录用活动奠定基础。要以应用为前提和标准，培训组织员工，不仅要熟练掌握操作技能，还要形成一定的大数据应用思维，以更好地挖掘其功能。对于适合的组织，可以尝试引进一些高端专业人员来直接提高组织应用大数据的能力，并带动其他员工学习与掌握。

4.4.4 大数据招聘录用应用分析——以百度大数据招聘录用为例

百度作为国内互联网企业的巨头之一,在人工智能、云计算和大数据方面优势明显。百度不断优化算法分析与信息平台,运用大数据带来的搜索服务技术、多模互动技术与实体搜索技术等,秉持分享与开放的理念,将有效数据转化用户决策分析支持平台,同时为招聘录用提供大数据支持。

1. 招聘录用理念

百度人员招聘录用信息化建设经历了三个时期,目前处于依靠大数据推动战略发展 3.0 时代,强调价值匹配和因人设岗。招聘录用在组织不同发展阶段,会伴随着战略转变和业务调整而发生变化,因此大数据在人员招聘录用系统上可以帮助组织实现候选人的实时录入,并且随着"机器学习"的发展,自动分析岗位需求进行人员精确匹配,转变过去被动的招聘理念,强调根据人员状况主动设计岗位路径问题。

2. 招聘录用信息平台建模

百度构建了"百度人才智库"(TIC),基于所有在百度工作过的 10 万名国内员工和海外员工信息资料,构建了覆盖不同业务场景和事业群的第一套国内人才智能化招聘录用管理方案。目前,百度立足于 wintalent 招聘录用系统,通过职位管理、候选人管理和人才库管理三部分,实现从岗位需求分析、职位发布、简历搜寻与甄选、简历上传与入库、候选人面试安排、线上评估反馈、入职信息提交等一系列招聘录用过程,以确保招聘录用活动的开展,人员招聘录用系统主要通过三个方面进行平台搭建。首先,多渠道收集整合数据,包括候选人简历、照片、附件、前期沟通与面试评估反馈信息等非结构化数据。其次,数据分析。针对候选人工作特质与应聘岗位的相关关系,智能化多维度匹配评估用人标准,包括技术深度、广度、项目经验、管理经验、领导力、文化适应度等,针对整体数据集合进行多维度的大数据建设。最后,通过分析形成应聘者的画像、人才报告、人才图谱等内容,从而为"机器学习"提供智能化资源,帮助招聘人员进行能力评审和决策。

3. 招聘录用人才标准

百度在招聘录用方面主要有三个衡量标准:最好的人、最大的空间和最后的结果。这三个标准对应着应聘者的专业技能和文化价值观、工作环境、晋升路径、项目推进和项目成果。在进行智能化和自动化数据分析与人员推荐过程中采用数据决策，减少主观判断干预。大数据的运用在进行人员标准判断过程中还加入行业信息的影响因素，从而确定员工岗位用的最佳效果。

百度还开放了大数据平台，通过云计算、百度大脑和数据工厂对数据处理等能力分享给社会各个组织，并于近期成立了"深度学习技术及应用国家工程实验室"，用大数据帮助社会各个组织进行人岗智能化匹配和数据化分析估算，对人们行为进行科学预测。但是，对大数据过分依赖同样不可取，最终的决策还需要人为直觉与经验的帮助，而且大数据应用还应该考虑员工隐私权法律纠纷等问题。

本章小结

招聘录用是人力资源管理工作的前提和基础，成功的招聘录用可以获得合适的人才，可以提高员工素质、改善人员结构，还可以为组织带来新思想和新技术，还能够为以后的员工培训、绩效管理、薪酬福利、劳动关系管理等活动打下坚实基础。招聘录用是指在人力资源战略规划和职位分析指引下对人员需求数量与任职资格条件提出要求，通过人员需求信息发布，采取一系列科学方法有选择性地面向组织内外环境有效吸引潜力人员予以甄选录用，安排他们到组织所需岗位任职的过程，它包括招募、甄选、录用和评估四个阶段。

招聘录用需要做好以下工作：（1）要树立科学的招聘录用理念，构建积极有效的招聘录用系统，做好招聘录用目标管理和规划工作，重视职位分析工作，明确岗位职责任务和任职资格条件内容，形成比较健全完善的招聘录用工作制度体系。（2）在招聘录用的内容上可以通过对以往的工作经验能力和以往工作业绩、气质性格和行为习惯、品德及价值观、求职欲望动机兴趣爱好等方面进行。（3）在招聘录用方法选择上可以通过甄选简历、资格审查、笔试、面试和情景模拟等系列方式，通过科学有效的方法把适合岗位特点的人员甄别甄选出来。（4）做好招聘录用方案的组织实施工作，对招聘录用工作的管理制度体系、组织责任体系、工作流程做出统一安排，责任明确，发现问题及时予以纠正，加强各方面的沟通与协调联络，对招聘录用工作各环节进行全方位的监督和检查，使招聘录用工作始终做到公开、公正、公平，全面提升招聘录用工作信度和效度。

思 考 题

1. 如何构建招聘金字塔？
2. 招聘录用渠道有哪些？

3. 招聘流程包括哪些步骤？
4. 招聘录用过程中测试内容有哪些？测试方法有哪些？
5. 招聘录用中的 STAR 各代表什么意思？针对某一项职位用 STAR 方式提问。
6. 参考求职简历表制作个人简历。

---- 章末案例 ----

西门子（中国）公司招聘录用方略

西门子（中国）公司是西门子股份公司在华设立的独资公司。西门子股份公司是一家在电子电气领域拥有150多年发展历史的跨国公司，总部设在德国柏林和慕尼黑。其主要业务领域包括：信息与通信、自动化与控制、电力、交通、医疗、照明和家用电器等。西门子在全球190多个国家都建有分支机构，员工总数达到44.7万人。自1992年在北京成立西门子（中国）公司以来，西门子全球各项业务都与中国展开了广泛深入的合作。截至2002年9月底，西门子在中国各地设有40多家公司和26个地区办事处，为2.1万人提供了就业机会。

西门子（中国）公司人力资源部分为两个部分：一是执行组，负责执行、操作等人力资源管理具体事务，针对业务部门或职能部门需要进行全方位的人力资源管理服务；二是战略制定组，负责制定人力资源管理战略、政策和整体规划、方案。

招聘流程

西门子招聘流程与其他公司大致一样：发布招聘信息＋甄选简历＋面试＋进入试用期。西门子早期多在覆盖面较广的报纸上发布招聘信息，现在则主要通过ATS软件系统进行招聘。西门子人力资源部通过这一系统在网上发布招聘信息，所有求职者可以在线申请职位，该系统有一个跟踪软件，对应聘者进行跟踪记录。

人力资源部根据不同职位采取不同的招聘流程。如招聘研发工程师这种技术性较强的职位时，一般先由业务部门进行面试，因为他们更了解技术要求、业务状况。个别时候会有笔试。如果招聘录用是适用面较广的职位，如秘书、行政管理等，申请人很多，一个职位有成百上千的应聘者，就会先由人力资源部甄选简历，然后通过电话面试了解她们的英文能力、交流能力等，选择比较合适的人参加面试。甄选简历的标准主要根据职位要求来决定，如学习背景、学历、专业、工作经验等，甄选简历时主要看应聘者情况是否符合上述要求。

由于面试很难全面掌握新员工的真正实力，因此，西门子一般和员工签订6

个月的试用期，在试用期内再对新员工进一步考察，然后签订3年劳动合同。

招聘规划

西门子公司每年都有一个规划，每年的五六月份，各个业务部门根据上一年的业务状况和第二年业务发展的需要开始考虑预算。考虑的内容包括需要拓展哪方面的业务、组织结构有什么样的调整、某一业务需要多少人等。然后各部门把下一年需哪些方面的人、多少人统计到人力资源部。接着根据实际业务的发展、业务量的增长、工作的分配情况，分时段地把需要的人分批招聘进来。如果超出计划外进行招聘，需要上级部门批准。

招聘前，人力资源部会根据每一个职位定出职位的关键能力和相关要求，以明确招聘时的主要关注点。在能力方面，西门子（全球）公司建立了一个能力模型，定义了17种能力，如主动性、学习能力、战略导向、客户导向、创造性、沟通技巧、变革导向等，所有职位能力测试都以这17种能力为基础。

招聘录用的对象大致可分为三种：毕业生、中层管理人员、专业技术人员。三类招聘录用的侧重点不同。招聘中层管理人员时注重工作经验、能力和学识；招聘专业人员注重经验和专业技能；而毕业生主要是看能力，如创新能力、学习能力、组织协调能力等。

面 试

西门子公司对应聘者的考察基本上以面试为主。通常面试需要进行2~3次，甚至更多。在面试中，人力资源部重点考察能力部分，业务部门考察经验和技术知识部分。西门子强调多侧面、多角度地了解应聘者，面试人员在面试之后会进行交流，谈谈对这个人的感觉，什么地方比较不错、什么地方有待提高。

面试时有一些固定的简单问题，比如要求应聘者做一个简单的自我介绍，说明自己学习、工作经历，以前负责过哪些项目，怎么做的，成绩如何等惯例问题。还有就是了解他们每次变换工作的原因、为什么想来西门子工作、未来的打算和目标、期望的薪资是多少等问题。

一般说来，面试形式以面谈为主，在应聘者比较多的时候，可能会采用多样化的面试形式。例如有一次给一个业务部门招聘销售人员，一共有24个应聘者，人力资源部分两组进行招聘活动，一组12人。活动包括向他们介绍西门子公司、做一份问卷调查、英文演讲、小组讨论、角色扮演，最后是和每一个应聘者进行单独交流。招聘活动的设计主要依据对销售职位的要求，比如主动性、沟通能力、是否具备成果导向的思维和团队协作的精神等。英文演讲主要考察应聘者的英文流利程度和表达自己观点的能力，同时，演讲还能体现一个人的综合能力。在演讲中，招聘人员可以观察应聘者是否过分紧张，英文是否流畅，能否更好地表达自己，是否善于借助表情、眼神、身体语言，并运用当时会议室里的工具等。小组讨论时，招聘人员可以观察到更多的信息，有些人可以带领整个团队进行讨论，能够分析清楚讨论的主题是什么、需要解决什么问题、能够达到什么结果，能够体现一个人在团队当中是如何表现自己的。角色扮演主要是看应聘者如何跟客户打交道、与客户沟通、怎么解决客户的问题。通过角色扮演，可以了解应聘者的销售经验是否丰富，更重要的是看应聘者是否有销售感觉，如是否知道跟客户接近技巧，迅速掌握客户需求。经验可以积累，技巧可以学习，但是感觉却很难凭借外部获取。

在以上的每个环节中都有观察者给应聘者打分。此后面试小组进行讨论，最后选择了在所有环节中表现都比较好、综合素质较高、得到所有观察者一致认可的6位应聘者。

在如何识别应聘者的实际能力方面，西门子公司主要从三个方面入手。一是招聘人员都经过专业训练，包括业务经理都经过面试培训。比如说，要了解应聘者的学习能力如何，可以具体问他，你是怎么学习的，学过哪些东西……这样，细节的东西就展现出来了。二是对一些理念性的东西，从应聘者过去的经验和行为推测将来他在类似的环境下会怎样做。西门子公司在面试时常问应聘者过去实实在在做过的事情，当时的情形、有哪些环节、当时怎么想、怎么做的……三是对一个应聘者有几轮面试，从不同侧面进行考察。比如，一个人在不同面试人员面前都夸大了自己，但在不同的人面前说的话会有所变化。等面试人员一起讨论时，就会发现问题。

资料来源：百度文库整理。

思考题：
1. 西门子（中国）公司招聘录用中值得借鉴经验有哪些？
2. 西门子（中国）公司招聘录用中注重测试内容有哪些？
3. 西门子（中国）公司招聘录用中可以做哪些方面的改进？

第 5 章

培训与开发

学习目标

- 理解并区分培训开发的相关概念
- 了解传统培训开发与战略性培训开发的差异
- 掌握培训开发的基本流程
- 了解培训开发的主要方法
- 掌握职业生涯管理的相关理论和方法

引导案例

微软：打造"微软风格"的员工

新员工进入微软公司的第一步是接受为期一个月的封闭式培训，培训的目的是把新人转化为真正的微软职业人。光是关于如何接电话，微软就有一套手册，技术支持人员拿起电话，第一句话肯定是："你好，微软公司！"一次，微软全球技术中心举行庆祝会，员工们集中住在一家宾馆，深夜，某项活动日程临时变动，前台小姐只得一个一个房间打电话通知，第二天她面露惊奇地说："你知道吗？我给 145 个房间打电话，起码有 50 个电话的第一句是'你好，微软公司！'"。在深夜里迷迷糊糊地接起电话，第一句话依然是"你好，微软公司"。事情虽小，但微软风格可见一斑。

微软也很重视对员工进行技术培训。新员工进入公司之后，除了进行语言、礼仪等方面的培训管理之外，技术培训也是必不可少的。微软内部实行"终身师傅制"，新员工一进门就会有一个师傅来带。此外新员工还可以享受三个月的集中培训。平时，微软也会给每位员工提供许多充电的机会：表现优异的员工可以去参加美国一年一度的技术大会；每月都有高级专家讲课，公司每星期都会安排内部技术交流会。除了技术培训，微软还提供诸如如何做演讲、如何管理时间、沟通技巧等各种职业培训。

资料来源：世界知名企业员工培训管理案例，百度文库。

5.1 培训开发概述

培训与开发是企业为了适应竞争需要，弥补员工当前能力与实际或未来需要之间缺口所采取的系列活动。培训开发是企业人力资源管理的一项基本职能，也是实现人力资源增值的一条重要途径，因而受到企业的普遍重视。

5.1.1 培训开发的定义、功能和原则

1. 培训开发的定义

培训（Training）与开发（Development）是两个既有区别又高度重叠的概念。通常情况下，人们习惯于将两者混合使用而不加以严格区分；但实际上两者的内涵指向并不完全相同。

培训一词出现在工业革命之前，手工作坊主采用师傅带徒弟的方式，为学徒提供学习机会。工业化初期，一方面大量的现代企业开始出现，另一方面熟练工人严重短缺，促使企业开展各类培训活动培育人才。早期的培训主要强调员工技能的训练，培训目的就是为了满足员工胜任岗位的需要，比如教会一名新入职的员工掌握工作设备。随着社会发展进步，培训发展为"一种为了提高个人知识、技能以及转变职业态度和职业行为方式的学习、培养活动"，成为企业对现有人力资源进行调整、优化和提升的手段。

与培训不同，开发一词的内涵更丰富。哈比森和迈尔斯（Harbison & Myers）在1964年首次提出了"人力资源开发"（Human Resource Development，HRD）的概念。他们认为"人力资源开发是提高一个社会中所有人的知识、技能和能力的过程"。纳德勒（Nadler）则认为：人力资源开发是在一段时间内，由雇主提供的有组织的学习体验，其目的是为了改进员工绩效和为个人发展提供可能性。开发着眼于未来需要，其形式不仅包括个人学习，还包括团队和组织层次的学习以及工作场所中的各种正式、非正式学习。培训与开发的区别与联系如表5-1所示。

表 5-1 培训与开发的区别与联系

		培训	开发
区别	侧重点	当前	未来
	工作经验的运用	低	高
	目标	胜任当前岗位需要	为未来发展做准备
	参与	强制性高	自愿性高
联系		促使员工能力发生持久变化，以此改善和提高员工和组织绩效	

资料来源：雷蒙德·A. 诺伊等：《雇员培训与开发》，中国人民大学出版社 2007 年版，第 257 页。

虽然培训与开发在范畴和内涵上都存在一定差异，但从实施角度看并没有显著差别。因此，20世纪60年代初美国培训与开发协会（American Society for Training and Development，ASTD）首次把培训与开发合起来使用，并成为惯例。本书认为培训与开发（T&D）就是指企业根据各类工作岗位所需要的知识、技能、理念、素养或素质，乃至岗位规范、职业发展等需要，是为员工提供的一系列学习、提升、发展活动的总称。

2. 培训开发的功能

培训开发的作用主要体现在提升员工素质和能力、增强员工的满意度、吸引优秀人才、塑造企业文化等方面。

（1）培训开发有利于提高员工的能力和素质。作为一种人力资本投资方式，利用传、帮、带等培训活动可以增强新员工对工作岗位的认识，掌握新岗位所需的知识、技能，迅速融入新集体；而对老员工实施培训则可以帮助他们完成绩效任务，不断适应组织发展的新需要。培训开发是员工工作能力和素质提高的重要途径。

（2）培训开发有助于提高员工的满意度。员工满意度是衡量组织人力资源管理绩效的重要标准，也是影响员工去留的主要因素。已有的研究表明，培训开发与员工满意度之间存在紧密的关系。培训开发可以让员工胜任岗位从而激励员工。尤其是知识型员工，他们的自我发展需求更强烈。培训开发的广度和深度已经成为很多人挑选工作的一项考虑因素。

（3）培训开发有利于吸引优秀人才。职业生涯发展、工作的丰富化和多样化是留住优秀人才的主要原因。组织不断拓展员工的能力和素质，给予员工充分的轮岗机会以及组织内部良好的学习氛围都是员工获得"养分"的土壤。培训开发能够让优秀人才在工作中获得满足感和挑战性，并最终留住人才。

（4）培训开发有助于培育组织文化。进入21世纪，组织的竞争是全方位、多视角的竞争。管理者们越来越意识到文化管理同样是企业管理的一个重要部分。组织文化对员工产生的巨大凝聚力、向心力、约束力和激励作用已经得到了广泛证实。对组织而言，通过培训开发活动向员工传递组织价值观、组织使命，需要不断借助培训开发来宣传、传播。

（5）培训开发有助于提升组织绩效。市场竞争的本质就是高素质人才的竞争。企业为员工提供各类培训开发机会就能不断提升和改善员工的胜任力，从而确保了企业持续竞争优势的维持，并最终体现在优异的企业绩效上。世界各国的优秀企业纷纷意识到员工培训开发对组织绩效提升的意义，因而非常重视对员工的培训和开发活动。

知识链接 5-1

优秀公司的培训开发实践

普华永道：设有实力雄厚的专职培训部门，新人从进入公司首日即接受近一个月的系统培训，对非相关专业学生，会安排会计专业知识培训。结束入职培训后的新人，还要花大量时间接受在职训练（On-Job-Training）。入职后的培训更有针对性，每年培训部都会公布新一年的培训计划和相关课程，员工将接受包括专业知识、行业专题、工作技能和管理能力方面的培训。此外有一定资历的员工还将获得每年一次的国外培训机会前往美国、英国和澳大利亚的普华永道公司进行培训。

毕马威：应届生入职统一安排6~8周培训，内容涉及公司文化、专业培训、专题培训和技能培训等。之后会安排接受升职前（各个级别）1~2周、注册会计师后续教育、海外短期培训等。

资料来源：根据 www.aocin.com 网站信息整理。

3. 培训开发的基本原则

培训开发作为人力资源开发管理的基本职能之一，必须遵循一些基本原则。

（1）理论联系实际原则。员工培训开发与学生在学校接受教育不同，它是组织为了改善绩效这一根本目标，实施的人力资本投资活动，因此培训开发内容只有和实际工作需要相结合才能取得效果。理论联系实际要求培训开发活动必须以组织的现实需求或未来发展需求为起点，并将组织绩效提升作为标准来评价培训活动的最终效果。培训开发必须能够解决组织遇到的经营管理问题，并提高组织的整体效益和管理水平。

（2）因材施教原则。作为一种智力投资，培训开发需要运用学习理论来指导员工提高其知识结构、技能、工作能力和态度等水平。学习是否有效既取决于培训开发设计是否科学合理，也受到员工个体的影响。因材施教就是要承认员工个体之间的差异，有针对性地为员工培训进行合理计划，比如：选择不同的培训内容，采取适合个人学习风格的培训方式等。即使同一名员工在不同职业发展阶段，其培训开发的内容也应该有所区别。

（3）成本管理原则。任何培训开发活动的实施都需要组织支付一定的费用，这些费用的高低不仅关系到组织利润的大小，也会间接影响到后续开发的经费支出。高效合理使用培训开发经费就需要树立成本管理的意识，建立明确的成本管理制度，在培训开发活动中产生的各类支出均要建立相应的标准，并尽量优化培训开发的性价比，提高培训开发的投入产出率。

（4）动态性原则。组织的发展不是一劳永逸的过程，而是不断随着内外环境条件变动相继调整的过程。同时组织内部人力资源在存量和流量上的变动也会影响组织发展的动态性。培训开发要从行业发展的总趋势与组织发展总目标出发及时调整策略来适应内外部竞争的需要，保持与组织战略发展的一致性。

（5）长远性原则。当前激烈的外部竞争、跨界的合作都需要员工具备足够的知识冗余度，要有快速学习的能力。一些知识和能力未必立即发挥作用，却可能影响未来业务。从组织发展的长远角度出发，将终身学习的理念转化为不同培训开发项目，既保障了当前工作岗位所需的能力能够得到及时提升，又有利于长远竞争需求。提前储备相应的知识是企业培训开发价值的体现。

5.1.2 战略性人力资源开发

20世纪80年代末90年代初，战略管理问题成为西方学术界和企业界的研究热点。战略性观点渗透到人力资源管理职能各个方面，从而产生了战略性人力资源开发的概念。

1. 战略性人力资源开发的定义

随着战略性人力资源开发问题逐渐得到关注，人们在如何定义战略性人力资源开发的概念以及什么样的培训开发活动属于战略性开发等问题上进行了广泛探讨，但并没有形成一致看法。对于战略性人力资源开发的定义，一个相对普遍性的表述是"运用战略的观念去管理组织的培训开发活动"。为此，加瑞文（Thomas N. Garavan）提出了战略人力资源开发应该具备的九个主要特征，分别是：①人力资源开发活动与组织使命和目标的整合；②高层管理者的支持；③环境扫描；④存在人力资源开发规划和政策；⑤直线经理的承诺与参与；⑥存在互补的人力资源管理活动；⑦扩展的培训者角色；⑧意识到文化的作用；⑨强调人力资源开发活动的评估。

从培训开发到人力资源开发，进而发展到战略人力资源开发，一方面充分肯定了培训开发活动对组织竞争优势的影响，另一方面也指明了未来培训开发活动必须与组织战略结合的趋势。在组织战略制定与实施中，培训开发职能必须承担起更加积极、主动和有影响的角色。学者麦克拉肯等根据组织中人力资源开发的成熟度比较了培训、人力资源开发与战略人力资源开发三者之间递进和发展的关系，同时也区分了三者的差异，如图5-1所示。

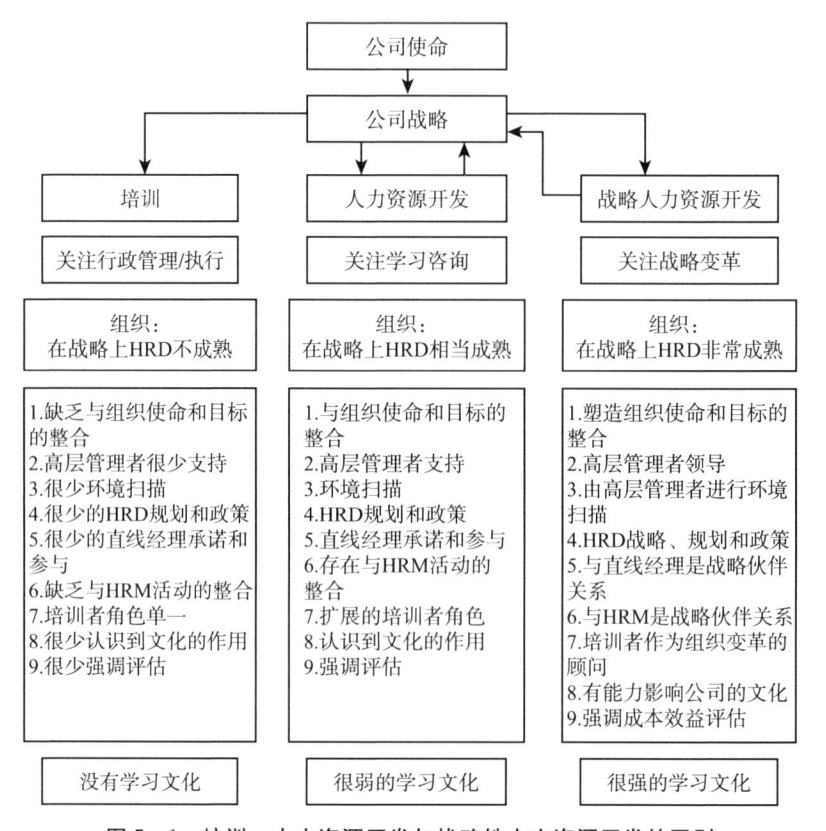

```
                      ┌──────────┐
                      │ 公司使命 │
                      └────┬─────┘
                           ↓
          ┌──────────→ 公司战略 ←──────────┐
          │          ↑      ↑              │
          ↓          │      │              ↓
       ┌──────┐  ┌──────────┐      ┌──────────────┐
       │ 培训 │  │人力资源开发│      │战略人力资源开发│
       └──┬───┘  └─────┬────┘      └──────┬───────┘
```

关注行政管理/执行	关注学习咨询	关注战略变革
组织：在战略上HRD不成熟	组织：在战略上HRD相当成熟	组织：在战略上HRD非常成熟
1.缺乏与组织使命和目标的整合 2.高层管理者很少支持 3.很少环境扫描 4.很少的HRD规划和政策 5.很少的直线经理承诺和参与 6.缺乏与HRM活动的整合 7.培训者角色单一 8.很少认识到文化的作用 9.很少强调评估	1.与组织使命和目标的整合 2.高层管理者支持 3.环境扫描 4.HRD规划和政策 5.直线经理承诺和参与 6.存在与HRM活动的整合 7.扩展的培训者角色 8.认识到文化的作用 9.强调评估	1.塑造组织使命和目标的整合 2.高层管理者领导 3.由高层管理者进行环境扫描 4.HRD战略、规划和政策 5.与直线经理是战略伙伴关系 6.与HRM是战略伙伴关系 7.培训者作为组织变革的顾问 8.有能力影响公司的文化 9.强调成本效益评估
没有学习文化	很弱的学习文化	很强的学习文化

图5-1　培训、人力资源开发与战略性人力资源开发的区别

资料来源：Martin McCracken, Mary Wallace, Exploring Strategic Maturity in HRD – rhetoric, Aspiration or Reality? Journal of European Industrial Training, 24/8, 2002, p.434.

2. 具有战略意义的培训开发项目——领导力开发

在组织竞争越发激烈的情况下，组织高层管理者的能力对组织发展具有难以估量的影响。如何保证高层管理者具有足够的远见卓识和相应能力是企业面临的一大挑战。当前，通过各种途径来提升管理者的领导力已经成为共识，并发展成为一个比较独特的领域——领导力开发。

（1）领导力开发的定义。领导力开发是一种具有特定内部结构、受程序驱动、由接受过专门训练的培训师组织的领导力提升的过程，是企业战略性人力资源开发的主要内容。通过对受训学员价值观和动机的评估，设定可以观测的目标、制订行为提高计划并通过有效的手段与技术持续帮助管理者发展领导力，最终实现提高领导绩效的目标。

（2）领导力开发的主要方式。在构建核心竞争力，确保可持续发展的过程中，研究者发现增强领导者的学习能力、创新性思维能力是提升管理者的领导力和执行力的关键。而进行跨文化交流沟通的能力、应对危机的能力则是领导力开发的必要。由此，进入20世纪70年代后，在评价中心（Assessment Center，AD）基础上产生了专门用于领导力开发的发展中心（Development Center，CD）方法。

评价中心方法起源于20世纪20年代德国心理学家在挑选军官过程中建立的一套多项评价程序（William，1982）。此后，评价中心方法得到了美国国家训练实验室为代表的机构的开发，并推广到企业界。评价中心方法是以管理者应当具备的三项技能（技术技能、人事技能和概念技能）为对象，采用一系列方法提高高层管理者在这三方面的能力。

进入20世纪90年代之后，发展中心方法得到了更广泛的关注。发展中心方法的基本逻辑在于：通过基于评价中心方法去发现个体的优势和不足，并借助方法来促进个体能力发展。个体能力中自我意识的提升是领导力的内在动因，也是领导力发展的基础。发展中心方法就是通过改善个体自我提高和改变的能力，以及通过反馈调整个体行为以及个体与组织的目标，不断增强管理者的管理绩效。发展中心方法的主要形式是内隐式学习，比如激发无意识记忆、瞬间自觉依赖、顿悟等，也可以通过结构性对话方式配以情景模拟、角色扮演、文件筐分析等方法来进行。

5.1.3　互联网时代培训的主流模式

随着"互联网+"的兴起，层出不穷的"互联网+培训"模式也成为企业培训的一股潮流，为员工带来全新体验。

1."线上+线下"全方位培训模式

借鉴互联网思维形成的"线上+线下"全方位培训是当前互联网时代下的主流模式之一。其特点在于：企业一方面将大量开放性课程放到线上，另一方面也针对一些特殊培训需求开展线下的培训活动。与以往线上课程线上完成，线下课程线下完成不同，"互联网+"的线上、线下培训的界限并不分明，绝大多数课程的最终完成需要受训者同时在线上和线下进行学习与参加活动。

线上和线下的无缝结合让受训者接受培训的时间本质上变得更长,也让学习者之间的关系变得更为密切。"8小时之外的学习""随时随地的学习"成为终身学习的最佳体现。同时,由于线上与线下整合为一体,很多时候学习者的内容会超过既定的培训框架,将学习内容延伸到相关领域,极大地拓展了培训学习的宽度与深度,也让不同的知识、技能之间变得更为互通。比如,2012年中兴通讯学院在内部建设了"E问"平台,该平台参考"百度知道"的做法,为员工提供一个知识问答社区。员工可以在平台上提出与工作、学习相关的问题,并能快速得到其他人的回复。平台还建有"专家堂""知识团"等模块,可集中某个领域的专家或聚集一群有共同特长和兴趣的人,实现线上线下的交流和互动。这一方式将非正式学习和正式学习融合,促使企业培训更加具有自我针对性。

2. 社区化学习/学习社群模式

在既有理论中,"社区"一词代表的是现实居住在一起的一群人所形成的社会化结构。然而,互联网与移动互联网技术的出现让越来越多并非真实生活在一个地域空间的人有了组建"学习社群"、形成虚拟学习团队的机会。

在一个学习社群中,人与人之间的链接方式、知识传递的方式都发生了显著变化。知识不再是简单地由"培训者"向"受训者"的单向传递,社群中的每个人只要他对学习的内容感兴趣,都可以既承担培训者的义务,又扮演学习者的角色。社会化的媒体、社交网络都成为学习的助推器,让受训者无时无刻都能够进行学习。

学习社群的主要特点包括:(1)群成员的经验分享很多时候都是来自真实的案例,非常有利于学习者进行情景带入,将知识融会到工作中。(2)超高的沟通效率,使得学习者获得知识与技能的成本极低。(3)真正的去中心化。社区不会以某一个人为中心,而是人人都可以成为中心,人人也都可以离开中心,真正实现了知识传递的多向性。当然,在学习社群内,知识的分享与共享更为普遍,同一个知识点、同一种技能因为使用者所处的角度不同、学习者学习的出发点不同都可能呈现出多面性,让学习者更能够真实、全面地获得感知,大大激发自我学习意识。

3. 游戏化培训模式

随着"90后"、"00后"进入企业,企业培训模式也开始朝游戏化方向发展。游戏化培训是目前比较流行的教学理论和教育实践,有些学者又称其为"玩学习"。本质上,游戏化学习是一种体验式培训,更加强调学习内容的情景与学习方式之间的结合。

游戏化学习主要包括数字化游戏和游戏活动两类。企业通常利用游戏向学习者传递特定的知识和信息，根据学习者对游戏的天生爱好心理和对新鲜的互动媒体的好奇心，将游戏作为与学习者沟通的平台，使信息传递的过程更加生动，从而脱离传统的单向说教模式，将互动元素引入到沟通环节中。"交互式的游戏学习"需要受训者充分调动各种知识、技能，通过不断过关斩将来完成任务。同时，学习者在轻松、愉快、积极的环境下进行学习，真正实现了以人为本。游戏化学习重视培养学习者的主体性和创造性，有利于学习者的多元智力素质的塑造。

游戏化的学习往往需要和线上、线下学习整合，企业需要将员工在游戏过程中出现的薄弱知识通过 E-learning，或者面授课程进行加强，从而形成一种更加持续的学习。

5.2 培训的理论基础

培训开发的目的在于通过学习活动来提高个人和组织绩效。学习理论是设计培训开发活动的基础，为培训管理提供理论指导。

5.2.1 学习的基本概念

1. 学习的定义

学习是一个具有广泛含义的概念，行为主义心理学家和认知心理学家对"何为学习"给予了不同解释。

行为主义心理学家把学习定义为个体后天与环境接触，获得经验而产生行为变化的过程，即学习是个体在特定情境下由于反复练习或经验的积累而产生的行为或行为潜能的持久变化。需要强调的是，这种行为变化必须是通过后天习得的变化。先天的生理性的变化，比如，随着年龄增长体力衰减等现象不属于学习范畴。认知心理学家则主张，由学习引起的个体内在心理结构的变化或思维的变化也应该属于学习，学习不仅包括行为的改变，还包含认知、技能、能力和态度等方面的改变。

上述两种学习的定义虽然侧重点和内涵有所不同，但实质内容是一致的。综合两种观点后，本书将学习定义为：由于反复的练习或经验积累所引起的行为或认知结构的较为持久的变化。

2. 学习的过程与结果

学习的过程就是学习各阶段的构成和特点。将学习结果进行分类则有利于培训开发人员进行有针对性的培训效果评估管理。

(1) 学习的过程。加涅在信息加工理论基础上，将学习过程分为预期、知觉、加工存储、语义编码、记忆、推广和满足七个阶段。预期（Expectancy）是指学习者在教学过程中的思考状态，这包括学习者得到其学习目标的学习动机、基本技能以及对学习目标的理解等。知觉（Perception）是指对从环境当中获取的信息进行组织整理，使其被加工处理并能作为行动指南。加工存储（Working Storage）是指对所获得的信息的编排和重复，使得教材可以被编入记忆中。语义编码（Semantic Encoding）是指信息来源的实际编码过程，是将学习的材料转换成语义的或有意义的形式。记忆（Memory）过程包括存储和恢复，新习得的东西只有存储或保持才能成为真正习得的结果。同时，为了应用还必须恢复所记忆的内容，即搜索和提取存储于长期记忆中的学习内容。推广（Generalizing）即是指在类似环境中应用所学内容的过程，包括知识和技能的迁移、转换和应用等。满足（Gratifying）是指学习者通过运用所学内容获得的回报。这种满足将使学习者得到激励，从而起到强化学习的目的。

(2) 学习的结果。对学习结果的分类以加涅的观点最受肯定，加涅将学习结果分为言语信息、智力技能、认知策略、动作技能和态度。

①言语信息（Vertical Information）。言语信息又称为陈述性知识，包括名称、事实以及知识体系。一名刚刚进入工作岗位的新员工，通过员工导向培训获得的有关企业发展历史、企业业务范畴等方面的知识就是属于言语信息。不同言语信息的复杂程度各有差异，比如公司产品名称或者专业名词都属于简单的言语信息，相比之下，关于企业经营策略的知识就属于复杂的言语信息。言语信息的主要功能在于为思维学习者构建其他技能提供一种结构或基础。

②智力技能（Intellectual Skills）。智力技能又被称为过程知识，包括各种概念和规则。智力技能和言语信息的区别在于：前者是帮助学习者解决"怎么做"的问题，后者是解决"是什么"的问题。例如，绩效管理者对于如何进行绩效管理有了认知，知道了绩效管理过程的步骤与方法，才能对员工进行绩效评价。

③认知策略（Cognitive Strategies）。认知策略是一种影响学习者用以控制自己的注意、学习、记忆和思维的内在组织过程。认知策略是指向学习者内部的控制过程，比如：个体注意和选择性知觉、将获得的材料进行编码以便长期存储（即个体如何记忆）、个体如何提取储存的知识以解决面临的问题等。

④动作技能（Motor Skills）。动作技能是指身体运动的协调性。例如跑跳技能、写字技能、绘图技能等。动作技能是职业技能的主要构成成分，大部分职业

都需要任职者具有相当程度的动作技能。

⑤态度（Attitude）。态度是指一个人偏好某种行为方式的信念和情感的综合。构成态度的三个组成部分分别是认知成分、情感成分和行为成分。个体通过学习过程将获得对某事或某人的态度，这其中就包括主体对客体的认知以及在认知后产生的积极或消极情感，并最终影响主体产生某种行为（如离职等）。态度会影响到个体行为，因此许多企业在进行培训时都将某些态度作为重要的培训内容。

上述加涅关于学习结果的分类并不具有绝对的独立性，也非可以完全割裂、独立存在。每一种学习过程都可能同时涉及言语信息、认知策略和态度等。所以，在接受培训开发过程中个体很有可能同时获得多种学习结果。

5.2.2 主要学习理论

培训的本质是一种学习，因此人们一般将学习理论作为培训开发的理论基础。行为主义学习理论、社会学习理论和认知主义学习理论等都很好揭示了个体是如何进行学习的、个体学习有哪些基本特征、个体学习主要有哪些方法等。

1. 行为主义学习理论

行为主义学派最先由约翰·沃森创立，代表人物包括伊凡·巴普洛夫（Ivan Pavlov）、爱德华·桑代克（Edward L. Thorndike）等。行为主义学派将学习看作是刺激与反应的联结；关注学习引起的行为变化；重视环境对学习的影响，认为学习是环境的产物等。按照行为主义学派的观点，当一个具体的环境刺激呈现之后，一个人如果能够表现出一个恰当的反应（即行为），学习就算发生了，因此教学主要是围绕给予适当的刺激和提供恰当的机会，让学习者练习并做出反应。

行为主义学派对人力资源培训开发设计提供了理论基础，其强调在教学中要安排线索（做出什么反应的最初提示）和强化（增强在呈现预期刺激时的正确反应）的观点也得到了广泛应用。但是，该学派将学习看作是被动和依赖的观点遭到了严厉的批评。同时，该学派忽视了个人见解与领悟在学习中的作用，这与学习的复杂过程并不吻合。

2. 社会学习理论

社会学习理论又被称为社会认知理论。其代表人物班杜拉认为，学习主要有两种途径：一是参与性学习（Enactive Learning），即个人通过实做并体验行为后果而进行的学习。行为后果能激发学习者的动机，并让学习者强化能够带来理想后果的行为，同时避免受到惩罚或令人不满意的行为产生。二是替代性学习（Vicarious Learning），即学习者通过观察别人而进行的学习。这两种学习方式使得人们能够依靠观察和模仿别人的行为来获得新知识、新技能，同时依靠大量练习和实践获得激励和反馈。

3. 认知主义学习理论

20世纪50年代后期，伴随认知主义开始涌现，学习理论也开始从行为模式向认知科学转变。学习不再被强调为外显的、可观察的行为，研究者开始重视人在学习或记忆新知识、掌握新技能时的认知过程，如思维、问题解决、语言、概念形成和信息加工等。

认知主义学习理论的观点包括：强调运用有效的方式向学习者传递知识，通过简化、还原和标准化使得知识的迁移更有效；强调学习者在学习过程中的主动性和积极性；强调教学设计必须基于学习者现有的心理结构或图式，按照学习者能够将新信息同原有知识以某种有意义的方式联系的思路来进行。

4. 建构主义学习理论

建构主义学习理论起源于认知主义。建构主义认为学习是个性化产物，当学习者通过将新信息与已有的知识和经验结合，对其所处的社会、文化、物质和精神的世界构建了新的解释时，学习也就发生了。与认知主义一样，建构主义强调学习者的主动性，但不同之处在于它还强调情境的重要性——学习应该与情境化的社会实践活动结合起来，任何内容的知识都应该放在运用的情境中去加以认识理解。基于建构主义学习理论的观点，在教学过程中教师的主要作用就是创建适当的学习环境（或问题情境），引导学习者在这样的环境下进行实际操作，通过社会互动和协商来证明各种见解的合理性，并进而获得学习体验。

随着人们对建构主义学习理论的深入研究，人们发现它对我们理解非正式学习、偶发性学习、自我引导性学习等也具有积极作用。

5.2.3 培训效果的迁移

培训效果迁移是指"员工将培训中学到的知识、技能和行为等持续而有效地应用到实践中去的过程"。研究表明：公司培训中，只有40%的培训内容在培训后的短期内能立刻被应用到工作情境中，25%的内容在六个月之后还能应用，仅有15%的内容能够延续起作用超过一年。显然，如果员工不能将培训所学应用到工作中，培训获得的效果不能很好地得以维持，培训也就失去了意义。

1. 培训迁移的一般过程

员工将培训中学到的知识、技能和行为等持续而有效地应用到实践中的过程一般可以分为四个阶段。

第一阶段：迁移前动机。受训人员具有通过完成任务以拓展自身的专业知识与提升自身专业能力的愿望。受训者的迁移动机一方面与个性特征等有关，另一方面也与企业对培训的态度密不可分。如果企业缺乏对培训的真实重视，员工参加培训被看作是"走过场"，那么没有一个员工会真心想把所学内容应用到工作中去。

第二阶段：学习研修。受训人员努力研修习得的知识和技能的过程，也即员工参加培训的过程。培训过程对培训迁移影响重大，不仅直接影响到员工是否具备迁移的能力，同时也左右受训者将选择哪些新知识、新技能应用到工作中去的动机。培训课程设计合理就会促进受训者习得新知识，相反就会阻碍培训迁移。

第三阶段：效果评估。通过对受训人员在培训过程中所取得的成果进行评估，以此预测和判断受训者在未来工作中应用新知识、新技能的可能性。

第四阶段：成果转化。主要是指受训者在培训结束返回工作场所后的实际表现。成果转化是整个培训工作的终极目标，也是检验培训是否有效的依据。

2. 培训效果迁移的影响因素

有关培训迁移的研究表明：个体变量、动机变量和环境变量三个因素对培训效果迁移的影响比较显著（如图5-2所示）。个体变量中有控制源、自我效能两

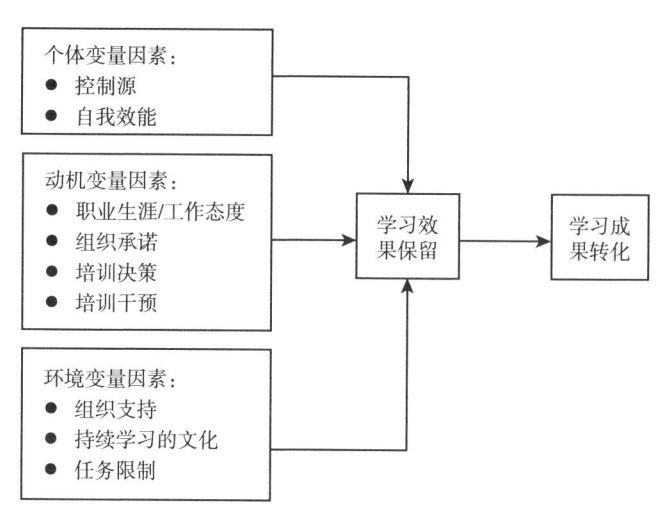

图5-2 培训迁移影响因素的作用过程

个因素；动机变量包括职业生涯/工作态度、组织承诺、培训决策和培训干预四个因素；环境变量则包括组织支持、持续学习的文化和任务限制三个因素。

（1）个体变量。

①控制源。学者罗特（Rotter，1966）将控制源定义为个人认为组织结果（如奖励或惩罚）是由个人控制或者外在因素影响的通常性预期。在培训情境中，受训者如果拥有强烈的信念，他们可以控制组织的结果（包括晋升、加薪等），就很可能将培训的结果应用到工作中。

②自我效能。个人特征对培训的影响不仅发生在培训过程中，还发生在培训迁移中。自我效能指个人对能够成功完成任务抱有的强烈希望或自信。有学者（Holladay & Quinones，2003）的研究表明，高自我效能感的个体能更好地发生迁移行为。我国研究者的成果也支持了这一结论。

（2）动机变量。

①职业生涯/工作态度。职业生涯态度或工作态度是指对个人职业和工作的心理认知状态。经常进行职业认知活动或环境调查活动被认为对个体优缺点和兴趣将有较好了解，从而意识到学习新知识和新技能的重要性。

②组织承诺。组织承诺是个体对组织的认同程度，它表示个体对组织目标、价值观等愿意付出努力以及维持组织成员身份的程度。在培训情境中，组织承诺高的员工自然愿意为了组织发展、组织竞争优势的维持不断加强自我能力，从而也就更愿意学习，并将学习效果投入到工作中去。

③培训决策。培训决策主要是指就培训课程内容设置以及日程安排等做出决定。培训内容设计是否合理、培训时间安排能否恰当一定会影响到受训者运用、转化学习的意愿。参加一门自己感兴趣或者对职业发展有影响的课程有助于受训者绩效的提高，从而也会激励员工在工作中主动运用新知识、新技能。

④培训干预。对受训者进行培训后干预（如反馈）会影响培训结果。积极反馈对于受训者迁移的能力和意愿都有正向促进作用。

（3）环境变量。

①组织支持。组织支持是指受训者在培训后有机会实践学到的新知识和新技能。组织支持又被称之为迁移气氛。

②持续学习的文化。组织文化是否鼓励受训者参与培训以及培训完成后是否给予受训者试错的机会，是否包容学员在应用新知识、新技能时面临的风险都会影响到受训者的迁移动机。良好的组织学习文化有助于培训效果的迁移发生。

③任务限制。受训者承担的工作任务如果面临较多的限制，那么将会对培训动机造成负面的影响。

5.3 培训开发系统

培训开发系统一般可以划分为需求分析、项目设计、组织实施和效果评估与反馈四个主要环节（如图5-3所示）。其中培训需求分析是培训开发活动的基础，培训效果评估则是难点。本书主要对这两个部分进行重点说明。

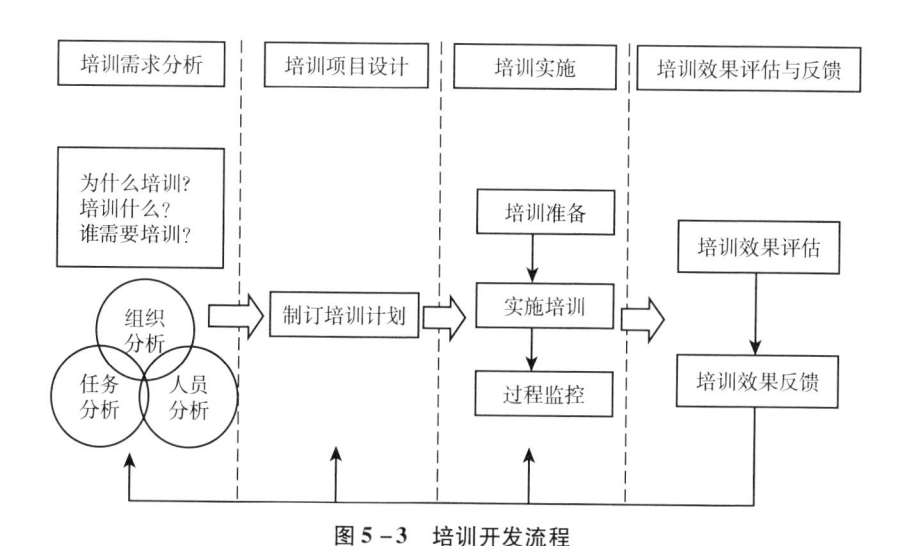

图5-3 培训开发流程

资料来源：王玉姣主编：《人力资源管理概论》，清华大学出版社2014年版。

5.3.1 培训需求分析

1. 培训需求分析的内容

在培训正式实施之前，企业需要弄清楚，谁需要接受培训；为实现组织目标，员工需要承担的工作任务是什么；工作任务需要员工具备什么样的素质；通过培训最终需要达到的效果是什么。培训需求分析主要包括组织分析、工作分析和人员分析。

（1）组织分析。组织分析（Organizational Analysis）是系统地检查组织层次上的各组成成分。它涉及的内容较为广泛，基本涵盖组织战略和目标、组织资源配置、组织培训氛围和组织内外限制条件等的考察和分析。通过组织分析，可以更好地理解组织对培训开发活动的需要、培训的组织环境以及促进和阻碍培训开发的因素等。

（2）任务分析。任务分析主要是通过对工作任务说明书和工作岗位职责描述等的研究，以发现从事某项工作需要承担的具体内容和完成该项工作所需要具备的各种知识、技能和能力（KSAs）等。了解员工完成工作应该具备的 KSAs 和现有的 KSAs 之间的差距，从而为后续培训课程的设计提供参考，就是任务分析的重中之重。某公司顾客服务岗位任务清单的 KSAs 如表 5-2 所示。

表 5-2　　　　　　　　某公司顾客服务岗位任务清单的 KSAs

1. 向顾客解释技术信息使他们能够理解的能力
2. 能够主导同顾客的交谈，获得卖主需要的向顾客服务的必要信息的能力
3. 在不需要向主管寻求帮助的情形下解决顾客问题的能力
4. 同具有各种不同背景的人交流的能力
5. 同其他人交谈时，能够表达公司的公共服务观点的能力

资料来源：埃尔文·戈尔茨坦、凯文·伏特：《组织中的培训》，清华大学出版社 2002 年版，第 93 页。

对工作任务进行分析时并不需要、也不可能将所有任务进行分析，只有满足工作复杂程度较高、工作饱和程度较高以及工作内容和形式变化较大这三项标准的任务才需要进行分析。工作的复杂程度是指工作对思维的要求是抽象性的还是形象性的，抑或兼而有之；完成该项工作是需要更多的创造性思维还是只需要按照有关的标准严格执行即可。工作饱和度主要是指工作量的大小和工作的难易程度以及工作所消耗的时间长短等。在一些新兴行业中，企业的业务形态往往会有很大的调整，因此相关岗位的工作形式也会发生较大变化，这就需要员工能够在工作能力上跟上企业的要求，及时做出提升。

（3）人员分析。针对"哪些员工需要接受培训"和"员工需要接受哪些培训"这两个问题，组织需要进行人员分析。人员分析的主要内容包括个体特征、工作输入、工作输出、工作结果和工作反馈。

①个性特征。某一岗位的工作特点要求任职者具备什么样的个性。虽然个性并不是决定绩效的唯一因素，但是往往需要考虑。尤其是在某些工作岗位中为了提高工作效率，对个性的考量就相对多一些。而在个性特征中，员工的技能和态度、动机等都可以通过相应的培训项目得以改善和提高，特别是诸如认知能力和阅读写作能力这类能力。

②工作输入。工作输入是指工作环境，包括条件限制和社会支持。条件限制如缺乏合适的工具设备、材料供应、资金和时间等。社会支持指管理者和同事愿意提供信息反馈和帮助。如果员工具备完成工作所需的知识、能力、态度和行为方式，但缺少合适的工具和设备，那么他们的绩效水平仍然不高。

③工作输出。在工作中员工出现较差的工作业绩，或者未达标的工作绩效很有可能是员工并不知道他们需要达到什么样的绩效标准，因此也就造成员工无法

有效地完成任务。对绩效标准缺乏认知是属于沟通不畅的原因造成的,并不属于培训的范畴。

④工作结果。工作结果必须得到相应的激励,如果没有,那么即使员工具有相应的知识、技能和能力也未必会努力工作。这种状况同样不可能通过培训得到解决。

⑤工作反馈。如果在工作中员工不能获得定期的工作反馈,无法知晓管理者对自己工作表现的看法,那么也会导致绩效出现问题。对于"员工知道自己应该做什么(工作输出),但不知道做得如何"这类问题,同样无法依靠培训来有效解决。

2. 培训需求分析的主要方法

培训需求分析方法主要包括访谈法、问卷调查法、观察法、关键事件法等。

(1) 访谈法。访谈法是通过与被访谈人进行面对面交流来获得培训需求信息,进而分析培训需求的方法。访谈的对象既可以是企业管理者,也可以是员工本人。依据是否有固定的访谈提纲,可以将访谈法分为结构化访谈、半结构化访谈和非结构化访谈。所谓结构化访谈就是指所有访谈内容均以标准题目向被访谈者提出。非结构化访谈即是针对不同对象提出不同的开放式问题。如果将两种方式进行结合则就是半结构访谈。访谈法收集到的信息具有比较详尽的特点,但是往往需要和问卷调查法等方法结合使用,以保证信息收集的全面性。

(2) 问卷调查法。问卷调查法是以标准化的问卷形式列出一组问题,要求调查对象就问题进行打分或是非选择。问卷调查法可以采用现场发放回收,或者邮寄、电子问卷等多种方式进行。在进行问卷调查时,问卷的设计是否科学、合理至关重要,直接影响到问卷调查的有效性。完整的问卷内容需要包括:引导语、感谢语、个人或公司基本信息、培训内容、培训方式、培训时间等。本书在随后的"管理实践"中列举了某公司培训需求调查的问卷样例供学习参考。

(3) 观察法。观察法是通过到工作现场,观察员工工作表现,发现问题,获取培训相关信息数据的方法。运用观察法必须确定观察对象,并明确所要收集的信息类型。观察法具有直观的特点,但容易造成对被观察者工作的干扰,从而使得观察结果与日常表现产生加大偏差。因此观察时要尽量隐蔽并进行多次观察。

(4) 关键事件法。关键事件法与整理记录法比较相似,用以考察生产过程和企业活动情况以发现潜在的培训需求。所谓关键事件是指那些对组织目标起关键性积极或消极作用的事件。确定关键事件的原则通常包括:工作过程中发生的对企业绩效有重大影响的特定事件,如系统故障、重大客户流失、产品交货延期或事故数量突增等。

管理实例 5-1

某公司培训需求调查问卷示例

××项目培训需求调查问卷
请回答以下问题：标出您认为最合适的描述
1. 请问您的工作部门与工作岗位：
2. 您在目前岗位上工作了多长时间？ □少于1年　　□1~2年　　□2~3年　　□3~4年　　□4年以上
3. 您希望能够接受哪些方面的培训？ □目标管理和绩效考核　□薪酬福利管理　□企业文化建设 □有效授权技巧　□综合管理技能培训　□非财务人员的财务管理 □其他内容，请详细说明：（　　　　　　　　　　　　）
4. 您期望在什么时候接受上述培训？ 培训周期跨度：□3天以内　　□1周　　□2~4周　　□4周以上 培训时间安排：□上班时间　　□下班后空闲时间　　□周末时间 单元培训时间：□50分钟　　□90分钟　　□120分钟　　□150分钟 培训开展的形式：□脱产　□外派　□实习　□聘请外部专家讲课 　　　　　　　　□其他，请列举（　　　　　　　　　　　　　）
5. 关于培训，您有什么建议或要求？请详细说明：

5.3.2 培训项目设计

在培训需求分析基础之上，需要针对培训内容进行项目开发设计，作为培训活动实施的指南。培训项目设计的内容主要包括：课程内容设计、培训策略与方法设计、培训环境设计等。

1. 课程内容

课程的内容设计主要包括确定培训项目目标、培训课程体系与课程计划。

（1）培训项目目标。根据企业培训开发活动时间长短的不同，培训项目目标可以是整个培训项目的最终目标，也可以是培训项目中某次活动的目标。而根据目标性质的不同，可以将项目目标划分为认知目标、情感目标和动作技能目标等。

培训项目目标的表述具有特定的模式，一个好的目标通常包括三个部分：第一，描述学习者在掌握了所学的东西后应该表现出什么样的行为。第二，列出学会的行为在什么条件下发生或表现出来，即这种行为如何被识别和测验。第三，给出在测验中可以接受的标准——评价学习成果的标准。表 5-3 是一个关于学习撰写新产品说明书的培训目标的示例。

表 5-3　　　　　　　　关于学习撰写新产品说明书的培训目标

作业表现	能为新产品撰写产品说明
环境条件	在掌握了某个产品所有工程信息的情况下，受训者能够撰写一份产品说明书
评价标准	受训者能够在产品说明书中介绍该产品所有适应市场需要的商业特征，其中至少要说明它的三种用途

资料来源：R. F. Mager, Preparing Instructional Objectives [M]. Atanda：Center for Effective Performance. 1997：21.

（2）课程体系。在项目目标确立之后，还需要针对培训内容设计课程体系。课程体系即是将需要学习的知识、技能等以系统化的、一门课或多门课的形式呈现出来，让受训者能够通过有序的、连续的、有计划的学习，最终达到学习目标。课程体系设计一般包括以下内容：

①课程内容的初步设计。由于培训目标往往包括多类学习结果，同时学习手段不同，因此合理安排学习内容的先后顺序非常必要。一般认知类的学习目标之后才会安排技能类学习目标。简单的学习目标会安排在复杂的、综合性学习目标之前。

②培训课程内容的优化。设计者需要在初步制定出培训项目的课程体系之后，收集各部门对课程规划的看法，并进行积极优化调整，尽量使课程设计更为科学合理。

③制定最终的培训课程体系。通过不断地修正与调试，将最终的意见集结为最终方案（培训课程体系），并作为培训实施的书面指南。

（3）课程计划。培训课程计划是指具体的每一节课的学习计划。它是学习目标、学习内容与学习安排的具体体现。在企业培训中，培训课程计划可能为一个小时，也可能延长到一天。培训课程计划包括本次课的课程名称、学习目的、专题内容、目标听众、培训时间、培训活动、学员活动和其他相关事项。其他事项主要涉及培训场地、设备和所需资料、培训教师的准备和受训者的准备等。

2. 培训策略与方法

（1）培训策略。培训策略是指为达到培训目的对所采取的培训方式和方法的计划，是一系列引导受训者更好地实现学习目的的行动方针。培训策略包括三层含义：第一，解决学习问题的方法和技术；第二，这些方法和技术的操作；第三，操作中的要求及有目的、有计划的操作程序。

在培训策略设计中，培训机构的选择非常重要，它直接决定了培训师的选聘，间接影响到培训效果。依据培训师来源的不同，可以将培训机构划分为内部机构与外部机构两大类。内部培训机构主要包括企业大学、人力资源培训部门、业务部门或公司内部其他部门的相关人员。外部机构则是指商业院校、咨询公司和企业外部培训服务机构。两种培训机构各有利弊（表5-4归纳比较了两者的优劣势）。

表5-4　　　　　　　　两种培训机构优劣势的比较

渠道来源	优点	缺点
内部培训机构	培训更有针对性 相对费用较低，具有成本优势 培训内容更容易在组织内部得到共享和传承 有利于增强组织凝聚力 持续跟进培训效果的监控	培训师的选择有限 培训师的视野和思维相对有限
外部培训机构	选择范围广，更有利于选聘到好的培训师 能够带来更多全新的理念和思维 更能客观地评价受训者的学习态度	费用相对较高 培训师素质参差不齐 对内部情况可能缺乏足够了解 培训内容的针对性有限 后续服务不能保证

知识链接5-2

阿里巴巴湖畔大学

2018年3月27日下午，在网络上沉寂许久的阿里巴巴董事局主席马云忽然现身网络，不过，这一次他的现身，跟阿里的业务没有关系，而是以一个新的身份——校长出现。就在当天下午，马云任校长的湖畔大学举行了第四届学员开学典礼，在马云和诸位校董的见证下，来自不同行业的48位企业家开始了为期三年的湖畔之旅，他们将在这里开始人生和事业新的里程。

湖畔大学创立于2015年1月，由柳传志、马云、冯仑、郭广昌、史玉柱、沈国军、钱颖一、蔡洪滨、邵晓锋九位企业家和著名学者共同发起创办，马云任第一任校长。当初创立学校的时候，马云承诺，湖畔大学要培养中国最优秀的企业家。而为了达到这个目标，湖畔大学也为学员设立了一个相对比较高的"门槛"。

根据湖畔大学官网上的报名条件，入选湖畔学员需要具备以下几个条件：

创业 3 年以上的企业决策者

年度营收超过 3000 万元（RMB）

需提供企业 3 年完税证明，公司规模超过 30 人

有 3 位推荐人，其中至少 1 位为湖畔大学指定推荐人

据称，共有 2600 多名候选人递交了湖畔大学 2018 年入学申请，最终仅 48 人获得入学资格。这就是阿里巴巴湖畔大学的魅力。

根据"今日头条"ALENG 的自媒体 2018 - 3 - 29 新闻整理。

（2）培训方法。培训方法是培训策略的具体实施手段。企业培训方法主要包括传统的教学方法，比如在职学习与脱产培训等，也包括一些新兴的培训方法，如 E - learning、计算机辅助教学等。企业中的培训方法还可以根据针对个人或是针对团队等标准进行划分。本书将在随后的章节中单独对各类培训方法进行介绍。

（3）培训环境。培训环境与实际操作环境越接近，培训效果迁移的可能性就更高。通常，组织实施培训的场所不止包括室内环境，也包括一些室外拓展项目。但多数户外项目会外包给专业的服务机构承担。室内环境主要包括培训场地和空间设计。

①教学场地的选择。教学场所的选择应该尽量做到适宜学习，要有利于学习者尽快进入学习状态。理想的教学环境应该是安静的、清洁的场所。同时，适度的温度和湿度也比较有利于学习者在情绪上保持稳定。在学习场所的色彩设计方面，冷色调的颜色会比暖色调的墙面更让人思想集中。在采光方面，充足而不刺眼的光照非常有必要。

②教室座位的设计。不同的教学目标需要匹配不同的座位设计。一般而言，主要的座位设计思路包括纵横排列、矩形排列、马蹄形排列、人字形和环形等。座位的设计应当根据授课内容、学习目标、教学方法以及教学中的互动需要来确定，但同时也需要考虑培训的预算费用、受训人员的规模等。

5.3.3 培训的组织与实施

培训项目的组织与实施就是将培训方案加以落实，将培训计划转化为切实的培训活动的过程。企业培训能否有效实施需要依靠科学的管理体系、评估体系和后勤保障体系等的支撑。而从企业培训实施的具体环节看主要涉及：培训前的准备、培训活动实施和培训过程监控（包括培训进度管理和风险管理）。

1. 培训前的准备

培训前的准备工作涵盖的内容较多且比较琐碎。比如，人力资源培训部门需要在培训活动开展前提前进行公告发布、告知受训学员参训的相关事项、打印培训材料、制作培训所需的横幅或展板等。但从大的方面看主要包括两个内容：培训师的培训和培训设备设施管理。

培训师是承担培训任务的主体，其工作态度、知识水平、授课能力都直接影响到受训者的学习效果。对培训师的师资能力进行定期培训是保证企业培训有效实施的基础，也是对培训师进行人力资本投资的必要措施。基于现代培训所需具备的能力，培训师必须拥有极强的学习能力、创新能力、表达能力、研发能力、写作能力和沟通协调能力等。一名优秀的培训师需要不断地吸收新的知识、塑造适合自身特点的授课风格、强化与学员之间互动的能力，而这些都离不开不断地学习。

培训设施主要包括教室、桌椅、投影仪、计算机或笔记本电脑等授课必备设备和各种实训器材、设备、场地及与实训环境等。在正式开展培训活动之前，必须提前落实培训所需的各种设备设施，并进行调试，同时认真做好记录，其中包括相应的技术确认。

2. 培训活动实施

培训活动进入实施环节后，主要任务包括：

（1）召集动员会议。人力资源部门和培训机构需要向受训学员传达相关要求，并确保受训者和培训师建立互动，做好参与培训的充分准备。

（2）开展培训活动。依据培训方案有计划地开展培训活动，及时关注受训学员的学习状态，充分沟通，完成培训任务。

（3）评估培训效果。下发《培训效果评估表》，汇总相关信息，评价培训效果。

3. 培训过程监控

为了实现培训目标，就需要在规定的时间内合理且经济的对项目实施进度进行管理。在执行培训计划的过程中，经常要检查实际进度是否按计划要求进行，如果出现偏差，要及时查找原因，采取必要的补救措施或调整、修改原计划，直至培训项目完成。

对培训项目进度进行管理需要有效控制每个活动的完成时间，确保项目实施顺序中前置活动能够在规定时间内完成，并保证后续活动不会被延误。同时，每项活动完成后还需要对输出结果进行验证，便于后面对培训效果展开评估。要特别注意对关键培训活动的管控。在整个培训计划中，总时差最小的培训活动其机动时间最少，如果延长其完成时间，就会影响整个培训，因此是进度管理中的重中之重。

培训实施过程中还需要注意对培训风险进行监控，即通过对风险的认识、衡量和分析，选择最有效的方式，主动地、有目的地、有计划地处理风险，以最小成本争取获得最大的培训效果。

5.3.4 培训效果评估

培训效果评估是对培训活动完成成效的评价和总结。作为培训开发的最后一个环节，它不仅能够查找出培训存在的问题，还能有助于今后进一步完善培训。

1. 培训效果评估的含义

培训效果评估是一个系统地收集有关人力资源开发项目的描述性和评判性信息的过程，其目的在于帮助企业在选择、调整各种培训活动以及判断其价值的时候做出更加明智的决策。因此，培训效果评估就是指系统地收集人力资源开发活动成果的信息，以衡量人力资源开发活动是否有效或是否达到预期目标的过程，并为下一步人力资源开发决策提供信息基础。

2. 培训效果评估内容

当前美国学者柯克帕特里克（Kirkpatrick）提出的培训效果评估模型得到了广泛应用。按照柯克帕特里克的观点，培训效果评估需要从反应层、学习层、行为层和结果层四个方面展开（如表5-5所示）。

表5-5　　　　　　　　柯克帕特里克的四层次评估模型

层次	标准	关注点
1	反应层	受训者的满意程度
2	学习层	知识、技能、态度和行为的获得程度
3	行为层	工作中行为的改进程度
4	结果层	受训者取得的商业结果

资料来源：Raymond A. Noe, Employee Training and Development [M]. McGraw-Hill Irwin. 2nd ed. p.182.

①反应层。反应层的评估效果主要在于了解受训人员对培训活动的感知状

况，这些感知包括对培训活动组织过程、培训管理者、培训课程内容等是否满意。通常，反应层的效果评估可以通过面谈或调查问卷等方式来获得，是在受训者结束培训活动且回到工作岗位之前进行。需要注意的是，反应层评估的结果并不能完全代表培训项目是否取得预期效果，因为影响人们对培训活动感知的因素往往并不与培训本身相关，同培训组织者较好的私人关系以及个体特定的心理状态都可能影响到他/她对培训的评价；所以企业通常并不单独将反应层评价效果作为衡量培训是否有效的唯一标准。

②学习层。学习层效果主要是指受训者对培训内容的掌握程度。对学习层效果进行评估可以了解受训者对培训项目中强调的原理、事实、技术、程序或过程的熟悉程度。学习层效果一般可以采用纸笔测试的方式来评估。

③行为层。行为层效果主要是指受训者在参加完培训活动后是否改进了原有工作行为，是受训者培训效果转化程度的主要参考指标。了解受训者工作行为改变程度主要依靠观察员工在工作中的表现以及最终工作绩效来进行判断。

④结果层。培训的最终目的在于通过培训让员工工作绩效得到提高，因此反映培训是否有效不能仅了解员工对培训活动的感受，关键要看培训效果是否达到了促进组织绩效提升的作用。结果层效果的评估主要通过比较受训者在重新回到工作岗位前、后绩效水平的变化程度来判断。

3. 培训效果评估的方法

培训效果评估方法主要分为定性评估与定量评估。定性评估是建立在经验与逻辑的基础上，而定量方法则主要是以数学和统计学为基础。

(1) 定性评估方法。定性评估方法在培训效果评估中应用极广，它是评估者在调查研究、了解实际情况基础上，结合自己的经验与标准，对培训效果做出评价的过程，这一方法体系中比较常见的方法包括问卷调查法、面谈法、工作绩效考核法等。

①问卷调查法。问卷调查方法主要在于收集培训者对培训项目效果的反应。当采用问卷调查法进行评估时，问卷设计的质量好坏关乎最终评价的结果。评估者需要围绕培训课程的整个体系设计问卷，比如：培训内容的针对性、培训师水平、培训项目实施的合理性以及受训者个人期望是否得到满足等都是调查的内容。问卷调查易于实施，且可以大范围收集到相关信息，是运用得非常普遍的方法之一。

②面谈法。评估者直接与受训者进行面对面沟通。依靠结构化提纲或半结构化提纲，评估者收集到受训者对培训效果的看法，并梳理出培训效果的最终情况。面谈法的关键在于评估者的态度必须中立，且需要合理引导受训者的表达。面谈效果的好坏与评估者的沟通技巧、手段息息相关。

③工作绩效考核法。在培训项目结束一段时间内（可以是结束之时，也可以是结束后1年之内），对受训者在工作岗位上的绩效表现进行评估，通过培训前后工作绩效的变动情况对培训效果做出评价。例如，流水线上的技术工人参加了产品质量改进的培训后回到工作岗位，产品次品率急剧下降，则可以在排除其他因素影响下认为培训起到了效果。

（2）定量评估法。定量评估法在培训效果评估运用中相对较少，但定量评估法所具有的用数据来衡量培训是否有效、效果如何的特点，使得培训效果评估更加准确。定量评估法主要包括成本—收益分析法、边际分析法、目标成本法等。

以成本—收益分析法为例。培训成本包括培训发生的直接成本和间接成本，是整个培训期间培训花费的总支出。培训收益是指培训获得的总效益减去总成本之后得到的净收益。培训收益可以按照直接收益和间接收益进行计算。其中直接收益的计算公式为：

$$TE = (E_2 - E_1) \cdot T \cdot N - C$$

公式中：TE 为培训收益

E_1 为培训前每个受训者一年产生的效益

E_2 为培训后每个受训者一年产生的效益

T 为培训效果可持续的年数

N 为参加培训的人数

C 为培训成本

间接收益法则通过先找出影响培训效益的因素（指标），然后根据指标的相关关系进行计算。其计算公式为：

$$TE = T \cdot S \cdot d \cdot N - C$$

公式中：TE 为培训收益

N 为参加培训的人数

S 为未受培训者工作绩效的标准差（一般约等于年工资的40%）

d 为效用尺度，即接受培训者与未受培训者工作绩效的平均差值

T 为培训效果可持续的年数

C 为培训成本

4. 培训结果沟通与反馈

利用培训评估获得的数据，结合数据分析结果，培训管理者需要对整个培训进行总结与沟通。这一结果通常用培训评估报告的方式来呈现。一份有效的培训评估报告一般会对整个培训的过程、实施效果等进行综合性说明，并作为和企业高层管理者进行沟通的依据。

通过培训效果沟通与反馈，培训开发人员可以获得改进项目的信息，并在此基础上精益求精，改善后续培训的质量。企业高管可以对后续的人力资源投资做出新的决策。此外，受训人员从培训效果评估报告中可以了解自己的绩效表现以及培训带给他们改变的信息。

5.4 培训开发的常用方法

培训开发的方法分类有很多，本节以在职培训和脱产培训为标准对常用方法进行介绍。

5.4.1 在职培训的常见方法

在职培训（On the Job Training，OJT）是非常普遍的培训方式。所谓在职培训是指为了使员工具备有效完成工作任务所必需的知识、技能和态度等，在不脱离工作岗位的情况下，对员工进行的相应培训。在职培训又称在岗培训、不脱产培训等。在职培训的主要方法包括：师徒制、导师制、工作轮换和行动学习等。

1. 师徒制

师徒制（Apprenticeship）是手工行业最常见的一种在职培训方式。其主要形式为一名经验丰富的员工作为师傅，在工作过程中向一至多名新员工传授工作经验和技能。早期的师徒制并没有一定的方法和程序，全凭师傅的传授能力来传递知识，因此需要新员工具有较高的悟性和学习能力。

师徒制具有很明显的优点：师徒之间建立的信任关系能够有效保障新员工深刻领会岗位任务的隐性要求，掌握工作的诀窍。师傅因退休或调动等离开工作岗位时，受训效果佳的新员工会因此获得晋升的机会。此外，在强调人际关系的文化背景下，师徒制也会因情感纽带的维系耗费员工过多的精力，导致师傅和徒弟之间无法专注于知识、技能的传授。同时师傅也会存在"教会徒弟饿死师傅"的担心而不愿倾囊相授。

2. 导师制

导师制（Mentor）发源于西方，是指为被指导者提供指导、训练、忠告和友谊的个人。导师制可以分为正式和非正式两种。前者倾向于结构化和合约化的关系，一般由企业指定富有工作经验和拥有良好管理技能的资深员工担任。非正式导师制则更多是指在指导者和被指导者之间建立的私人关系。这种关系并非完全由组织确定，指导者和被指导者之间是自行选择的结果。

导师制作为一种传统培训方式，在现代企业培训开发中焕发出了新的生命力，成为诸多优秀企业培养人才的机制。通过在企业智力层面构建起良好的学习氛围和培养机制，充分满足企业发展对人才培养的需求。导师制的实行可以有效帮助员工提高知识技能以及职业晋升和流动的潜力；更好理解自己在组织中的角色；培养对组织的认同；提高他们对职业的信心、满意度和认可度。此外，导师制也为导师提供了一个不断寻求自我实现的机会，不断激发起对岗位工作与自我认同的热情，为他们带来更多的满足感。

管理实例 5-2

××公司的"全员导师制"

××公司的"全员导师制"最早来自中研部党支部设立的以党员为主的"思想导师"制度，对新员工进行帮助指导，后来被推广到了整个公司。这一做法，是全员性、全方位的。不仅新员工有导师，所有员工都有导师；不仅生产系统实行这一做法，营销、客服、行政、后勤等所有系统也都实行这一做法。公司认为，所有的员工都需要导师的具体指导，通过"导师制"实现"一帮一，一对红"。

公司的导师职责比较宽泛，不仅仅在于业务、技术上的"传、帮、带"，还有思想上的指引、生活细节上的引领等。为了保证"导师制"落实到位，公司对导师实行物质激励，以补助的形式，给导师每月一定数额的"导师费"，并且定期评选"优秀导师"，被评为"优秀导师"的可得到公司额外奖励。更为重要的是，公司把"导师制"上升到培养接班人的高度来认识，并以制度的形式做出严格规定：没有担任过导师的员工，不得提拔为行政干部；不能继续担任导师的，不能再晋升。

这一做法的意义有三点：一是可以增强员工的荣誉感，尤其是对于入职时间不长就成为导师的员工，在工作上更加严格地要求自己，在新员工面前更好地发挥模范带头作用；二是对于新员工来讲，可以使他们迅速地融入到企业的大家庭中来，从思想上、感情上尽快地认可企业的制度和文化；三是通过全系统、全方位、全员性的"导师制"的推行，可以形成企业内部良好的环境氛围，层级的执行力必然会大大增强。

3. 工作轮换

工作轮换（Job Rotation）又称为轮岗，是指根据工作要求安排员工在不同岗位工作一段时间，以此丰富员工的工作经验，提升员工对组织整体工作体系的了解。工作轮换制可以专门针对新入职的新员工,也可以用于培养有潜力的后备管理人才。

工作轮换的优点包括:丰富培训对象的工作经历,让受训对象能够在短时间内了解组织不同部门之间工作的衔接和配合,便于日后开展跨部门合作;工作轮换还可以充分发掘受训对象潜在的兴趣、爱好和能力特长,可以让受训者了解自身擅长的领域,便于他们规划自我发展;当然工作轮换也可以促进组织内部知识和情感流动,提升跨部门之间合作的效率。但工作轮换同样具有不足。比如,工作轮换运作不当可能会造成轮岗人员忙于走马观花,无法充分了解轮岗岗位的实际情况,进而对相关工作造成干扰;也可能造成新员工受到过多影响,无法选择适合的岗位。因此,合理安排好轮岗的时间跨度和频率是工作岗位轮换培训方式需要重点考虑的因素之一。

4. 行动学习

行动学习(Action Learning)起源于欧洲,并被主要用于团队或群体培训中。行动学习属于"做中学"(Learning by Doing),是指通过让受训者组成小组,在团队成员的相互支持下,以解决实际工作项目中的难题,确保其能力得到开发的一种培训方式。严格意义上讲,行动学习并不完全是单纯的培训,它还集合了学习的特点,将工作和学习很好地融合起来。

行动学习方法主要包括六要素:①难题。即组织中实际存在的问题或困难。②多元化小组。通常由4~8名不同观点的员工组成学习小组,负责对问题协商解决。③促进者(也称催化师)。负责对行动小组的行为进行有效引导、激发探索、提出质疑和促使反思。④反思式提问或倾听。区别于一般的研讨式学习,反思式的提问和倾听是行动学习最根本的两项技能。⑤采取行动。针对问题/困难,在协商后提出解决对策,并着力实施。⑥个体、团队及组织学习。通过上述过程的学习,行动小组成员将行动中的经验、知识和技能进行提炼,并转变为学习内容,相互交流,共同促进。

5.4.2 脱产培训的常见方法

与在职培训相反,脱产培训(Off the Job Training)主要指离开工作岗位或工作现场,由组织内外的专家和培训师对员工进行的教育培训活动。脱产培训的方式比较多样化,既包括到商业院校进行继续教育,也包括短期的访学交流和参加外训活动等。此外,依据脱产性质还可以分为全脱产和半脱产。培训对象全天脱离工作场所,且连续多天参加培训即为全脱产培训。比如连续一个学期到高等院校参加MBA课程的学习。培训对象仅在某些特定时间脱离岗位参加培训,其他时间仍然回到工作岗位工作的培训方式为半脱产培训。半脱产培训也可以称为非连续性脱产培训。比如，一周仅在周末时间参加高等院校开设的 EMBA 课程学习。

常见的脱产培训方法包括演讲法、案例研究法、情景模拟法等。

1. 演讲法

演讲法（Presentation Method）即由培训师用语言将他要传授给培训对象的内容表达出来的一种培训方式。演讲法经常被用于向人数众多的受训者传授一些理论知识的场合，因此其典型形式是讲课（Lecture）。

演讲法的好处在于费用相对较低；可以同时向很多人进行培训；培训方式比较容易操作；是传授理论知识较好的一种方式。其不足之处在于：演讲法本质是一种单向沟通的方法，受训者很难和培训师之间进行互动，因此学习效果并理想；而且演讲法也不宜被单独用于技能培训。

2. 案例研究法

案例研究方法（Case Study）最初由美国哈佛商学院提出，是用于培养工商管理硕士的一种方法。所谓案例研究法，是指向受训学员提供问题描述的案例材料，让受训人员运用所学知识分析和评价材料内容，并提出解决方案的一种训练方法。案例研究方法通常适合于培养管理人才分析具体问题和具体情境所需要具备的逻辑推理能力、问题解决能力、语言归纳能力等。案例研究法旨在为受训者提供一种体验，培养其对现实的管理情境和管理问题进行实战的能力。

虽然案例研究方法在当今组织管理人才培养中被普遍应用，但影响案例研究方法有效性的因素却很多。比如，案例材料的翔实和真实性会直接影响到受训者对问题把控的敏感性，也会影响受训者误判。其次，案例研究方法通常是以小组讨论方式进行，每个参加者最好有不同的性格、不同的经历和技能，方能发挥最佳效果。此外，培训师必须具备较强的临场管控能力，引导受训者就核心问题展开深度分析和探讨，避免讨论内容走偏。

3. 情景模拟法

情景模拟法（Simulation Training）是指通过把受训者置于模拟现实工作环境中，让他们依据模拟的情景即时反应，从而依据其反应对其采取相应干预的一种培训方法。

情景模拟法很好地验证了培训迁移理论的观点：模拟情景与实际工作情景越相似，学习效果产生正向迁移的可能性越高。虽然情景模拟法的培训效果较好，但是模拟情景的设计需要精心准备，同时设计耗费用时较长，对资金的要求较高。常见的情景模拟法包括管理游戏法、角色扮演法和文件筐处理法等。

5.5 职业生涯管理

职业生涯管理是人力资源管理领域中新发展形成的一项重要职能，但与其他人力资源管理职能有所不同，职业生涯管理是一个相对较新的课题。

5.5.1 职业生涯管理的相关概念

1. 职业

职业的概念由来已久，但是出于研究目的的不同，学者们从不同角度、不同侧面对职业概念进行了界定。概括起来主要有社会学和经济学意义上的观点。

社会学角度下的职业，是指某种社会分工或者社会角色的实现，因此职业包括工作、工作场所和地位。经济学意义上的职业则往往被界定为"为了生活而从事的经常性活动"。归纳上述两种观点，本书认为职业是指人们以社会分工为基础，在获得物质收入的同时，体现并努力实现其生活意义的社会化工作。

2. 职业生涯

职业生涯（Career）又被称为职业计划、职业发展。从职业生涯这一术语的汉语本意来看，是指个人从事某种职业的生活经历（林枚，李隽，曹晓丽，2010）。员工的职业生涯可以分为外职业生涯和内职业生涯两个部分。外职业生涯是指经历一种职业的通路，包括招聘、培训、晋升、解雇、退休等各个阶段；内职业生涯则更多地关注取得的成功或满足于主观感情以及工作事务与家庭义务、个人休闲等其他需求的平衡（石金涛，2009）。

职业生涯反映了个体职业能力获得与发展的过程，并体现为个人在职业准备、职业选择、职业发展、职业调整，直至退出职业舞台的各阶段的活动特征。由于个体特征不同、社会环境差异以及文化价值观多元化等因素的影响，员工职业生涯发展表现出独特性、发展性、阶段性、交互性和可规划性等特征。

3. 职业生涯管理

关于职业生涯管理（Career Management），不同学者持有不同的看法，杰弗里·H. 格林豪斯（Jeffrey H. Greenhaus, 2006）认为职业生涯管理是属于个人的事。而我国学者石金涛（2009）主张职业生涯管理是组织和个人共同的事情。本书认为,从职业生涯发展的内在机理看,个人是进行职业生涯管理的主体;组织则发挥着引导个体规划职业生涯发展目标、选择职业生涯发展策略、实现职业生涯发展状态的辅助作用。从职业生涯管理的活动形式看,员工和组织在进行职业生涯管理中扮演的角色、承担的义务以及应该履行的责任均存在一定的差别。所以,职业生涯管理既可以是以企业为中心,也可以是以个人为中心,或者在两者之间取得平衡。

5.5.2 职业生涯管理理论

从职业生涯概念提出到今天多元化的职业生涯管理策略、方法,可以说有关职业生涯管理的理论得到了极大发展,丰富着人们对职业生涯管理的认识。

1. 帕森斯的人—职匹配理论

1909年,帕森斯(Frank Parsons)在其著作《选择一个职业》中首次明确阐述了关于职业选择的个人观点。该理论认为,每个人都有一系列独有的特征,这些可以测量的特质又与特定的职业相关联;因此当个人选择了那些与自己特质相匹配的职业时,职业成功的可能性就越大;反之,则越小。帕森斯的理论说明了个人与职业之间的关系,并强调了因人而异选择职业的重要性。从其所处的历史时期及其理论贡献来说,帕森斯的人—职匹配理论开创了职业指导理论的先河,由此也帮助人们进一步认识到职业选择的规范性、科学性和可行性。

2. 霍兰德的职业性向理论

1959年,美国著名的职业咨询专家约翰·霍兰德(John L. Holland)提出了具有广泛影响力的职业性向理论。霍兰德提出了六种主要的职业性向,分别是现实型、研究型、艺术型、社会型、企业型和常规型。对应于这六种职业性向,每一种职业都表现出相对独有的特征,都可以归纳为这六种类型中的一种或几种类型的组合;并且个人的职业行为取决于其个性与所处的职业类型的匹配程度(如表5-6所示)。

表5-6 霍兰德的六种职业性向特征对应

类型	职业性向特点	代表性的职业类型
实际型	• 愿意使用工具从事操作性工作 • 动手能力强,做事手脚灵活,动作协调 • 擅长于具体事务,不善言辞,不善交际	工程师、木工、营养专家、运动员、公路巡逻员、园艺工人等

续表

类型	职业性向特点	代表性的职业类型
调研型	• 思想家而非实干家，抽象思维能力强，求知欲强，肯动脑，肯思考，不愿动手 • 喜欢独立的和富有创造性的工作 • 知识渊博、有学识才干，不善于领导他人	生物学家、化学家、地理学家、医学技术人员、化学和冶金等方面的工程师和技术人员等
艺术型	• 讨厌结构，喜欢以各种艺术形式的创造来表现自己的才干，实现自身价值 • 具有特殊艺术才能和个性 • 有创造力，乐于创造新颖、与众不同的艺术成果，渴望表现自己的个性	广告管理人员、艺术教师、艺术家、作家、广播员、室内装修人员、编导、文学评论员、设计师等
社会型	• 乐于助人，喜欢从事为他人服务和教育工作 • 喜欢参与解决人们共同关心的社会问题，渴望发挥自己的社会作用 • 寻求亲近的人际关系，比较看重社会义务和社会道德	教师、学校管理人员、行政人员、医护人员、图书管理员、社会工作人员等
企业型	• 追求权力、权威和物质财富，具有领导才能 • 喜欢竞争、敢冒风险 • 精力充沛、自信、善交际、口才好，做事巧妙	综合性企业管理人员、经理、企业家、政府官员、律师、金融家、保险代理人、采购代理人等
常规型	• 尊重权威，喜欢按照计划办事，习惯接受他人指挥和领导，自己不谋求领导职务 • 不喜欢冒险和竞争，富有自我牺牲精神 • 工作踏实，忠实可靠，偏爱规章制度明确的工作环境	会计、出纳、银行职员、速记员、办公室人员、邮递员、审计员等

3. 萨帕的职业发展理论

1957年，美国职业学家萨帕（Donald E. Super）在前人研究基础上，提出了职业发展理论。他以美国人为研究对象，把人的职业生涯划分为五个主要阶段。

①成长阶段（0~14岁），这一时期属于认知阶段，人们逐步建立自我概念，并经历从职业好奇、幻想到感兴趣，再到有意识培养职业能力的逐步成长过程。

②探索阶段（14~25岁），这一阶段个体通过学校学习进行自我考察、角色鉴定和职业方向探索，完成择业及初步就业。

③确立阶段（25~44岁），这一阶段是大多数人职业生涯周期中的核心部分。个体经过职业选择，开始寻求在职业领域有所建树。

④维持阶段（45~64岁），这个阶段个体已经获得某种职业成就，拥有了一定的社会地位，并尽可能地维持和巩固已有工作和地位。

⑤退出阶段（65岁以后），由于健康等原因，个体在工作能力方面开始逐步衰退，即将退出工作舞台，结束职业生涯。

萨帕以年龄为依据，对职业生涯阶段进行了划分。虽然在现实中每一个人的职业发展时期会出现不同，并且各阶段的时间也没有明确的界限，但是萨帕的理论为我们很好理解个人在不同职业发展时期面临的问题和需要克服的困难提供了工具，也加速了人们对个体职业生涯发展的认识。

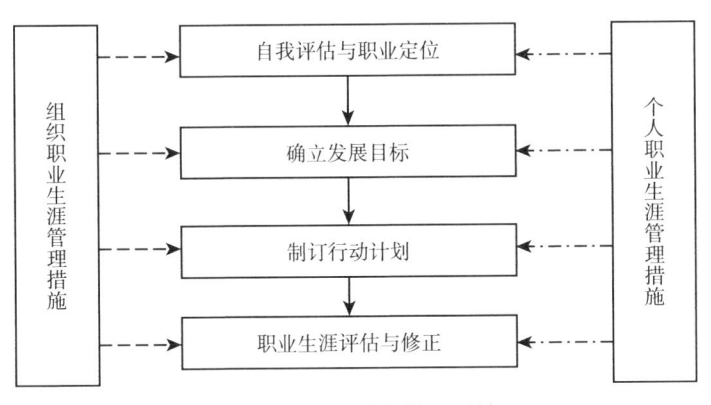

5.5.3 职业生涯管理系统

职业生涯管理系统是组织和个人为了实现职业发展的各级目标与最终目标，在职业发展对应阶段所采取的相关手段与措施及其保障体系。

1. 职业生涯管理系统的构成

职业生涯管理主要包括自我评估与职业定位、确立发展目标、制订行动计划、职业生涯评估与修正四个阶段（如图 5-4 所示），并且在每一环节中都涉及组织和个人的参与。

图 5-4 职业生涯管理系统

（1）评价和定位。本阶段中，组织帮助员工进行自我评价，同时还必须对员工所处的相关环境进行深层次分析，从而依据员工特点设计出相应的职业发展目标。

自我评估是对自身的一个审视和评价过程，帮助个体更好地了解自我，从而为做出正确的职业选择打下基础。自我评估的重点是分析自己的性格、兴趣和特长。准确的职业定位是对自己未来职业发展方向做出的判断。组织需要帮助员工了解组织内职业发展的真实状况以及职业发展所需的能力、知识和技能等，并运用绩效评估等方法及时进行反馈，让员工尽早拥有明确的发展方向。环境分析的目的在于帮助员工了解组织在职业发展方面所能提供的资源、空间以及职业发展所能依赖的条件等。

（2）确立发展目标。在职业发展目标的确立上，个人需要有计划地做出短期、中期和长期的职业发展规划。一方面，长远的职业目标可以有效地引导个人做出前瞻性和全局性思考，另一方面，中短期职业目标可以为个人提供行动指导。长期目标需要和中短期目标保持一致，并尽可能做到清晰、可以量化和可行。表5-7是设计不同时期职业发展目标需要考虑的主要着力点。

表5-7　　　　　　　　　　确立职业发展目标主要着力点

职业发展目标类型	职业发展目标的主要着力点
短期目标（2年以内）	需要具体做好哪些工作？ 哪些能力需要提高和改善？ 准备升迁或提升到何种职位？ 业绩表现应该维持在哪种水平？
中期目标（2~5年内）	哪些能力需要不断提升？ 需要接受哪些方面的培训？ 需要获得哪些社会资本？如何获得？ 是否需要继续进修？ 准备晋升到何种职位？
长期目标（5~10年）	哪些能力需要不断提升？ 是否需要出国或继续进修？ 准备为组织做出哪些突出贡献？ 准备在组织中处于何种地位？ 个人价值观与组织价值观的融合是否需要调整？

（3）制订行动计划。根据传统的职业发展模式，企业内部职业发展主要存在纵向模式（传统模式）、横向模式、网状模式和双重模式等。

纵向模式也就是传统的职业生涯发展阶梯模式。这种模式将员工的发展限制在一个职能部门或者一个单位内，通常由员工在组织中的工作年限来决定员工的职业地位，且员工收入主要与职业岗位的高低层级相关。该模式的缺点在于上升通道极其有限，部分员工无法升入到理想岗位从而失去工作动机，或者导致优秀却得不到晋升的员工离职。但其优点也十分明显，它能清晰地给员工传递出晋升的信息。横向模式是指员工可以向其他职能领域调动、轮岗。该模式可以极大地拓展员工的工作领域，拓宽其职业发展的空间与可能性，同时避免因为上升通道堵塞造成人才流失，尤其是对一些技术性员工而言具有很强的吸引力。网状模式混合了纵向模式与横向模式特点，既保留了部分向上晋升的通道，也借鉴了横向轮岗的做法。这种模式较单一的横向或纵向模式而言具有更多的职业发展可能性，员工的职业路径也比较多样，不至于都往一条道上挤，极大地缓解了组织在员工发展方面面临的压力。双向模式则是指组织同时保留管理发展路径与技术发展路径的情况。沿着管理路径发展，员工可以上升到比较高层的管理岗位，获得较好的收入；同样，沿着技术路线发展，员工也可以因为为组织做贡献来获得相应的回报，比如技术专家的荣誉称号等。这两个路径上同一层级的人员在地位与收入上基本保持了一致。

（4）评估与修正。职业发展目标与路径的设计是在一定条件下的规划，一旦环境发生改变，或者员工个人意愿出现调整，那么设计好的方案就需要进行修改。同时，按照发展计划，每隔一段时间都需要回顾职业发展的效果，对职业发展效果进行评价，以此检验职业定位与职业选择是否合适。通过修正与评估，员工可以充分认识到职业发展中存在的问题与偏差，积极采取相应措施进行调整。

通过职业发展规划的评估与修正，还可以充分运用好组织资源，保证组织发展需求与员工个人需求之间的匹配，及时处理空岗、岗位冗余等多种情况产生，既保证了组织发展的健康有序，也让员工获得最佳发展。

2. 职业生涯管理方法

由于员工职业生涯发展是一个以个人成长与组织持续发展为双赢目标的实现过程，因此对于如何管理好员工职业生涯，并不能简单依靠个人或组织一方的力量。组织与个人在管理职业生涯发展过程中合理分工、协调配合、目标一致方能带来最大的收益。

（1）组织职业生涯管理方法。组织在管理员工职业生涯的过程中，主要的管理方法包括以下内容：

①设计和选择员工职业生涯阶梯模式。员工职业生涯阶梯模式是组织为员工提供的职业发展路径和发展通道，是员工在组织中从一个特定职位到下一个特定职位发展的路径，它直接决定了员工的职业发展方向以及职业发展高度。

传统的纵向式发展模式将员工的发展空间限制在一个比较狭隘的职能模块内，尽管员工可以通过职位晋升满足不同层次的发展需求，但员工的全面发展无法得到保障。而通过职位调动、轮岗等方式进行的横向职业生涯发展模式可以让员工在不同部门、不同岗位得到锻炼，从而充分满足职业能力提升的需求。这种横向发展模式对于拓宽员工职业生涯发展空间发挥了一定作用，也有利于员工获得较高的内职业生涯满足度。

②制定和出台员工职业生涯管理制度。企业对员工职业生涯进行管理，需要有相应的行动措施以及指导行动实施的政策性文件。同时，为了保证员工职业生涯开发管理的公平性和规范性，还需要制定完整的职业生涯管理制度。员工职业生涯发展方案和指导手册是体现企业职业生涯管理制度的综述性文件。员工职业

生涯发展方案涉及对员工职业生涯各个阶段的管理策略，比如导师制度、企业内部竞聘管理制度等。职业发展指导手册可以更好地体现出组织对员工职业发展所能提供的信息支持，其主要内容包括职业生涯管理理论介绍、组织结构图、工作描述和工作说明书、评估方法和评估工具等。

③企业职业生涯管理的具体方法。企业可以根据自身条件，运用职业生涯研讨会、面谈、咨询等方法来管理员工的职业生涯。其中导师制是目前运用较为普遍的一种方式。

导师是企业为新员工或即将提升到更高级别的员工配备的学习"帮手"，导师能够通过将自己的经验传导给员工而促使员工快速社会化，顺利度过工作过渡期。然而导师制的推行必须要注意几个问题：首先，选择导师是一个非常关键的环节。只有那些在组织内工作相当长的时间、熟悉组织文化的个人才具备胜任导师的资格；其次，充当导师的个人还必须是在工作岗位上取得了公认的业绩，能够胜任引导新人取得好绩效的要求；最后，导师的性格特征和人格都会对新人产生影响，因此好的品格是筛选导师必须考虑的因素。企业为新员工或老员工配备导师，必须考虑到双方之间的需求，同时通过制度管理来克服导师制可能带来的负面结果。

（2）个人职业生涯管理方法。员工自身需要在职业生涯管理中运用方法实施管理。

①认清自我职业需求，合理择业。对个人而言，了解自己和环境都在于为择业做准备。择业固然重要，在当今这个不断变化、极度不稳定的商业环境中，为维持一份职业稳定而做的准备已经无法保证个人在漫长的职业生涯中可以获得成功，可雇佣能力的获得和发展才是确保成功的关键。职业生涯择业前的自我分析如表5-8所示。

表5-8　　　　　　　　　职业生涯择业前的自我分析

自我优势分析的相关问题	自我劣势分析的相关问题
1. 我的性格中最大的优势是： 2. 我最擅长做的事情有： 3. 过去的一年里我取得的成绩有： 4. 大家都很喜欢我，因为： 5. 在过去的生活中我学到了： 6. 我最成功的经历是：	1. 我性格中最大的缺陷是： 2. 我不擅长做的事情有： 3. 我最近一次失败是由于： 4. 我自认为经验不足的地方有： 5. 我最羡慕朋友身上具备的品质是：

②确立不同发展阶段的职业目标，提升可雇佣性能力。在职业生涯发展的不同阶段，个人的职业目标可能存在一定的差异，然而提升可雇佣性能力则是不同阶段的共同需求。可雇佣性能力，是指劳动者在其职业生涯过程中获得岗位（包

括初次岗位和后续岗位，可以是同一岗位，也可以变化）的能力。由于传统雇佣模式发生了变化，一个人在同一个企业从事同一职业的可能性大大降低，因此如何充分借助组织力量和个人资源对可雇佣性能力进行提升，是每个职场人士需要关注的问题。

③积极参与社会活动，构建社会资本。个人积极参与一切可能的社会活动是建立社会资本的快速途径。社会学的研究表明，个人社会关系网络的规模、异质度、紧密度和稳定性等将为个人获得信息、减少干扰发挥积极作用，并最终促成个人在职业上的成功。现代社会环境下，积极参加组织内的各类培训活动、参加社区活动、加入志愿者组织和为社会化服务机构充当义工等都可以为自己搭建新的人际关系网络铺平道路，同时也为有效信息的获得与分享奠定可能。而且，在社会生活中有着良好人际关系的个人，更容易在工作中得到同事的情感支持。

④适当的迁移和流动有利于人力资本的积累。个体生存空间的变化能够改变人的一些基本属性。通过迁移和流动能够快速提高人力资本的积累效率，从而增加个人的人生阅历和经验，改善生存状态。此外，通过迁移和流动，还能快速提高"干中学"和"用中学"所获得的人力资本的存量和流量，增加信息媒介的数量和种类，让人接触到更多的人和资源，扩展社会网络。不仅如此，迁移与流动还有利于人的健康，保持对生活的新鲜感。上述这些因素的存在都为推动个人职业发展提供了条件。

本 章 小 结

培训开发是企业人力资源管理实践的重要内容。企业通过向员工提供培训开发活动，不仅可以充分吸引优秀人才，避免人才流失风险，还可以获得和维持竞争优势。实施培训开发活动应当遵循科学的原则，构建完善合理的培训管理体系。企业进行培训开发的方式包括课堂讲授、情景模拟、角色扮演、人机互动学习、E-learning等。

职业生涯是一个人一生所有与职业相连的行为与活动以及相关的态度、价值观、愿望等连续性经历的过程，也是一个人一生中职业、职位的变迁及职业目标的实现过程。职业生涯开发包括组织职业生涯开发与员工个体职业生涯开发两个相辅相成的组成部分。

思 考 题

1. 企业培训与开发的区别和联系是什么？
2. 企业培训与开发的实施流程包括哪些环节？其主要任务有哪些？

3. 科特帕特里克评估模型的内容是什么？
4. 企业培训与开发的主要方法有哪些？各有何优缺点？
5. 职业生涯管理理论有哪些观点？

章末案例

波音的领导培训

波音领导培训中心的核心课程包括"向经理层过渡""当好中层经理""战略领导研讨会""高级管理人员项目"以及"全球领导人项目"。这些课程旨在满足领导者在个人职业生涯中各个时期的教育需要。

为开发这些核心课程，全公司的经理和高级管理人员都要明确指出其事业转折点。所谓转折点是指他们离开自己熟悉的工作岗位，承担起与以往不同、更具挑战性的新职责的时期。他们普遍认为存在着5个事业转折点：第一次担任管理职务；准备担任中层管理职务；准备担任高级管理职务；担任高级管理职位的初期；迎接作为全球领导人的挑战。在不同时期公司会安排不同的课程。

当然，这些课程并非彼此独立。它们与所培养的四种领导才能密切相关，这四种才能分别是商业领导才能、经营领导才能、人力资源管理领导才能以及人性化领导才能。作为核心课程的补充，还提供"职业强化项目"课程和实践管理培训，帮助经理们掌握成熟的方法和技巧。

基层管理培训。新经理最需要了解的是公司政策和运作程序。无论他们担任新职的时间长短，对其下属的团队来讲，都代表着公司。他们在任命、休假、提拔以及纪律方面的决定都代表着公司决策，而这些决策必须正确无误。因此，"向经理层过渡"课程的第一部分便是"从基础做起"，新经理从走进新办公室的那一刻起，就可用计算机学习这一网络课程。新经理在接到任命后的30天内，必须学完这门课程的全部四个部分。教员还要为新经理教授两天的"管理业绩"课程，其目的有两个：一是学会如何有效地与他人合作；二是学会如何开展业务。它是企业网络化进程的开端，对于建立统一的企业文化来说至关重要。课程内容包括：建立信任、团队效率、增值活动、客户满意度、股东价值以及如何最大限度地提高经营业绩。学员们在这里进行决策演练、业务目标确定，并在模拟实际业务的过程中反馈意见。

中层管理培训。中层经理负责将高级管理人员的构想变成具体计划，还要为基层经理提供资源和帮助。他们必须成为公司领导者和被领导者之间的纽带，必须知道什么时候需要下命令，什么时候需要说服，什么时候进行协商。为了有效地开展工作，中层经理必须清楚如何激励员工以及公司凭借什么取得成功。"当好中层经理"的入门练习可帮助学员了解自己对航空航天、综合技术、管理理论、商务活动和世界大事等的认知程度。在来到领导培训中心之前，学员们要对个人的管理风格进行评估。在这一周的时间内，他们会相互比较评估结果，了解个性差异带来的影响，并练习组建才能互补的团队。他们把在名为"明星联盟"的集中模拟训练中学到的东西用于实践。

高级管理人员项目。波音领导培训中心设计了高级管理人员培训方法，它类似于波音公司训练飞行员的模拟机。在模拟机上你可以做各种尝试，甚至可以让飞机坠毁并一走了之。通过模拟试验，你就能在实施某项计划前，了解哪些有用，哪些没用。波音高级管理人员项目可在两周的时间内，对全公司的高级管理人员进行集中培训。采用的形式有听讲座、开专题研讨会、讨论、网络训练以及最为重要的——全身心投入到业务模拟训练之中。他们的目标是理解波音公司2016年战略构想以及其中的竞争力和价值观内容，并将其落实到行动之中；了解要达到世界一流的运营水准，需要采取的商业和财务措施；积极主动地关注管理方面的发展；为了公司和股东的利益，开展团队合作。经理们通过学习首席执行官、总裁、首席运营官以及其他企业领导人的讲话，了解和掌握公司的价值观和指导思想。

资料来源：根据波音公司的管理培训秘诀. http://www.docin.com/p-1417844442.htm 整理。

思考题：

1. 波音公司在员工培训方面有哪些值得借鉴的做法？
2. 分析波音公司是如何通过不同课程设计来确保管理层员工获得相应知识、技能、能力等素质的提升？

第6章

绩 效 管 理

学习目标

- 掌握绩效的结构与特点
- 理解并区分绩效考核与绩效管理的异同
- 熟知绩效管理的体系构成及各部分之间的关系
- 掌握关键绩效指标法等绩效考核方法的应用步骤
- 把握绩效考核结果应用的具体途径

引导案例

"恼人"的绩效考核

又到了一年一度年终绩效考核的时候。A公司内部,从部门经理到普通员工个个都惶恐不安,这种不安多半来源于公司采用强制分布法实施的末位淘汰。

每一年年底,公司会根据员工表现,将每个部门的员工划分为A、B、C、D、E五个等级,各等级分别占10%、20%、40%、20%和10%。如果员工有一次排在最后等级,工资降一级。如果有两次排在最后等级,则直接下岗或待岗。待岗期间只领取基本生活费用。

虽然公司主管人员和员工对这套绩效考核方法都很不满,甚至非常恼火。但是公司老总却觉得这个绩效考核方法可以充分激活员工的工作进取心,避免员工产生惰性。其实,相比于营销部门,最痛苦的可能是职能部门(比如财务部门、人力资源管理部门等)。因为职能部门工作人员的工作绩效很难界定。部门经理并不能够准确地区分出谁做得最好,谁做得不好;把谁放在E档都不合适。最后,财务部门的员工默契地选择了"每人轮流分配到E档一次"的做法。看上去,这样的做法也是不得已而为之。

马上就又到考核上报结果的时候了。今年,轮到财务部新来的员工小吴被分配到了 E 档。但他却不愿意，因此准备离职不干了。

6.1 绩效管理概述

绩效管理是人力资源管理的核心职能模块。组织依据绩效标准对员工、团队和组织层面绩效进行管理，以期促成组织目标的最大实现。绩效管理内容包括：制订绩效计划、绩效跟进、绩效考核、绩效反馈和绩效结果应用。

6.1.1 绩效的概念与特点

1. 绩效的定义

目前，对于绩效（Performance）定义并没有达成完全一致的看法。学者们的观点主要分为以下四种：

（1）从工作结果的角度定义绩效。绩效是"工作的结果"，是一个人的工作成绩的记录。这类绩效观在企业销售部门的考核中尤为常见。但是工作绩效不仅受员工个体因素影响，也受到外因的影响，因此只看结果来判定绩效的看法有失偏颇，并且容易导致员工行为短期化。

（2）从工作行为的角度定义绩效。绩效是"与一个人在其中工作的组织或组织单元的目标有关的一组行为"（Murphy，1990）。行为绩效观强调员工在工作中的行为特征，比如工作责任心、工作态度、协作意识等，从而使得绩效考核更加公平、客观和公正。但是由于缺少目标激励，行为绩效观同样存在不足。

（3）将绩效看作胜任特征或称胜任力（Competence）。绩效是员工潜能的部分体现，绩效一方面来自"员工做了什么（实际收益）"，另一方面也来自"能做什么（预期收益）"。把绩效看作胜任特征的观点更加符合当前企业管理者提出的"向前看"的理念，因为拥有胜任力的员工获得成功的可能性更大，所以个体绩效考核需要测量个体的胜任力，显然胜任力绩效观也存在一定偏颇，不能完全反映出绩效的总体特点。

（4）综合绩效观。综合绩效观认为，绩效是一个包括行为、结果和态度的连续结构体。绩效是员工在工作过程中所表现出来的与组织目标相关的且能够被评价的工作业绩、工作能力和工作态度。其中，工作业绩就是指工作的结果，工作态度是指工作的行为，工作能力则指胜任特征的构成。

上述绩效观各有特点，如何取舍需要充分考虑组织情境的差异。组织所处的发展阶段以及考核对象的岗位特点不同，不同绩效观所体现出的作用就存在差异。一般而言，结果绩效观更适用于对高层管理者、销售人员等的绩效管理；行为绩效观在基层员工的绩效管理中效果会更好；胜任力绩效观比较适宜于知识工作者，如研发人员；综合绩效观则可以较广泛地应用于多数岗位考核。本书认为绩效是指对应职位的工作职责所达到的阶段性结果及其过程中可评价的行为表现。

2. 绩效的特点

绩效具有多因性、多维性和动态性的特点，具体如下：

（1）多因性。多因性是指员工绩效水平受到多种因素共同影响。绩效并不是由单一因素决定，员工的知识、能力、价值观以及组织的管理制度、激励机制和工作设备状况等都可能影响到绩效水平。影响因素和绩效之间的关系可以用绩效公式来表示。

$$P = f(K, A, M, E)$$

其中，P 代表绩效（Performance），f 代表一种函数关系，K 代表知识（Knowledge），A 代表能力（Ability），M 代表激励（Motivation），E 代表环境（Environment）。

（2）多维性。员工绩效往往体现在多个方面，绩效的这一特点称为多维性。绩效多维性表明在考核员工绩效水平时应该从多个方面进行分析，而不是只着眼于单一方面。例如，对一名高校教师的绩效考核，既要考察其在教学中的态度，也要考核其科研成果等。多维性是保证绩效考核结果全面不偏颇的关键。

（3）动态性。绩效不是一个固定不变的常量，而是在各种主客观条件变化的影响下也会随之发生改变的变量。考核绩效水平需要限定在一个特定的时期，这也就是绩效考核和绩效管理中绩效周期的问题。绩效的动态性要求我们以发展的眼光来看待绩效管理，绩效好的员工也可能绩效变差；反之亦然。管理者要善于采用管理手段激发员工的积极性，确保其绩效水平不断提高。

6.1.2 绩效考核与绩效管理

绩效考核和绩效管理是两个相互联系又有所区别的概念。绩效考核先于绩效管理存在于管理实践，并在20世纪70年代之前作为组织管理的一种手段普遍应用于员工考核。70年代之后，绩效管理的思想逐步成熟，最终取代绩效考核成为人力资源管理职能之一。

1. 绩效考核

绩效考核又叫绩效评估、绩效考评、绩效评价等。罗伯特·欧文斯（Robert Owens）最先将绩效考评引入管理，在他的棉纺厂中，用不同颜色的木牌标志不同程度的功绩。人们对绩效考核的定义存在不同的理解。斯密斯（R. C. Smith）认为，绩效考核就是"对组织中成员的贡献进行排序"。朗斯纳（A. Longsner）认为绩效考核是"为了客观确定职工的能力、工作状况和适应性，对职工的个性、自治、习惯和态度以及其对组织的相对价值进行有组织的、实事求是的评价，包括评价的程序、规范和方法的总和"（卞玉玲，2004）。本书将绩效考核定义为：为了推动组织目标的实现，利用一套科学系统的规范、程序和方法，对员工的工作状态、工作结果进行考察、测定、评价与反馈的过程。

2. 绩效管理

过去人们总是把绩效考核等同于绩效管理，事实上完整的绩效管理是一个系统，绩效考核只是绩效管理的一个组成部分，并不能够完全代表绩效管理的所有内容。绩效管理（Performance Management）是指制定员工的绩效目标并收集与绩效有关的信息，定期对员工的绩效目标完成情况做出评价和反馈，以确保员工的工作活动和工作产出与组织保持一致，进而保证组织目标管理的管理手段与过程。

罗杰斯（Rogers）和布瑞德鲁普（Bredrup）认为，绩效管理是管理组织绩效的系统，包括目标制定、绩效改进和考查计划。本书将绩效管理系统划分为五个部分，分别是绩效计划、绩效跟进、绩效考核、绩效反馈与绩效结果运用（如图 6 – 1 所示）。

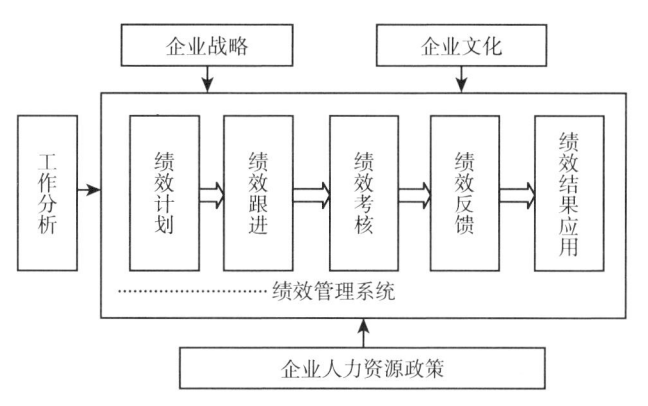

图 6 – 1　绩效管理系统的构成

3. 绩效考核与绩效管理的区别和联系

绩效考核和绩效管理虽不相同但存在内在联系。两者的差异如表 6-1 所示。

表 6-1　　　　　　　　　　绩效考核与绩效管理的区别

区别点	绩效考核	绩效管理
过程的完整性	管理过程中的局部环节和手段	一个完整的管理过程
着眼点	过去	过去、现在和将来
侧重点	对以往业绩的考核和评价	信息沟通、业绩辅导
方法	单向评价	双向沟通
管理者角色	裁判员	辅导员
指标设置特点	静态设置	动态参与
考核目的	奖惩	能力开发和提高
问题解决特点	事后解决	过程中解决
评价时间	期末评价	过程中不断反馈和期末评价结合

如上所述，绩效考核是绩效管理的一个环节，如果只是注重绩效考核而忽略绩效管理其他环节，那么组织的目标将难以得到保障。有效的绩效考核依赖于整个绩效管理活动的成功开展，而成功的绩效管理也需要借助有效的绩效考核予以支撑。总体而论，绩效管理扩展了绩效考核的内涵和外延，它通过有效的绩效沟通和绩效改进解决了考核者和被考核者之间的对立关系。从绩效考核到绩效管理虽然只有两字之差，但蕴含的是管理理念的深刻变革。从更深远的意义来说，绩效考核是一种方法、工具，而绩效管理则是一种观念和哲学。只有将绩效考核纳入绩效管理体系中去理解，才能充分了解两者的区别和联系。

6.1.3　绩效管理的意义

为什么企业越来越重视绩效管理？要回答这个问题，就需要了解一个完善、科学的绩效管理系统可以实现哪些作用，发挥哪些意义。

1. 有助于提升组织的竞争优势

组织间的竞争是以优秀的员工绩效为前提，有效的绩效管理可以通过强化员工能力，帮助员工改善其自身的绩效，进而增强企业竞争优势。相关数据表明，绩效管理可以对企业带来全面影响，比如提升股东收益率、股票收益率、资产收益率和人均销售额等。

2. 有助于提高员工的工作水平和满意度

绩效管理可以从几个方面提高员工的工作水平，增强工作满意度。首先，可以通过绩效工资激发员工工作动机，实现自我价值。其次，通过对员工工作进行指导，帮助他们排除工作中的障碍，为他们提供职业发展所需的开发培训，可以提高员工的组织承诺和满意度水平。最后，绩效目标作为激励手段，其本身就可以把员工的需求转变为动机，使员工的行为与组织所要求的标准保持一致，获得组织认可。

3. 有利于组织内部信息流通和企业文化建设

绩效管理是一个重视员工参与的管理系统，从绩效计划确立直到绩效结果运用，每一环节都需要管理者和员工的共同参与。这种双向沟通的方式充分体现出组织对员工的尊重，对员工各种需求的满足，从而为组织营造了一种积极健康的文化氛围，有利于组织信息的流通。

4. 有利于人力资源管理系统的整合

绩效管理是人力资源管理系统的核心职能，它将人力资源管理各职能整合为一个内在联系的整体。通过绩效管理体系，可以将员工薪酬、培训开发和晋升等各项人力资源管理与组织目标有机结合，最终将人力资源管理系统塑造为一个整体。

6.1.4 战略性绩效管理

1. 战略性绩效管理的含义

战略性绩效管理（Strategic Performance Management）是指对企业的战略制定实施过程及其结果采取一定的方法进行考核评价，并辅以相应激励机制的一种管理制度。其活动内容主要包括两方面：一是根据企业战略，建立科学规范的绩效管理体系，以战略为中心牵引企业各项经营活动；二是依据相关绩效管理制度，对每一个绩效管理循环周期进行检讨，对经营团队或责任人进行绩效评价，并根据评价结果对其进行价值分配。战略性绩效管理强调以战略为导向，将员工的工作行为和产出与组织战略目标保持一致，最终促进组织战略实现。

2. 战略性绩效管理的特点

工作中我们经常会发现一种奇怪的现象：单个部门的绩效突出，但企业总体战略目标却未能实现。造成这一现象的根本原因在于战略与绩效管理相脱节，未形成一体化的战略性绩效管理体系。

传统绩效管理以会计准则为基础，以财务指标为核心，以利润为导向，立足于对企业当前状态进行评价，既不能体现非财务指标和无形资产对企业的贡献，也无法评价企业未来发展潜力。随着信息时代的到来，企业核心价值以及获得的竞争优势不再体现在有形资产上，而是来自对人力资本、企业文化、信息技术、内部运作过程质量和顾客关系等无形资产的开发和管理。这就要求绩效管理体系既要体现财务指标导向性，又要体现出员工素质导向性，强调员工能力、潜力识别及发展培训。企业管理者要站在战略管理的高度，基于企业长期生存和持续稳定发展的考虑，对企业发展目标、达到目标的途径进行总体谋划。战略性绩效管理系统具有以下特点。

（1）明确的目标系统。战略绩效管理是建立在明确的目标系统基础之上，通过将企业目标分解为各级绩效指标，牵引公司的各项经营活动始终围绕着战略来展开，从而实现对公司战略的有效支撑，建立起以战略为中心的绩效管理体系。企业目标系统主要包括企业使命、愿景与核心价值观、公司战略等内容。

（2）全面的绩效指标体系。战略绩效管理仅将财务类指标纳入绩效指标体系，也考虑非财务类指标的考核；不仅在考核中关注组织在运营类指标上的水平，还考虑组织在学习类指标上的贡献。将组织当前表现与未来表现、员工现有绩效与胜任力结合起来，构建全面的绩效指标体系。

（3）完善的组织协同方式。在战略绩效管理体系下，企业内部形成了完善的组织协同方式。组织协同包括纵向协同和横向协同。纵向协同主要是指公司目标、部门目标、岗位目标要保持纵向一致。横向协同主要指通过平行部门或者平行岗位之间的沟通与协同，实现跨部门目标之间的横向配合。纵向协同主要涉及组织架构梳理，横向协同主要涉及业务流程优化。

（4）全员负责的绩效责任观。战略绩效管理作为企业战略实施的有效工具，其关键在于能否促使每位员工都为企业战略目标的实现承担责任。战略性绩效管理能够将员工具体的工作活动与组织的战略目标联系起来，对管理层、各岗位责任人、每位员工进行绩效考核，并根据考核的结果进行货币性薪酬与非货币性薪酬的奖励，从而使员工的努力与组织的战略保持高度一致，促使组织战略的顺利实现。

6.1.5 绩效管理实践的反思

一直以来，人们对于绩效管理的价值都给予了极高的评价。但是也有人感叹："没有一种现代企业管理制度像绩效管理制度这样充满了矛盾和艰难。"一方面，绩效考核发挥了积极作用；另一方面，绩效考核强调通过实施奖勤罚懒、赏优惩劣来达到管理目的。这就导致组织考核什么、员工重视什么的工作风气，严重地阻碍了员工的工作激情。如果简单粗暴地将业务成果与金钱报酬直接挂钩，就会使得"外生的工作动机"替代员工"自发的内在的动机"，抑制了员工的工作激情，让工作变成纯粹的赚钱手段。一些管理者和学者建议从不同侧面反思绩效管理存在的问题。

1. 绩效管理不是简单的绩效考核

当绩效管理被误解为绩效考核的时候，员工的目光就会聚焦到"完成任务可以获得多少回报"上，而不会转化为"完成任务可以对组织发展发挥关键作用"的自觉行为上。久而久之，组织长远利益就会受损，并可能滋生出一些消极工作、逃避困难工作的行为。

2. 绩效目标不能仅仅囿于财务类目标

当组织仅仅看重财务类绩效指标，而忽视非财务类指标时，就可能出现严重后果。例如，如果养猪场的绩效考核只以饲料转化率、利用率、催肥周期、出栏时间、瘦肉比等为目标时，就可能导致饲养员不顾生猪生长规律，使用"瘦肉精"等危害药品的行为。

3. 绩效考核指标不能完全依赖数字化

将绩效考核指标尽量数量化是很多管理者推行绩效管理时反复强调的基本原则。但是品质类、价值观和态度类的指标并不能完全转化为数字。由于转化难度大，一些公司干脆舍弃这类目标或者用简单粗暴的数字作为衡量标准，就造成绩效管理失去了活力，完全被数字局限。这就好比以学生就业率作为衡量学校教学质量的标准，最终会导致教学让位于就业的不良风气。毕竟，有一些组织的产品或服务是无法用市场份额和利润来衡量的。

4. 绩效结果不能仅仅用于奖惩

绩效结果应用不光包括和薪酬挂钩，同员工的奖惩挂钩，还包括将绩效结果与员工的培训开发、职业发展、岗位变动等联系起来。对于绩效结果比较优良的员工要充分注意到员工的后续发展需求，并切实提供措施加以满足。而对于绩效暂时不达标的员工，则需要积极借助绩效沟通和反馈等，找到绩效不佳的原因，采取恰当的方法帮助员工成长。奖惩仅仅是督促员工努力的一条途径，但这一途径具有很多负面效果，因此需要管理者谨慎使用。

6.2 绩效管理过程

绩效管理是由一系列活动组成的管理系统，在每个环节中都包含了一个或若干个活动步骤。这些过程大致可以归纳为五个阶段：绩效计划、绩效跟进、绩效考核、绩效反馈和绩效结果应用。

6.2.1 绩效计划

1. 绩效计划的定义

绩效计划是绩效管理的第一个环节，也是绩效管理的首要步骤。计划的实质是事先制订的，为了进行某事或制作某物的一些详细的方法和步骤，是预先决定做什么和怎么做的具体规划。绩效计划，就是指各级管理者与员工一起，就员工在绩效周期内应该做什么、为什么做、如何做、需要做到什么程度、何时做完以及员工有哪些决策权限等问题进行讨论协商，并最终达成共识、签订协议的过程。

2. 绩效计划的主要内容

绩效计划是一个确定组织对员工的绩效期望并得到员工认可的过程。在制订员工绩效计划时一般应包括以下几方面的内容（如表6-2所示）：

表6-2　　　　　　　　　　××员工绩效计划

姓名：		职位：		直接主管：	
绩效周期：		年　月　日至　　年　月　日			
绩效目标	具体指标	完成期限	衡量标准	评估来源	所占权重
1.	(a) (b)		1. 2. 3.	主管评估 销售记录	50%
2.	(a) (b) (c)		1. 2.	主管评估 下属评估	20%
……	……	……	……	……	……
员工签字：			主管签字：		
		时　　间：			
备注：本绩效计划若在实践过程中发生变更，应填写绩效计划变更表。最终的绩效评估以变更后的绩效计划为准					

①员工在绩效周期内要达到的工作目标是什么，完成目标的结果如何？

②应该从哪些方面去衡量这些结果，评价的标准是什么？
③如何将目标进行分解并按期实现？
④关于员工工作结果的信息从何处获取？
⑤完成任务可以支配的资源和权限有哪些？
⑥员工的各项工作目标的权重如何？
⑦管理者和员工如何对工作的进展情况进行沟通？
⑧员工是否需要学习新技能以确保完成任务？
⑨确定考评的周期、考核人、被考核人、考评工具、考评方法等。

3. 绩效计划的制订

（1）制订绩效计划的基本原则。绩效计划的制订会因为组织状况不同而有所差异，但是总体而言，应该满足以下要求。

①绩效指标与组织发展战略和年度绩效计划保持一致。员工绩效目标是对组织和部门绩效目标的分解，因此只有员工绩效计划与组织发展战略和年度绩效计划保持一致，才能保证员工绩效目标实现的同时实现组织整体目标。

②绩效指标应连贯一致、综合平衡。绩效计划应该建立在对公司、部门及员工的相关信息充分了解和综合分析的基础上。目标的分解要有连贯性，不同层级的目标要相互衔接，相同层级不同部门以及相同层级不同员工之间的绩效任务应当大体均衡。

③绩效指标设计满足 SMART 的原则。好的绩效指标应该满足五个方面的要求，即具体（Specific）、可以衡量（Measurable）、可以实现（Attainable）、相关（Relative）和限时（Time - limited）。

④绩效指标的选择要突出重点。绩效目标是对工作描述的补充，它们应该被控制在一定数量以内（3～5个），并且只对主要工作任务或执行的主要项目定绩效目标。这样可以促使员工将工作重心放在这些重要的工作内容上，集中精力完成关键任务，避免因为精力分散而抓不住工作要点。

⑤绩效标准满足"20 - 60 - 20"的规则。"20 - 60 - 20"规则的含义是指如果绩效标准设置合理，员工完成绩效目标的情况应该接近于正态分布：20% 的员工超额完成目标值；60% 左右的员工能够完成目标值的 60% ~ 100%；还有约 20% 的员工能够完成目标值的 60% 以下。如果最终评估结果与此有较大出入，则可能说明绩效标准定得太低，或者定得太高。

（2）绩效指标、绩效标准和绩效考核周期制定。绩效指标和标准是制订绩效计划的核心环节。绩效指标解决的是需要评价"什么"的问题，标准解决的是要求被评价者做得"怎样"、完成"多少"的问题，绩效考核周期即指考核时机和考核频率。

①绩效指标。当前绩效指标设计有多种思路，或按德、能、勤、绩四个方面，抑或按工作业绩、工作态度和工作能力三个方面。不论选择哪种思路设计绩效指标，都需要保证指标的内涵清晰明确、具有独立性和针对性。绩效指标原则上应该包括指标名称和指标操作性定义两个方面。本书主要以德、能、勤、绩为例进行说明（如表6-3所示）。

表6-3　　　　　　　　　　绩效目标及其指标体系

绩效内容	绩效指标
德	(1) 职业道德 (2) 遵纪守法 (3) 团结友善 (4) 明礼诚信
能	(1) 专业知识 (2) 技术能力 (3) 工作经验 (4) 体能状况
勤	(1) 组织纪律性 (2) 工作积极性 (3) 责任心 (4) 出勤状况
绩	(1) 工作任务完成质量 (2) 工作任务完成数量 (3) 工作任务完成的效率 (4) 成本费用

"德"是指员工的社会公德、政治品德和职业道德素质等。对员工品德的考评要考虑到与工作要求的一致性，使之符合组织对员工的道德要求。具体到组织中，品德的考核主要看员工的价值观与组织文化是否一致，比如员工在职业道德、遵纪守法、团结友善、明礼诚信等方面的表现如何。

"能"是指员工的能力素质，即胜任现职的能力。工作能力一般由四个方面构成：专业相关知识、技能技术、工作经验和体能。员工所处的职能职位不同，对工作能力考核的重点就会有所不同，因此能力考核需要以职位素质要求为依据，结合员工在工作中的表现进行判断。

"勤"是员工工作态度和在工作中的敬业精神。组织纪律性、工作积极性、责任心和出勤率都是衡量"勤"的关键指标，但是在具体考核中要注意两个问题：第一，不能把"勤"简单理解为"出勤率"，要重视员工工作的责任心和事业心，包括投入工作的情感程度；第二，员工工作态度还受到组织管理制度、文化环境、工作环境等外在因素的影响，因此要客观了解员工工作态度不佳背后的原因。

"绩"是员工在绩效考核周期内所取得的工作业绩,包括工作任务完成的质量、数量、成本、时间等。业绩考核是绩效管理工作的核心和重点,因此业绩考核的比重往往会大于其他三项绩效目标。

②绩效标准。在设定了绩效指标之后,需要确定绩效指标达成的标准。标准是针对特定部门或者特定职务工作,制定的要求员工应该达到的基本要求或卓越要求。例如,"产品合格率达到99%""接到投诉后24小时内给予客户电话答复"等。绩效考核标准是一种客观存在的标准,与承担职务的个人无关。设计绩效标准需要注意以下几个问题:

✓ 绩效标准应当明确。绩效标准的表述应当具体清楚,不能含糊不清,要尽量采用可以量化的表达方式。量化的绩效标准主要有三种类型:一是数值型的标准,如"销售额达到50万元";二是百分比型的标准,如"产品合格率为95%以上";三是时间型标准,如"接到任务后3天内进行书面回复"。标准难于量化或者量化成本比较高时(态度和能力类指标),应该尽量采用具体描述方式加以表述。

表6-4是对"谈判能力"指标不同等级标准的行为表达。

表6-4　　　　　　　　　　　　谈判能力的绩效标准

等级	定义
A	谈判能力极强,能够非常准确地引用有关法规,熟练运用各种谈判技巧和方法,说服对方完全接受我方的合理条件,为公司争取到最大的利益
B	谈判能力较强,能够比较准确地引用有关法规,比较熟练地运用各种谈判技巧和方法,说服对方基本接受我方的合理条件,为公司争取到一些利益
C	谈判能力一般,基本上能够准确引用有关法规,运用一些谈判技巧和方法,在做出一些让步后与对方达成一致意见,没有使公司的利益受损
D	谈判能力较差,引用有关法规时会出现一些失误,运用谈判技巧和方法比较少,在做出大的让步后才能够与对方达成一致意见,使公司的利益受到一定损失,有时会出现无法与对方达成一致意见的情况
E	谈判能力很差,引用有关法规时会出现相当多的失误,基本上不会运用谈判技巧和方法经常无法与对方达成一致意见,造成公司的利益受到较大的损失

✓ 绩效标准应当适度。标准应当有一定难度,但又是可以经过努力实现的。对绩效考核对象而言,基本标准是其期望或保证达到的基本水平,是每个评价对象经过努力就能达到的水平。而卓越标准则是优秀标准,是为鼓励员工多做贡献,创造更多业绩而定义的高标准。

✓ 绩效标准应当可变。对于同一个员工而言，在不同的绩效周期内其标准应该需要调整；此外由于工作环境不同，绩效标准也不同。

（3）绩效考核周期。绩效考核周期的确定没有唯一的标准，典型的考评周期可以是周、月、季、半年或一年，也可以在一项特殊任务或者项目完成后进行。绩效考评周期过短或频率过高，会增加企业的管理成本；反之则不利于监督组织绩效，达不到组织绩效改进与管理的要求。设计绩效考评周期需考虑到两方面因素：工作内容不同，考评周期不同；指标性质不同，考评周期不同。

6.2.2 绩效跟进

绩效跟进是指管理者依据绩效计划内容持续跟踪绩效成果，并不断和员工进行沟通的过程。绩效跟进的任务包括：第一，收集员工与工作表现相关的信息。第二，持续的绩效辅导。

1. 绩效跟进中各类人员的职责

在绩效跟进环节，各类人员承担着不同的责任。管理者需要对被评估者的工作进行辅导和监督，对发现的问题及时给予解决，并根据实际情况对绩效计划做出必要调整。员工则需要提供相关信息，配合管理者完成绩效辅导的任务。表6-5归纳了各类人员的主要职责。

表6-5　　　　　　　　绩效跟进过程中各类人员的职责

人员类别	承担的主要职责
最高管理层	确认企业总体目标，审核绩效管理实施计划和政策，做有关绩效管理的总动员，为全面推广实施营造氛围，接受实施过程的反馈信息，检查绩效管理的整体效果
人力资源部	制订绩效管理实施计划，组织落实动员宣传工作，组织落实对管理人员的培训，设计并保持反馈渠道畅通，收集汇总相关信息，准备对主题实施效果进行评估
部门经理和基层管理者	熟悉绩效评估系统并掌握绩效管理的技能，明确本部门绩效目标，负责在本部门按人力资源部制订的计划实施绩效管理，进行绩效沟通
被评估者	为自己的职责承担相应责任，做好自我评估，为评估者提供有效信息，熟悉和学习考评体系与有关技能

2. 绩效信息的收集与分析

收集绩效信息的目的是为了知道绩效实施过程中发生了什么问题以及问题产

生的原因；同时通过对被评估者的绩效表现进行观察与记录，可以获得后续管理的依据。概括而言，进行信息收集与分析有以下几个目的：①提供绩效评估事实的依据；②提供绩效改进的事实依据；③发现问题绩效和优秀绩效的原因；④劳动争议中的重要证据。

信息收集需要借助有效的渠道，比如员工自身的汇报和总结、同事的访谈记录、上级的检查结果记录、下级的反映与评价记录等。而信息收集的方法则主要包括观察法、工作记录法、他人反馈法等。

3. 绩效辅导

绩效辅导的目的是通过双方定期与不定期对话，了解员工绩效计划实施的进展，分析绩效目标达成的现状与面临的问题，与员工一起寻找解决方法，确保员工在绩效周期内达到既定目标。书面报告、会议、面谈、闲聊、走动式交流、开放式办公等都是绩效辅导的方式。开展绩效辅导需要注意几个问题：

①明确目的。绩效辅导是员工业绩考核期间，管理者与员工进行开诚布公的沟通过程。客观对业绩状况进行陈述可以缓解员工的焦虑，也可以达到指导的目的。

②明确辅导内容。绩效辅导的重点应该聚焦到帮助员工完成工作任务上，过多的无用信息会干扰员工对辅导意图的理解，不利于员工改进工作。

③给员工充分发言的机会。在绩效辅导中，管理者应该尽可能多地鼓励员工表达真实想法，进行充分的信息交流，而不是通过命令的方式迫使员工对问题做出反馈。

④填写面谈记录。辅导结束后需要将面谈情况进行记录、留存、备用，并让双方签字确认。沟通记录表的格式如表6-6所示。

表6-6　　　　　　　　　　绩效辅导面谈记录

谈话日期：	年	月	日
员工姓名：	员工职位：		部门：
主管姓名：	主管职位：		
沟通内容	1. 工作目标和任务：（双方对部门目标和个人目标进行沟通的情况，目标完成情况及效果作出的评价） 2. 工作评估：（双方对工作进展情况与工作态度、工作方法作出的评价） 3. 改进措施：（双方对工作中提出的改进措施，问题解决办法）		
补充内容：				
主管签字：			员工签字：

6.2.3 绩效考核

绩效考核又叫绩效评价，是指在一个绩效考核周期结束时，选择相应的绩效考核主体，采用科学的绩效考核方法，收集相关的信息，对被考核人完成绩效目标的状况做出分析与评价的过程。

1. 绩效考核过程

一般而言，组织在进行绩效考核时要经过五个相关的步骤才能完成员工绩效评价。图6-2显示了绩效考核过程涉及的五个步骤及其涉及的主要活动内容。

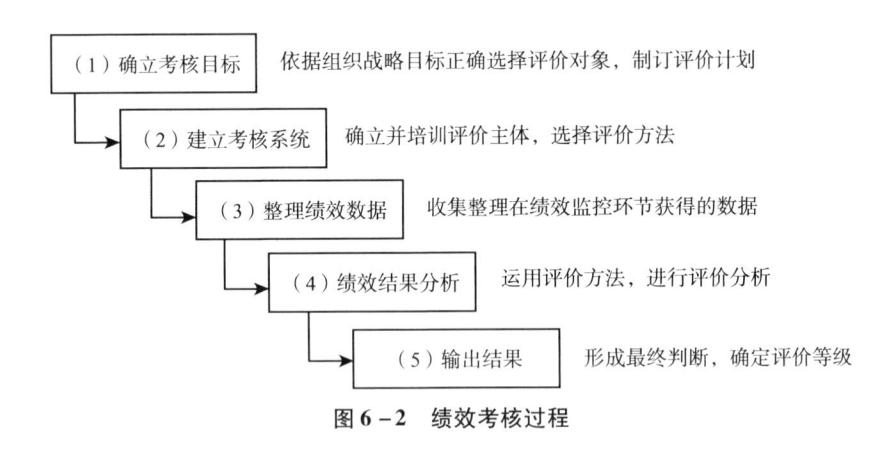

```
（1）确立考核目标    依据组织战略目标正确选择评价对象，制订评价计划
  ↓
（2）建立考核系统    确立并培训评价主体，选择评价方法
  ↓
（3）整理绩效数据    收集整理在绩效监控环节获得的数据
  ↓
（4）绩效结果分析    运用评价方法，进行评价分析
  ↓
（5）输出结果        形成最终判断，确定评价等级
```

图6-2 绩效考核过程

（1）确定考核目标。考核目标已经在绩效计划阶段得以选定，本阶段则需要借助平衡记分卡（BSC）或关键绩效指标（KPI）等考核工具，对组织战略目标层层分解，最终形成员工的考核目标体系。

（2）建立考核系统。建立绩效考核系统包括确定考核主体和选择评价方法。考核主体包括上司、员工本人、客户和其他利益相关者。考核方法的种类众多，不同考核方法侧重点也有所差异。

（3）整理绩效数据。管理者针对被考核人的绩效表现进行持续的跟踪和信息收集，并将所得信息进行界定、归类，从而建立起被考核人的绩效数据。

（4）绩效结果分析。借助评价方法，将收集到的员工绩效数据进行计算、迭代、整合等，最终形成被评价者的绩效结果。

（5）输出结果。依据得到的绩效结果，将被考评者的绩效水平纳入相应的考核等级，同时剖析绩效优秀或者不佳的原因，获得绩效改进的意见。

2. 绩效考核主体的选择

不同的考核主体会存在不同的认知偏差，合理选择考核主体是绩效考核设计的关键内容。

（1）不同绩效考核主体的比较。绩效考核主体是指员工绩效的评估人。绩效考核主体可以由多方担任，比如直接上级、同事、员工本人、下属和客户等。由于不同岗位上的任职者与员工工作接触机会的多寡、对员工工作状况了解的深浅并不相同，加之评价者自身可能存在的认知偏差，他们对被考评人的绩效状况往往无法做出完整的评价。因此，在绩效考核过程中需要从不同岗位、不同层次引入多方主体。这不仅是保障绩效考核公平、公正的重要条件，也是绩效管理目的的需要。

①上级。由员工的上级对其绩效状况进行考核，是绩效评价主体选择中最常见的一种方式。上级，尤其是直接上级通常最熟悉下属的工作状况，此外他们也对员工工作岗位的任职要求非常了解，因此上级作为考评者的方式在绩效管理实践中运用最为广泛。同时，绩效考核也是上级管理员工的一种有效工具，运用绩效考核，管理者可以直接或间接对员工行为加以干预，确保组织目标的实现。当然，上级考评也存在局限性。比如，当上级工作繁忙没有足够的时间了解下属的所有工作活动，或者上级无法全面观察下属的工作表现，仅凭借有限的接触去推断下属的工作状况时，将无法对下属绩效做出合理评价。另外，管理者个人的风格、态度、对下属员工的偏好等因素也是造成上级评价出现偏差的原因。

②同级员工。同级考评者一般是指与被考评人联系较为紧密、存在工作任务衔接的同级别的同事。他们对被考评人的工作表现往往了解更全面，对被考评人在领导不在场情况下的工作技能、工作态度等更有充分的认知，因此他们能够更加深入地评价对方。同级考评也可能存在一些问题。例如，人际关系因素会影响到考评的公正性，人们往往喜欢给自己关系好的同事打高分，而对关系不好的同事就给出低分。也可能担心得罪同事，而给对方打高分。这些情况都会影响到考评结果的有效性。当然，如果绩效考核结果与个人晋升、工资增减挂钩，那么同级考核出现的问题将更多。

③下属。下级对上级表现进行考核是培养民主作风的需要，同时也是建立良好员工关系的一条途径。作为被管理的对象，下级对上级的领导能力、管理才能、问题处理技巧等方面体会更深。因此，很多企业都会引入下属作为评价管理者领导行为与艺术的主体。但是必须指出：一方面由于所处职位的差异，下级往往无法对领导者的战略意图、工作中的创造力等做出全面判断，从而打分过低；另一方面，也会因为担心被打击报复不敢对上司存在的绩效问题给予指出，给上司打分过高。上述两种情况的存在让下属评价往往很难推广。

④员工本人。自我评价是员工自己对自己的工作绩效表现进行考评的一种方式。它一方面有助于员工对自己的工作进行阶段性总结，提高自我管理的能力；另一方面，通过对自己表现进行评价可以增强员工对工作的责任心，激发员工的工作主动性。员工本人考核的缺点也很明显，比如员工更倾向于给自己高分，夸大自己的优点，忽略缺点。目前，员工评价方式更多地应用在"自我发展"内容的评估上。

⑤客户。客户是员工服务的对象，包括企业外部客户和企业内部客户两种情况。外部客户适合于那些经常与外部顾客打交道的员工的考评。对这些员工绩效考评时，客户满意度是衡量其工作绩效的重要指标。最常见的方式是将顾客或供应商等纳入考评主体，以此判断员工绩效。如果员工主要负责组织内部事务，与外部顾客的交往很少或者没有，那么引入内部顾客作为评价主体可以起到同样的效果。本方法的缺点主要包括：客户更侧重于员工的工作结果，对其工作过程中的表现无法给予全面评价；此外有些职位的客户比较难以界定，或者客户对员工绩效的期望过高都可能造成评价与事实不符。

各考核主体优缺点如表 6-7 所示。在绩效考核实践中，许多公司采用 360 度考评方法（又称全方位绩效考评法）来纠正单一评价主体造成的评价误差，从而增加评价的准确性和全面性。

表 6-7　　　　　　　　　　不同考核主体的特点

考核主体	优点	缺点
上级	➢ 目标导向明确，了解业务内容 ➢ 能够从整体角度对员工进行观察 ➢ 富有管理责任，判断相对公正	➢ 容易受个人风格等左右 ➢ 信息不透明，信息不对等时对员工考评无法做到公正
同事	➢ 彼此了解，能较全面地进行评价 ➢ 对被考评者的工作表现与岗位要求比较了解	➢ 有时碍于"人情"，不能做出客观评价 ➢ 因利益冲突导致评价偏差
员工本人	➢ 对自己的绩效情况更了解 ➢ 提高自我管理的意识	➢ 因自我偏差倾向于高估绩效表现 ➢ 过于盲目自大
下属	➢ 匿名情况下能对上司进行可靠评价 ➢ 绩效意见有助于提高管理者水平	➢ 怕打击报复不敢真实评价 ➢ 出于狭隘的意识无法公正评价上司
客户	➢ 评价结果相对比较客观、公正 ➢ 评价意见往往比较中肯	➢ 无法对工作过程给予全面评价 ➢ 自我期望水平影响评价

(2) 绩效考评中的认知偏差及其规避措施。绩效考核中的认知偏差主要包括以下几种：

➢ 晕轮效应，即员工以某一方面的特征为基础而对总体做出评价。由于只重视某一方面的特征，考核者忽视了被考核人其他方面的信息，最终影响到考核结果的正确性。

> 逻辑错误，即考核主体使用简单的逻辑推理，而不是根据客观情况来进行评价。比如，按照"语言表达能力强，沟通能力就强"这种逻辑，根据员工语言表达情况对其沟通能力进行评价就是逻辑错误。

> 首因效应和近因效应。所谓首因效应，是指考核主体根据员工在绩效考核周期初期的表现或第一印象，而对员工整个绩效考核周期的表现做出评价。首因效应和近因效应正好相反，近因效应是考评人根据被考评者在近期的绩效表现推断其在整个绩效周期中的表现。

> 对比效应。对比效应是指在绩效考核中，因他人的绩效评定而影响了对某员工的绩效评价。比如，考核主体刚刚评定完一名绩效非常突出的员工，紧接着评价另一位绩效一般的员工时，因为两者之间存在的差距在对比中显得过于明显，考核者就可能将这名绩效水平一般的员工评定为"绩效水平很差"。

> 过宽或过严的倾向。过宽倾向是指考核中对被考核者做出的评价普遍过高，过严倾向则正好相反。出现这两类偏差的原因在于绩效考核缺乏明确、一致的判断标准。特别是在评价标准主观性强时，考核者容易犯此类错误。

> 溢出效应。所谓溢出效应，是指员工在绩效考核周期以外的表现影响了考核者对被考评人考核周期内表现的评价。比如，某个员工恰好在考核周期开始前因工作失误遭到批评，虽然在即将开始的考核周期内他并没有出现问题，却因为之前的工作失误得到"绩效表现差"的评价等级。

> 个人偏见。在评价过程中，评价者因为对被评价者的个人特质存在偏见，而按照自己的主观好恶进行评价，造成评价结果不准确。

针对上述认知偏差可以通过以下措施加以规避（如表6-8所示）。

表6-8　　　　　　　　常见考评偏见的修正措施

考评偏见	修正措施
晕轮效应	严格按照工作目标达成情况作为评价依据
逻辑错误	记录关键事件，按照素质胜任力模型的等级定义对考核要素进行评价
首因效应	在整个考评周期内做好员工绩效表现的有关数据记录，并以此为依据
近因效应	在整个考评周期内做好员工绩效表现的有关数据记录，并以此为依据
对比效应	以每个员工的绩效与工作标准进行对比
过宽或过严倾向	以客观绩效标准为依据，以二次考核为监督
溢出效应	注意核对考核周期的起止时间，对照考核周期内的原始数据
个人偏见	加强与员工之间的绩效沟通，关注员工的行为

6.2.4 绩效反馈

通过绩效考评，企业得到了员工的绩效表现结果，但这并不意味着绩效管理的结束。为了达成绩效管理目标，还必须将绩效考评结果及时反馈给员工。

1. 绩效反馈的含义

绩效反馈包括狭义和广义两种含义。狭义的绩效反馈是指在绩效考核结束之后，上级就绩效考核结果与员工进行面对面沟通的过程。广义的绩效反馈则是指在绩效管理各阶段内，管理者采纳的旨在让员工了解其绩效水平的管理手段。绩效反馈的形式包括口头告知或书面通知等。有计划、有目的的绩效面谈是绩效反馈最普遍的方式。因此有时人们将绩效面谈等同于绩效反馈。

2. 绩效反馈的主要内容

绩效反馈的内容并不完全一致，一般都是围绕员工在一个绩效周期中的表现展开讨论协商，讨论内容主要包括：

（1）对绩效评价结果达成共识。绩效评价结果是绩效反馈必须涉及的内容。反馈时如果被考评人对考评结果有异议，考评主管需要依据相关政策和流程与被考评人进行协商。包括就分歧的内容进行确认、对分歧的依据进行意见交换、和被考评人一起检视涉及的数据记录或绩效资料，找到绩效评价未能达成一致的原因。当然，如果通过绩效反馈最终达成一致看法，双方需要对整个过程进行记录，并最终签字认可。如果没有达成一致，也需要就最终协商的内容进行备案，以便进一步移交相关部门处理。

（2）对员工绩效考核周期内的行为表现给予肯定和指正。主管人员通过对员工工作中关键事件的回顾和相关资料核对，分析哪些是高绩效行为，哪些是低绩效行为，从而指出员工工作中的优缺点，同时通过表扬、惩罚达到强化员工高绩效行为的目的。

（3）为员工制订绩效改进计划。经过绩效反馈，员工可以比较全面地了解到绩效所处的水平以及绩效问题产生的根源。但是绩效管理的目的不仅仅是作为确定员工薪酬、奖惩、晋升或降级的标准，员工能力的不断提高以及业绩的持续改进才是其根本目的。因此从某种程度上讲，针对未能完成的绩效目标，管理者和被考评者一起分析，设法找到具体的改进措施并形成共识，才是绩效反馈的关键。绩效管理要发挥其应有的作用需要管理者在绩效改进方面能够提出有针对性的意见，帮助员工提升绩效。

（4）为员工职业规划和发展提供帮助。绩效反馈要定位于为组织发展服务，为员工职业规划服务。因此，考评者在反馈面谈中，需要结合员工工作完成情况以及员工职业发展规划提供帮助，以便于协助员工对短期目标进行调整，对发展策略进行修正。管理者提供的信息包括：建议员工接受的培训，员工开展业务所需学习掌握的新知识、新技能，公司能够提供的相关资源和帮助措施等。

综上所述，绩效反馈是一个需要讲究策略和技巧的过程。反馈面谈既没有固定的模式，也没有必定的套路；相反，由于员工与管理者性格各不相同，反馈面谈的形式会有很大差异。但是学会倾听、站在面向未来的角度去沟通是克服绩效面谈困难的工具，管理者若能掌握有效沟通的技巧，就能消除下属对绩效面谈的抵触情绪，组织也会因此受益。

3. 绩效申诉

为了保障员工的基本权益，也为了维护组织文化的健康发展，当被考评人对考核结果持有异议，或者不认同组织给予的绩效奖励、惩罚等措施时，可以以书面方式向人力资源部门提出申诉，人力资源部门就申诉问题进行调查，然后就申诉问题作出说明。人力资源部门在处理绩效申诉时需要开展以下工作。

①申诉人填写详细的书面申诉报告。报告中写明申诉的原因、事由、争议问题的内容、争议的原因等。

②人力资源部门收到申诉报告之后，在1~3个工作日内根据报告内容进行核实，审查材料的真实性。

③确认真实性后，提交"绩效评审委员会"，由绩效评审委员对材料内容进行认定。

④人力资源部组织召开由绩效评审委员组成的评审会议，必要时申诉人可以在会议上充分陈述申诉事项，并提出个人要求。评审小组成员对其申诉内容进行提问。

⑤评审委员会对申诉人提交的事项进行最终核对，给出评审结果。人力资源部门通知申诉人结果。

⑥人力资源部与申诉人填写《绩效考核申诉处理表》（如表6-9所示），并存档。

表6-9　　　　　　　　　绩效考核申诉处理

申诉人：	所在部门/岗位：	申诉实践：
申诉事项（含问题、原因、争议等）：		

续表

情况调查、事实取证、认定说明：		
绩效评审小组处理意见：		
处理结果通报及落实情况：		
申诉处理人：	审批人：	日期：

6.2.5 绩效结果应用

绩效结果应用是绩效管理的最后一个阶段，也是下一个绩效管理周期开始前的准备阶段。绩效结果应用主要包括两个层次：一是依据绩效考核结果，做出相应的人事决策，比如薪资分配或调整、职务晋升或降级等；二是对绩效考核分析之后，用于制订绩效改进计划。当前，很多企业仅仅止步于将考核结果进行通报，这不仅造成了极大的浪费，而且容易让管理流于形式，无法对企业发展发挥实质作用。

1. 绩效考核结果在人事决策中的应用

绩效考核结果在人事决策中的应用主要包括以下几方面：

（1）用于员工薪酬的分配与调整。为了增强薪酬的激励效果，在员工的薪酬体系中有一部分报酬与绩效挂钩，这部分报酬就是所谓的绩效薪酬。为了加强绩效薪酬的激励作用，国际上通行的做法就是"超额累进法"，即在一个绩效周期内如果员工完成绩效指标的百分比低于100%，则员工当期的绩效奖金基本上等于其绩效奖金等额乘以该百分比；如果员工超额完成则超出部分再累进奖励。

（2）用于职务的晋升或降级等调配。将合适的员工放在合适的工作岗位上发挥应有的作用，是人力资源管理的一项基本原则。通过考评结果与任职资格标准的比较，可以发现哪些员工是优秀的，哪些员工绩效有待提升，哪些员工绩效长期存在问题，从而有计划地采取针对性措施，做到人适其事，人尽其用。比如，规定绩效连续两次评为不合格时，公司有权解除劳动合同；绩效连续三次评为合格时有资格申请晋升。

（3）用于员工培训开发的需求分析。绩效管理与培训开发之间的关系密不可分，绩效考核结果是员工培训需求分析的来源。依据绩效考核结果可以识别出员工需要接受哪些培训，哪些员工需要接受培训以及员工培训开发活动的目标等。

培训开发的需求分析正是建立在绩效考核基础之上。

（4）用于员工职业生涯规划与发展。在对绩效评价结果进行反馈时，管理者需要依据组织战略要求针对员工绩效不佳的原因进行分析，指出其工作问题，找到工作突破点，并指导员工改进工作方式和工作态度。这不仅有助于实现组织目标，也有助于员工个人职业生涯的发展。

2. 绩效改进

绩效改进是绩效结果应用的第二个方面，绩效改进是一个包括一系列活动的过程：首先，对员工绩效考核结果进行诊断，明确其中的问题和问题产生的原因；其次，针对存在的问题和原因，制定绩效改进目标，编制绩效改进计划；再次，将绩效改进计划纳入下一个考核周期的绩效计划内，作为下一次绩效考核的内容；最后，评估绩效改进计划的内容和措施。

需要指出的是，绩效反馈阶段与绩效结果应用阶段都会涉及绩效改进活动，两者在内容上存在重叠之处，在实施过程中也会有相互交叉的地方，但各有侧重。在绩效反馈阶段中，绩效改进的主要任务是核对绩效考核结果，明确绩效问题和根源，制订相应的改进计划；而在绩效结果应用阶段则偏重于实施绩效改进计划，并对实施效果进行评估。

6.3 绩效考核方法

绩效考核方法可以分为组织绩效考评方法和个人绩效考评方法。由于每种方法都有相对独立、系统的操作步骤，本书将之汇总于此节进行介绍。

6.3.1 组织绩效考评方法

组织绩效考评方法主要包括目标管理法、关键绩效指标法、平衡记分卡法和目标与关键成果法等。

1. 目标管理法

目标管理思想最初由美国管理学家德鲁克（P. F. Drucker）在其《管理实践》（1954 年）一书中提出。所谓目标管理，是一种程序和过程，是经过组织中上级和下级一起协商，依据组织战略确定一定时期内组织的总目标，决定上下级的责任和分目标，并将这些目标作为组织、部门与个人绩效产出对组织贡献的标准。随后目标管理思想不断发展，并在 20 世纪 60~70 年代的美国开始广泛应用。

（1）目标管理法的主要特点。目标管理法作为一种科学的管理方法，通过确定目标、分解目标、安排进度、制定措施、落实措施、绩效考核等环环相扣的步骤来实现对企业绩效的管理。目标管理法的主要特点是一切从组织目标出发，充分调动各方面的积极性，使组织内部所有力量都围绕组织目标开展，并最终以组织目标达成状况作为检验管理有效性的标准。为了实现组织总目标，目标管理法强调在具体运用该方法的过程中，必须遵循以下原则，而这些原则恰好构成了目标管理法的特点。

①共同参与。目标管理法鼓励组织内所有员工都参与到目标管理的每一个环节中，充分调动一切力量。

②系统导向。目标管理法强调组织目标分解过程必须体现集合性、层次性和相关性，即组织目标、部门目标和个人目标三个层次之间相互关联。

③适当授权。目标管理法强调目标及达成目标的基本方针一经确定，上级就要对下级适当放手，给予员工实现目标应有的权限。

④结果导向。目标管理是以目标实现的程度进行评价，注重目标完成的最终状况。

（2）目标管理法的基本流程。目标管理是一个反复循环、螺旋上升的管理方式。在一个周期内，其基本流程主要包括：设定目标体系、沟通与辅导、考核评估目标、修正与反馈。

①设置目标体系。设置目标体系是目标管理过程中最为重要的步骤，这一环节又包括以下四个小的步骤：

第一步：预定目标或计划目标。管理者依据企业使命和战略，与下级一起针对绩效考核周期期望达成的任务目标进行沟通、讨论，初步定出目标计划。

第二步：重新审议组织结构和职责分工。目标管理强调每个目标都有明确的责任主体，重新审视组织现有的结构，便于明确目标责任者和相关人员的职责。

第三步：确立下级目标。依据目标逐层分解的原则，确保每个团队和员工的分目标与组织总目标保持纵向一致，同时确保各团队目标和员工的分目标之间保持横向一致，并确定各目标的权重值。

第四步：上下级就目标达成所需条件及目标实现后的奖惩达成协议。

②沟通与辅导。目标管理方法强调管理者必须定期对目标实施情况进行监督检查，与员工一起就目标完成过程中的问题进行沟通协商，积极协助员工克服工作中出现的问题，不断辅导员工绩效水平的提升。

③考核评估目标。当绩效目标确定并进入实施阶段后，管理者和员工会在绩效周期结束时对目标达成情况进行考核，确认目标完成的实际水平，界定员工绩效考核等级。这一过程也包括双方就目标没有完成部分进行讨论获得结论，比

如：目标未实现的原因、经验教训以及对考核结果认定签字等。

④反馈与修正。目标评价之后，管理者要及时和员工进行反馈，并结合员工绩效状况修正在上一考核周期中目标设置不合理等问题，确保新的考核周期内绩效目标更加符合组织与员工双方的需求。此阶段还包括依据先前制定的绩效奖惩协议，实施强化。

(3) 目标管理法在我国实施的情况。目标管理法一经引入我国就获得了广泛的重视，并成为企业绩效管理的主要工具之一。它对于组织活动和员工工作的努力方向能够给予明确指导；突出工作重点，能充分调动员工的积极性和主动性；在绩效沟通中培养开放的工作氛围，有利于上下协同。但是，目标管理法也存在一些问题。例如，过分重视结果而忽视目标执行过程，容易让一些员工违背职业操守，做出损害公司长远利益的行为。另外，某些岗位的特殊性导致目标很难被确定，无法真正按照目标分解的"因果关系"来确保目标之间保持纵向、横向一致，从而导致员工工作之间存在冲突。此外，绩效考核周期内的目标一旦确定往往很难更改，导致管理实践与目标之间出现脱节现象。

总之，目标管理法对我国组织管理水平的提高，特别是对我国企业生产力的提升和促进发挥了积极作用，且效果有目共睹。随着组织发展和管理进步，管理者要克服目标管理法在组织管理中的思维惯性，不断对目标管理法进行修正，与时俱进地发展目标管理的理论与方法。

2. 关键绩效指标法

关键绩效指标法（KPI）是一种能够将结果导向与行为导向相结合，强调工作行为和目标达成并重的一种战略性绩效管理方法。

(1) 关键绩效指标法的主要特点。1897年，意大利经济学家维弗雷多·帕累托（Vilfredo Pareto）在研究中提出了二八法则（也被称为帕累托法则）。二八法则强调经营管理必须抓住关键的人、关键的环节、关键的岗位、关键的项目等。二八法则的应用间接促成了关键绩效指标法的产生。关键绩效指标法强调基于企业的愿景、战略与核心价值观，对企业运营过程中的关键成功要素进行提炼与归纳，通过密切关注20%关键任务的管理，建立其关键业绩指标评价体系和绩效管理系统。关键绩效指标法具有以下特点：

①以战略为导向。关键绩效指标法是衡量企业战略实施效果的指标体系，企业关键绩效指标来自最能有效影响企业价值创造的关键驱动因素，是对企业成功具有重要影响的内容，因此它是战略导向的方法。

②将结果与行为过程并重。关键绩效指标法是用于评价和管理员工绩效的可量化的和可行为化的标准体系，其管理的重心在衡量员工工作行为与工作结果，指标必须可量化和可行为化。

③将绩效管理集中在对组织价值具有最大驱动力的经营行为上。关键绩效指标法的精髓就是企业绩效指标的设置必须与企业战略挂钩，集中管理在某一阶段一个企业战略上要解决的最主要的问题。表6-10比较了关键绩效指标法与传统绩效指标法的区别。

表6-10　　　　　关键绩效指标法与传统绩效指标法的区别

	基于KPI的绩效考核	传统的绩效考核
前提假设	假定人会采取一切必要的行动努力达到事先确定的目标	假定人主动采取行动以实现目标；假定人不清楚应采取什么行动以实现目标；假定制定和实施战略与一般员工无关
考核目的	以战略为中心，指标体系的设计与运用都是为组织战略目标的达成服务	以控制为中心，指标体系的设计与运用都来源于控制的意图，也是为更有效地控制个人的行为服务
指标的产生	在组织内部自上而下对战略目标进行层层分解	通常是自下而上根据个人以往的绩效与目标产生
指标的来源	基于战略目标中要求的各项增值性工作产出	来源于特定的程序，即对过去行为与绩效的修正
指标的构成与作用	通过财务与非财务指标相结合，体现关注短期效益、兼顾长期发展的原则；指标本身不仅传达了结果，也传递了产生结果的过程	以财务指标为主、非财务指标为辅，注重对过去绩效的考核，且指导绩效改进的出发点是过去的绩效存在的问题，绩效改进行动与战略需要脱钩
价值分配体系与战略的关系	与KPI指标的值和权重搭配，有助于推动组织战略的实施	与个人绩效密切相关，与战略关系不大

资料来源：付亚和、徐玉林：《绩效管理》，复旦大学出版社2005年版，第255页。

（2）关键绩效指标法的操作流程。关键绩效指标体系作为一种系统化的指标体系，包括三个层面的指标：企业级关键绩效指标、部门级关键绩效指标和个人级关键绩效指标。三个层面由上至下，层层传递；由宏观到微观，层层支撑；形成一个相互联系的系统。其操作流程为：

第一步，识别和明确公司目标。这些目标包括：在目标市场处于第一位或第二位；对公司经营成功关系重大；能够帮助公司获得高增长的现金流量；提供基础性服务的目标。

第二步，识别和确定目标达成所必须完成的重点任务。重点业务是公司的关键绩效领域（Key Performance Area，KPA），通常包括：市场领先；客户满意；利润保证；技术创新和产品领先等。图6-3显示了某公司的KPA。

图 6-3 某公司的 KPA

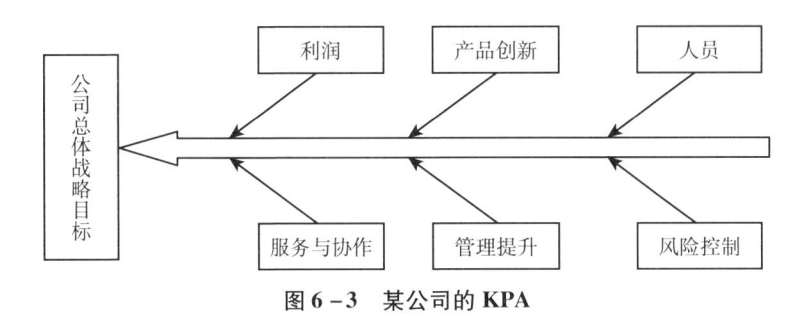

第三步，将 KPA 分解为关键绩效指标（Key Performance Index，简称 KPI）。KPI 不是一两个指标，而是公司宏观目标经过层层分解后产生的可操作的一系列、可量化的指标体系。图 6-4 是某公司运用鱼刺图方法分解部分 KPA 后得到的 KPI 体系。

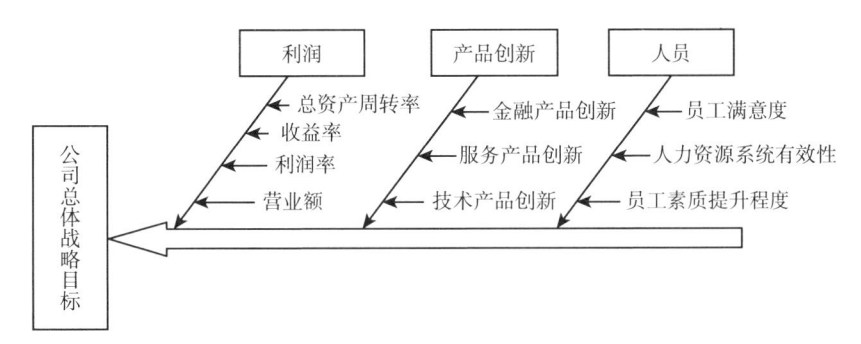

图 6-4 某公司的 KPI 体系

3. 平衡计分卡法

传统的目标管理法是以企业制定的目标为基准，实行反向管理，组织人员和资源，用奖罚激励去实现制定的目标。平衡计分卡法（BSC）则是将组织战略通过财务、客户、内部运营、学习与成长四方面指标之间相互驱动的因果关系，展现组织战略轨迹，实现绩效管理的一种管理方法。这一方法是 20 世纪 80 年代，由哈佛大学商学院教授卡普兰（Robert S. Kaplan）和波士顿咨询公司顾问诺顿（David P. Norton）共同提出。

（1）平衡计分卡法的主要特征。作为与组织战略密切挂钩的一种绩效管理方法，平衡计分卡法体现出四个方面的基本特点：

①以战略为核心。平衡计分卡法为企业的战略管理与绩效管理之间建立系统联系提供了思路，其主要方法是通过与企业关键成功因素（CSF）和关键绩效指标（KPI）相结合来设置绩效管理体系，描述企业的战略框架。平衡计分卡法所采用的四个指标内容之间相互嵌套、相互关联，共同支撑组织战略目标的实现。

②兼顾过程管理与目标管理。平衡计分卡法既注重对经营目标完成程度的管理，又注重对经营目标实现过程的管理。财务类指标主要指向结果类任务，其他三个方面的指标（内部运营、客户、学习与成长）则主要是以过程考核为主。

③财务指标与非财务指标并存。平衡计分卡法在指标设置上采用多维指标，尤其是将财务类指标与非财务类指标并存的做法，避免了传统绩效管理只注重财务类指标考核带来的弊端。通过借助非财务类指标考核帮助企业全面分析管理中的问题，借此找到影响企业整体表现的根源。

④短期目标与长期目标结合。在平衡计分卡法的指标设置中，将企业长期目标与短期目标进行捆绑，可以保证组织长期目标与实际行动保持一致，也可以通过将长期目标逐层分解来指导短期管理。这种兼顾当前与未来目标的做法保证了组织发展的延续性和连贯性。

（2）平衡计分卡法的构成要素。平衡计分卡法的设计目的是要建立"实现战略指导"的绩效管理系统，从而保证企业战略得到有效执行。它通过四个逻辑相关的角度及其相应的绩效指标体系，考察公司实现其战略愿景与目标的程度。这四个角度分别是财务、顾客、内部运营、学习和成长，如图6-5所示。

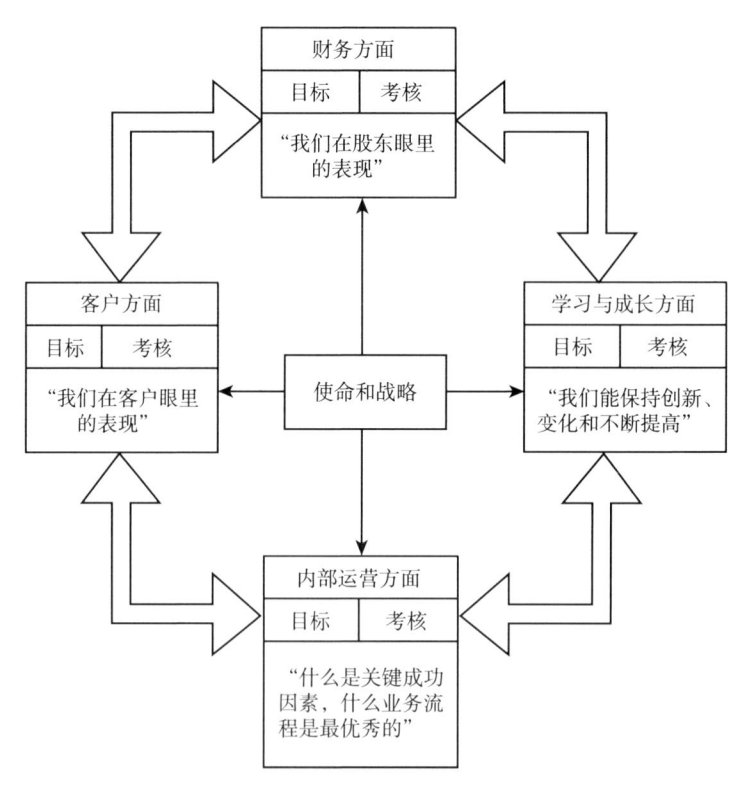

图6-5 平衡计分卡法构成要素

①财务类指标。财务类指标主要解决应该如何满足股东的利益要求。常见的财务类指标主要包括：财务效益状况指标（如净资产收益率、总资产报酬率、销售利润率、成本费用利润率等）、资产运营状况指标（如总资产周转率、流动资产周转率、存货周转率、应收账款周转率等）、偿还债务指标（如资产负债率、流动比率、速动比率、现金流动负债率、长期资产适合率等）、成长性指标（如销售增长率、人均销售增长率、人均利润增长率、总资产增长率等）以及常用其他财务指标（如投资回报率、资本保值增值率、总资产贡献率、全员劳动生产率、产品销售率、附加价值率等）。

②客户类指标。客户是企业获得利润与持续发展的根本，满足客户的需求就需要向顾客提供优质的产品与服务，并在顾客关注的方面，比如服务时间、产品质量、产品性能、产品成本等方面进行管理。客户类指标主要在于解决客户对企业的要求是什么的问题。常见的客户类指标包括市场占有率、客户维持率、产品退货率、服务响应时间、顾客满意度等。

③内部运营类指标。企业内部运营方面，主要解决企业应该具有什么样的优势？企业最擅长什么？制定运营类评估指标在于督促企业在上述方面做得更好。常见的内部运营指标包括新产品推出能力、设计能力、技术水准、制造效率（如产品及原材料损耗率、订单交货速度、单位成本等）、安全性（如企业事故发生次数、损失金额等）、售后服务指标（如顾客满意度、服务速度等）。内部运营类指标既包括短期的现有业务的改善，又涉及长远的产品和服务的革新。

④学习和成长类指标。为了提升企业持续竞争力，企业必须不断成长。因此，围绕组织学习与创新能力提升，设置有关"人"的学习和成长类指标显得非常必要。学习和成长类指标在于解决企业如何持续提高能力并创造价值的问题。学习和成长类指标主要包括员工能力（如员工生产力、员工培训次数、员工流动率等）、信息系统状况（如信息覆盖率、信息系统更新程度等）、员工提案数量、因员工所提倡议而节省成本的金额等。

(3) 平衡计分卡法的实施过程。

平衡计分卡法的实施步骤如图6-6所示：

①建立公司的愿景与战略。公司愿景和战略指明了公司长远的发展方向和目标，对公司内部各业务单元与每个员工都具有指导意义，使部门和员工可以通过相互关联的指标考核来共同完成公司的愿景与战略。

②成立平衡计分卡小组或委员会，在公司愿景和战略基础上，构建财务、顾客、内部运营、学习与成长四类具体目标。

③分别为四类目标找到具有意义的业绩衡量指标。

④加强企业内部沟通与教育，通过各种不同渠道告知组织内部相关人员。

⑤确定每年、每季、每月的业绩衡量指标的具体数字,并与公司的计划和预算相结合。注意各指标之间的因果关系、驱动关系和连接关系。

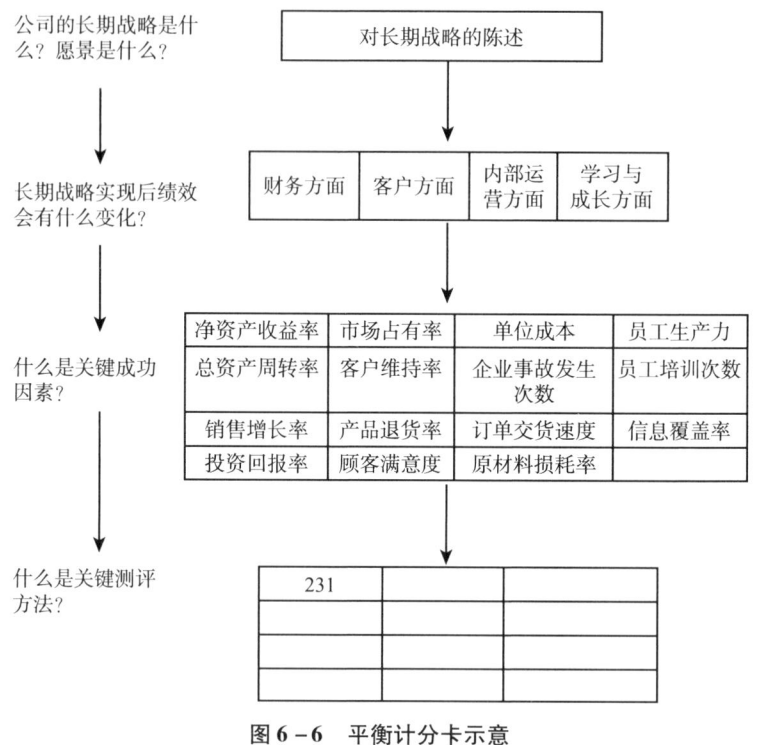

公司的长期战略是什么?愿景是什么?	对长期战略的陈述
长期战略实现后绩效会有什么变化?	财务方面 | 客户方面 | 内部运营方面 | 学习与成长方面

什么是关键成功因素?

净资产收益率	市场占有率	单位成本	员工生产力
总资产周转率	客户维持率	企业事故发生次数	员工培训次数
销售增长率	产品退货率	订单交货速度	信息覆盖率
投资回报率	顾客满意度	原材料损耗率	

什么是关键测评方法?

231			

图 6-6 平衡计分卡示意

⑥将每年的报酬奖励制度与平衡计分卡挂钩。

⑦经常采用员工意见修正平衡计分卡指标并改进公司战略。

4. 目标与关键成果法

目标与关键成果法(Objectives and Key Results, OKR)原是英特尔公司用以解决目标聚焦与执行效率的工具,后盛行于美国硅谷创新公司,成为科技企业进行绩效管理的一种方法。作为一种全新的管理思想,OKR 方法的最大用处在于通过识别目标(O)和关键成果(KR),持续对齐,让企业内部各级目标保持一致,并使行动与环境保持适配,从而提升企业的经营业绩。严格意义上说,OKR 方法是一种纯粹的战略性效率工具,并不是作为绩效考核的工具。但因其强调的目标管理及其在促进组织实现目标过程中表现出的力量,让很多公司选择将之作为 KPI 或平衡计分卡的替代。

(1) 目标与关键成果法(OKR)的特点。目标与关键成果法(OKR)是一套严密的思考框架和持续的纪律要求,旨在确保员工紧密协作,把精力聚焦在能促进组织成长的、可衡量的贡献上。OKR的基本特点包括以下几个方面:

①严密的思考框架:OKR意在提升绩效,但并不是简单地跟踪结果。比检查结果更为重要的是,深入思考这些关键结果(KR)对组织和个人而言意味着什么,从而帮助找到未来的突破口。

②持续的纪律要求:OKR代表了一种时间和精力上的承诺。要想从OKR方法中获益,就必须遵循以季度(或其他预定的周期)为单位刷新OKR,持续修正现行战略和商业模式。

③确保员工紧密协作:OKR本身具有的透明性让组织内每一个人都能够充分共享OKR及其达成情况,因此OKR必须被设计用于最大化协作与促进整个组织对齐一致。

④精力聚焦:OKR的主要目的是用于识别最关键的业务目标,并通过量化的关键结果去衡量目标达成情况。

⑤做出可衡量的贡献:KR通常是定量的,无论何时都需要尽量避免主观描述KR,KR越是精准和可量化,它对于达成业务具有非常大的促进作用。

(2) OKR的实施流程。企业实施OKR的基本流程可以缩减为五个英文字母,即"CRAFT",它分别代表了:C – create 创建;R – refine 精练;A – align 对齐;F – finalize 定稿;T – transmit 发布。

创建(Create)环节的主要任务是为1~3个目标(O)起草1~3个很有挑战的关键成果(KR)。这一任务可以通过头脑风暴法的方式加以实施,并成为企业文化的一部分。当然,公司也可以通过授权小团队的方式,由一个很小的团队来负责筹建公司的OKR。

初步完成了OKR的创建之后,需要将之提交给更大范围团队成员进行评审,并确保参会人员为OKR讨论做好准备。这一过程就是精练(Rrefine)。作为该过程的一部分,每个KR都应当运用评分量表来加以分析。最后,所有人员需要对精练出来的OKR达成共识,以获得大家对OKR的支持。

由于现代组织中的大多数工作都是跨职能,需要多团队协同解决所面临的问题或创造出新的工作模式,因此在团队层面制作OKR时,要将本部门的OKR草案提交给存在依赖关系的其他团队评审,并尽量得到对方提供相关支持的承诺。通过对彼此之间OKR的协商(对齐),团队的OKR就可以确定下来。定稿之后,还需要将OKR上传到一个软件系统,或者能够进行结果跟踪的产品(比如Excel等)中。OKR必须予以严格和正式的分类并跟踪,以确保其完整性。

上述步骤完成之后,组织需要向相关人员发布OKR,并通过多种媒介与成员进行广泛沟通。

管理实例：

Uber 如何运用 OKR 分解目标和关键结果

2014年，Uber（优步）依据组织战略开始尝试运用 OKR 方法来分解其目标，并制定了关键结果。图 6-7 就是 Uber 在设置目标（O）和关键结果（KR）时采用的思维图。

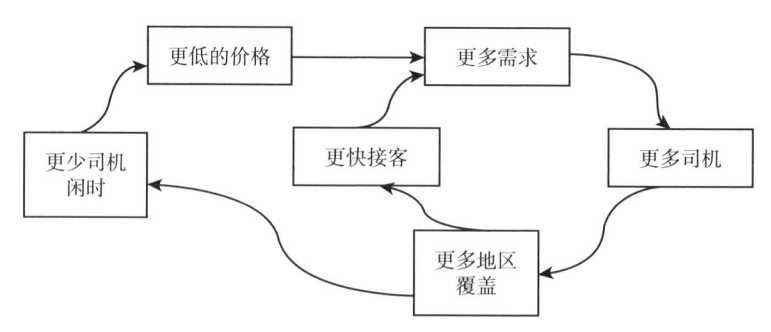

图 6-7 Uber 的战略思维图示

Uber（优步）将与公司战略挂钩的目标和关键结果划分为三类，分别是：

1. 目标之一：招募更多的司机

所有地区的司机基数提升 20%，所有活跃地区司机的平均工作时长提升至每周 90 小时。

2. 目标之二：提升地区覆盖

上海的覆盖率提升至 100%，所有活跃城市的覆盖率提升至 75%，交通高峰期所有覆盖地区的每次接客时间压缩至 10 分钟以下。

3. 目标之三：提升司机满意度

定义并评估司机的满意指数，提升此指数到 75% 以上。

资料来源：[美] 保罗·R. 尼文，本·拉莫尔特著：《OKR-源于英特尔和谷歌的目标管理利器》，机械工业出版社 2017 年版。

6.3.2 个体绩效考评方法

个体绩效考评方法是指就某项具体的工作任务，在员工个体层次上进行考核时采纳的方法。这些方法主要分为三类：比较法、量表法和描述法。

1. 比较法

比较法是通过员工之间的相互比较来得到考核结果。比较法又可以划分为以下几类：

（1）排序法。排序法又叫排队法，是指按被考评员工绩效相对的优劣程度，通过直接比较，确定每人的相对等级或名次的方法。这种方法在考核人员数量不多，且所从事的工作大致相同或类似的情况下被广泛使用。在具体的操作中，又依据实施过程不同，可以划分为直接排序法和交替排序法。

①直接排序法。直接排序法又称为简单排序法，是评价者将员工按照工作绩效的总体情况，从最优到最差进行排序。

②交替排序法。交替排序法又称选择排序法，是将需要进行评价的所有被评价者在某一绩效要素上的表现进行通盘考虑后，从中选择最好和最差的两名，然后再在剩下的员工中选择次好和次差的两名，以此类推，直至全部人员完成排序。交替排序法有利于人们发现极端差别的个体，从而保证排序更加合理。

（2）配对比较法。配对比较法又称为两两比较法，是考评者根据某一标准，将每一员工与其他员工进行逐一比较，并将每一次比较中的优胜者选出，记为"＋"，另一名员工记为"－"。最后，计算每个人"＋"的个数，并根据次数的多少进行排序。配对比较法只适合用于考核人数不多的情况，因为按照两两比较计算，一共需要比较的次数为：

$$[n \times (n-1)] \div 2$$

公式中：n 为被考评者人数

也就是说，如果有 9 名员工需要按照两两配对法进行考核，则需要一共计算 $9 \times 8 \div 2 = 36$（次）。表 6-11 为配对比较法的示例。

表 6-11　　　　　　　　配对比较法示例

姓名	对比人					"＋"的个数
	A	B	C	D	E	
A		－	－	＋	＋	2
B	＋		＋	＋	＋	4
C	＋	－		＋	＋	3
D	－	－	－		－	0
E	－	－	－	＋		1

（3）强制分布法。强制分布法又称为硬性分配法，是先确定出绩效考核结果的等级，然后按照正态分布原理，确定出各个等级的比例，最后按照这个比例，依据员工表现将其纳入不同等级的一种方法。强制分布法的特点是中间多、两头少，可以避免过分严厉、过分宽容或者平均主义倾向。但其缺点则是，如果员工

的业绩水平的确不是按照正态分布，那么对员工的绩效进行强制等级划分将招致不满。

2. 量表法

量表法就是指将绩效考核的指标和标准制成量表，依次对员工的绩效进行考核。量表法是最简单和运用最为普遍的工作绩效评价方法之一。它的优点在于：由于有了客观的标准，因此可以在不同部门之间进行考核结果的横向比较；另外有了具体的考核指标，也可以确切知道员工在哪些方面存在不足和问题。但是这类方法的弊端在于：开发量表需要一定的时间，且花费的成本较高，并且量表的有效性需要一定的技术保障才能达到。量表法的主要类型包括：评级量表法、行为锚定评价法、行为观察量表法、混合标准测评量表法等。

（1）评级量表法。评级量表法是量表法中最为简单的方法之一，是由考核者依据量表，对员工每次考核基础上的表现进行评价/打分，然后进行相应汇总。评级量表法需要首先列出考核的指标，并将每个指标划分为不同等级，每个等级对应一个分数，划分的等级常采用李克特5点或7点等级（如表6-12所示）。

表6-12　　　　　　　　　　评级量表法示例

考核内容	考核项目	说明	评定等级
基本能力	知识技能	是否具备现任职务的基础理论知识和实际业务知识	A B C D E 10 8 6 4 2
业务能力	理解力	能否充分理解上级指示，干脆利落完成本职工作任务，不需要上级反复指示	A B C D E 10 8 6 4 2
	判断力	能否充分理解上级意图，正确把握现状，随机应变，处理恰当	A B C D E 10 8 6 4 2
	表达力	是否具备现任职务所需要的表达能力（口头和文字），能否进行一般联络、说明工作	A B C D E 10 8 6 4 2
……		……	…… ……
评定标准： A—非常同意 B—比较同意 C——般 D—比较不同意 E—很不同意		分数档次说明： 极为优秀：总分数在90~100 优秀：总分数在85~90 良：总分数在70~85 中：总分数在60~70 差：总分数低于60	总分： 等级： 极优　优秀　良　中　差

设计评级量表法的一般流程包括：

①确定可量化的考核指标,即列举评价指标(评价什么);

②确定评价标准(尺度说明),列举绩效等级(如五等级或七等级),并对等级进行说明;

③确定每一标准的赋值,对每一等级评价标准的界定进行说明;

④依据相关考核指标和评价标准,针对员工表现进行等级评定;汇总最终得分,标注对应绩效等级。

(2) 行为锚定量表法。行为锚定量表法(Behaviorally Anchored Rating Scale,BARS)也称行为定位法,行为决定性等级量表法等,是由美国学者史密斯(P. C. Smith)和德尔(L. Kendall)于20世纪60年代提出。

行为锚定量表法是一种基于关键行为的评价量表法。它将同一职务工作可能发生的各种典型行为进行度量,并和等级评价有效地结合在一起,建立一个锚定评分表,以此为依据将员工绩效水平按等级量化,从而对其工作实际行为进行评价(如图6-8所示)。行为锚定等级评价法实质上是把关键事件法与评级量表法结合起来,兼具两者之长,可以使考评的结果更有效,更公平。

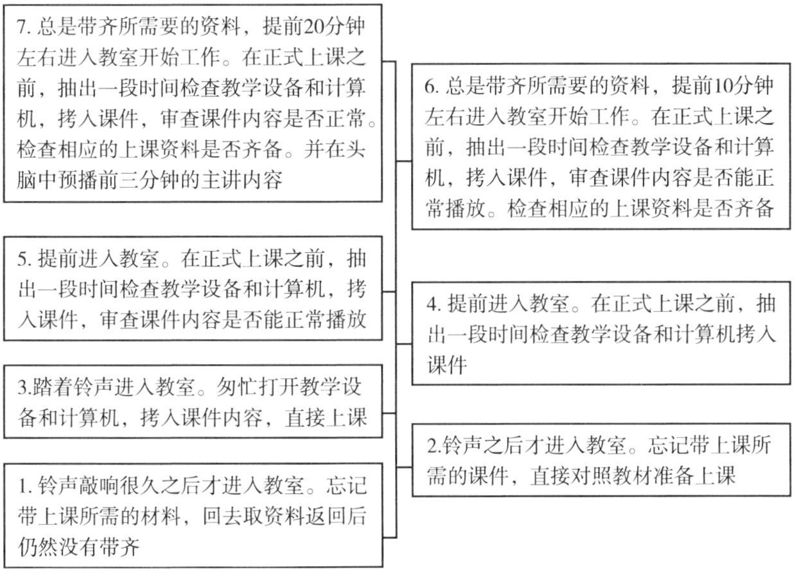

7. 总是带齐所需要的资料,提前20分钟左右进入教室开始工作。在正式上课之前,抽出一段时间检查教学设备和计算机,拷入课件,审查课件内容是否正常。检查相应的上课资料是否齐备。并在头脑中预播前三分钟的主讲内容

6. 总是带齐所需要的资料,提前10分钟左右进入教室开始工作。在正式上课之前,抽出一段时间检查教学设备和计算机,拷入课件,审查课件内容是否能正常播放。检查相应的上课资料是否齐备

5. 提前进入教室。在正式上课之前,抽出一段时间检查教学设备和计算机,拷入课件,审查课件内容是否能正常播放

4. 提前进入教室。在正式上课之前,抽出一段时间检查教学设备和计算机拷入课件

3. 踏着铃声进入教室。匆忙打开教学设备和计算机,拷入课件内容,直接上课

2. 铃声之后才进入教室。忘记带上课所需的课件,直接对照教材准备上课

1. 铃声敲响很久之后才进入教室。忘记带上课所需的材料,回去取资料返回后仍然没有带齐

图6-8 行为锚定量表法——以教师上课前的准备为例

行为锚定量表法适用于能够明确观察到的、可测量的工作行为。这种方法的优点是考核指标有较强的独立性,考核尺度比较精确,对具体行为的考核准确性较高。缺点就是考核对象一般是从事具体工作的员工,不适应于管理人员的考核。

建立行为锚定量表法的步骤如下:

①进行岗位分析,确定关键事件。所谓关键事件,是指能够区分出岗位表现优良者和岗位表现差者的事件。通常由具有丰富工作经验,且对工作岗位比较熟知的员工识别关键事件。

②初步建立绩效考核要素。将确定的关键事件合并为几个(通常5~10个)绩效要素,并给出绩效要素的定义。

③重新分配关键事件,确定相应的绩效考核要素。由另一组同样熟悉岗位工作的人员对已经提炼出的关键事件作重新分配。如果第二组的一定比例的人(通常为50%~80%)将某一关键事件归入的考核要素与之前确定的相同,则可以认定该关键事件的最终位置。

④确定各关键事件的考核等级,并确定最终的绩效考核评价体系。对每一个工作绩效要素而言,都有一组关键事件(通常为7个左右)作为其"行为锚"。

(3)行为观察量表法。行为观察量表法(Behavioural Observation Scale,BOS),也称为行为评价法、行为观察法、行为观察量表评价法。是由美国学者拉萨姆和瓦克斯雷于1981年在行为锚定等级评价法和传统业绩评定表法的基础上对其不断发展和演变所提出的一种绩效考核方法。行为观察量表法适用于对基层员工工作技能和工作表现的考察。

行为观察量表法在考核各个具体的项目时给出一系列有关的有效行为,考核者通过指出员工在各种行为上的表现频率来评价其工作绩效,如表6-13为例的管理人员"克服变革的阻力"的行为观察量表法所示。

表6-13　　　　管理人员"克服变革的阻力"的行为观察量表法

请依据1~5对应的频率,为管理者在"克服变革的阻力"上的行为进行评价
克服变革的阻力:
(1)向下属描述变革的细节。(　　) 几乎从来不　1　　2　　3　　4　　5　　几乎总是如此
(2)解释为什么必须进行变革。(　　) 几乎从来不　1　　2　　3　　4　　5　　几乎总是如此
(3)与员工讨论变革会给员工带来何种影响。(　　) 几乎从来不　1　　2　　3　　4　　5　　几乎总是如此
(4)倾听员工的心声。(　　) 几乎从来不　1　　2　　3　　4　　5　　几乎总是如此
(5)在使变革成功的过程中请求员工的帮助。(　　) 几乎从来不　1　　2　　3　　4　　5　　几乎总是如此

续表

(6) 如果有必要，会就员工关心的问题定一个具体日期来进行变革之后的跟踪会谈。（　　） 几乎从来不　　1　　　　2　　　　3　　　　4　　　　5　　　几乎总是如此
总分数 = 很差　　　　　尚可　　　　　良好　　　　　优秀　　　　　出色 6～10　　　　11～15　　　　16～20　　　　21～25　　　　26～30

资料来源：王玉姣：《人力资源管理》，清华大学出版社2013年版，第224页。

行为观察量表法中列出的考核指标主要是依据特定工作成功绩效所需要的一系列合乎希望的行为来制定，因此它能够向员工提供有效的信息反馈，引导员工如何得到较高的绩效评分。管理人员也能够利用量表中的信息有效监督员工行为，使具体行为与组织战略目标联系起来。这种方法的优点是使用便捷，员工参与性强，容易接受。但其缺点在于由于所需要的信息可能会超出大多数评估者能够加工或记忆的信息量，因此在实施过程中对考核者的要求比较高。同时，有些工作无法准确详细地找出有关的有效行为，因此无法设计出相应的量表。而且，人们对于一项行为"几乎从没发生"到"经常发生"的理解存在差异，也会导致评价结果不稳定，最终影响到被考核者的得分。

（4）混合标准测评量表法。混合标准测评量表法（Mixed Standard Scales，MSS）又称为混合标准尺度法，或者简称混合量表法。它是1972年由美国学者伯兰兹（Blanz）和吉塞利（Ghiselli）在传统评价量表基础上提出的一种绩效考核方法，以解决图尺度量表法的不足。

混合标准测评量表法包含多组概念上相容的描述句（通常3个一组），用来描述同一考核项目的高、中、低三个层次。这些描述句在测评量表中是随机排列的，考核者只需指出被考核者的表现是"好于""相当于"还是"劣于"描述句中所叙述的行为即可。表6-14就是某警察局对巡警进行考核时所用的"混合标准测评量表"。

该量表分别针对巡警工作中"预防犯罪行为""判断力""工作知识""举止风度""合作""沟通技能"等11个项目的行为进行了考核。每个项目通过3个不同的描述句加以评价，并分别代表高、中、低三个层次的水平。

混合标准测评量表法的好处在于可以鉴别出那些"没有逻辑性"的考核者，还可以减少某些诸如晕轮效应、过宽或过严误差等评估误差。而且混合标准量表的操作步骤简单，一旦制定出混合标准量表，今后的考评都可以依此操作。当然，混合标准测评量表法的缺点也很明显，比如测评过程中容易受主观影响，考评结果与组织战略一致性不强等。

表 6-14　　巡警工作考核——混合标准测评量表的具体应用示例

本部分的每一个项目都涉及巡警工作不同侧面的不同熟练水平。请细读每一个项目，确定被考核的巡警的工作表现是"相当于""好于"还是"劣于"项目中的描述，并请分别在相应的被考核巡警工号下面的括号内画上"0"（相当于）、"＋"（好于）或"－"（劣于）的标记。

巡警的工号										
4	3	1	9	2	8	5	0	6	7	
( )	( )	( )	( )	( )	( )	( )	( )	( )	( )	1. 行为不时紧张，但并不影响他发挥职责
( )	( )	( )	( )	( )	( )	( )	( )	( )	( )	2. 尽管有时工作繁忙，制服略有不整，但大多数时间穿戴整齐
( )	( )	( )	( )	( )	( )	( )	( )	( )	( )	3. 工作报告良好，但偶尔需要深入或条理化；有时有表达方面的困难
( )	( )	( )	( )	( )	( )	( )	( )	( )	( )	4. 在巡区采取大量措施预防和遏制犯罪，教育市民防范犯罪的技巧；对预防措施有广泛的知识
( )	( )	( )	( )	( )	( )	( )	( )	( )	( )	5. 与本区市民极少或几乎没有接触，未能告诉他们防范罪犯的技巧
( )	( )	( )	( )	( )	( )	( )	( )	( )	( )	6. 几乎在任何场合下都能作出适当地判断，以预先采取、选择或表现适当的行为
( )	( )	( )	( )	( )	( )	( )	( )	( )	( )	……
请注意巡警工号顺序已经更改										
7	4	2	3	6	9	5	1	8	0	
( )	( )	( )	( )	( )	( )	( )	( )	( )	( )	18. 在任何情形下都意识到法律及其适用性，对巡区有彻底的了解
( )	( )	( )	( )	( )	( )	( )	( )	( )	( )	19. 外表向公众表露出一种对工作漫不经心的态度
( )	( )	( )	( )	( )	( )	( )	( )	( )	( )	20. 工作报告对于侦破犯罪并无用处，工作报告中材料重复
( )	( )	( )	( )	( )	( )	( )	( )	( )	( )	……

资料来源：董克用主编：《人力资源管理概论（第三版）》，中国人民大学出版社 2011 年版，第 331~332 页。

混合标准测评量表法的基本设计步骤如下：

①确定考评维度。考评维度往往由设计者根据组织的实际需要和被考评者所从事的工作性质等因素决定。最常用的 6 个主要维度包括：质量、数量、及时性、成本节约、监督的需要和人际关系。若考评的维度较大，也可以在每一个维

度下拟出几个子维度,如在对某一公司的产品营销人员进行考评的混合标准量表中,可以设 7 个维度,分别为:团队合作、沟通能力、市场洞察力、工作主动性、责任心、纪律性和社交能力。同时在团队合作这个维度中,又设了大局观、分享知识、认同和影响力这 4 个子维度。

②维度的表达。为每一个考评维度(若维度中包含子维度,则对每一个子维度)分别拟出一条范例性的陈述句,描述好、中、差三种行为水平。

③设立每一个维度和子维度的权重。由于考评的角度不同、目的不同,对每一个维度的重要性也就不同,但必须确保每组子维度权重之和为 1,维度权重之和也为 1。

④打乱次序,掩盖评分等级,求得最后分数。由每一个子维度的分数乘以权重,得出维度的分数;每个维度的分数乘以权重,得出总分数。这就是一个考评者对被考评者的评价分数。

3. 描述法

描述法(Description Methods)是指考核主体用叙述性文字来描述员工在工作业绩、工作能力和工作态度方面的优缺点以及需要加以指导的事项和关键事件等,由此得到对员工的综合考核。描述法一般作为其他绩效考核方法的辅助方法得以采纳。该方法在设计和使用上都比较便捷,成本优势明显,适用性广。依据记录事实的不同,描述法可以分为业绩记录法、能力记录法、态度记录法和综合记录法。本书以最具代表性的方法——关键事件法进行介绍。

关键事件法(Critical Incident Method,CIM)由美国学者弗拉赖根和贝勒斯在 1954 年提出,通用汽车公司在 1955 年运用这种方法获得成功。它是指负责评价的主管人员把员工在完成工作任务时所表现出来的特别有效的行为和特别无效的行为记录下来,形成一份书面报告,每隔一段时间,主管人员和下属员工面谈一次,根据记录的特殊事件来讨论员工的工作绩效,从而做出工作绩效评估的一种方法。表 6-15 列举了某公司员工在工作中发生的关键事件的示例。

表 6-15　　　　　　　　　关键事件法的示例

职责	目标	关键事件(加分、减分项目)
安排工厂的生产计划	充分利用工厂的人员和机器,及时发布各种指令	为工厂建立了新的生产计划系统,上个月的指令延误率降低了 10%,上个月的机器利用率提高了 20%
监督原材料采购和库存控制	在保证充足的原材料供应前提下,使原材料的库存成本最低	上个月使原材料库存成本上升了 10%,"A" 部件和 "B" 部件的订购富余了 20%,"C" 部件的订购短缺了 5%

续表

职责	目标	关键事件（加分、减分项目）
监督机器的维修保养	不出现因机器故障而造成的停产	为工厂建立了一套新的机器维护和保养系统，及时发现机器故障阻止了机器的损坏

资料来源：王玉姣：《人力资源管理》，清华大学出版社2013年版，第225页。

关键事件法有很多的优点，比如：它为主管人员向下属解释绩效考核结果提供了确切的事实材料；可以使主管人员在评价下属时，依据员工整个工作年度的表现，而非一段时间的表现来给予考评，从而使得考核更加全面、准确；此外，它还可以使主管了解下属员工是通过哪种途径克服不良绩效的具体事例。当然，由于关键事件法记录的是不同员工的工作表现，无法在员工之间、团队之间和部门之间进行工作比较；员工的考评主要由管理者来确定，员工的参与性不高，也就使得该方法的缺点比较明显，不合适用于人事决策。

本章小结

绩效管理是企业员工对应该实现的目标及如何实现目标形成共识的一个过程，是在一定期间内科学、动态地衡量员工工作效率和效果的管理方式，是通过制定有效、客观的绩效衡量标准，使各级管理者明确了解下属在考核期内的工作业绩、业务能力以及努力程度，并对其工作效率和效果进行评估的过程。

绩效管理的核心目的就是通过提高员工的绩效水平来提高组织或者团队的绩效。对公司来说，绩效管理是增强战略执行力的一套方法，它将个人业绩、个人发展与公司目标有机结合，通过持续改善个人业绩和团队业绩来持续改善公司业绩，并确保公司战略的执行和业务目标的实现。对各级管理者来说，绩效管理能帮助其提高管理水平，减轻管理压力，通过建立自上而下、层层分解的目标体系，使每名员工明确自己的工作重点、工作目标与方向，让员工以最有效的方式、尽最大努力来做"正确的事"，确保员工的工作行为及工作产出与组织的目标一致。对员工来说，绩效管理通过绩效目标设定、绩效辅导、绩效反馈帮助员工改善个人业绩，并通过实施员工改善计划提升个人能力，从而帮助员工实现个人职业生涯发展。

绩效管理过程主要包括绩效计划阶段、绩效沟通阶段、绩效考核阶段、绩效反馈阶段和绩效结果应用阶段。绩效计划是绩效管理的第一个环节，也是绩效管理的首要一步。绩效计划制订之后将进入到执行阶段，即管理者依据计划内容持续跟踪绩效成果，并予以辅导、监控、记录数据信息、分析数据结果等，不断和员工进行沟通。绩效反馈是发现工作不足进而提出改进计划的关键过程。绩效结果的应用是绩效管理的最后一个阶段，也是下一个绩效管理周期开始前的准备阶段。绩效结果应用主要包括两个层次：一是指依据绩效考核结果，做出相应的人事决策，比如薪资分配或调整、职务晋升或降级等；二是对绩效考核分析之后，用于制订绩效改进计划。

绩效管理过程中目标管理法（MBO）、关键绩效指标法（KPI）、平衡计分卡法（BSC）和目标与关键成果法（OKR）等方法是组织进行绩效管理的常见方法。而针对员工个体绩效水平的考核方法主要包括比较法、量表法和描述法等。

有效的绩效管理需要运用系统性思想来进行指导，同时满足组织发展阶段的现实需求。过度进行绩效管理，或者将绩效管理简单等同于绩效考核都会给企业发展带来隐患。这也是当前多数管理者对绩效管理问题的反思。

思 考 题

1. 绩效是什么？有哪些主要特点？
2. 绩效管理与绩效考评有何区别与联系？
3. 360度绩效考核方法的主要内容是什么？
4. 绩效考核中有哪些误区？应当如何规避？
5. 组织绩效考核方法与个体绩效考核方法有何关系？
6. 个体绩效考核方法有哪些分类？各类别的主要特点是什么？

章 末 案 例

向华为学绩效管理

华为是中国最具全球竞争力的企业。华为的成功得益于很多方面，但是绩效管理给华为带来的贡献不容忽视。

一、紧扣组织目标的绩效计划

为把华为打造为世界一流的通讯企业，华为结合业务目标制定了全公司范围内6大KPI（关键绩效指标），即：人与文化、技术创新、制造优势、顾客服务、市场领先和利润增长。为了支持组织目标的实现，每一位华为员工都需要制订"个人业务承诺"计划（Personnel Business Commitment，PBC）。PBC计划采取自上而下的方式，由员工依据部门年度目标，结合自身的职务级别来设计。

从 2009 年起，员工主要按照半年为一个周期对 PBC 进行设计，二级部门主管以上以一年作为周期进行设计。对于 PBC 计划内容，要求有明确的权重区分以及目标的衡量标准。如果在工作开展过程中，遇到突发事件或重大变动，则需要对事先制定的 PBC 进行及时调整更新。

二、落到实处的绩效辅导与实施

华为非常重视绩效计划制订后的辅导工作，部门主管有义务帮助员工达到绩效目标。为此，华为要求主管对下属每半年三次以上的绩效面谈。并且为了及时跟进，所有面谈都必须有详细的记载，对未按要求进行的负责人，一经发现立即严格处理。除了正式的绩效面谈，华为还要求管理人员每月都和下属进行一次以上的绩效辅导，内容涵盖了解员工工作进展、工作需要的支持以及公司能为实现员工职业发展意愿提供的帮助等。

华为的绩效沟通始终贯彻于目标制定、目标实施、绩效评估和工作改进的整个过程中。并依赖于华为独特的执行文化落实到了实处。

三、全面、公正的绩效评估

华为的绩效评估从评估内容、评估方式到评估主体的选择都有很多要求。以评估内容选择为例。华为要求绩效考核指标尽量量化，对于不能量化的指标则需要用准确的表述让员工和管理者都明白要点，避免考核时的模棱两可。例如，针对人力资源部门，员工招聘完成率及员工离职率代替了人力资源整体工作表现这样定性的指标，新员工培训完成率和培训满意度则取代了员工培训管理效果这样的定性指标。

在具体考核方式上，华为关注于员工在团队层面的表现。华为规定，在年终考评中，业绩不达标的团队，该团队成员原则上不能获得晋升的机会，也不允许跨部门提拔。所以，员工个人的发展与所在部门业绩紧紧挂钩，从而驱动部门内部团结一致、上下同心。这一考评方法不仅增强了团队合力，而且让员工感受到公平。

在华为，针对中高层管理者与一般员工的考评有着很大的差别。华为虽然开展严格的绩效考评，但是对普通员工付出的劳动，还是强调要给付高于行业平均的报酬。而对中高层管理者或者公司干部，则提出全方位的要求。这其中不仅仅包括业绩、专业能力、协调能力，而且也包括员工的献身精神。华为对于干部的考评还包括关键事件行为表现的评价，这主要评价了干部在关键事件的过程管理能力及应对突发事件的能力。

四、完善的绩效反馈与应用

在华为，绩效考核结果出来之后，各级主管必须第一时间与员工进行沟通，对绩效结果评定的原因进行说明，帮助员工制定绩效考核方案，并签订下半年 PBC 计划。员工对绩效结果存有异议，可以向人力资源部或经理任团队进行投诉。华为重视绩效管理结果应用，将绩效结果作为员工晋升、调薪等的客观和主要依据。华为要求员工绩效考评结果必须有优良差的强制分布，与之相对应的就是泾渭分明的奖惩制度。

资料来源：依据 HR 案例网：《向华为学习如何进行绩效管理》（2016-12-26）进行了整编。www.hrsee.com.

第7章

薪酬管理

学习目标
- 掌握薪酬的定义、构成与功能
- 掌握薪酬管理的定义与影响因素，熟悉薪酬管理的功能
- 熟悉战略薪酬与组织战略的匹配方法
- 掌握基本薪酬、可变薪酬和福利设计的内容，初步具备薪酬设计的基本能力
- 掌握组织薪酬决策的内容，初步具备薪酬决策的基本能力
- 了解互联网时代薪酬管理的新趋势和方法

引导案例

H 公司的薪酬困境

H 公司是一家高新技术企业，创始人张总经理在创业初期，依靠一批志同道合的朋友建立公司。大家不怕苦不怕累，从早到晚拼命干。公司基本没有人力资源管理，工资结构也相对简单，由基本工资和奖金两部分组成。员工的基本工资低于市场平均水平，但奖金却很高。同时，公司调薪也非常随意，只要公司业绩比较好，员工工资均能有一定幅度的提升。这一措施有效地激励了员工的积极性，公司发展迅速。

五年之后，公司销售额有了大幅度提升，公司规模不断扩大，员工也由原来的十几人发展到一百人，但是组织内部的人力资源管理方式并未发生改变，管理水平没有得到任何提升，尤其薪酬结构和薪酬管理方式没有受到公司及领导的重视。张总经理明显感觉到，员工的工作积极性越来越低，核心员工流失的数量越来越多。张总经理认为可能是工资水平偏低造成的，于是大幅度提高员工的工资。最初，员工都很满意，工作十分努力，工作热情高涨，公司的精神面貌焕然

一新。但是好景不长,新的问题又产生了,高工资带来了高人工成本,给企业经营带来了巨大负担;某些员工拿着高工资,却没有做出相应的绩效贡献;由于没有明确的绩效区分,努力工作的员工逐渐觉得心里不平衡,那些有能力的核心员工还在不断地从公司流失。面对高昂的人工成本,眼看着优秀员工一个个辞职离去,张经理倍感迷茫,不知所措。

7.1 薪酬与薪酬管理概述

薪酬管理是人力资源管理的重要组成部分,是组织吸引、保留、激励员工的重要手段和途径。薪酬管理既是组织管理的热点,同时也是组织管理的难点。本节内容详细介绍了薪酬、全面薪酬、薪酬管理、战略薪酬的基础知识。

7.1.1 薪酬的概念

社会生活中,薪酬、报酬、工资等概念常常被用于表述员工收到的组织支付其劳动的回报。要理解薪酬和薪酬管理的内涵,就需要清晰界定薪酬的概念。

1. 薪酬的定义

(1) 薪酬。薪,旧指木柴,现在指薪金、薪水;酬,指报酬、报答、酬谢。薪酬两字合在一起,形象而生动地描述了组织支付给员工的、用于补偿劳动付出的回报。在英文中,Compensation 一词从字面意思理解,亦是平衡、补偿和回报的意思。可见,薪酬从本质上而言是指雇主或组织因为员工提供劳动而给予的一种回报或补偿。组织的经营者关注薪酬,因为它是组织成本重要的构成要素,每月形成组织巨大的财务负担;员工关注薪酬,因为它是关乎员工自身的生活质量,提供了日常的必需品。对于薪酬的定义,学者们典型的观点如表7-1所示:

表7-1　　　　　　　　　　薪酬定义比较

作者	定义
乔治·米尔科维奇	薪酬是指雇员作为雇佣关系的一方所得到的各种形式的财务回报、有形服务与福利
董克用	薪酬是企业为认可员工的工作与服务而支付给员工的直接的和间接的经济收入
曾湘泉	薪酬是指雇员作为雇佣关系中的一方,因为工作和劳动而从雇主那里所得到的各种货币收入,以及各种特定的服务和福利之和
张德	薪酬是组织因使用员工的劳动而付给员工的钱或实物

综合上述定义，本书认为薪酬是指组织因雇佣关系使用劳动者的劳动而支付给员工的直接的和间接的经济收入。薪酬不但是组织提供给员工的经济收益，也是组织自身的成本支出。这种收益与支出的实质，就是员工和组织之间的一种利益交换关系，它保证了员工和组织双方的生存和发展。

（2）报酬。报酬（Reward）的概念非常宽泛，既包括员工实际性的经济收益，也包括员工精神层面的收益。通常学界用两种方式对报酬进行类型的划分。按照报酬的具体形态划分，报酬分为货币性报酬和非货币性报酬，参见图7-1。货币性报酬，是指员工获得的以货币形式支付的报酬，表现为员工的工资、奖金、分红等；非货币性报酬，是指员工获得的来自工作本身、工作环境、组织方面的报酬，主要包括工作晋升、工作挑战、默契的工作环境和融洽的同事关系等，均能使员工在工作中受到激发和鼓舞，获得精神上的满足和社会的尊重。货币性报酬和非货币性报酬均是组织支付给员工的回报，是组织吸纳和维持人力资源的重要工具和手段。

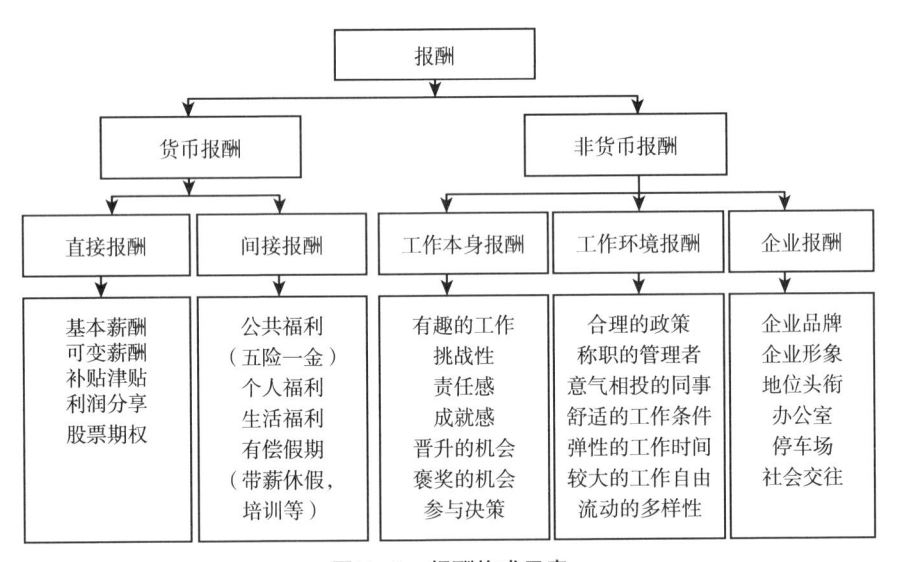

```
                              报酬
                ┌──────────────┴──────────────┐
             货币报酬                      非货币报酬
         ┌──────┴──────┐         ┌──────────┼──────────┐
      直接报酬      间接报酬   工作本身报酬  工作环境报酬  企业报酬
      基本薪酬      公共福利    有趣的工作    合理的政策    企业品牌
      可变薪酬     （五险一金） 挑战性       称职的管理者  企业形象
      补贴津贴      个人福利    责任感       意气相投的同事 地位头衔
      利润分享      生活福利    成就感       舒适的工作条件 办公室
      股票期权      有偿假期    晋升的机会   弹性的工作时间 停车场
                  （带薪休假， 褒奖的机会   较大的工作自由 社会交往
                    培训等）    参与决策     流动的多样性
```

图7-1 报酬构成示意

根据报酬对员工所产生的影响，报酬通常包括外在报酬和内在报酬。外在报酬对员工产生外部的激励效果，体现为员工对外在物质和环境的满意感；内在报酬对员工产生内在的激励效果，体现为员工对自身更加自信和满意，自我效能感的不断提升。

根据前人对薪酬的概念界定，本书将薪酬划分为广义薪酬和狭义薪酬两种。其中，在广义薪酬的概念中，其概念界定非常广泛，不仅包括员工经济型的收益，也包括非经济型的收益。特别是目前组织中采用的"总薪酬""全面薪酬"

等概念，几乎与报酬的概念和范畴相同。而狭义薪酬通常指货币性的报酬，不涵盖非货币性的收益。因此，薪酬与报酬的关系也略有不同。在狭义概念视角下，报酬的范畴大，薪酬的范畴小，薪酬是报酬的一部分。

（3）全面薪酬。全面薪酬是指组织在员工充分参与的基础上，建立起每个员工不同的薪酬组合系统，并定期根据员工需求变化做出相应的调整。这种以员工需求为导向而建立起来的薪酬组合模式，极好地解决了传统薪酬方案的不足。在"全面薪酬"体系中，组织将支付给员工的薪酬分成"外部薪酬"和"内部薪酬"两大类。如何科学地把握全面薪酬的两个方面，使它们有机统一起来，是组织经营者面临的一个难题。外部薪酬主要是指为员工提供的可量化的货币性价值。比如基本工资、奖金等短期薪酬，股票期权等长期薪酬，失业保险金、医疗保险等货币性的福利，以及组织支付的其他各种货币性的开支，如各类津贴、购物卡等。内部薪酬是指那些给员工提供的不能以量化的货币形式表现的各种奖励价值。比如对工作的满意度、为完成工作而提供的各种顺手的工具、培训的机会、提高个人名望的机会、吸引人的组织文化、相互配合的工作环境，以及组织对个人的表彰、谢意等。外在薪酬与内在薪酬相互补充、相互作用，缺一不可。

2. 薪酬的构成

一般来说，组织中的薪酬通常包括基本薪酬、可变薪酬和间接薪酬。具体如图 7-2 所示。

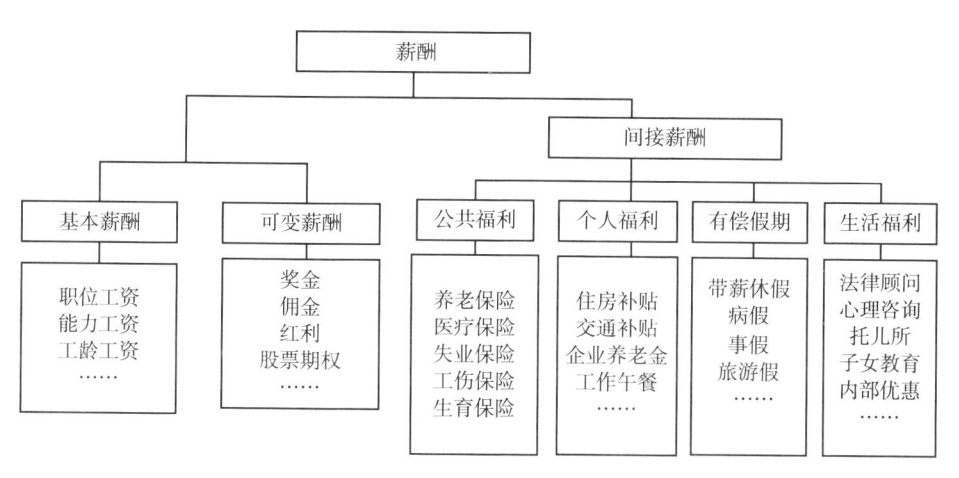

图 7-2 薪酬构成示意

（1）基本薪酬。基本薪酬是组织根据员工承担的职位及相应的工作职责或员工所具备的技能，而支付给员工的相对稳定的经济性的报酬。基本薪酬是员工较为稳定的收入来源，为员工提供了基本的生活保障。但是基本薪酬也不是一成不变的，会随着员工的职位、能力、职称、绩效等因素的变化而不断被调整。

（2）可变薪酬。可变薪酬也称为浮动薪酬，是薪酬体系中与绩效直接挂钩的经济报酬。组织根据员工、团队或组织的业绩，给予员工一定比例的激励，表现为奖金、红利、股票期权等。可变薪酬对员工有很强的激励性，有助于提升员工工作的积极性和主动性，对于组织整体业绩的实现具有重要的助推作用。

根据激励时间的长短，可变薪酬分为短期可变薪酬和长期可变薪酬。短期可变薪酬以月度、季度、年度的业绩目标为基础，根据员工不同的绩效水平发放，表现为奖金、分红等；长期可变薪酬以长期的、跨年的业绩目标为基础，鼓励员工实现长期的绩效目标，表现为员工持股计划、股票期权计划等。在组织中，特别是高层管理人员、核心技术人员等核心员工是长期可变薪酬最主要的激励对象。

（3）间接薪酬。间接薪酬又称福利，是指员工作为组织成员所享有的，以组织自身的支付能力为依托，用于改善员工个人和家庭生活质量的各种补充性报酬。它既可以货币形式直接支付，又可以实物或服务的形式支付，间接薪酬体现了组织的福利水平。资金雄厚、管理现代的组织更能够为员工提供形式多样的间接薪酬。部分间接薪酬具有法律的强制性，例如五险。根据我国劳动法律法规的规定，组织必须按时足额为员工缴纳养老保险、医疗保险、失业保险、工伤保险和生育保险。

知识链接 7-1

心 理 薪 酬

心理薪酬是指员工个人对企业及其工作本身在心理上的一种感受，属于非经济报酬的范围，它包括职业安全、自我发展、和谐工作环境和人际关系、晋升机会，以及地位象征、表扬肯定、荣誉、成就感等。心理薪酬是心理学与人力资源管理结合而产生的概念。

如果缺乏心理薪酬，完全依靠单一的工资来吸引和保留员工，那无疑会造成企业人工成本不断增加，甚至陷入恶性循环，造成企业利润不断下降。而且即使企业能够维持发展，留住人才，也不容易保留员工的心，当他面对更高薪资的时候，就会离开。

通过心理薪酬管理，可以实现以下目的：

第一，增强员工满意度；

第二，降低企业成本；

第三，提高企业生产效率；

第四，降低管理难度；

第五，形成企业与员工之间的信任感。

资料来源：焦洋：《外资企业员工心理薪酬问题与措施》，载《经营与管理》2015年第10期。

3. 薪酬的功能

薪酬是员工获得生存保障的重要途径，是组织获得稳定劳动力的有效工具，对于员工和组织均具有不可替代的重要功能。

（1）薪酬对于员工的功能。

①经济保障功能。员工的薪酬水平决定着他们的生存状况，是劳动者个人甚至整个家庭的重要经济保障。员工通过向组织提供劳动，而获得相应的薪酬。通过薪酬的取得，员工能够获得生活所需要的物质、文化、生活资料，为其提供经济上的保障。一份来自组织的稳定收入，是保持和提升劳动者生活质量的经济保障。

②激励功能。薪酬是劳动力的市场价格，需要符合市场规律，围绕市场价格上下波动。薪酬的差异会促使员工产生不满意感，这种不满意感在一定程度上促进上了员工努力提升自身的技能和知识水平，促使员工努力争取更高的职位和更好的工作机会。此外，薪酬不但是一种有形的供求契约，而且是个人和组织之间的一种心理契约，从而使员工获得心理收入。

③风险防范功能。稳定的薪酬收入，提高了员工抵抗人身、工作、意外风险的能力。在市场经济条件下，薪酬收入是绝大部分劳动者的主要收入来源，它对于劳动者及其家庭的保障作用是其他任何保障手段无法替代的。根据我国劳动法的规定，应当给员工及时足额上缴养老、医疗、工伤、失业和生育保险，对于员工未来的老有所养、医疗救治、人身伤害和工作就业提供了保障，在一定程度上起到风险防范的作用。

（2）薪酬对于组织的功能。

①优化劳动力资源配置。薪酬的调节功能主要表现在引导劳动者的合理流动。劳动力市场中劳动供求的重要影响因素是薪酬。科学合理地运用薪酬，就可以引导劳动者向合理的方向流动，达到劳动力的合理配置。此外，薪酬也有助于组织形成更为合理的员工梯队。

②吸引和保留人才。薪酬管理在现代市场经济中是各国组织人力资源管理的重要环节。薪酬水平是一个人劳动价值的具体表现，当一个人的收入不能体现其

应有的社会价值时，人才的流失就成为必然。富有外部竞争力的薪酬能够使员工从进入组织的第一天起就懂得珍惜自己的工作岗位。

③提升员工的工作效能。员工的工作效能既包括员工完成既定工作的能力，又包括最终的工作效率和效果。薪酬是对员工工作效能的价值肯定。对员工具有激励性的薪酬，能够引导员工进行积极的主动学习，提升与职位和工作紧密相关的工作能力和技巧，完成更有挑战的工作和任务，提升工作效率，从而实现更为理想的工作效果。

7.1.2 薪酬管理概述

人力资源已经成为现代组织的重要战略资源，维持或激励人力资源的重要手段是薪酬。薪酬对于组织的功能决定了薪酬管理的重要性。

1. 薪酬管理的内涵

薪酬管理是组织为了实现战略目标，在综合考虑内外部因素的基础上，围绕薪酬水平、薪酬结构、薪酬支付等方面开展的一系列管理活动的总称。掌握薪酬管理的内涵应当把握以下方面：

（1）薪酬管理作为人力资源管理的重要职能，将为组织战略目标的实现提供支持和保证。

（2）薪酬管理的目的在于有效激励员工努力工作的同时有效控制人工，从而确保组织或组织竞争力的形成和提高。

（3）薪酬管理需要综合考虑各种因素的影响。这些因素包括行业特点和竞争对手、劳动力市场价格、组织规模和实力、国家相关法律法规等，都会对组织的薪酬管理活动产生重要影响。

（4）薪酬管理涉及一系列相互关联、彼此作用的工作，包括薪酬水平的确定、薪酬结构调整、薪酬形式组合、薪酬体系的设计、运行与调整等，是一个复杂的系统管理过程。

（5）薪酬管理与其他人力资源管理职能紧密相关。如图7-3所示，人力资源战略制定时应确定组织的薪酬战略，并在人力资源规划时做好薪酬预算；通过科学合理的职位分析和职位评价确定组织各个职位的薪酬标准；在招聘新员工时根据不同岗位的职位要求和薪酬标准选择合适的人才；将培训、职业生涯规划、人力资源配置与薪酬管理紧密结合，发挥非经济性薪酬的激励效果；将绩效管理与薪酬管理紧密结合，体现薪酬的公平性、公正性和激励性。薪酬管理与人力资源管理的其他职能是密不可分、互相支撑的。

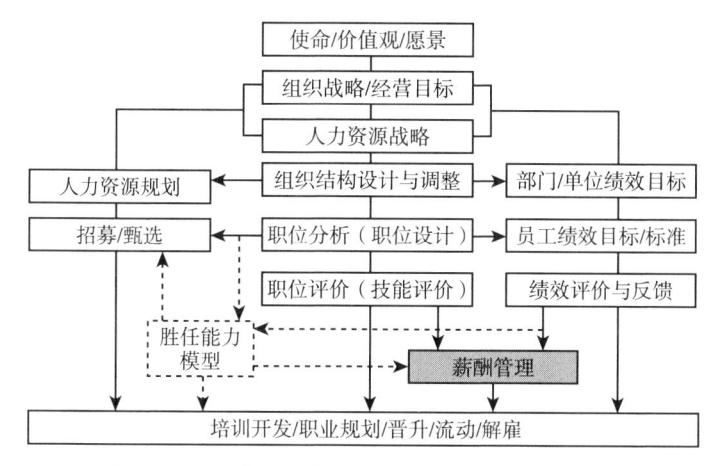

图 7-3　现代人力资源管理体系与薪酬管理关系

2. 薪酬管理的基本内容

薪酬管理作为人力资源管理的重要职能，必须制定一些重要的决策，主要包括以下方面。

(1) 薪酬水平。薪酬水平指组织中各职位、部门以及整体的平均薪酬的高低状况。它反映出组织所支付的薪酬对外部的竞争性以及薪酬成本的高低。薪酬水平的确定及其调整是薪酬管理的核心内容，薪酬水平的高低直接影响到组织对人力资源的吸引、保留和激励。从薪酬管理角度出发，组织通过建立科学规范的岗位价值评估体系、能力评估体系和绩效评估体系，为组织薪酬水平的确定奠定科学可靠的依据与基础；出于对人工成本控制的需要，组织必须同时考虑员工薪酬水平的外部竞争力和人工成本承受能力。

(2) 薪酬结构。薪酬结构指同一组织内部职位所得薪酬之间的相互关系，体现对职位重要程度以及职位价值贡献的看法。薪酬结构反映的是薪酬内部公平性问题。薪酬结构应随行业、组织和岗位特征的不同而有变化，通过薪酬要素和比率的选择，将组合出不同的薪酬结构。在支付相同的人工成本的前提下，薪酬结构的改善将产生不同的激励效果，其合理性关系到员工流动的可能，并对员工工作积极性产生较大的影响。

(3) 薪酬形式。薪酬形式是员工所得薪酬的组成部分以及各部分的比例关系。一般情况下，薪酬形式可以划分为直接薪酬、可变薪酬和间接薪酬。直接薪酬的主要作用体现在维持和保留人力资源，可变薪酬对人力资源的激励效果相对显著，间接薪酬在保留人力资源方面发挥重要作用。因此，三种形式的薪酬在总薪酬中所占的比例和组合方式决定了组织的薪酬模式的特点。

(4) 薪酬体系。组织基于不同的薪酬标准，形成不同的薪酬体系。目前流行的三种薪酬体系为职务薪酬体系、技能薪酬体系和能力薪酬体系。职位薪酬体系是根据工作或职位的价值评价来确定基本薪酬，从而形成以职位为中心的薪酬体系；技能薪酬体系是按照员工所具有的技能的评价来确定基本薪酬，从而形成以个人技能为中心的薪酬体系；能力薪酬体系则是按照个人能力的评价来确定基本薪酬，从而形成以个人能力为中心的薪酬体系。三种方式分别以职位、技能和能力为基础，因此在评价重点、工作变动、培训开发和员工晋升等方面存在明显不同，适合于不同类型人员的评价，以便有针对性地实施薪酬管理。

3. 薪酬管理的意义

作为人力资源管理的重要职能活动，薪酬管理具有重要的意义，主要表现在以下方面：

（1）薪酬管理有助于实现对人力资源的吸引和保留。组织之间的竞争，首先表现为人力资源的竞争。薪酬作为员工主要的生活收入来源，是吸引和保留人力资源的重要手段和工具。薪酬管理正是借助合理有效的薪酬设计与管理，充分满足员工的基本生活需要的同时，吸引优秀的人力资源进入企业，留住企业内部绩优员工，以支撑组织现在及未来发展对人力资源的需要。

（2）薪酬管理有助于实现对人力资源的有效激励。薪酬不仅表现为员工工作的物质回报，同时也是对员工工作投入和贡献的肯定，从而对员工形成精神激励。研究结果表明，绝大多数管理人员和员工认为绩效水平应该是决定薪酬增长的最重要因素，而且按照绩效支持报酬的做法也确实起到了提高员工工作绩效的作用。

（3）薪酬管理有助于合理控制人工成本。薪酬管理的目的在于最大限度地调动员工积极性的同时，实现对人工成本的合理控制。随着组织的不断发展和物价水平的不断提高，组织的成本居高不下，其中人工成本所占份额也日益增大。科学合理的薪酬管理有助于降低组织人工成本，以提升利润空间，提高组织整体绩效。

（4）薪酬管理有助于组织文化建设。组织文化指组织长期形成的并为全体员工认同的价值观、行为规范以及行为方式。薪酬管理借助薪酬目标引领或强化员工的行为，从而对员工的工作积极性和工作态度、工作行为产生直接的影响。组织的奖惩措施作为薪酬管理中重要的组成部分，也将有助于形成良好的组织氛围，促进组织文化的建设。

知识链接 7-2

阿里巴巴的薪酬

阿里巴巴具有完善的薪酬体系，将工资、奖金、期权等进行了非常完整的分配。

第一部分是工资，阿里巴巴的员工工资是互联网行业中等水平，类似腾讯、百度比阿里高出三倍，但腾讯、百度的人很难挖走阿里的人，因为期权的原因。

第二个部分是奖金，奖金跟每年的绩效考核挂钩，而且每个序列的绩效奖金有上限和下限。例如技术系列 P6 职级，下限是 8000，上限是 15000。每年年终对于员工进行绩效考核，10%最差的人不符合公司标准的人，没有奖金甚至要被降薪。70%的人符合公司标准的人给予 2 个月的月薪的奖励。做得最好的 30%，他的奖金是 6 个月以上最多可以到 30 个月的工资作为奖金。如果某个员工工资是 1 万元，年终拿到三四十万的奖金都有可能。

第三部分是期权，期权分 4 年分期授予，每年授予 25%。而由于每年都会伴随奖金发放新的受限制股份单位奖励，员工手中所持受限制股份单位的数量会滚动增加。股权"金手铐"，正是阿里巴巴飞速发展的薪酬保障机制之一。

资料来源：根据 http：//www.sohu.com/a/208601602_237677 整理。

4. 薪酬管理的原则

科学合理的薪酬管理，必须遵守以下原则。

（1）合法性原则。薪酬管理必须符合国家相关的法律法规，保障组织整体利益的同时，保障劳动者的利益。《中华人民共和国劳动合同法》中明确规定劳动报酬的规章制度制定须有严格程序并在劳动合同中明确劳动报酬。

（2）公平性原则。公平性是薪酬设计和管理的基础。公平性是设计薪酬系统并实施薪酬管理的首要原则。公平理论认为人们公平感的来源可分为外部公平性和内部公平性。外部公平性指同一行业或同一地区或同等规模的不同组织类似职位或职务的报酬应大致相同。它决定组织对人力资源的吸引程度和竞争力的大小；内部公平性指同一个组织中不同职位或职务所获报酬应正比于各自的贡献。内部公平性有助于实现人力资源合理配置和员工积极性的有效提升；第三是个体的公平性，即同一个组织中不同职位员工，薪酬应当与其能力或者贡献成正比。

（3）激励性原则。薪酬的高低应当与员工的绩效和贡献有机结合，才能有效发挥激励作用。薪酬设计应当适当拉开差距，形成合理的薪酬结构，真正体现按劳分配、按贡献分配、按能力分配的相关原则，以更好地实现对人力资源的激励。

（4）经济性原则。薪酬管理的经济性原则强调薪酬设计必须充分考虑组织自身发展的特点和实力。经济性强调从短期来看，组织的收益扣除费用和成本后，要能够支付员工应得的薪酬；从长期来看，组织支付的薪酬再加上费用和成本后，要有盈余，用于追加和扩大投资，获得组织的可持续发展。

5. 影响薪酬管理的要素

在管理实践中，组织开展薪酬管理要受到来自各方面因素的影响。从环境角度分析，这些影响因素可以分为组织外部因素、组织内部因素和员工个人因素，参见图7-4。这三方面相互作用，共同影响组织薪酬管理工作的开展。

```
                    薪酬管理的影响因素
         ┌─────────────┼─────────────┐
    企业外部因素      企业内部因素      员工个人因素
    ● 国家法律法规政策  ● 使命与目标      ● 职位与职务
    ● 劳动力市场状况   ● 发展战略       ● 能力状况
    ● 物价水平变化    ● 规模和实力      ● 绩效状况
    ● 竞争对手薪酬状况  ● 薪酬水平与结构   ● 工作年限
```

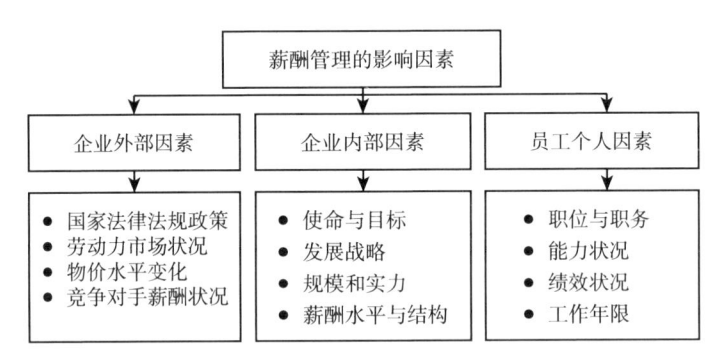

图7-4　薪酬管理影响因素示意

资料来源：内容参考董克用：《人力资源管理概论》，中国人民大学出版社2011年版，第353页。

（1）组织外部因素。外部环境因素是指提供组织运营所需资源和条件的总和，主要包括以下方面：

①国家法律法规及政策。国家法律法规政策是在强制基础上，对组织行为的规范和限制。遵守国家相关的法律法规，使得劳动者权益得到保障的同时，便于组织更好地开展薪酬管理。

②劳动力市场价格。劳动力市场价格会随着劳动力供求关系的变化而上下浮动，从而对组织的运营成本产生影响。市场供需价格的变化要求组织相应地调整员工的薪酬水平以确保薪酬具有相应的竞争力，维持和保留人力资源队伍。

③物价水平。物价水平的变化也是影响组织薪酬设计和管理的重要因素。在物价水平不断提高的今天，提升收入水平以满足员工的基本需求和生活需要成为薪酬管理的重要方面。

④竞争对手薪酬状况。行业薪酬水平特点、惯例及发展趋势也是组织调整薪酬以适应外部环境发展的主要因素。设计薪酬时应该考虑行业薪酬水平、市场人才供给与需求情况、竞争对手的薪酬政策与水平等因素。在充分调查和考虑以上因素后，组织制定出相应的薪酬政策，以形成组织的薪酬体系，并调整薪酬水平。

（2）组织内部因素。组织内部因素是组织薪酬管理的重要条件和影响因素。

①组织的使命和目标。组织的使命和目标决定了组织的价值观，是组织文化

的核心。薪酬管理直接关系到组织和员工之间的利益分配,是员工基本需求满足的基本手段,构成了组织文化的物质基础。因此,薪酬管理必须服从组织使命和目标,为组织发展战略服务。

②发展战略。发展战略是组织在不同阶段战略重点的选择和经营决策的前提。在薪酬设计时必须充分考虑自身发展战略的特点,以实现对薪酬策略的具体设计。成功组织的经验证明,不同阶段发展战略不同,薪酬策略也会相应地发生变化。

③规模和实力。组织的规模和实力是薪酬管理的重要限制。行业特点、业务性质、产品服务、经营状况和财力条件等是组织开展生产经营的基础,也是确定薪酬的前提。行业领军组织的薪酬水平常常高于其他竞争对手,完全取决于其自身的实力和规模,从而会影响到同行业其他组织的薪酬管理活动。

④薪酬体系。不同薪酬体系需要的前提条件和管理基础存在着较大的差异,也导致不同的组织需要根据自身的条件以确定薪酬体系,并对薪酬管理活动的开展提供基本方法和手段,以追求最有效的激励效果。

(3) 员工个人因素。组织中的员工即使担负同种工作,其薪酬也可因职务、能力、绩效状况、工作年限等方面的不同而有所差别。

①职位与职务。薪酬的重要依据来自职位。不同职位的工作性质、复杂程度、责任与贡献等方面存在明显差异,从而导致不同职位的薪酬也存在差异。职位被看作确定薪酬的基础。

②能力状况。能力是直接影响活动效果,使活动顺利完成的个性心理特征。在知识经济时代,能力可以看作员工所拥有的知识、经验和技能的集合。能力状况是确定绩效工作的重要方面。

③绩效状况。绩效是指员工所呈现的可以被评价的工作业绩、工作态度和工作能力。不同员工个人绩效差异,可以直接通过薪酬反映出来。绩效是决定绩效工资的基础。

④工作年限。员工工作年限主要通过参加工作的年限和本单位工作的年限等指标反映出来。本单位工作年限的长短,反映员工对本单位的贡献大小。按照不同工作年限作为计算薪酬的标准,是有助于奖励长期工作的员工的重要因素。

7.1.3 战略性薪酬管理

传统薪酬管理面临着时代发展和组织改革的巨大挑战,战略性薪酬管理应运而生。全球大部分500强企业早已采取以组织战略为导向的薪酬管理体系,在确保组织完成发展目标的同时,能够满足组织对人才的需要和期望,也能使员工提高对组织和工作的满意度,更有利于组织对人力成本的控制和对员工的激励。

1. 战略性薪酬管理的定义

战略性薪酬管理是指以组织发展战略为前提，充分考虑了组织发展的宗旨和价值目标，将薪酬作为组织战略实现手段和组织赢得和保持战略优势重要工具的薪酬管理模式。战略性薪酬管理包括薪酬策略、薪酬体系、薪酬结构、薪酬水平、薪酬关系及其相应的薪酬管理制度和动态管理机制。战略性薪酬管理强调薪酬体系为组织发展提供带有前瞻性的战略支撑。它在关注为组织所有员工提供一般意义上的薪酬激励的同时，也为组织战略"瓶颈"部门和核心人力资源设计出有重点、有区别的薪酬体系与薪酬政策，以便为组织整体发展提供战略支撑。

2. 战略性薪酬管理的特点

战略性薪酬管理具有战略性、激励性、全局性、灵活性、创新性、沟通性、共赢性的特点。

（1）战略性。战略性薪酬管理必须与组织的经营战略具有高度的相容性。组织经营战略通常表现为成本领先战略、差异化战略和集中战略，不同的战略类型需要不同的薪酬制度与之相匹配。

（2）激励性。战略性薪酬管理注重对不同类型、不同层级人才的激励，将薪酬管理与绩效管理、员工培训、职业生涯管理等职能紧密结合，全方位开发员工，提高员工绩效。

（3）全局性。战略性薪酬管理需要有一个系统化的设计框架和思路，从组织整体战略的角度全盘思考，具有全局性和整体性的特点。

（4）适应性。为了适应瞬息万变的市场环境，战略性薪酬管理必须具备自我调整的适应性和灵活性。

（5）创新性。战略性薪酬管理要依据组织的现状，进行薪酬管理的创新和再造。

（6）过程性。战略性薪酬管理强调通过薪酬系统将组织的价值观、使命、战略、规划以及组织的未来前景传递给员工，界定好员工在上述每一种要素中将要扮演的角色，从而实现组织和员工之间的价值观共享和目标认同。

（7）共赢性。战略性薪酬管理既关注组织的发展，也关注员工的诉求，有机地将组织与员工的利益整合在一起。

3. 战略性薪酬管理的流程

薪酬管理天然属于组织战略中的一个环节，需要和组织战略导向高度契合。战略性薪酬管理需要有一个系统化的设计框架和思路，从组织整体战略的角度全盘思考，既要考虑薪酬管理体系对组织战略目标的促进关系，又要考虑薪酬管理体系内部不同层面和架构之间的相互匹配和协同效应，最终从制度和技术层面制定具体的实施细则。参见图7-5。

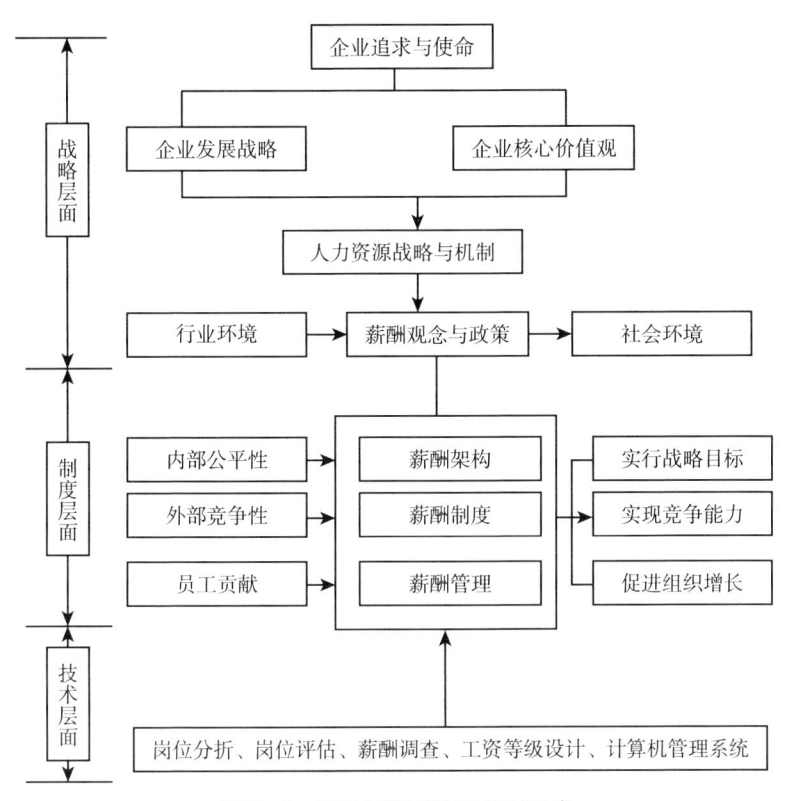

图 7-5 战略性薪酬体系模型示意

资料来源：王红旖：《战略性薪酬管理及其体系构建》，载《江西社会科学》2016年第7期。

企业实施战略薪酬管理，布局薪酬战略的关键步骤如下：

第一步：确立组织发展战略。明确组织的发展战略，了解其使命和远景，这是成功实施战略性薪酬管理的首要任务。只有符合组织的战略目标，了解阶段性组织的发展重心和着力点，才能通过薪酬战略的制定产生激励效果，将个人的发展目标和组织的发展目标有机结合。组织通过SWOT分析法，明确组织外部的机遇和威胁、内部的优势和劣势，确定战略目标、战略选择和战略步骤。

第二步：确定薪酬战略。在确立组织整体战略后，组织需要制定适宜的薪酬战略，使组织的薪酬目标、内部一致性、外部竞争力、员工贡献和薪酬管理等主要决策适应组织战略和外部市场环境的变化。在确定组织的薪酬战略时，要充分考虑组织的整体战略、发展阶段、所处行业、经济实力、竞争策略等。

第三步：薪酬制度的设计与实施。薪酬制度的设计与实施是薪酬战略付诸实践的主要工作。在设计薪酬制度时，组织需要对组织结构、岗位体系、员工特征进行充分的调研，明确采取岗位薪酬、技能薪酬还是能力薪酬。同时，确定组织的薪酬水平、薪酬结构，形成组织的薪酬制度。

第四步：战略薪酬管理体系的重新衡量和调整。战略薪酬管理体系建立后，并非是一劳永逸的，组织需要根据劳动力市场的变化、组织发展的需求进行适时地调整，形成螺旋式的循环结构，促使组织的薪酬战略必须不断调整完善，以适应组织环境与战略的变化。

4. 战略性薪酬管理匹配

（1）组织生命周期与薪酬战略的匹配。所有组织是有生命力和生命周期的，都会经历一个由盛到衰的过程。组织在生命周期的不同阶段要与不同的薪酬战略相匹配。

①初创期薪酬战略。在组织的初创期，组织处于一个初步发展阶段，规模较小，产品并不成熟，获益能力较差，抵抗风险能力低，经营成本反而较高，组织并不能支付员工较高的薪酬，所以一般采取滞后型薪酬水平策略。同样，组织结构简单，薪酬结构也并不复杂，通常情况采取职位薪酬体系，便于操作和管理。在此阶段，组织在薪酬支付能力上存在一定的压力，导致薪酬缩减，低于市场水平，但可以通过一系列手段来弥补这一不足。首先，组织未能及时提供较高的薪酬时，可以从长远考虑，把未来收益与员工挂钩，员工有机会获得组织的股票和股票期权等未来收益，当下薪酬和未来收益相结合，增强员工主人翁意识，提高员工对组织的忠诚度和承诺度，保留有用人才，为组织创造更多的利益；其次，组织在创立初期更注重团队合作，在薪酬设计时注重群体薪酬。当团队创造更多价值时，应当给予相应的奖励，把这种奖励计划归于薪酬设计之中，将分享成果和奖励结合起来，激发团队的战斗力与激情。

②发展期薪酬战略。在发展阶段，组织面临着市场的拓展、产品的研发，面临巨大发展机遇的同时，也面临着巨大的挑战。发展期的企业需要具有较强的应变能力和灵活性，方能适应环境的变化。在薪酬管理方面，做到薪酬设计透明化，让员工尽可能参与薪酬决策和设计，提升员工的归属感和工作满意度。这一阶段，由于组织发展灵活性较强，对应的组织薪酬政策也应做出灵活性的调整，薪酬体系也不能一成不变。根据职位的不同划分不同的薪酬水平，对于高质量和核心技术人才应采取市场领先的薪酬水平，而不是一味地拖后政策。同时，出于组织成本和组织激励考虑，员工的基本薪酬可以采取适当拖延，但是激励薪酬可及时支付，既保障组织的稳定发展，又保持了员工对组织的热情。

③成熟期的薪酬战略。对于成熟的组织来讲，组织规模较大，经营能力成熟，收益率提高，经营成本反而较少，在市场中占据有利的竞争优势。组织的薪

酬政策向市场领袖政策靠拢，组织为员工提供较高的薪酬，员工获得极大鼓励，激发了员工的创造才能，保留大量有用人才。然而，高薪酬政策在这一阶段并不是持续稳定实行，组织根据自身实力的强弱和在市场中的竞争力大小做出相应调整。一般来讲，高投入的薪酬会给组织带来高回报的收入，也能把高薪成本嫁接于消费者，彰显组织的整体实力。此时员工在高薪政策下，更加积极地为组织创造财富，员工满意度较高，员工离职率下降，同时吸引更多的高素质人才。

④衰退期的薪酬战略。对于处于衰退阶段的组织来讲，组织需要自我调整，缩减规模，减少投资，降低成本和收回资产。此时，组织的经营状况处于劣势，收益逐渐较少，因而在薪酬制度上采取缩减政策。为了短期激励员工，组织将员工绩效和薪酬相结合，员工可以抓住组织最后发展势头，与组织共同承担未来命运。通常组织也会采取员工股份股权计划策略来激发员工与组织共同承担经营风险。

（2）组织战略与薪酬战略的匹配。根据行业成长特性和组织内部特点，组织在采取成长战略、稳定战略或紧缩战略时，薪酬战略也随着变动，以匹配组织战略。

①成长型薪酬战略。成长战略是基于组织现有战略基础上，向更高目标发展的一种总体战略。该战略以发展为导向，引导组织不断开发新产品，开拓新市场，采用新的生产方式和管理方式，扩充员工数量，进而扩大组织的产销规模，提高组织的市场占有率和竞争地位。为了满足组织经营领域多样化和经营地域多样化的需要，组织的薪酬制度设计应坚持多样化和针对性原则，允许差异化薪酬方案的共存，同时突出绩效薪酬制度和可变薪酬制度的应用。基本工资、福利应该注重保障，而重要的是在奖金设置。组织利润率增加，应给予员工一定的分红，促使员工在工作上更努力。

②稳定型薪酬战略。稳定战略是指受经营环境和内部资源条件的限制，组织基本保持目前的资源分配和经营业绩水平的战略。按照这种战略，组织目前的经营方向、业务领域、市场规模、竞争地位及生产规模都大致不变，保持持续地向同类顾客提供同样的产品和服务，维持市场份额。匹配稳定型发展战略的稳定型薪酬战略，薪酬结构应保持相对稳定，在薪酬管理制度上应该更加规范，组织的薪酬水平也应维持大体相同的增长比率。基本工资和福利相对应设计较高，而奖金则可以设计的较低。

③紧缩型薪酬战略。紧缩战略是组织从目前的经营战略领域和基础水平收缩和撤退，且偏离起点较大的一种战略。紧缩的原因是组织现有的经营状况、资源条件以及发展前景不能应付外部环境的变化，难以为组织带来满意的收益，以致威胁组织的生存和发展。在这一阶段，组织的薪酬制度应回归到维护组织核心资源和核心竞争力上来，强调薪酬制度的统一性。紧缩型薪酬战略关注人工成本，

但薪酬过低，会导致组织核心人员流失，应该减少基本薪酬的稳定部分，要强调外部具有竞争性，可以实行员工股份所有制计划。

7.2 薪酬设计

在人力资源管理领域中，薪酬管理是最困难的管理任务。组织薪酬管理需要结合组织现状、员工特点、劳动力市场状况等因素，合理设计其基本薪酬、可变薪酬和福利，从而实现员工的有效保障和激励，同时科学控制人工成本。本节从基本薪酬设计、可变薪酬设计和福利设计三个方面介绍薪酬设计的内容和方法。

7.2.1 基本薪酬设计

1. 基本薪酬的内涵

基本薪酬是组织根据员工承担的职位及相应的工作职责或员工所具备的技能，而支付给员工的相对稳定的经济性的报酬，是员工收入的主要部分，也是计算其他薪酬性收入的基础。基本薪酬是员工薪酬构成的基础部分，也是相对稳定的部分。

组织中常常用"基础工资"（Wage）来表述基本薪酬。在组织薪酬体系中，它是最基础的收入报酬。由于人力资源在组织中的不同性质，因而其基本薪酬的表现形式也大不相同。因此，这一薪酬组成部分对于员工来说是至关重要的。它不仅为员工提供了基本的生活保障和稳定的收入来源，而且还往往是可变薪酬确定的一个主要依据。因此在组织薪酬设计过程中，基本薪酬的设计是薪酬管理体系建立的重要前提和基本保证。

2. 基本薪酬设计的步骤

作为薪酬的基础部分，基本薪酬的设计在于保证外部竞争力的同时，确保内部公平。因此，基本薪酬设计的基本步骤主要包括职位分析、职位评价、薪酬调查、确定薪酬水平与薪酬结构等步骤。

（1）职位分析。职位分析是一切人力资源管理活动的基础，是基本薪酬设计的基础，为职位评价提供依据。科学的职位分析能够识别作为薪酬设计基础的职位和人的相关特征，明确界定职位的岗位职责和任职要求，科学划分职位的类别，清晰辨别职位所需的工作能力。无论是以职位为基础的薪酬模式还是以能力为基础的薪酬模式，均需要以职位分析的结论为基础，进行薪酬设计。职位分析的内容和方法详见第 2 章职位分析。

（2）职位评价。职位评价也称工作评价，是以职位分析为基础，根据不同职位对组织目标的贡献，通过专门的方法和程序对组织职位的价值进行综合比较，确定各个职位的相对价值差异的过程。职位评价是基本工资设计的基础。

职位评价的具体步骤包括理顺组织结构和职位设置，确定参加评价的职位；依据职位说明书明确职位的工作内容、职责、权限、协作关系、工作环境和任职资格等基本内容。选择适用的职位评价方法，并且确定评价因素和基准职位，确定评价因素的含义和评分分级的标准，对基准职位进行评分。在取得基准职位分值表后，对照职位说明书并以基准职位的得分为标准，对其余职位进行评分，并将职位评价得分进行排序和整理，得出各个职位的相对价值得分。

常用的职位评价的方法有：排序法、分类法、要素比较法和要素计点法四种。

①排序法。排序法是指比较职位绩效高低，从而排列职位等级或名次的方法。等级或名次可从优至劣或由劣到优排列。比较标准可根据特定职位绩效的指标，如产品的数量、质量、效率或服务等，也可以是根据员工的综合绩效进行比较。排序法具体又分直接排序法、交替排序法和配对比较法三种。

直接排序法。直接排序法是指进行职位评价时，将待评价的职位及其主要特征列出，然后按照每一个职位的价值大小进行排列，形成职位排列的次序，从而确定职位价值的大小。直接排序法是一种简便易行的职位评价方法，可信度较高，可以避免趋中趋向或宽严误差。受到评价人员主观判断的影响，可能影响评价结论的客观公正。

交替排序法。交替排序法亦称选择排列法。它和直接排序法类似。交替排序法首先从评价职位中，先选出价值最高的职位排在第一位，选出价值最低的职位排在最后一位。其次，从余下的职位中选出相对价值最高者和最低者分别排在第二位和倒数第二位。依此类推，直到排完。最后，根据排列顺序确定职位价值大小。与直接排列法相比，交替排序法提高职位之间整体的对比性，同样难以避免评价人员主观认识的影响。

配对比较法。配对比较法将评价职位两两配对进行职位价值的比较，以最后比较的结果对职位的价值高低作出排序。如果职位 A 比职位 B 价值大，则记 1 分；AB 价值相当，则记 0 分；A 不如 B，则记 -1 分。最后将每一个职位同其他职位比较的分数相加，即为该职位得分。根据得分合计，按高低排序即可得出各个职位的相对价值。配对比较法如表 7-2 所示。

排序法操作简便，成本较低，比较适用于职位较少的组织。缺点在于不适用职位较多的组织，尽管通过比较职位之间的价值差距，但只是相对差异，不能客观反映职位价值之间的差距；此外，评价结构受到评价人员个人价值观和经验的影响，主观性较大。

表7-2　　　　　　　　　　　　配对比较法示意

	A	B	C	D	E	F	得分合计
A		1	0	1	1	1	4
B	-1		1	1	0	-1	0
C	0	-1		1	1	1	2
D	-1	-1	-1		1	0	-2
E	-1	0	-1	-1		0	-3
F	-1	1	-1	0	0		-1

②分类法。分类法是排序法的改进。分类法是按照特定的标准，在职位评价的基础上，将职位划分为相应职位等级的评价方法。分类法首先将组织中的职位价值进行价值定位，区分出若干价值等级，并确定每一等级的衡量标准，然后将待评职位与衡量标准进行比较，按比较结果划入相应的职位等级之中。实践中，职位价值标准的制定通常是将组织所有职位按照工作性质大体划分为若干类型，如管理类、研发类、销售类、文秘类等。每类职位再分若干等级，等级数的多少取决于职位描述和相应的任职资格。表7-3表现某组织岗位评价等级标准。

表7-3　　　　　　　　　　　某公司岗位评价等级标准

分级	分级定义	点数
一	了解本专业工作内容，照章办事，具有完成一般性工作的能力	15
二	了解并初步掌握本专业工作内容及本专业有关的政策规定，具有简单的分析判断能力和能完成一般性技术管理工作	30
三	熟悉本专业工作内容和政策规定，有一定分析判断能力，能够独立解决处理本专业范围内的问题，受过培训，能独立承担本专业中一般项目的设计、技术、经营管理工作	45
四	熟悉本专业工作内容和政策规定，具有一定的综合分析和独立判断及解决本专业较为复杂问题的能力，受过一定的培训，有一定的工作经验和开拓能力，能独立承担本部门或本专业相关的项目	60
五	有较高的管理、技术业务水平和综合、独立判断和解决处理本专业复杂问题的能力，受过系统的培训，有较丰富的工作经验，具有较强的开拓能力，能够独立主持或组织本部门、本专业内的重大项目的研究和设计开发	75
六	精通本专业，具有解决重大、疑难问题和全面主持工作的组织能力，受过全面系统的培训，有丰富的工作经验，具有很强的开拓能力，能独立承担管理或技术项目，较强的综合分析和独创能力	90

注：本表所示的专业技能为衡量岗位对任职人员在经营管理、计划、分析判断及专业技术应用等方面应达到的专业技术水平。

分类法的优点在于以相对简化的职位分类使得大量类似的职位进行合并并实现评价,便于实施管理,操作相对简单。该方法的缺点是在规模较大的组织中,建立通用的职位定义比较困难,难以反映不同等级职位价值差距。

③要素计点法。要素计点法又称要素评分法、点值法。是目前应用最广泛、最精确、相对复杂的职位评价方法。要素计点法是在职位分析的基础上,选取若干合适的薪酬因素,并对这些因素的不同程度、水平或层次加以界定,确定不同薪酬因素在职位评价中所占的权重或相对价值,同时给各个薪酬因素赋予不同等级所对应的点值,然后按照这些薪酬因素对职位进行评价,将所有职位评价的点数进行排序,从而建立职位等级结构。要素计点法的主要步骤如下:

确定薪酬要素。薪酬要素即付酬要素。是职位中包含的有助于战略目标实现的并愿意为之支付报酬的可衡量的因素。选择薪酬要素遵循以下标准:一是典型性,要求选择的薪酬要素是绝大多数职位都包含的工作内容中具有代表性的相对稳定的因素;二是可比性,在不同职位的薪酬因素应当可以比较,即可被量化;三是公认性,选择的薪酬要素应当为评价者和被评价者双方认可。薪酬要素一般从工作责任、工作技能、努力程度和工作条件等方面进行衡量。例如"任职资格"要素就可以分为专业知识、熟练程度、技术水平、主动性和灵活性等子要素,如表7-4所示。

表7-4　　　　　　　　　薪酬要素的结构量化

薪酬要素及权重	薪酬要素的子要素及权重 (合计最高1000点)	薪酬要素等级及点数				
		5级	4级	3级	2级	1级
工作技能(40%)	专业知识(10%) 熟练程度(10%) 技术水平(10%) 主动性和灵活性(10%)	100 100 100 100	80 80 80 80	60 60 60 60	40 40 40 40	20 20 20 20
努力程度(15%)	心理压力(5%) 体力消耗(10%)	50 100	40 80	30 60	20 40	10 20
工作环境(15%)	工作场所(10%) 危险性(5%)	100 50	80 40	60 30	40 20	20 10
工作责任(30%)	材料消耗和产品生产(10%) 设备使用、保养(10%) 安全(5%) 合作(5%)	100 100 50 50	80 80 40 40	60 60 30 30	40 40 20 20	20 20 10 10
合计点数		1000	800	600	400	200

定义薪酬要素并界定薪酬要素等级。为了使职位评价具有客观性和可操作性，不仅要对所选择的薪酬要素进行阐释，还需要给薪酬要素划分等级，对不同等级水平进行界定，以便评价时统一评分，减少评分的主观性。综合薪酬要素的等级、对各等级进行定义并评分的结果形成如下结果。表7-5是"专业知识"要素的定义及等级界定与评分量表。

表7-5　　　　"专业知识"要素的定义及等级界定与评分量表

要素名称：知识 要素定义：指胜任现职工作所需的专业知识或相应的培训要求		
要素等级	等级定义	评分
1级	所有整数的读、写、加、减；遵循一定的指示，使用固定的规格标准、直接阅读工具和类似设备，无须给出解释	20
2级	对数字（包括小数和分数）的加、减、乘、除，简单使用公式、图表、绘图、规格说明、进度表和线路图，使用已经调节的测量仪器，对报告、表格、记录以及可比数据的检查，需要一定的解释	40
3级	数学与复杂图表的结合运用，使用多种类型的精密测量仪器，在一个特殊或专业领域有相当于1~3年的实际培训经验	60
4级	高等数学与复杂图表、绘图手册上公式的结合运用，使用任何类型的精密测量仪器。达到初级专业水平或相当于受过2年以上技术院校教育的水平	80
5级	高等级数学的运用，包括工程学原理的应用，以及相关实际操作的演示，要求有机械、化学或类似工程等方面理论的综合知识。相当有4年的技术院校或大学教育的经历	100

确定薪酬要素权重，计算薪酬要素等级的分数。各薪酬要素对职位价值的影响不同。因此，需要根据对职位价值的影响程度，对不同薪酬要素及其子要素进行权重的确定。薪酬要素权重的确定需要由专门的评价委员会或有关专家进行，一般以百分比表示。然后，将薪酬要素的权重与薪酬等级形成对应关系，然后要对每一薪酬要素的作用大小进行处理，确定分值。

进行职位评价时，只要确定所评价职位的每一薪酬要素处于类似表7-5量表中的某一等级，则该等级的分数就是这一职位在薪酬要素上的分数（点数），将所有薪酬要素的分数汇总即可得出该职位最终具体的分值。如职位A的薪酬要素等级在表7-6中都为3级，职位A的最终薪酬点数是600分。

表7-6　　　　　　　　　　薪酬要素、要素分级及点值

薪酬要素	点值	权重%	因素	薪酬等级				
				1	2	3	4	5
工作技能	400	40	专业知识 熟练程度 技术水平 主动性和灵活性	20 20 20 20	40 40 40 40	60 60 60 60	80 80 80 80	100 100 100 100
工作责任	300	30	材料消耗和产品生产 设备使用、保养 安全 合作	20 20 10 10	40 40 20 20	60 60 30 30	80 80 40 40	100 100 50 50
努力程度	150	15	体力消耗 心理压力	20 10	40 20	60 30	80 40	100 50
工作环境	150	15	工作场所 危险性	20 10	40 20	60 30	80 40	100 50
合计	1000	100		200	400	600	800	1000

建立职位薪酬等级结构。在所有职位的薪酬分数计算完毕后，根据各职位得分的高低进行排列，然后按等差方式将职位进行等级划分，就可建立职位薪酬等级结构表。按照组织的薪酬状况赋予一定分值区间相应的工资额，就可确定不同职位的工资率或工资数额范围，如表7-7所示。

表7-7　　　　　　　　职位薪酬等级、点数与工资率转换

职位等级	点数区间	月薪（元）
1	101~200	900~1500
2	201~400	1200~2500
3	401~600	1800~3500
4	601~800	2700~4500
5	801~1000	3800~6500

要素评分法的优点适用于多岗位的薪酬评价，采用量化方法明确职位之间的互相比较，评价结果明确，同时通过比较职位间相对价值，能够全面系统地衡量职位价值的差异，为薪酬设计奠定基础。缺点在于评价操作比较复杂，工作量大，成本较高。

④要素比较法。要素比较法又称因素比较法，是一种量化的职位评价方法。

该方法既是对排序法的改进和延续，也是要素计点法的一个分支。与排序法的主要区别是：排序法是从整体的角度对职位进行比较和排序，要素比较法则先根据职位的状况，选择影响职位价值的相关薪酬要素，然后选择典型的职位作为基准进行分析比较，根据不同职位相关薪酬要素分别排列顺序，进行比较综合，最后确定其价值的大小。与要素计点法相比，两者的主要区别在于薪酬要素的配分形式和工作等级转换成薪酬结构的方法不同。因此，该方法是兼有排序法和要素计点法特征的混合方法。其步骤如下：

根据职位说明书确定薪酬要素。不同职位有不同的薪酬要素。必须根据职位分析获取职位信息，从而确定职位的薪酬要素。

确定典型职位。要素比较法需要挑选组织中的典型职位作为评价对象。典型职位是指那些具有代表性并且广为人知的职位，要覆盖到职位的各个类别和级别，数量也要根据组织内部的职位数量来确定。

对典型职位进行要素分析和评价，明确典型职位的价值。确定典型职位后，首先需要对典型职位进行要素评价；然后需要根据劳动力市场的工资水平和组织的薪酬状况对典型职位进行要素分析和评价，确定其分值高低和排列顺序，并依此明确典型职位的价值，确定典型职位的基本工资。基本薪酬设计往往要求根据典型职位薪酬要素价值的大小，确定各个要素应付的薪酬金额后，再将它们汇总相加来得到典型职位基本工资的数额。

对照典型职位的价值以评价其他职位的价值。将典型职位的评价要素与其他职位的薪酬评价要素逐一进行比较，确定其他职位在各评价要素上的评价结果，确定其他职位在付酬要素上应该得到的薪酬金额。对照典型职位所包含的薪酬要素应付的薪酬金额，将待评职位所包含的各种相应的薪酬要素取其最接近典型职位的得分值，再汇总相加就可确定其他职位的基本工资，如表 7-8 所示。

表 7-8　　　　　　　　要素比较法确定工资示例

小时工资率（元）	工作技能	努力程度	工作环境	工作责任
8.00	职位 C			
8.50	职位 A	职位 E		职位 A
9.00		职位 B	职位 A	
9.50	职位 D	职位 A	职位 C	职位 B
10.00		职位 D	职位 E	职位 C
11.00			职位 B	职位 E

续表

小时工资率（元）	工作技能	努力程度	工作环境	工作责任
12.00			职位 D	
13.00	职位 B	职位 C		职位 D
14.00	职位 E			
15.00				

要素比较法作为系统、精确的量化评价方法，将职位特征转化为薪酬要素，以明确组织付酬的依据。该方法有利于评价人员作出正确的判断，也容易向员工说明。要素比较法的缺点是操作比较复杂，典型职位的评价过程复杂，还需要不断随劳动力市场薪酬水平的变化进行调整，其应用局限性较大，评价成本较高。

（3）薪酬调查。薪酬调查是指组织应用各种手段，搜集薪酬管理、薪酬设计所需宏观经济、区域、行业（包括竞争对手）以及组织内部有关信息，为组织制定薪酬策略、进行薪酬设计、薪酬调整提供依据的过程。

①薪酬调查的目的。薪酬调查的目的主要体现在以下方面。首先，为薪酬水平调整提供依据。薪酬调查可以帮助组织及时了解劳动力市场价格情况，掌握区域、行业的薪酬水平，对组织薪酬设计和薪酬调整具有非常重要的意义。其次，为完善薪酬结构提供参考。薪酬调查可以帮助组织掌握外部人力资源市场价格，结合区域、行业的薪酬特点，对组织薪酬等级数目以及薪酬等级差别的确定具有重要作用。薪酬调查还可以检验组织职位评价的准确性，借助典型职位薪酬水平与职位评价分数的回归分析，以修正评价结果。最后，了解其他组织薪酬管理的动态，评估竞争对手的人力资源成本。组织通过薪酬调查了解其他组织，特别是竞争对手的薪酬水平，这对组织制定有针对性的竞争策略吸引和保留人力资源具有非常重要的作用。

②薪酬调查的内容。薪酬调查包括以下几方面内容：

宏观信息。包括国家宏观经济政策及国民经济发展信息，涉及国家财政政策、货币政策、消费者物价指标（CPI）、国民生产总值增长等数据。

行业信息。区域内同行业组织尤其是竞争对手的薪酬策略、薪酬水平、薪酬结构、薪酬构成以及变化动态，也可参照其他区域同行业组织的相关信息。

市场信息。区域内同行业典型职位市场薪酬数据或区域内相关行业的薪酬数据，也可以是其他地区同行业的薪酬数据。

组织信息。上市公司有关薪酬数据调查分析，分析同行业上市公司员工薪酬水平，尤其是高层管理人员薪酬水平。

自身薪酬信息。调查员工对组织薪酬管理方面的意见和建议，了解员工对薪酬体系的态度和看法，为薪酬设计提供基础信息。

③薪酬调查方法。组织可以借助多种渠道获得外部薪酬数据的有关信息，常见的方法有：

外部公开信息查询。查看政府及有关人力资源机构定期发布的薪酬数据，包括岗位供求信息、岗位薪酬水平、毕业生薪酬、行业薪酬、区域薪酬数据，也可以查看上市公司高管薪酬数据，对组织薪酬政策及薪酬水平的制定提供参考。

组织合作式相互调查。同行业组织之间建立合作关系，共享薪酬数据及相关资料，同时可以共同开展薪酬调查活动，以节约成本，共同受益。

招聘时采集。招聘时采用问卷调查及面谈期望薪酬等方式实现外部人力资源市场价格的收集。如果组织因为薪酬原因不能招聘到最优秀的员工，则说明组织提供的薪酬缺乏竞争力。

外部数据购买。向专业薪酬服务机构购买有关薪酬数据，也可以聘请专业的市场调查组织。可以委托专业市场调查组织进行薪酬调查，获得数据准确，但成本较高。

④薪酬调查的基本步骤。准备阶段。根据需要确定调查的方式、确定调查的范围、界定调查对象、选择调查的薪酬信息、明确调查的项目，为即将展开的调查做好工具和条件等方面的准备。

实施调查。按照既定的调查计划和方案，采用电话调查、发放调查问卷、访谈、远程访问等方式进行调查；也可以通过咨询政府部门或专业协会获得相关信息，咨询机构发布的薪酬资讯也可以成为调查数据的重要参考。

调查资料的整理与统计。薪酬调查完毕后，应根据收集到的数据进行分析统计和整理。调查资料的价值不仅仅体现在数据的多少，关键在于调查者从获得的信息中得到的启示，所以必须对调查资料进行数据的计算、统计和整理，并根据统计结果形成调查报告。

绘制薪酬市场线。将根据薪酬调查的结果和职位评价的结果相结合，将典型职位薪酬评价点数做自变量，市场薪酬调查的薪酬数据做因变量，经线性回归可以得到的直线称为薪酬市场线。薪酬市场线对薪酬设计具有重要的指导意义。见图7-6。

薪酬市场线将市场薪酬调查数据与典型职位的评价点数联系起来。根据薪酬市场线描述组织的薪酬状况可以判断是否实现了外部公平性和内部公平性的统一。薪酬市场线还可以作为组织调整薪酬策略的重要参考依据。

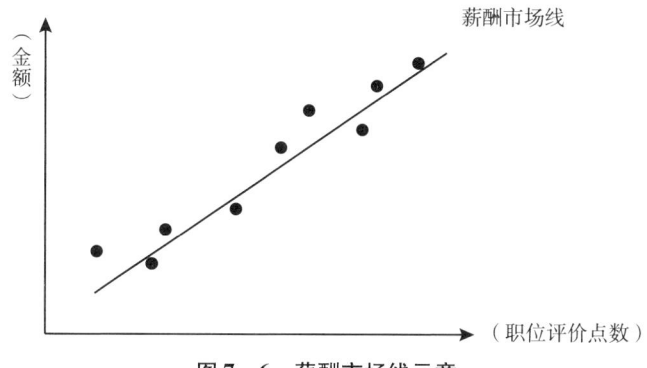

图 7-6　薪酬市场线示意

（4）确定薪酬水平与薪酬结构。基于薪酬调查的结果，组织结合自身经济状况和发展水平，进行基本薪酬水平和薪酬结构的设计和定位，确定组织的基本薪酬水平在劳动力市场中相对位置、结构构成、薪酬政策线、等级标准和等级范围。确定薪酬水平和薪酬结构，明确了组织的薪酬水平在市场上的相对位置，决定了组织在劳动力市场上的竞争地位，是组织薪酬外部竞争性的直接体现，是衡量组织薪酬体系有效性的重要特征之一。

7.2.2　可变薪酬设计

可变薪酬是组织薪酬的重要组成部分，是实现对员工有效激励的重要手段。可变薪酬设计需要兼顾公平性和激励性，保障可变薪酬体系技能激发员工工作潜能的同时，实现组织的平稳发展。

1. 可变薪酬的定义

可变薪酬是基于绩效而产生的，是指组织按照员工、团队或整体绩效为依据而支付的薪酬部分，以达到激励员工行为、有利于组织目标实现的目的。可变薪酬是薪酬系统中与绩效直接挂钩的部分，实行此类薪酬的目的是在绩效与薪酬之间建立起直接的联系。其对于员工而言具有很强的激励性，对于组织绩效目标的实现起着非常积极的推动作用，有助于组织强化员工个人、员工群体乃至组织全体员工的绩效，从而达到节约成本、提高产量、改善质量以及增加收益等多种目的（赵海霞，2009）。因此可变薪酬成为组织薪酬组成中的重要组成部分，得到越来越多的使用，并且受到各方面因素的影响，呈现出多元化的发展格局。

2. 可变薪酬的特点

可变薪酬与基本薪酬相比，具有突出的特点。可变薪酬的优点主要表现在以下方面：

(1) 更加明显的激励效果。与直接薪酬不同，可变薪酬与个人绩效紧密结合，真正实现多劳多得，少劳少得，因此可以表现为更加直接并且明显的激励效果。

(2) 引导员工关注整体性。许多组织借助可变薪酬与明确的绩效目标相联系，以引导员工关注个人绩效目标达成的同时，并将员工个人努力集中到整体或团队的绩效目标实现过程中来，以推动组织绩效目标的实现，从而形成个人和组织的双赢。

(3) 薪酬发放的灵活多样。不同职位员工的绩效标准和绩效结果存在差异，因此可变薪酬发放的对象、数量均可以按照实际绩效而发生变化，以针对性实现对高绩效员工的奖励。因此灵活多样的薪酬计划有助于实现对绩效员工的有效激励，从而避免单一的薪酬支付方式带来的弊端。

(4) 实现成本的有效控制。由于可变薪酬是以绩效为基础进行支付的变动薪酬，以可变成本的方式，减轻了组织在固定成本开支方面的压力；可变薪酬与企业绩效紧密联系，有利于组织可以根据自身的绩效水平有效地控制人工成本的开支，大大减少了薪酬分配的平均化和盲目性，避免陷入成本扩大的陷阱。

3. 可变薪酬设计原则

可变薪酬是有条件的薪酬，随着个体和组织的绩效的变化而变化。可变薪酬的设计既要考虑组织的现有经济状况、人员特点，又要遵循必要的设计原则。组织在设计可变薪酬过程中，需要兼顾以下原则：

(1) 战略性原则：可变薪酬作为激发员工工作热情，提升工作效率和业绩产出的重要工具，设计的可变薪酬体系应与公司的长期发展战略相适宜，以促进公司的长期发展。可变薪酬体系应对组织实施的企业战略提供有力的支撑。

(2) 差异性原则：组织岗位和员工的类型复杂多样，同样的岗位不同的员工履职，其贡献也各不相同，甚至存在很大差距。可变薪酬的设计应充分考虑价值贡献差异，不同类型的岗位、员工，应设置不同的可变薪酬构成，充分体现个人和群体的业绩差异。

(3) 公平性原则：可变薪酬设计应兼顾各个部门、员工的岗位特征、绩效考评结果，给予员工相应的薪酬，兼顾外部公平和内部公平。

(4) 激励性原则：可变薪酬不仅影响员工的物质生活水平，而且直接影响员工的工作积极性和对组织的满意程度。可变薪酬设计以员工、部门、组织的绩效为基础，通过满足不同类型员工的内在需求，达到激励最大化。

(5) 系统性原则：可变薪酬设计是薪酬设计的组成部分，组织应综合考虑可变薪酬与基本薪酬、福利的结构和比例，使不同类型员工的薪酬总构成之间相互协调，比例适宜。

4. 可变薪酬的种类设计

可变薪酬在组织的薪酬实践中得到越来越广泛的运用。按照支付对象的不同，可变薪酬的主要形式包括个人可变薪酬和群体可变薪酬。组织通常不会采用单一的可变薪酬形式，组织可变薪酬设计需要综合采用多种可变薪酬类型，以最大限度地发挥个体和群体可变薪酬的激励效果。

（1）个人可变薪酬。个人可变薪酬是指用于奖励员工为实现其个人绩效目标而支付的薪酬，是一种短期激励的薪酬方式。个人可变薪酬主要形式包括：

①计件制。泰勒的计件工资制和差额计件工资制是可变薪酬的起源，该方式将员工个人薪酬与其绩效相联系，从而起到了激励员工的作用，但该方法的基础在于个人业绩，不利于团队之间的相互合作。最简单的计件制是直接计件制，即以员工生产产品数量为基础，以单位时间的产量确定工资率，根据员工实际产出计算实得报酬。

计算公式为：$E = N \times R$

式中，E 为支付的薪酬，N 为完成产品的数量，R 为工资率。

计件制的发展是差额计件制，即对于不同员工的产出水平分别规定不同的工资率，并据此来计算报酬。差额计件制包括泰勒计件制和梅里克计件制两种形式。差额计时制的优势在于体现出"多劳多得，少劳少得"的薪酬支付原则，使得工资具有奖惩功能。

②计时制。计时制是按照员工完成工作的时间来支付其薪酬的做法。最基础的计时制是标准小时工资制，该方法首先确定完成单位产量所消耗的标准时间，以此作为绩效标准。当员工在标准时间内完成工作任务时，按照标准工作时间支付薪酬。即使员工在规定时间内提前完成工作任务，也依然按照标准时间计算薪酬。这种方法适用于周期较长的操作，或者是需要多种技能的非重复性的工作或岗位的计薪。

实践中，采用计时制的员工即使因为节约了工作时间，也不能由此得到提升工资的奖赏。因此，标准工时制也出现了新的形式，包括哈尔西50/50计划、罗恩计划和甘特计划。哈尔西50/50计划认为如果员工以低于标准工时的时间完成了工作任务，从而因为节约时间而产生收益，将以对半分的方式实现雇主和雇员对节约成本的分享，双方共同均分摊成本节省的结余以实现对员工的激励；罗恩计划则根据实际工作时间节约的比例来计算雇员的奖金额，员工收益会随着完成工作时间的减少而增加；甘特计划将标准工时确定为需要员工付出较大努力才能达到的水平，对能够在标准时间内或在少于标准时间内完成工作的员工，当达到或超过标准工时时，员工收入增长比产量增长快。

③绩效工资。绩效工资是根据员工的绩效考核结果来支付薪酬的方法。它体现为对已经取得的工作结果的认可与奖励。这种方法适用于绩效结果可以量化的工作。由于某些职位的绩效很难以量化，因此绩效工资也发展出多种形式。

第一，绩效调薪。绩效调薪是将员工本计划年度绩效结果作为基本薪酬的增加或减少依据的绩效奖励计划。调薪根据年度绩效考核的结果按照相应的加薪规则，提高员工的基本薪酬。见表7-9。

表7-9　　　　　　　　　　绩效调薪举例

绩效考核等级	优秀	良好	合格	较差	很差
调薪幅度	5%	3%	0	-1%	-3%

绩效调薪计划可以采用多种应用方式，包括以基本薪酬为基准、以所辖等级的薪酬中值为基准、以绩效和相对薪酬水平为基础、以绩效相对薪酬水平以及时间变量为基础的调薪计划等。绩效调薪的累积有可能导致员工基本薪酬总额会随着绩效的提升而增长过快，加大人工成本的压力。

第二，绩效奖金。也称为一次性奖金，是根据员工的绩效考核结果给予的一次性奖励。是有累加的绩效加薪，是对绩效调薪的改进，但没有对达不到绩效目标的员工的惩罚。绩效奖金克服加薪可能增加工资基数的问题，实现对工资成本的有效控制的同时，有效地保护高绩效的员工积极性，达到激励员工的目的。绩效奖金可以按照个人、团队、部门或者整体的绩效结果作为奖励的基础，从而使得这种方式可以灵活地适应不同的情形。

第三，特殊绩效认可计划。为了向组织中的因为个人绩效远远超出绩效目标、工作表现特别突出、贡献十分巨大、成果十分显著的员工而特别设计的奖励计划。该计划具有较大的灵活性，对于那些表现突出的员工形成特别奖励，以奖励他们对组织的贡献和创造的价值，并且形成强烈的示范效应。

(2) 群体可变薪酬。个人可变薪酬旨在将个人努力与其收入联系起来。然而个人可变薪酬会导致个人与群体行为的不协调，为了解决这种问题，出现了基于群体和组织绩效的激励计划。当今团队工作方式越来越普遍，组织的工作需要依靠员工的相互协作加以完成，团队奖励就成为必然。因此，面向团队或组织的以整体绩效为依据而支付的薪酬称为群体可变薪酬。大量研究证明，与个体可变薪酬相比较，群体可变薪酬的激励作用更为明显。常见的群体可变薪酬的形式包括利润分享计划、收益分享计划、成功分享计划和员工持股计划。

①利润分享计划。利润分享计划是通过对群体绩效的指标进行衡量，以衡量

的结果作为依据来支付薪酬的一种奖励计划。利润分享是指将组织的部分利润在员工间进行分配。这种计划将员工个人的薪酬与组织绩效联系在一起，引导员工关注组织利润的提升，强化员工对组织或组织绩效的贡献，同时利润分享也有助于灵活地调整薪酬水平，根据组织经营的现实情况和实际收入进行分配，降低成本的同时改善组织和员工之间的关系。

传统的利润分享计划中，员工在年底直接获得应分享的部分；现代的利润分享计划中，利润分配将利润分享与退休计划相联系，即其中的一部分被推迟发放，并置入一种特定基金，员工可在退休或离开组织时才能获得。有些组织为减少员工流动，特别规定如果员工的服务期没有达到规定的年限，将无权得到部分或全部的利润分享部分。

②收益分享计划。收益分享计划也称为增益分享计划。收益分享是让员工参与分享超过常规收益的那部分额外收益。额外收益可以是因生产率提高、成本节约、质量提高、销售增加等获得的额外利润。收益分享的目的在于使员工尽自己所能地努力投入工作之中，并从团队或整体的总体绩效改善中获得更多的收益。这种方法有利于增强员工的团队意识和合作精神，抑制员工之间恶性竞争。

收益分享可以采用不同的分配方式，即所有员工获得同等数量的奖励、所有员工按基本工薪的同一比例获得奖励、不同类的员工按不同的比例分享额外收益，根据分配标准，不同的表现获得不同的比例或数量等。著名的收益分享计划有斯坎伦计划、拉克计划和分享生产率计划。方案的主要特点见表7-10。

表7-10　　　　　斯坎伦、拉克与分享生产率计划的主要特点比较

特征	斯坎伦计划	拉克计划	分享生产率计划
目标	提高生产力	提高生产力	提高生产力
节约关注	劳动力成本	劳动力成本、原材料成本、服务成本	实际生产时间（相比于标准生产时间）
计划内涵	提倡合作与参与	提倡合作与参与	提倡高效率、迅速
员工参与方式	部门和审查委员会	部门和审查委员会	无
奖金支付周期	按月	按月	按周

资料来源：刘爱军：《薪酬管理理论与实务》，机械工业出版社2008年版，第105页。

③成功分享计划。成功分享计划又称为目标分享计划，是将组织的综合绩效指标作为经营目标，运用平衡计分卡方法衡量整体绩效超越目标的状况，并根据结果实施奖励的一种群体奖励计划。该方法涉及的目标可能包括组织的财务绩

效、质量和客户满意度、学习与成长以及流程等绩效方面的改善。该方法的关键在于确立公平合理的、经过努力后可能达成的绩效目标，通过绩效的改善和超越而体现员工对组织绩效目标的实现所产生的影响。成功分享计划涉及组织中的所有员工，从而获得全体成员对绩效目标的承诺，也全面地展现员工从各方面为绩效目标达成所做出的贡献。

④员工持股计划。员工持股计划是一种比较普遍采用的利润分享方式。员工持股计划是指由组织内部员工出资认购本组织股权，委托给员工持股会作为社团法人进行托管运作的一种特殊计划。这种方法针对员工个人，但与整体的绩效紧密相连，是对员工实施的长期激励计划。目前常见的员工持股计划主要包括现股计划、期股计划和期权计划。

员工持股计划使得员工成为其所在组织的持股人，增强了员工对组织的认同、忠诚和责任心，员工持股计划的优点使员工得以分享组织的增长和利润给个人带来的好处，同时组织用于员工持股计划的那部分收入可享受税收上的优惠待遇。

7.2.3 福利设计

1. 福利的定义

福利是间接薪酬的简称，是组织为满足员工的生活需要，在基本薪酬和可变薪酬之外，向员工本人及其家属提供的可以由货币、实物及服务形式支付的补充性报酬。福利作为薪酬体系的重要构成部分，对企业的经营发展起着不可忽视的作用。现代组织中，福利在薪酬中所占的比重越来越大，并且产生了更大的作用和影响。

2. 福利的特点

相比较基本薪酬和可变薪酬，福利具有如下特点：

（1）均享性。指凡是按照岗位要求完成工作并做出相应贡献的所有员工，均有享受福利的平等权利。

（2）补充性。福利是对员工为组织工作的物质补偿，从满足员工工作、生活需要而特别设计的报酬部分。

（3）服务性。现代福利的最大特点是实现对员工的"全面照顾"，内容不仅包括工作安全与保障的同时，还包括个人教育培训、住房待遇、生活补贴等相关的产品及服务。

（4）差异化。组织采取差异化的福利设计手段及项目设计，目的在于尽可能地采用积极有效的手段，满足具有不同需求的员工能够充分按照个人需求享受提供的福利项目。

3. 福利的功能

福利对于组织的发展具有重要意义，具体表现在以下方面：

（1）吸引和保留人力资源。越来越多的求职者在进行工作或职位选择时，将福利作为十分重要的因素来进行考虑。良好的福利待遇已经成为增强组织在劳动力市场上的竞争能力的重要手段。因此，许多组织会在国家法定的一些福利项目之外，自主设立其他福利项目，并以此作为吸引人力资源和保留员工的重要途径。

（2）有助于组织文化建设。组织越来越重视员工对企业文化和价值观的认同。福利体现组织的管理特色，传递组织对员工的关怀和支持，在满足个体需要的同时，努力创造家庭式的工作氛围和组织环境。因此，以员工为中心，努力向员工提供形式多样、富有吸引力的福利计划，对于构建组织的价值观和组织文化特色将发挥重要作用。

（3）合理避税，提高成本支持的有效性。福利的一个重要的功能就是税收减免。福利为员工提供的保障计划、服务和实物产品等，可以用现金来进行替代。将福利完全折算成现金计入工资中，将会使员工支付高额的所得税。按照现行的个人所得税政策，采取福利的形式，员工就能够在得到这些报酬的同时，获得税收的减免，从而大大提高人工成本支出的有效性，这也是福利受到欢迎的重要原因。

4. 福利的类型

福利项目从总体来看，可分为国家法定福利项目和组织提供的自主福利项目两类。

（1）国家法定福利项目。大多数国家都有相关的法律法规规定组织必须提供的福利项目。国家法定福利项目通常具有一定的强制性，需要组织认真贯彻执行。我国法定福利项目通常包括：法定的社会保险、住房公积金、公休假日、法定节假日、带薪休假等。

①法定的社会保险。目前，我国法定社会保险主要包括：养老保险、失业保险、医疗保险、工伤保险及生育保险，即"五险"。

养老保险。养老保险是按国家统一政策规定强制实施的，使劳动者在因年老而丧失劳动能力时，可以获得物质帮助以保障晚年基本生活需要的保险。养老保险作为社会保险体系的核心，它影响面大、社会性强，直接关系到社会的稳定和经济的发展。

失业保险。失业保险是指国家和组织对因非意愿、暂时丧失有报酬或有收益的工作的员工，付给一定经济补偿，以保障其失业期间的基本生活，维持组织劳动力来源的社会保障的总称。失业保险的目的在于保障非自愿失业者的基本生活，帮助其重新就业。

医疗保险。医疗保险作为公共福利中最为主要的福利，是国家、组织对员工在因病或因公负伤而暂时丧失劳动能力时，给予假期、收入补偿和提供医疗服务的社会保险制度。在我国，组织职工的医疗费用由国家、单位和个人共同负担，以减轻组织负担。

工伤保险。工伤保险是劳动者在工作中或在规定的特殊情况下，遭受意外伤害或患职业病导致暂时或永久丧失劳动能力以及死亡时，劳动者或其遗属从国家和社会获得物质帮助的社会保险制度。工伤保险是针对那些容易发生工伤事故和职业病的工作人群而设立的特殊社会保险。

生育保险。生育保险是国家通过立法，在怀孕和分娩的女性劳动者暂时中断劳动时，由国家和社会提供医疗服务、生育津贴和产假的社会保险制度，国家或社会对生育的职工给予必要的经济补偿和医疗保健的社会保险制度。我国生育保险待遇包括：生育津贴、医疗护理、生育补助和生育休假等。

②住房公积金。住房公积金是组织等用人单位及其在职职工缴存的长期住房储蓄金，是住房分配货币化、社会化和法制化的主要形式。住房公积金制度是国家法律规定的重要的住房社会保障制度，具有强制性、互助性、保障性。

③公休假日。公休假日是指职工工作满一个工作周以后的休息时间。一般情况下公休假日安排在每个星期六和星期日，共计两天，俗称"双休"。当然，也有些组织由于工作或生产需要实行"单休"。《中华人民共和国劳动法》第三十八条明确规定，用人单位应当保证劳动者每周至少休息一日。

④法定节假日。法定节假日是指根据各国、各民族的风俗习惯或纪念要求，由国家法律统一规定的用以进行庆祝及度假的休息时间。根据国务院《全国年节及纪念日放假办法》规定，我国法定节假日包括三类。第一类是全体公民放假的节日，包括：新年、春节、劳动节、国庆节、清明节、劳动节、端阳节、中秋节，共计11天。第二类是部分公民放假的节日及纪念日，包括：妇女节、青年节等。第三类是少数民族习惯的节日。

⑤带薪休假。带薪年休假，是指劳动者连续工作一年以上，就可以享受一定时间的带薪年假。2007年12月7日国务院第198次常务会议通过《职工带薪年休假条例》，自2008年1月1日起施行。带薪休假是员工休息休假权利，能够有效调动员工工作积极性，是广大劳动者应当享受的法定福利。

（2）组织福利。组织福利是指由组织自主建立的、为满足员工的生活和工作需要，在工资收入之外，向员工本人及其家属提供的一系列福利项目，包括货币津贴、实物和服务等形式。组织福利计划比法定福利计划种类更多，也更加灵活，主要有以下形式：

①组织年金，是指组织及其职工在依法参加基本养老保险的基础上，自愿建立的补充养老保险制度。它是多层次养老保险体系的组成部分，由国家宏观指导、组织内部决策执行。

②离退休待遇。组织按照国家相关规定，对达到离退休年龄的员工可以办理离休、退休等手续，并享受国家规定的离退休待遇。

③住房补贴或津贴。组织为了使员工有较好的居住环境而提供给员工的福利，主要包括：每月的住房公积金，组织购买或建房后免费或低价租给或卖给员工居住，为员工购买住房提供免息或低息贷款，全额或部分报销员工租房费用等。

④交通补贴。主要指上下班为员工提供交通方便，主要包括派专车接送上下班、按规定为员工报销交通费、每月发放一定数额的交通补助费等。

⑤伙食补贴或免费工作餐。指为员工提供的免费或低价午餐；或提供一定数额的工作午餐补助费。

⑥各种津贴。按照员工的需求，组织为员工发放的诸如外地工作津贴、海外工作津贴、特困补贴、服装补贴、水电费补贴、取暖补贴、防暑降温补贴、洗理补贴等。

⑦员工生活福利。生活福利是为员工个人生活提供的其他种类福利项目，主要有：法律顾问、心理咨询、内部优惠商品或服务、子女教育费、托儿所等。

知识链接 7-3

知名外企"传说"中的员工福利

谷歌（Google）：员工可以享受高级营养师定制的免费美食；长年开放带私人教练的24小时健身房、按摩室、排球场、咖啡厅、娱乐游戏设备、睡觉的太空舱、温泉水疗、游泳池（居然还配备了救生员）。

联合利华（Unilever）：几乎每一扇窗都能打开通风，每个座位都看得见风景。大楼外种满枫树、桂花树，露天就餐区可听水声、看鱼群。室外平台上实现无线互联网全覆盖，可以在户外办公、开会。健身房、淋浴房、羽毛球场、咖啡吧一样不少。公司下午6点下班，5点45分，《回家》就会准时响起。

雅诗兰黛集团（Estee Lauder）：一流商学院的进修课程将使管理层女性员工在工作上进一步提高，而颇具特色的电子化课堂，让普通员工可以通过内部网学习各种技能、业务、语言的课程，出国培训、交流、旅游的机会多多。员工俱乐部，教员工插花、做蛋糕，举办家庭日，甚至会邀请员工母亲参加检查乳腺癌活动。每月免费的护肤彩妆品,也令人羡慕不已。

高露洁(Colgate):完善的海外进修计划。提供海外长、短期任命,每年派出 10~15 名员工,帮助其拓宽视野,有机会和 Colgate 全球保持沟通、合作,过往 5 年中有超过 60 名员工进行了海外任命。

美国 VCI 传播公司(Valises Communications Inc.):员工中有一半是女性,而且其中有许多人都是在职母亲。公司因此提供了托儿服务,还设全科医生为孩子服务。新任母亲有长达 68 周的产假,还可在哺乳室给婴儿喂奶,新任父亲也可享用带薪假期。

资料来源:东方网,五花八门的外企员工福利,http://www.chinahrd.net/compensation-benefits/employee-benefits/2012/1106/178829.html.

5. 员工福利计划设计

(1)员工福利计划的定义。员工福利计划(Employee Benefit)是指组织根据自身的发展目标以及未来各种影响因素的预测和分析,对特定阶段员工的福利构成、发展走向和具体实施途径所做的全面、系统、规范的规划和安排。员工福利规划的目的在于有计划、及时、公平地为员工提供所需的福利,以充分发挥福利的作用。员工福利计划是企业为员工提供的非工资收入福利的"一揽子"计划。

(2)员工福利计划的管理流程。

①员工福利计划调查阶段。为了确保组织的福利能够真正满足员工的现实需要,必须首先进行福利调查。从调查的内容看,福利调查主要分为三种:福利项目制定前的调查、员工年度福利调查、福利反馈调查。在福利项目实施过后或年度考核时进行。主要调查员工对某一福利项目实施的反应及态度,收集相关的意见和建议,以确保福利作用的发挥。

②员工福利计划设计阶段。

第一,员工福利计划的设计需要确定福利目标。福利目标必须符合组织的发展战略和长远目标,尽可能地满足员工的需求,以充分发挥员工激励的作用;福利的设计需要符合总体薪酬预算的结构和形式的需要,还要考虑组织的支付能力,做好科学的薪酬预算与人工成本控制相结合。福利设计还要符合国家和地方相关的法律法规,履行组织应当承担的社会责任。

第二,明确福利提供的水平。在确定福利水平时,福利成本核算也是福利设计的重要方面,主要内容包括计算组织可能支出的最高福利总费用,与竞争对手福利相比,在保证自身福利竞争优势的前提下,努力减少福利支出,确定员工福利项目的成本,以制订相应的福利成本计划。

第三,明确福利提供的结构。福利提供的结构既要考虑全员享受福利,又要考虑员工之间的差异。既要保证福利的保障功能,又要发挥福利的激励功能。

第四，明确享受福利的条件，回答员工应该付出怎样的努力才能享受到福利计划。为了增强福利的激励性，组织需要对员工享受福利的资格条件作出限定和条件约束，组织中常常采用的约束条件有：工作年限、绩效结果、岗位级别等。

第五，明确福利实施的主体，回答谁来负责？谁来实施？组织需要结合整体人力资源战略明确员工福利计划的实施主体，明确直接责任人，确保明确福利产品或服务购买或支付的顺畅进行。

③员工福利计划实施阶段。按照福利实施计划，向组织的员工提供福利。福利实施需要严格按照计划进行，严格控制福利开支的同时，确保福利预算要落实，以避免福利计划落空，或向员工的福利承诺不兑现。保持实施进程的灵活性，定期检查、定期监控，以保证福利提供的有效性。福利实施的好坏，不仅仅取决于福利计划得是否科学合理，同时还取决于组织能否对福利进行有效的沟通。

④员工福利计划反馈阶段。员工福利计划经过实施，需要获得员工对现行项目的态度和意见反映。由于员工有可能对现行的福利项目有着不同的看法，所以需要调查员工对现行福利计划的满意度，特别是对福利项目的选择和享受福利条件的看法，发现福利管理过程中可能存在的问题和不足，吸纳员工的意见和建议，同时积极学习参考其他组织的做法，不断完善和调整员工福利计划，以更好地满足员工的实际需要。

7.3 薪酬决策

成功的薪酬决策能让组织在支付能力的范围内，以具有竞争力的薪酬政策吸引并挽留优秀人才。本节主要介绍薪酬体系类型、薪酬水平和薪酬结构的决策。

7.3.1 薪酬决策概述

薪酬决策是指组织根据自身特点和人力资源管理的内在要求，选择和确定各项薪酬要素的过程。薪酬决策的内容包括薪酬体系决策、薪酬水平决策、薪酬结构决策等诸多方面的问题。薪酬决策的核心是使组织的薪酬系统有助于组织战略目标的实现、具备外部竞争性及内部一致性、合理认可员工的贡献以及提高薪酬管理过程的有效性。由于不同类型的薪酬决策支持不同的组织战略，因此组织必须根据组织的经营环境和既定战略来作出合理的薪酬决策。

7.3.2 薪酬体系决策

薪酬体系决策的主要任务是确定组织的基本薪酬以什么为基础。传统上，根据组织决定员工基本薪酬的基础不同，大致分为职位薪酬体系、技能薪酬体系和能力薪酬体系三种。

1. 职位薪酬体系

职位薪酬体系是根据员工所在职位而决定其薪酬的一种薪酬体系。该体系借助对职位价值的客观评估，并根据评估结果给付与其职位价值相当工资的一种工资制度。在我国组织中常见的岗位工资制可以看作职位薪酬体系的具体化。

职位薪酬体系的优点在于组织可以按职位进行薪资管理，实现责、权、利有机结合；职务和薪酬相对应，薪酬随着职位的变动而变化，有利于鼓励员工努力提高业务能力和管理水平；按照职位进行薪酬分配也有利于在组织中实现同工同酬，按劳分配，较好地发挥激励的作用。缺点包括将职位与工资挂钩，仅考虑职位的价值大小，不能真实地反映员工的能力和贡献，可能会导致部分员工占据特定职位而出工不出力；由于职位的相对缺乏，不能得到及时晋升的员工积极性受挫，不公平感增加。

2. 技能薪酬体系

技能薪酬体系是根据员工所掌握的与工作有关的技能支付工资的一种薪酬体系。员工的技能等级不同，薪酬支付标准不同。能力薪酬体系正是在技能工资制基础上拓展的形式。

技能薪酬体系所包含的技能通常包括三类：深度技能、广度技能和垂直技能。深度技能指员工具有的专业技术或专业知识、技能和经验，表现在能力的纵向结构上，强调员工在专业能力上不断提高，鼓励员工成为该领域或行业的专才；广度技能指员工所掌握的与本专业相关并且有一定联系的其他职位所要求的专业知识与技能，表现在能力的横向结构上，提倡员工掌握更多的技能，鼓励员工成为通才；垂直技能指的是员工掌握与工作有关的计划、领导、团队合作等管理技能，鼓励员工成为更高层次的管理者。

3. 能力薪酬体系

能力薪酬体系是以员工自身综合能力为主要指标反映工作数量和质量差别、确定员工的工资等级和标准的薪酬体系。能力表现为胜任本职工作需要，实现某种特定绩效或表现出某种有利于绩效实现的行为所需要的个人技能、知识、能力、行为特征及个人特性的总和（刘昕，2011）。

技能薪酬体系和能力薪酬体系与职位薪酬体系不同，技能薪酬体系和能力薪酬体系是基于员工的所掌握的技能或个人能力，根据员工具备的与工作有关的技能和能力的高低来确定其报酬水平。技能薪酬体系和能力薪酬体系真正体现"以人为本"理念，给予员工足够的发展空间和舞台，促进员工努力学习，掌握新的知识和技能，不断提升个人能力。能力薪酬体系的问题在于科学确定员工的技能等级和能力状况，用动态的方法维持现行制度与员工成长的需求之间的一致。

4. 绩效薪酬体系

绩效薪酬体系是以个人绩效为付酬依据的薪酬体系。绩效薪酬体系的基本特征是将员工的薪酬与绩效挂钩。绩效薪酬体系的核心在于建立公平合理的绩效评估体系。绩效标准要科学、客观；绩效衡量要公正、有效，衡量结果应与工资挂钩。

绩效薪酬体系将员工收入同其工作绩效直接挂钩，计算方式简单，容易操作，激励性强，同时也具有很强的公平性。绩效薪酬体系鼓励员工创造更多的效益，同时又不增加组织的固定成本。绩效薪酬体系鼓励员工追求高绩效，有可能导致员工的短期行为，可能损害客户和组织的利益；这种薪酬体系鼓励员工之间的竞争，造成员工之间的信任和团队精神的破坏。

7.3.3 薪酬水平决策

1. 薪酬水平的定义

薪酬水平是组织薪酬体系的重要组成部分和薪酬战略要素之一。薪酬水平是指组织支付给不同职位的平均薪酬。薪酬水平侧重分析组织之间的薪酬关系，是相对于其竞争对手的组织整体的薪酬支付实力。一个组织所支付的薪酬水平高低无疑会直接影响到组织在劳动力市场上获取劳动力能力的强弱，进而影响组织的竞争力。所谓薪酬的外部竞争性，实际上是指一家组织的薪酬水平高低以及由此产生的组织在劳动力市场上的竞争能力大小。

薪酬水平是指组织内部各类职位和人员平均薪酬的高低状况，它反映了组织薪酬的外部竞争性。薪酬水平反映了组织薪酬相对于当地市场薪酬行情和竞争对手薪酬绝对值的高低。它对员工的吸引力和组织的薪酬竞争力有着直接的影响，其数学公式为：薪酬水平＝薪酬总额/在业的员工人数。

2. 薪酬水平策略

薪酬水平的制定，可参照当地上一年行业薪酬水平，结合物价因素制定，薪酬水平策略的类型主要有四种，分别是：领先型策略、跟随型策略、滞后型策略、混合型策略。

（1）领先型薪酬策略。领先型薪酬策略是采取本组织的薪酬水平高于竞争对手或市场的薪酬水平的策略。这种薪酬策略以高薪为代价，在吸引和留住员工方面都具有明显优势，并且将员工对薪酬的不满降到一个相当低的程度。组织采取领先型薪酬策略一般有三种情况：第一，组织具有雄厚的实力，通过高薪吸引和留住优秀人才，保持人员稳定，并且高薪有利于树立组织形象；第二，组织急需某类人才，也许组织并不具备一些大组织所具备的优势，但又非常需要引进和利用一些高级人才，此时便以高薪为代价与大组织竞争；第三，组织所提供的工作可能具有某些明显劣势，如工作地点偏远、办公环境恶劣、责任重大、风险高等，很少有人愿意从事，此时便支付高薪作为一种补偿。如图7-7所示。

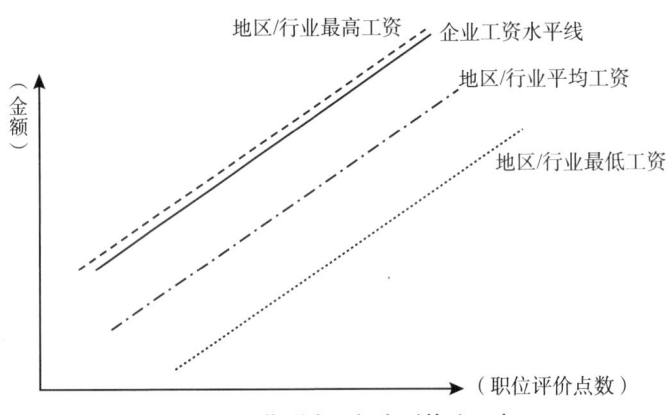

图7-7 薪酬水平领先型策略示意

（2）跟随型薪酬策略。跟随型薪酬策略是力图使本组织的薪酬成本接近竞争对手的薪酬成本，使本组织吸纳员工的能力接近竞争对手吸纳员工的能力。跟随型薪酬策略是组织最常用的策略。很多组织都愿意采取跟随策略，一方面不会因薪酬水平过低而吸引不到员工、留不住员工，另一方面也不用支付过高的薪酬水平而增加成本。大多数组织采取跟随型薪酬策略是一个必然结果，如果组织的薪酬水平略高于竞争对手，则可以吸引到组织所需要的员工，假设其他条件完全相同。跟随型薪酬策略根据竞争对手或市场的薪酬水平，制定本组织的薪酬水平，保持在一个基本一致的程度。如图7-8所示。

第 7 章　薪酬管理

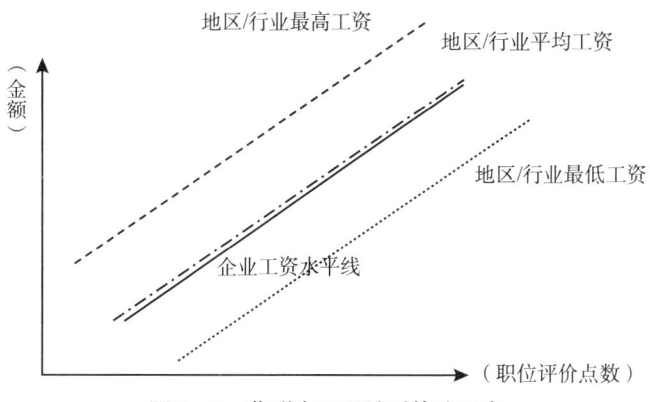

[图表：薪酬水平跟随型策略示意，显示金额（纵轴）与职位评价点数（横轴）的关系，包含地区/行业最高工资、地区/行业平均工资、地区/行业最低工资和企业工资水平线]

图 7-8　薪酬水平跟随型策略示意

（3）滞后型薪酬策略。滞后型薪酬策略是采取本组织的薪酬水平低于竞争对手或市场薪酬水平的策略。采用滞后型薪酬策略的组织，大多处于竞争性的产品市场上，边际利润率比较低，成本承受能力很弱。受产品市场上较低的利润率所限制，没有能力为员工提供高水平的薪酬，是组织实施滞后型薪酬策略的一个主要原因。滞后型薪酬策略具有很高的风险，很可能招不到人，还会引起员工频繁跳槽。但是也有不少组织采用这种滞后型策略，主要原因是当前的资金不充裕。这种策略也并非完全不可取，它可以作为一种过渡策略，帮助组织快速成长或渡过难关。如图 7-9 所示。

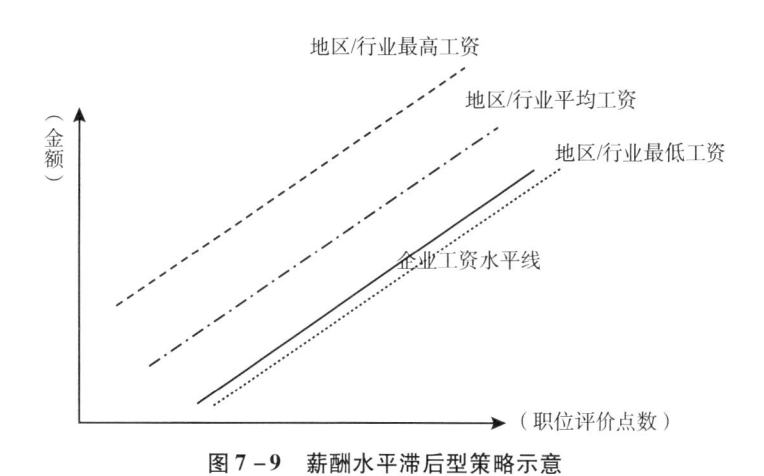

[图表：薪酬水平滞后型策略示意，显示金额（纵轴）与职位评价点数（横轴）的关系，包含地区/行业最高工资、地区/行业平均工资、地区/行业最低工资和企业工资水平线]

图 7-9　薪酬水平滞后型策略示意

（4）混合型薪酬策略。混合型薪酬策略是指组织在确定薪酬水平时，根据职位的类型或者员工的类型来分别制定不同的薪酬水平决策，而不是对所有的职位和员工均采用相同的薪酬水平定位。比如，有些组织针对不同的职位族使用不同的薪酬决策，对核心职位族采取市场领袖型的薪酬策略，而在其他职位族中实行市场追随型或相对滞后型的基本薪酬策略。如图7-10所示。

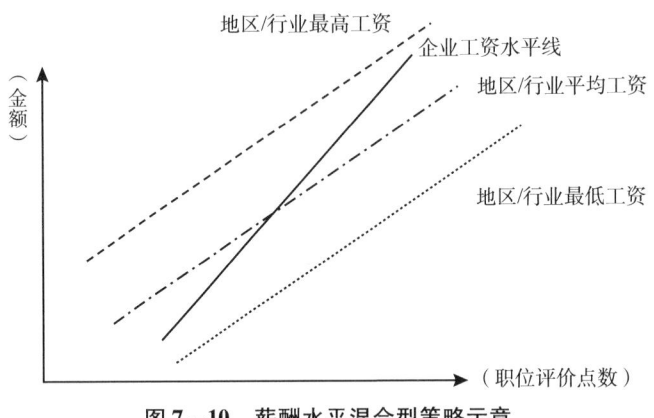

图7-10 薪酬水平混合型策略示意

进而言之，对组织里的关键人员例如高级管理人员、技术人员，提供高于市场水平的薪酬，对普通员工实施匹配型的薪酬政策，对那些在劳动力市场上随时可以找到替代者的员工提供低于市场价格的薪酬。此外。有些组织还在不同的薪酬构成部分之间实行不同的薪酬政策。比如在总薪酬的市场价值方面处于高于市场的竞争性地位，在基本薪酬方面处于稍微低一点的拖后地位，同时在激励性薪酬方面则处于比平均水平高很多的领先地位。

7.3.4 薪酬结构决策

1. 薪酬结构的定义

薪酬结构是指组织中各种工作或岗位之间薪酬水平的比例关系，包括不同层次工作之间报酬差异的相对比值和不同层次工作之间报酬差异的绝对水平。薪酬结构确定应注重两点：一是其制定过程要科学、合理，二是薪酬之间差异是否合理。其设计思路一般有两种：一种是趋于平等的薪酬结构，另一种是趋于等级化的薪酬结构。

2. 薪酬结构的构成要素

要制定符合组织需要的薪酬结构，就必须明确薪酬结构的构成，绘制组织的薪酬结构图，参见图7-11。

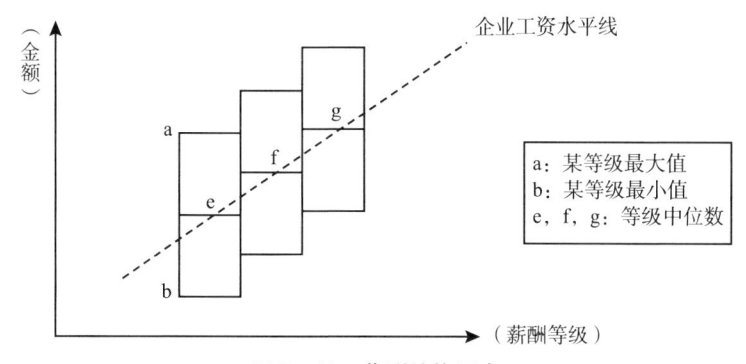

图 7-11 薪酬结构示意

薪酬等级是指组织中薪酬标准由于职位或技能等级的不同而形成的梯次结构形式。薪酬等级的多少取决于组织的规模、性质、组织结构及工作的复杂程度。一个等级可能划分为多个档次。根据薪酬等级的多少，可将薪酬结构分为窄带薪酬结构和宽带薪酬结构。为了反映在同一岗位级别上的员工在能力上的差别，组织在实际薪酬管理中往往在同一薪酬等级中划分若干个层次（档次），能力不一的员工可进入不同的档次，经过考核可逐年调整，但一般不会超过该等级的上、下限，除非岗位发生变动。

等级最大值：该等级员工可能获得的最高工资。

等级最小值：该等级员工可能获得的最低工资。

薪酬等级带宽：每一薪资等级的级别宽度，反映同一薪资等级的在职员工因工作性质及对组织影响不同而在薪资上的差异。一般说来，薪资等级的宽度随着层等级的提高而增加，即等级越高，在同一薪资等级范围内的差额幅度就越大。

薪酬区间中位值：该等级的平均薪酬水平。

重叠度：相邻两个薪资等级的重叠情况。主要是由每一薪等基准职位之市场水平所决定的。重叠度从某种程度上能够反映组织的薪资战略及价值取向。一般说来，低等级之间重叠度较高，等级越高，重叠度越低。

薪酬等级级差：即相邻两个薪酬等级中值之间的差距。一般说来，低等级之间级差较小，等级越高，级差越大。

3. 薪酬结构设计

薪酬结构设计时应根据薪酬市场线，结合组织的薪酬策略，可以制定薪酬政策线。薪酬政策线是用于指导薪酬设计的重要工具，薪酬政策线反映组织薪酬水平政策和薪酬结构政策的现实状况，参见图 7-11。

薪酬结构设计的具体流程主要包括五个步骤：

（1）确定薪酬等级数。根据职位评价结果以及外部薪酬调查数据，将组织所有职位划分为若干职等,薪酬等级的数目应适中。职等的划分要结合目前职位所在层级状况,层级差别较大的职位尽量不要归在一个职等,将职位评价价值相近的职位归入同一个职等。

(2) 确定每一薪酬等级的带宽。确定每一个薪酬等级的带宽,就是要确定该等级的等级最大值、等级最小值、薪酬区间中位值、薪酬区间变动比率。不同职位等级的薪酬变动比率存在差异,较高等级的薪酬变动比率较大;薪酬变动比率通常在10%~150%。

(3) 确定薪幅重叠度。考虑薪酬级数、薪酬幅度及薪幅重叠之间的关系,确定薪酬等级间的重叠幅度。综合考虑重叠度的变化情况,尽量保持由低等到高等的逐渐减少趋势,从而为较低等级员工跃级晋升提供方便,增强了工作积极性。根据目前在职者的薪资水平调整带宽,以使相邻等级的重叠度能够符合现实变动需要。同时,组织应估算其全部薪资成本,如果不能承受,则应适当增加重叠度以扁平化薪资水平。如图7-12所示。

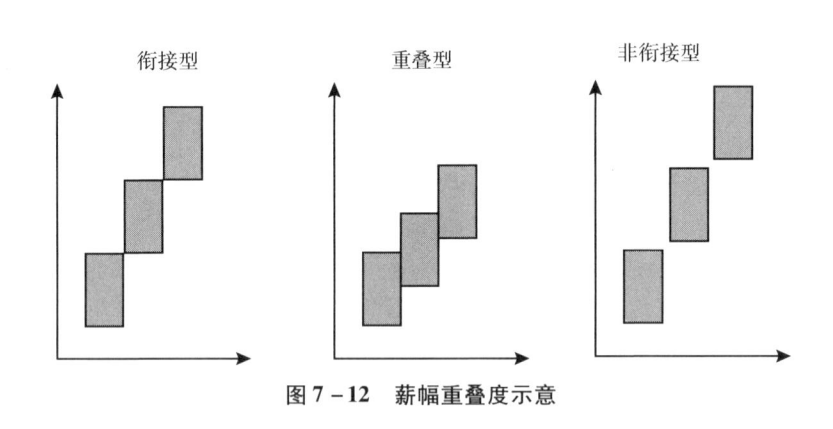

图7-12 薪幅重叠度示意

组织的薪幅重叠度取决于两个因素:区间变动比率和区间中值级差。由于组织中的薪酬等级数量有限,晋升机会少;晋升导致薪酬差异过大,会引起未晋升员工的强烈不满,因此,大多组织将薪酬结构设计成有交叉重叠。然而重叠区域不应过大,否则会限制不同薪酬等级之间的区间中值的差异。

(4) 设计每一薪酬等级内部的层次。结合确定的每一薪酬等级的最大值、最小值和区间中值,根据组织薪酬管理的需要,将每一薪酬等级再一次划分为不同的等级和层次,使同一薪酬等级间进一步产生等级区分。

(5) 薪酬结构的调整。由于劳动力市场价格、竞争对手薪酬结构等方面的调整,再加上组织战略调整、组织结构重组以及新员工的加盟,原有的薪酬结构有可能失去合理性,发挥不了应有的激励作用。因此,组织必须对薪酬结构作适当的调整,使之与变化的环境相适应。

7.4　互联网时代的薪酬管理

互联网时代的到来，挑战着传统的薪酬管理模式，助推着薪酬管理的不断进步与创新。本章选择宽带薪酬、弹性福利计划、股权激励等内容进行介绍。

7.4.1　宽带薪酬

1. 宽带薪酬的定义

宽带薪酬始于20世纪90年代，是作为一种与组织扁平化、流程再造等新的管理战略与理念相配套的新型薪酬结构而出现的。宽带薪酬是一种新型的薪酬结构设计方式，是对传统的带有大量等级层次的垂直型薪酬结构的一种改进或替代。在互联网时代，越来越多的组织采用宽带薪酬提升其薪酬管理、人力资源管理水平。

宽带薪酬在组织内用少数跨度较大的工资范围来代替原有数量较多的工资级别的跨度范围，将原来十几甚至二十几、三十几个薪酬等级压缩成几个级别，取消原来狭窄的工资级别带来的工作间明显的等级差别。但同时将每一个薪酬级别所对应薪酬浮动范围拉大，从而形成一种新的薪酬管理系统及操作流程。宽带中的"带"意指工资级别，宽带则指工资浮动范围比较大。与之对应的则是窄带薪酬管理模式，即工资浮动范围小，级别较多。对比参见图7–13。

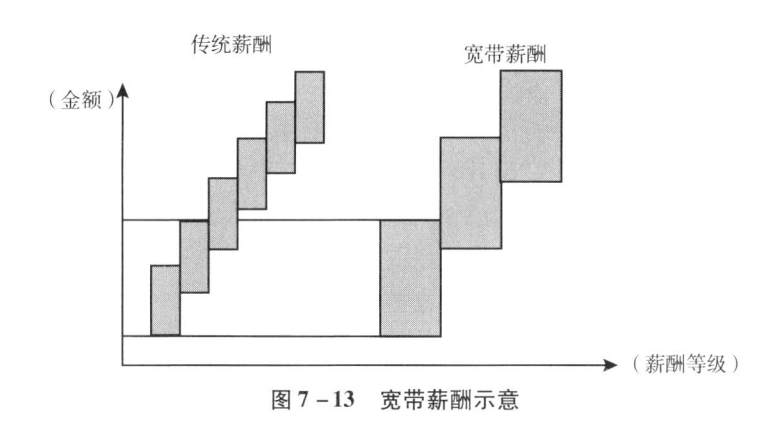

图7–13　宽带薪酬示意

宽带薪酬像是把传统薪酬矩阵的"带"压缩，同时扩展了"宽"，即压缩了职位层级，拓展了能力层级，这个过程恰恰与扁平化、柔性化的组织转型过程相匹配，参见图7–14。

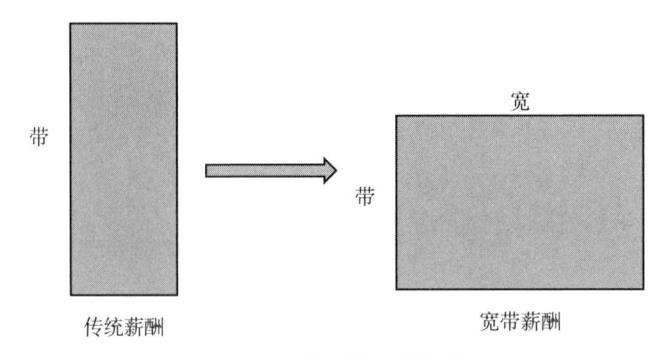

图 7-14　薪酬模式转化过程

在宽带薪酬体系中，员工不是沿着组织中唯一的薪酬等级层次垂直往上走，相反，他们在自己职业生涯的大部分或者所有时间里可能都只是处于同一个薪酬宽带之中，他们在组织中的流动是横向的，随着能力的提高，他们将承担新的责任，只要在原有的岗位上不断改善自己的绩效，就能获得更高的薪酬，即使是被安排到低层次的岗位上工作，也一样有机会获得较高的报酬。

2. 宽带薪酬的优点和缺点

薪酬的设计有很多种，有的组织用窄带薪酬，有的组织用宽带薪酬。那么哪种薪酬才是最适合组织的发展呢？就必须了解宽带薪酬的优点和缺点。

（1）宽带薪酬的优点。

①有助于打破组织中的等级界限。宽带薪酬有助于打破了传统薪酬结构所维护和强化的职位等级界限，减少工作之间的等级差别，从而提升组织的核心竞争优势和组织的整体绩效。

②激发员工工作绩效。在宽带薪酬体系下，即使是在同一个薪酬宽带内，组织为员工所提供的薪酬变动范围增大，员工只要注意培养组织所需要的技术和能力，并在本职岗位上不断提高绩效也可以获得较高的报酬。

③培育员工在组织中跨职能成长的能力。在宽带薪酬体系下，由于薪酬的高低是由能力来决定而不是由职位来决定的，员工乐意通过相关职能领域的职务轮换来提升自己的能力，以此来获得更大的回报。

④关注市场薪酬水平。宽带薪酬的薪酬水平是以市场调查的数据以及组织的工资定位来确定的。组织实施宽带薪酬，必须定期核对与调整其薪酬水平，从而使组织更密切地与市场接轨。在互联网时代，高端人才对市场薪酬更加敏感，获得市场薪酬的渠道也更加多元。为了吸引和保留更多的优秀员工，组织必须密切关注市场的变化。

⑤提升组织人力资源管理水平。宽带薪酬在同一薪酬宽带中，由于薪酬区间

的最高值和最低值之间的变动比率非常大，对于员工薪酬水平的界定留有很大空间。人力资源部门和直线部门管理者在薪酬决策方面拥有更多的权力和责任，可以对下属的薪酬定位提出更多的意见和建议。

（2）宽带薪酬的缺点。

①晋升难度增大。宽带薪酬下的职位级别少，员工很可能始终在一个职级中变动，长时间内员工只有薪酬的变化而没有职位的晋升。然而，职位晋升对员工而言是非常重要的激励手段，是其职业生涯发展的重要标志，晋升机会减少可能导致员工士气低落而失去进取热情。

②人工成本增加。宽带薪酬为低层员工提供了更加优厚的工资待遇，在激励员工的同时也增加了组织的人工成本，给组织带来更大的资金压力。因此，对于资金比较充裕的组织而言，宽带薪酬更加适用。

③对组织的管理水平要求较高。宽带薪酬需要组织具有明确的组织发展战略、完善的组织结构形式、清晰的组织治理结构、良好的人力资源管理硬件和软件环境。

管理实例 7-1

A 互联网公司宽带薪酬范例

表 7-11　　　　　　　A 互联网公司岗位体系

职级	技术类							销售类	管理类
	工程师	研发	测试	品保	项目经理	咨询/数据库	架构师		
A	实习生（劳务人员等）								
B	技术员	技术员	测试员					销售助理	文员
C	助理工程师	开发助理工程师	助理测试工程师	助理					主管
D								客户经理	
E									
F	工程师	开发工程师	测试工程师	质量工程师				销售经理	部门经理
G									
H					项目/产品经理	咨询师/数据库工程师	架构师	高级销售经理	高级部门经理
I	高级工程师	高级研发工程师	高级测试工程师	高级质量工程师					
J								总监	
K								销售总监	
L									总经理

表 7-12　　　　　　　　A 互联网公司宽带薪酬体系具体薪酬数据

薪级	级差	1	2	3	4	5	6	7	8	9	10
A	0	按《实习生补助规定》等相关制度实施									
B	100	1500	1600	1700	1800	1900	2000	2100	2200	2300	2400
C	100	2000	2100	2200	2300	2400	2500	2600	2700	2800	2900
D	150	2500	2650	2800	2950	3100	3250	3400	3550	3700	3850
E	200	3300	3500	3700	3900	4100	4300	4500	4700	4900	5100
F	200	4300	4500	4700	4900	5100	5300	5500	5700	5900	6100
G	300	5300	5600	5900	6200	6500	6800	7100	7400	7700	8000
H	300	6800	7100	7400	7700	8000	8300	8600	8900	9200	9500
I	500	8300	8800	9300	9800	10300	10800	11300	11800	12300	12800
J	600	13500	14100	14700	15300	15900	16500	17100	17700	18300	18900
K	1000	16500	17500	18500	19500	20500	21500	22500	23500	24500	25500
L	2000	20000	22000	24000	26000	28000	30000	32000	34000	36000	38000

注：员工的具体薪酬根据其职级、薪级、业绩等因素综合定位。
资料来源：贺清君：《老 HRD 手把手教你做薪酬》，中国法制出版社 2015 年版，第 163~164 页。

7.4.2　股权激励

股权激励，也称为期权激励，是组织为了激励和留住核心人才而推行的一种长期激励机制，是目前最常用的激励员工的方法之一。在互联网时代，股权激励成为组织激励和保留核心员工的重要工具。

1. 业绩股票

业绩股票是指在年初确定一个较为合理的业绩目标，如果激励对象到年末时达到预定的目标，则组织授予其一定数量的股票或提取一定的奖励基金购买公司股票。业绩股票的流通变现通常有时间和数量限制。另一种与业绩股票在操作和作用上相类似的长期激励方式是业绩单位，它和业绩股票的区别在于业绩股票是授予股票，而业绩单位是授予现金。

2. 股票期权

股票期权是指公司授予激励对象的一种权利，激励对象既可以在规定的时期内以事先确定的价格购买一定数量的本公司流通股票，也可以放弃这种权利。股票期权的行权也有时间和数量限制，且需激励对象自行为行权支出现金。目前在我国有些上市公司中应用的虚拟股票期权是虚拟股票和股票期权的结合，即公司授予激励对象的是一种虚拟的股票认购权，激励对象行权后获得的是虚拟股票。

3. 虚拟股票

虚拟股票是指公司授予激励对象一种虚拟的股票，激励对象可以据此享受一定数量的分红权和股价升值收益，但没有所有权，没有表决权，不能转让和出售，在离开组织时自动失效。

4. 股票增值权

股票增值权是指公司授予激励对象的一种权利，如果公司股价上升，激励对象可通过行权获得相应数量的股价升值收益，激励对象不用为行权付出现金，行权后获得现金或等值的公司股票。

5. 限制性股票

限制性股票是指事先授予激励对象一定数量的公司股票，但对股票的来源、抛售等有一些特殊限制，一般只有当激励对象完成特定目标（如扭亏为盈）后，激励对象才可抛售限制性股票并从中获益。

6. 经营者/员工持股

经营者/员工持股是指让激励对象持有一定数量的本公司的股票，这些股票是公司无偿赠与激励对象的，或者是公司补贴激励对象购买的，或者是激励对象自行出资购买的。激励对象在股票升值时可以受益，在股票贬值时受到损失。

7. 管理层/员工收购

管理层/员工收购是指公司管理层或全体员工利用杠杆融资购买本公司的股份，成为公司股东，与其他股东风险共担、利益共享，从而改变公司的股权结构、控制权结构和资产结构，实现持股经营。

管理实例 7-2

互联网公司的股权激励

对于很多互联网公司来说，股权激励是留住优秀人才的"金手铐"，是圈住员工忠诚度的利器。都是股权激励，各家却有各家的招式。

腾讯：长期规划的股权激励

腾讯成立 18 周年纪念日，马化腾宣布，将向员工授予每人 300 股腾讯股票，作为公司成立18周年的特别纪念。本次授予股票总价值约达17亿港元（约15亿元人民币）。腾讯不止一次带给员工股权惊喜，从2007年开始便有长期持续的股权激励规划。向有志于在公司长期发展、且绩效表现持续优秀的骨干员工提供公司股票期权，让员工能分享公司业绩增长，使员工个人利益与公司发展的长远利益紧密结合在一起。

京东：用股权激励布局

京东认为互联网作为一条直销渠道，可以削减传统渠道的层层环节，加快商品流通，如果能帮助制造企业尽快将产品送达终端消费者，京东就能获得更多的利润。经过多年来的建设，京东建立起覆盖广泛、反应迅速的物流系统。京东对物流建设的重视也体现在股权激励上，2012年、2013年履约费用中的激励成本分别为7800万元和8100万元。京东2012年、2013年研发领域的激励成本分别为2500万元和3300万元。通过对比，不难发现京东的战略布局重点。

奇虎360：为人才引进预留期权

360公司早在2006年的员工股票增值计划中就为员工增设激励池，公司将总计21603645股公司普通股分配到股权激励池中。而该激励池也为360未来的人才引进战略预留出了足够的期权。360公司董事会在2010年11月增加2006年员工股票期权计划股票，并再度实施员工增股决议。360公司如此优厚激励政策将更好地让员工分享自己劳动产生的资本利益，从而推动整个公司全面发展。

华为：激发人才工作热情

1990年，华为公司首次实行员工股权激励方案：参股的价格为10元/股，以税后利润（NOPAT）的15%作为总体股权分红。员工进入公司一年以后，依据员工的职位、季度绩效、任职资格状况等因素进行股票派发，一般用于员工的年度奖金购买；如果新员工的年度奖金不够派发的股票额，公司帮助员工获得银行贷款购买股权。

资料来源：根据互联网资料整理。

7.4.3 弹性福利计划

随着福利种类的增多和福利覆盖范围的扩大，摆在组织面前的福利计划的种类越来越多。不同的组合或组织面临着不同的问题，组织开始寻求与其战略目标、组织文化和员工类型相匹配的福利模式。

1. 弹性福利计划的定义

弹性福利计划是指组织在核定的人均年度福利预算范围内，提供可选的多种福利项目，给员工自主选择权，由员工根据本人及其家庭成员的需要自主选择福利产品或产品组合的一种福利管理模式。该计划与传统福利计划的最大区别在于给予员工选择权和决定权，最大限度满足员工个性化需要，大大提高了员工对福利的感知度与体验值。据调查，目前美国1000名雇员以上的企业超过25%提供弹性保险福利，绝大部分的世界500强公司早已开展此项计划。随着我国社会保障制度的逐步完善和商业保险体制的日益成熟，传统企业"一刀切"的员工福利计划已经不能满足企业日益多样化的人力资源管理需求，组织和雇员要求更为灵活、更为人性化、更加系统和规范的企业福利管理制度。

2. 弹性福利计划的类型

弹性福利计划的类型主要包括以下内容：

（1）附加型弹性福利计划。这是最普及的一种形式，是在现有的福利计划之外，再提供其他不同的福利措施或扩大原有福利项目的水准，让员工去选择。

（2）核心加选择型。由"核心福利"和"弹性选择福利"所组成，前者是每个员工都可以享有的基本福利，不能自由选择；后者可以随意选择，并附有价格。

（3）弹性支用账户。这是比较特殊的一种，员工每一年可从其税前总收入中拨取一定数额的款项作为自己的"支用账户"，并以此账户去选择购买雇主所提供的各种福利措施。拨入支用账户的金额不须扣缴所得税，不过账户中的金额如未能于年度内用完，余额就归组织所有；既不可在下一个年度中并用，也不能够以现金的方式发放。

（4）福利套餐型。是由组织同时推出不同的福利组合，每一个组合所包含的福利项目或优惠水准都不一样，员工只能选择其中一个弹性福利制。性质如同餐厅里的套餐消费。

（5）选高择抵型。一般会提供几种项目不等、程度不一的福利组合供员工选择，以组织现有的固定福利计划为基础，再据以规划数种不同的福利组合。这些组合的价值和原有的固定福利相比，有的高，有的低。如果员工看中了一个价值较原有福利措施还高的福利组合，那么他就需要从薪水中扣除一定的金额来支付其间的差价。如果他的挑选的一个价值较低的福利组合，他就可以要求雇主发给其间的差额。

7.4.4 薪酬满意度

薪酬满意度（Salary Satisfaction Degree）最初是作为工作满意度一个维度进行研究的。随着研究的深入，人们开始对薪酬满意度进行单独的研究，认为是员工对工作所获得直接报酬的满意程度。

薪酬满意度，是指员工对获得组织的经济性报酬和非经济性报酬与他们的期望值相比较后形成的心理状态。赫尼曼和施瓦布（Heneman & Schwab）打破了薪酬满意度的单维度，认为薪酬满意度的构成维度包括薪酬水平满意度、薪酬提升满意度、福利满意度，薪酬结构/管理满意度，并设计出薪酬满意度调查问卷（Pay Satisfaction Questionnaire，PSQ）。目前这一问卷已广泛应用于组织作为测评员工薪酬满意度的一个颇具权威性的员工薪酬满意度测量问卷。

在互联网时代，员工对其薪酬更加关注和敏感，组织应当积极做好薪酬满意度调查，及时掌握员工的满意度状况，在哪些方面满意？哪些方面不满意？准确探寻不满意产生的原因，及时修正薪酬管理和人力资源管理中存在的问题，切实提升员工的薪酬满意度水平，从而提高员工的业绩水平。为提高员工薪酬满意度，组织采用适度提高员工的薪酬水平、努力做到人岗匹配、关注员工的需求和期望、提升薪酬管理的公平性等多种渠道。

管理实例 7-3

薪酬满意度调查问卷

请根据以下各项描述在您身上发生的实际情况，在相应的框内画"√"。
完全不满意=1　不太满意=2　一般=3　比较满意=4　完全满意=5

表 7-13　　　　　　　　　　薪酬满意度调查表

薪酬水平满意度	1. 我实际到手的收入	1	2	3	4	5
	2. 我目前的月薪数额	1	2	3	4	5
	3. 我的薪酬数额在公司中所处出水平	1	2	3	4	5
	4. 我现有的月薪水平	1	2	3	4	5
福利水平满意度	5. 我享受到的所有福利	1	2	3	4	5
	6. 企业为我支付的福利报酬	1	2	3	4	5
	7. 我享受到的福利价值	1	2	3	4	5
	8. 我获得的福利数量	1	2	3	4	5
薪酬晋升满意度	9. 我对最近的薪酬增长情况	1	2	3	4	5
	10. 领导对我的薪酬影响	1	2	3	4	5
	11. 过去我获得最具代表性的加薪	1	2	3	4	5
	12. 影响我加薪的因素	1	2	3	4	5
薪酬结构和管理水平的满意度	13. 我所在企业的薪酬体系	1	2	3	4	5
	14. 企业所提供的与我薪酬有关的信息	1	2	3	4	5
	15. 企业中其他岗位同事的薪酬	1	2	3	4	5

	续表					
薪酬结构和管理水平的满意度	16. 企业薪酬政策与执行的一致性	1	2	3	4	5
	17. 企业中不同岗位人员的薪酬差异	1	2	3	4	5
	18. 企业的薪酬管理方式	1	2	3	4	5

本章小结

薪酬是人力资源管理活动的重要职能。本章从薪酬和薪酬管理概述开始，对薪酬设计、薪酬决策、互联网时代的薪酬进行了重点阐述。

薪酬是组织因雇佣关系使用劳动者的劳动而支付给员工的直接的和间接的经济收入，通常包括基本薪酬、可变薪酬和间接薪酬。薪酬管理是组织为了实现战略目标，在综合考虑内外部因素的基础上，围绕薪酬水平、薪酬结构、薪酬支付等方面开展的一系列管理活动的总称。

基本薪酬设计包括职位分析、职位评价、薪酬调查、确定薪酬水平与薪酬结构等步骤；组织需要明确基本薪酬的构成，采取科学的方法确定适宜的基本薪酬。可变薪酬包括个人可变薪酬和群体可变薪酬，组织需要了解可变薪酬的特点，遵循可变薪酬的设计原则展开设计。福利包括国家法定福利项目和组织福利，组织要结合自身特点和员工需求进行个性化福利计划设计。

薪酬体系通常分为职位薪酬体系、技能薪酬体系和能力薪酬体系三种。薪酬水平策略包括领先型薪酬策略、跟随型薪酬策略、滞后型薪酬策略和混合型薪酬策略。薪酬决策时，组织需要选择适合的体系模式、薪酬水平策略和薪酬结构。

在互联网时代，组织普遍实施宽带薪酬、股权激励、弹性福利计划、薪酬满意度调查，这些方法和工具激发了员工的工作热情。

思考题

1. 什么是薪酬？与报酬的区别是什么？
2. 薪酬管理的目的和意义是什么？它包括哪些基本决策？
3. 基本薪酬的设计步骤有哪些？
4. 可变薪酬的种类有哪些？
5. 福利管理的内容是什么？
6. 薪酬水平策略有哪些？
7. 薪酬结构设计的具体流程是什么？

8. 互联网时代薪酬管理的新方法有哪些？

---------- 章末案例 ----------

某公司的薪酬满意度调查

某公司是由原来的三家企业合并而成的中型汽车配件企业。近几年，该公司的经济效果迅速提高，财务实力明显增强。但由于领导层重生产轻管理，使公司各项管理的基础工作十分薄弱，规章制度也不够健全完善，绝大部分员工对公司目前的薪资制度怨声载道，严重地影响了公司生产经营活动的正常进行。为此，公司董事会决定对员工薪资制度进行一次全面调整。该公司目前一般员工实行的是技术等级工资制，采用计时工资加奖金（按月支付）的计酬方式，而管理人员实行的是职务等级工资制，按照职务高低支付工资，每个季度按照对各个部门的绩效考评结果，支付一定数额的季度奖，其奖金水平不得超过一般员工奖金水平的30%。图1、图2和图3分别是一家管理咨询公司对该公司员工薪资满意度调查结果的分析图。

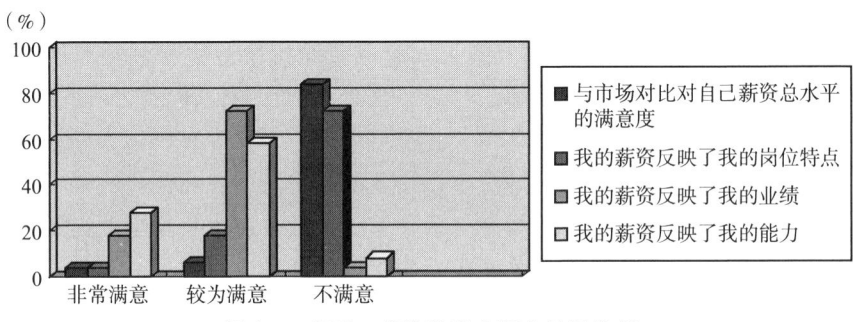

图1 一般员工薪资满意度调查结果分析

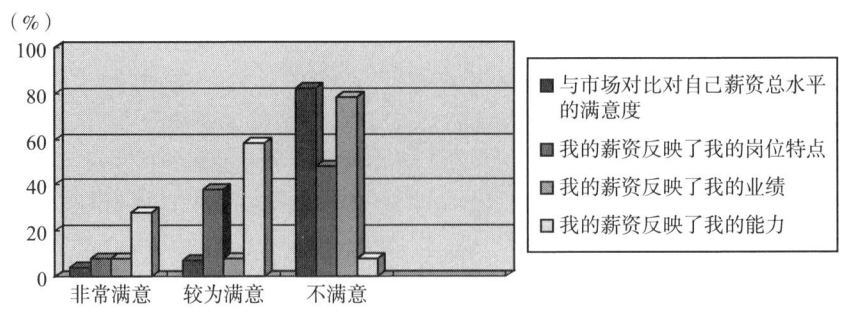

图2 中级管理人员薪资满意度调查结果分析

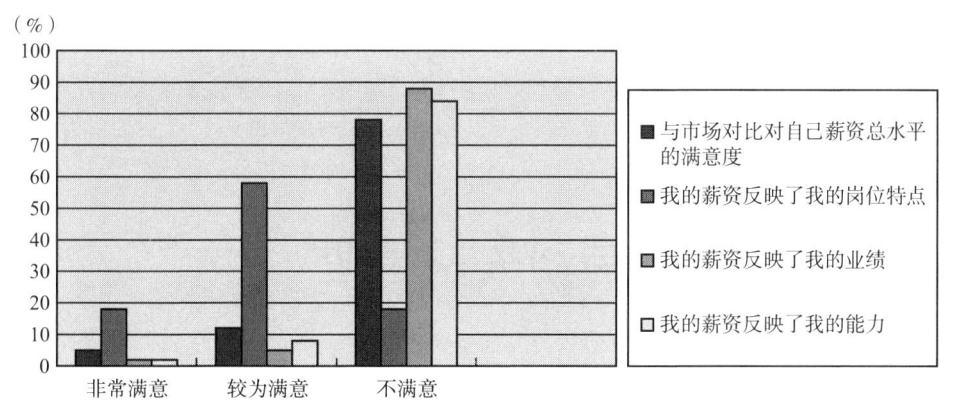

图 3　高级管理人员薪资满意度调查结果分析

思考题：

1. 根据薪资调查的结果分析图，说明三类人员薪资结构存在的主要问题是什么？
2. 针对上述三类人员薪资管理存在的问题应如何进行整体性的调整？

第8章

劳动关系管理

学习目标

- 定义劳动关系与劳动关系管理的概念与特征
- 掌握劳动关系管理的基本框架
- 理解劳动合同签订、履行、变更、解除和终止的内涵和法律规定
- 掌握劳动争议的范围、处理原则和处理途径

引导案例

乐视薪酬纠纷

2016年11月,乐视由于移动业务爆发了资金危机问题。陷入资金紧张风波的乐视麻烦不断。从2017年7月开始,乐视就开始推迟乃至停发工资薪酬,结果引发大规模维权,并被乐视员工告到法院,仲裁结果是乐视必须在2018年1月29日之前一次性支付拖欠的薪酬和赔偿金。绝大部分被欠薪的员工向劳动仲裁机构申请仲裁,其中,仅有100多名拿着劳动仲裁机构的仲裁书向法院申请强制执行。2018年2月,向法院申请强制执行的员工收到法院的电话,协商按照拖欠薪酬判决书的50%支付欠薪,剩下的不再支付。然而,没有向法院申请强制执行的人并没有收到法院的通知电话,也就是说"协商支付一半欠薪费用"的方案里只有这100多人的名字。

有知名博主给乐视离职员工提供建议:"还是拿回一半,没必要耗下去,就当止损了"。也有网友感叹这样的局面让被欠薪的员工面临两难的选择,成了囚徒困境。很多乐视离职员工不愿意接受只支付一半欠薪的方案,很多网友们也支持这种做法,因为从法律角度与合同角度看,乐视是应该支付全额的欠薪的。

你如何看待乐视薪酬纠纷问题？

资料来源：改编自索寒雪．半数偿付：乐视沟通欠薪解决方案－公司－中国经营网_中国经营报 http：//www.cb.com.cn/companies/2018_0210/1224601.html.

8.1 劳动关系管理

劳动是人类最基本的社会实践活动，人类的产生和发展与劳动密不可分。劳动关系就是在劳动过程中形成的劳动者与劳动力使用者之间的社会经济关系。在当代，劳动关系是社会经济关系的重要组成部分。劳动关系管理通过规范化制度化的管理，使劳动关系行为得到规范，权益得到保障，维护稳定和谐的劳动关系。

8.1.1 劳动关系概述

1. 劳动关系的定义

就马克思主义经典理论而言，劳动关系（Labor Relations）是指生产关系中直接与劳动相关的那部分社会关系，而生产关系一般是指人们在社会生产中所发生的一定的、必然的、不以他们的意志为转移的关系。显然，这里界定的生产关系是一个高度抽象的概念。将劳动关系界定为与劳动相关的那一部分生产关系，也是一个抽象的说法。换言之，这种不以人们意志为转移的、必然的、与劳动相关的那部分生产关系，可以称为抽象的劳动关系。

劳动关系还有具体的劳动关系。所谓具体的劳动关系，是指劳动力使用者与劳动者在实现劳动的过程中所结成的一种社会经济利益关系。我们一般所言的劳动关系就是指具体的劳动关系。本书下文分析的劳动关系，除特殊说明外，都是指具体的劳动关系。

劳动关系受到一定社会的经济、技术、政策、法律制度和文化因素的影响，其本质是双方合作、冲突、力量和权力的相互交织。对劳动者个人而言，劳动是物质财富的主要来源，是社会地位和个人心理获得满足的重要源泉。对企业而言，劳动者的劳动效率和工作状况决定着企业的生存和发展。对社会而言，劳动关系影响到社会的稳定、经济的发展，影响着社会成员的生活状况。

在现实实践中，劳动关系与劳务关系、劳动法律关系往往会产生混淆，而三者在本质上却存在着较大差别。

劳动法律关系是指劳动关系被劳动法调整而在当事人之间形成的权利义务关

系。劳动关系是产生劳动法律关系的社会基础，劳动法律关系是劳动关系的法律形式。从性质来看，劳动关系是主体之间自由的社会关系；劳动法律关系的主体服从国家意志，其关系是受法律保护的社会关系；从产生的前提来看，劳动关系是在劳动过程中发生的，有人类共同劳动的存在，就会有劳动关系的存在；劳动法律关系则是被劳动法律规范所调整的劳动关系，其形成必须以劳动法律规范的存在为前提；从范围看，劳动法不对全部劳动关系加以调整，劳动关系的外延大于劳动法律关系。

劳务关系是指由两个或两个以上的平等主体，通过劳务合同建立的一种民事权利义务关系。在劳动关系中，劳动力始终作为一种生产要素而存在，而非产品。这是劳动关系区别于劳务关系的本质特征，劳动者所有的劳动力往往是作为一种劳务产品而输出，体现的是一种买卖关系或者加工承揽关系等，具体区别参见表8-1。

表8-1　　　　　　　　　劳动关系与劳务关系区别分析

	劳动关系	劳务关系
主体	主体确定，一方为用人单位，一方为劳动者	主体不确定，可能是两个或两个以上的主体，可能是法人或自然人之间的组合
隶属关系	主体之间存在着经济关系，还存在行政隶属关系	主体之间只存在经济关系，不存在行政隶属关系
劳动主体待遇	劳动者可获得工资报酬，还包括福利、保险等	劳动者只获得劳动报酬
适用法律依据	适用《中华人民共和国劳动法》《劳动合同法》等	适用《中华人民共和国合同法》《民法》等
合同的法定形式	劳动合同的法定形式是书面合同	劳务合同的法定形式包括书面的、口头或其他形式

通过对比劳动关系、劳动法律关系和劳务关系的区别和联系，能够有助于了解和认知各类社会关系的本质，从而指导日常的人力资源管理实践。

2. 劳动关系的特点

在现代市场经济中，劳动关系的特点一般表现在以下方面：

（1）劳动关系是一种结合关系。从劳动关系的主体上说，当事人一方为劳动力所有者和支出者，称为劳动者，另一方为生产资料所有者和劳动力使用者，称用人单位（或雇主）。劳动关系的本质是强调劳动者将其所有的劳动力与用人单位的生产资料相结合。这种结合关系从用人单位的角度观察就是对劳动力的使用，将劳动者提供的劳动力作为一种生产要素纳入其生产过程。

（2）劳动关系主体的法律平等性。劳动者与用人单位签订劳动合同时，双方法律地位平等，均须履行各自的义务并享有对应的权利。在劳动法律法规中，劳动者与用人单位的权利和义务是并列的。在正常合理、双方未受胁迫的情况下，劳动关系双方在法律上具有平等性[1]。

（3）劳动关系的从属性。劳动关系一旦形成，劳动关系的一方——劳动者，要成为另一方——用人单位的成员。所以，虽然双方的劳动关系是建立在平等自愿、协商一致的基础上，但劳动关系建立后，双方在职责上则具有了从属关系。用人单位作为劳动力使用者，要安排劳动者在组织内与生产资料相结合；而劳动者则要通过运用自身的劳动能力，完成用人单位交给的各项生产任务，并遵守单位内部的规章制度。这种从属性的劳动组织关系具有很强的隶属性质，是一种以隶属主体间的指挥和服从为特征的管理关系。

（4）劳动关系的复杂性。劳动关系涉及劳动者与用人单位间复杂的社会经济关系，劳资双方针对工资报酬、劳动时间、劳动环境等问题不断进行博弈和协调。劳动关系受到外部环境因素的影响，随着经济环境、技术环境、文化环境、管理政策等因素的变化，劳动关系不断发生变化和调整。与此同时，劳动关系还受到劳资双方内部环境的影响，随着劳动者的谈判能力、企业的发展状况等因素的变化，发生复杂的博弈。劳动者、用人单位和政府必须认识到劳动关系的复杂性，才能构建正面的劳资互动机制，促进良性劳动关系机制的形成。

3. 劳动关系的类型

根据不同的划分依据，劳动关系可以划分为不同的类型。按用人单位性质分类，可分为国有企业劳动关系、集体企业劳动关系、三资企业劳动关系、私营企业劳动关系等；按照用人单位和劳动者双方力量和权力的对比及政府政策、法律等的影响程度，可以将劳动关系分为均衡型、倾斜型和政府主导型。

（1）均衡型。均衡型劳动关系是指劳动关系双方力量相差不大，能够互相制衡。该类型的劳动关系主要表现为：在相同的法律制度下，员工及工会有权了解组织内部信息，参与组织的基本生产决策与经营管理。

（2）倾斜型。倾斜型劳动关系是指劳动关系双方力量相差悬殊，出现了向管理方倾斜或向员工方倾斜。

（3）政府主导型。政府主导型劳动关系是指政府控制劳动关系力量，决定劳

---

[1] 程延园：《劳动关系》，中国人民大学出版社2011年版。

动关系事物。

8.1.2 劳动关系管理

1. 劳动关系管理的定义

所谓劳动关系管理，是指用人单位依照国家法律和制度，以促进组织目标实现为前提，以实现劳动关系和谐为目的，在实现劳动过程中实施调节和处理的活动与行为。

对于组织而言，劳动关系管理的主要任务是帮助劳资双方在认同组织战略目标的前提下，促成劳动关系的和谐与合作，缓和或解决劳动关系冲突的事项，保障组织生产经营活动的正常开展，实现利益相关者的利益最大化。

2. 劳动关系管理制度

劳动关系管理制度是指用人单位根据国家法律、法规制定的，并根据本单位实际情况，在组织劳动过程和进行劳动管理过程中的办法、规则的总和。劳动关系管理制度是组织规章制度的一部分，以组织公开、正式的行政文件为表现形式。

3. 劳动关系管理的作用

劳动关系管理是组织人力资源管理的重要内容，直接关系到组织用人的效果和组织目标的实现。正确处理和不断改善劳动关系，是组织管理的重要任务，具有重要作用。

(1) 通过劳动关系管理，不断改善组织的劳动关系，可以有效地促进组织用工行为和劳动者就业行为的规范化、市场化。

(2) 有利于维护劳资双方的互择权，实现组织和社会生产要素的优化配置。

(3) 有利于保护劳资双方的正当利益，充分调动各方面的积极性。通过有效的劳动关系管理，使组织与员工和睦共存、合作共赢，形成紧密的利益共同体。组织为员工着想，尊重员工的劳动主体地位，维护劳动者的合法权益；员工认同组织目标和价值观，积极投身组织改革与发展，爱岗敬业。这样的组织才真正具有很强的竞争力和良好的发展前景。

(4) 有利于化解组织内部和社会的各种矛盾，确保正常的生产、生活秩序和整个社会的和谐安宁。

8.2 劳动合同管理

随着市场经济体制的建立和完善,劳动合同管理作为调整劳动关系的有效手段,在劳动管理中的作用越来越重要。为了完善和规范企业劳动合同管理行为,明确劳动合同双方当事人的权利和义务,保护劳动者的合法权益,构建和发展和谐稳定的劳动关系,我国于 2008 年 1 月 1 日起施行《中华人民共和国劳动合同法》。2008 年 9 月 18 日,中华人民共和国国务院公布《中华人民共和国劳动合同法实施条例》。该《条例》分总则、劳动合同的订立、劳动合同的解除和终止、劳务派遣特别规定、法律责任、附则 6 章 38 条,自公布之日起施行。中华人民共和国国务院令是中华人民共和国国务院总理签发的行政法令、授权有关部门发布的国务院行政命令或下发的行政操作性文件。

8.2.1 劳动合同概述

1. 劳动合同的概念

劳动合同,也称劳动契约、劳动协议,它是指劳动者同企业、事业、机关单位等用人单位为确立劳动关系,明确双方责任、权利和义务的协议。根据劳动合同,劳动者加入某一用人单位,承担某一工作和任务,遵守单位内部的劳动规则和其他规章制度。企业、事业、机关、团体等用人单位有义务按照劳动者的劳动数量和质量支付劳动报酬,并根据劳动法律、法规和双方的协议,提供各种劳动条件,保证劳动者享受本单位成员的各种权利和福利待遇。

2. 劳动合同的种类

根据劳动合同期限的不同,劳动合同分为固定期限劳动合同、无固定期限劳动合同和以完成一定工作任务为期限的劳动合同。

(1) 固定期限劳动合同。固定期限劳动合同是指用人单位与劳动者约定合同终止时间的劳动合同。用人单位与劳动者协商一致,可以订立固定期限劳动合同。这种合同适用范围广,应变能力强,可以根据生产需要和工作岗位的不同要求来确定合同期限。但是,劳动者与用人单位订立劳动合同时,必须对劳动合同履行的起始和终止时间进行明确的规定。合同期限届满,除法律规定须续订外,双方的劳动关系即行终止。

(2) 无固定期限劳动合同。无固定期限劳动合同是指用人单位与劳动者约定无确定终止时间的劳动合同。无确定终止时间,是指劳动合同没有一个确切的终止时间,劳动合同的期限长短不能确定,并不是没有终止时间。只要没有出现法律规定的条件或者双方约定的条件,双方当事人就有继续履行劳动合同规定的义务。一旦出现了法律规定的情形,无固定期限劳动合同也同样能够解除。

《劳动合同法》第十四条规定:"用人单位与劳动者协商一致,可以订立无固定期限劳动合同。有下列情形之一,劳动者提出或者同意续订劳动合同的,应当订立无固定期限劳动合同:(一)劳动者已在该用人单位连续工作满十年的;(二)用人单位初次实行劳动合同制度或者国有企业改制重新订立劳动合同时,劳动者在该用人单位连续工作满十年且距法定退休年龄不足十年的;(三)连续订立二次固定期限劳动合同且劳动者没有本法第三十九条规定的情形续订劳动合同的。用人单位自用工之日起满一年不与劳动者订立书面劳动合同的,视为用人单位与劳动者已订立无固定期限劳动合同。"

但是,没有确定终止时间并不等于"终身"。无固定期限的劳动合同也是劳动合同的一种类型,其并不是没有终止时间的"铁饭碗",只要符合法律规定的条件,劳动者与用人单位都可以依法解除劳动合同。《劳动法》第二十四条规定:"经劳动合同当事人协商一致,劳动合同可以解除。"可见,无固定期限劳动合同不仅可以协商变更,还可以协商解除。对于用人单位而言,只有符合法定的解除或终止条件才能解除或终止劳动合同;对于劳动者来说,只要履行三十天的告知义务就可以解除无固定期限劳动合同。

(3)以完成一定工作任务为期限的劳动合同。以完成一定工作任务为期限的劳动合同,是指用人单位与劳动者约定以某项工作的完成为合同期限的劳动合同。用人单位与劳动者协商一致,可以订立以完成一定工作任务为期限的劳动合同。以完成一定工作任务为期限的劳动合同,是特殊的一类劳动合同,与固定期限劳动合同和无固定期限劳动合同有着很大的区别,用人单位可以根据本单位的需要采用该种劳动合同,在建筑业、铁路交通、水利工程等行业,以及一些季节性、临时性的工作中较为常见。该种劳动合同是以某一项工作开始之日,作为其期限起算之日,以劳动者完成该项工作之日,作为其期限终止之日,因此,存在变更、解除、中止(双方协议暂停履行)或终止,但不存在续签问题。关于试用期,《劳动合同法》第十九条第三款中规定:"以完成一定工作任务为期限的劳动合同或者劳动合同期限不满三个月的,不得约定试用期。"

3. 劳动合同的内容

自1994年我国的劳动法确立了我国现行的劳动合同制度,十多年来我国劳动合同制度不断补充和发展,劳动合同的内容也不断变更和完善。根据《劳动合同法》，劳动合同的内容包括必备条款和约定条款。

（1）必备条款。必备条款是根据劳动合同法律法规，双方当事人签订劳动合同必须具备的内容。根据《劳动合同法》第十七条规定，劳动合同应当以书面形式订立，并具备以下条款：（一）用人单位的名称、住所和法定代表人或者主要负责人；（二）劳动者的姓名、住址和居民身份证或者其他有效身份证件号码；（三）劳动合同期限；（四）工作内容和工作地点；（五）工作时间和休息休假；（六）劳动报酬；（七）社会保险；（八）劳动保护、劳动条件和职业危害防护；（九）法律、法规规定应当纳入劳动合同的其他事项。

（2）约定条款。劳动合同的约定条款是用人单位与劳动者在必备条款之外，根据具体情况，经过协商可以自主约定的内容。根据《劳动合同法》第十七条规定，劳动合同除规定的必备条款外，用人单位与劳动者可以约定试用期、培训、保守秘密、补充保险和福利待遇等其他事项。约定条款虽然不是劳动合同的必备内容，但是，约定条款一旦生效，只要不违反法律和行政法规，具有与必备条款同样的约束力。

知识链接 8-1

《中华人民共和国劳动合同法》出台的经过

1994 年 7 月颁布的《劳动法》，曾在规范和协调劳动关系过程中发挥了积极作用。但十余年间，随着经济结构的调整变化，雇佣模式也发生了很大变化。职工和单位之间的关系大量演变为合同关系。《劳动法》对劳动合同的规定过于原则和抽象，部门规章和地方法规又不统一、不具体，效力层次低，存在难以操作和适用冲突等问题，已不能适应市场经济发展需要。

2005 年 12 月 24 日，《劳动合同法（草案）》被首次提请十届全国人大第十九次会议审议。2006 年 3 月 20 日，全国人大常务委员会正式公布《劳动合同法（草案）》，并面向社会广泛征求意见。《劳动合同法（草案）》立即引起了社会各界的密切关注，更引起了公众的广泛参与，其后短短一个月时间内，收到社会各界提出的意见多达 19 万余条。一部立法吸引了如此多的公众参与，这在中华人民共和国立法史上还绝无仅有。

2006 年 12 月 26 日，十届全国人大常委会组成人员分组审议了《劳动合同法（草案）》，对劳动合同法立法中坚持民主立法、科学立法的系列举措给予高度评价。

2007 年 4 月 24 日，全国人大常委会第二十七次会议，劳动合同法草案被提请第三次审议。

2007 年 6 月 29 日，全国人大常委会第二十八次会议以 145 票赞成，1 人未按表决器的高票通过了《中华人民共和国劳动合同法》。该法自 2008 年 1 月 1 日起施行。

有关专家评价说,对于《劳动合同法》,最高国家立法机关经 4 次审议、听取多方意见,有效寻求劳动者与企业、用工单位间的利益平衡与诉求的契合,堪称又一次民主立法、科学立法的生动实践。

资料来源:根据姜菁:《〈劳动合同法〉出台的前前后后》,载《职业》2007 年第 13 期整理。

8.2.2 劳动合同的订立

1. 劳动关系的建立

(1) 劳动关系的建立时间。《劳动合同法》第七条规定:"用人单位自用工之日起即与劳动者建立劳动关系。用人单位应当建立职工名册备查。"用工之日起即与劳动者建立劳动关系,即从劳动者到用人单位工作的第一天起,或者说从用人单位开始使用劳动者劳动的第一天起,不论双方是否订立书面劳动合同,劳动关系就成立了。《劳动合同法》规定,劳动关系自"用工"之日起成立,而不是从签订书面劳动合同时成立。如果用人单位不签订书面劳动合同,则构成事实劳动关系,劳动者同样享有法律规定的权利。

(2) 用人单位的告知义务。用人单位在建立劳动关系时,应履行必要的告知义务。《劳动合同法》明确要求用人单位招用劳动者时,应当如实告知劳动者工作内容、工作条件、工作地点、职业危害、安全生产状况、劳动报酬,以及劳动者要求了解的其他情况。与此同时,用人单位有权了解劳动者与劳动合同直接相关的基本情况,劳动者应当如实说明。在用人单位招用劳动者时,还需注意,不得扣押劳动者的居民身份证和其他证件,不得要求劳动者提供担保或者以其他名义向劳动者收取财物。

(3) 劳动者告知义务。用人单位在履行告知义务的同时,也享有一定的知情权,劳动者负有如实告知的义务。劳动者应当如实说明与劳动合同相关的基本情况,如劳动者的年龄、知识技能、身体状况、学历、工作经历等。

2. 劳动合同订立的形式与时间

(1) 劳动合同的订立时间。《劳动合同法》第十条规定:"建立劳动关系,应当订立书面劳动合同。已建立劳动关系,未同时订立书面劳动合同的,应当自用工之日起一个月内订立书面劳动合同。用人单位与劳动者在用工前订立劳动合同的,劳动关系自用工之日起建立。"劳动合同由用人单位与劳动者协商一致,并经用人单位与劳动者在劳动合同文本上签字或者盖章生效。劳动合同文本由用人单位和劳动者各执一份。劳动合同在劳动关系建立过程中具有重要的作用，必须及时签订。

用人单位必须在劳动关系建立时主动要求订立劳动合同。用人单位自用工之日起超过一个月不满一年未与劳动者订立书面劳动合同的，应当依照劳动合同法第八十二条的规定向劳动者每月支付两倍的工资，并与劳动者补订书面劳动合同；劳动者不与用人单位订立书面劳动合同的，用人单位应当书面通知劳动者终止劳动关系，并依照支付经济补偿。用人单位向劳动者每月支付两倍工资的起算时间为用工之日起满一个月的次日，截止时间为补订书面劳动合同的前一日。用人单位自用工之日起满一年未与劳动者订立书面劳动合同的，自用工之日起满一个月的次日至满一年的前一日应当依照劳动合同法的规定向劳动者每月支付两倍的工资，并视为自用工之日起满一年的当日已经与劳动者订立无固定期限劳动合同，应当立即与劳动者补订书面劳动合同。

（2）劳动合同订立的形式。劳动合同订立的形式是指劳动合同的表达方式，可以分为书面合同和口头合同两种。我国劳动法明文规定劳动合同采用书面形式，是因为劳动合同内容比较复杂，关系到劳动关系各方的权力和利益，必须确保劳动合同的严肃性。劳动者在与用人单位建立劳动关系时，要采用书面形式表达和记载当事人经过协商而达成的协议。同时，当劳动关系双方发生劳动争议时，书面合同是极其重要的证据，证明劳动关系双方对劳动内容、劳动时间、劳动环境等事宜的提前约定。

3. 劳动合同订立的流程

经过前面的招收录用阶段，企业初步确定了拟签订劳动合同的录用者名单后，接着即进入第二阶段，具体签订劳动合同。企业首先提出劳动合同的草案，录用者如果完全同意合同内容，即为承诺，劳动合同也就宣告成立。如果录用者对劳动合同草案提出修改意见或要求增加新内容，应视为要约的拒绝。双方经过新的要约一再要约，反复协商，直到最终达成一致的协议。这一阶段具体分以下几个步骤完成。

（1）草拟并提交劳动合同文本。企业在决定录用求职者以后，要向预录用者提交劳动合同文本草案。劳动合同文本的草拟一般是企业的事情，由企业人力资源部分管相关工作的人员拿出劳动合同文本。在实践中，各地劳动行政部门也有自己的劳动合同示范文本，用人单位也可以采用，但是，即使使用劳动合同示范文本，用人单位也要结合自己单位的实际将文本细化。

（2）签发《签订劳动合同通知书》。签发《签订劳动合同通知书》，是向劳动者表明用人单位要签订劳动合同的意向及告知劳动者确定的劳动合同签订时间。如果不是用工之日一个月签订劳动合同,而是用工之日签订劳动合同,这个通知书应在给员工发入职通知书时即交给员工,并要求员工在回执上签字。

(3) 向录用者介绍企业内部劳动规章制度。一旦签订劳动合同,录用者成为企业的一员,就必须遵守企业的各项规章制度。从某种意义上来说,企业内部劳动规章是劳动合同的附件。录用者能否接受企业的规章制度,也是决定录用者是否与企业签订劳动合同的因素之一。因而企业在向录用者提交劳动合同草案的同时,还必须向录用者详细地介绍企业内部劳动规章制度。

(4) 双方协商劳动合同内容。劳动合同草案文本只是企业方单方面的意思表示,企业应与录用者就劳动合同草案中的条款逐一协商,对需要补充或修改的内容各自提出意见,反复研究,相互让步,最后达成一致意见。双方进行协商确定的合同条款主要涉及以下内容:劳动合同期限、工作任务、劳动报酬、劳动条件、社会保险和福利待遇、试用期的待遇及其他劳动权利和义务等。

(5) 双方签约。当事人双方在认真审阅合同文书,确认没有分歧后,双方签字或盖章方可生效。按照《劳动合同法》第十六条规定,"劳动合同由用人单位与劳动者协商一致,并经用人单位与劳动者在劳动合同文本上签字或者盖章生效"。据此,作为用人单位,是选择签字还是盖章,或是既签字又盖章,由单位自定。代表单位签字的应为用人单位的法定代表人或者其书面委托的代理人。切记,如果单位委托人力资源部相关人员签字的,一定要有书面的授权委托书。劳动者一方一定要求本人签字,未经授权,他人不得代签。此外,订立劳动合同可以约定生效时间。没有约定的,以当事人签字或盖章的时间为生效时间。当事人签字或者盖章时间不一致的,以最后一方签字或者盖章的时间为准。

如果劳动合同不需要鉴证,则至此劳动合同的订立阶段结束,所签劳动合同即具备法律效力。劳动合同文本由企业和录用者各执一份。

(6) 合同鉴证。劳动合同鉴证是劳动行政部门依法审查、证明劳动合同真实性和合法性的一项行政监督、服务措施。目前,合同鉴证并非法定程序,企业和劳动者可以遵循自愿原则决定是否对所签订劳动合同进行鉴证,鉴证与否并不影响劳动合同的法律效力。

(7) 劳动合同备案。劳动合同备案是劳动合同备案机关依法对劳动合同进行审查和保存,以确认劳动合同的订立、续定、变更和解除的一项监督措施。

劳动合同备案由劳动行政部门和地方工会组织分别在各自职能范围内具体实施,以订立、续订、变更的劳动合同和解除劳动合同的事实为备案对象,表明对劳动关系续存和解除的确认。各种劳动合同的解除都应当备案,而经劳动行政部门鉴证或批准的劳动合同可不必再由劳动行政部门备案。

管理实例 8-1

小白的困惑

2013年6月小白成功应聘A公司，公司要求其上交300元招工费和1000元押金。7月1日，小白在缴纳上述费用后，正式上班，但公司并未与其订立劳动合同。2013年11月25日，公司与小白订立书面劳动合同，并返还其1000元抵押金。合同期为1年，工资为每月2500元，工作岗位为行政专员。

小白总觉得A公司劳动合同订立过程中存在问题，但自己又说不清楚。你能帮助小白解答她的疑问吗？

4. 试用期

试用期是指劳动合同双方当事人在合同中约定的互相考察了解以确定是否继续履行劳动合同的期间。劳动法规定，劳动合同可以约定试用期，但最长不得超过六个月。在劳动合同中约定试用期，一方面可以维护用人单位的利益，为每个工作岗位找到合适的劳动者，试用期就是供用人单位考察劳动者是否适合其工作岗位的一项制度，给用人单位考察劳动者是否与录用要求相一致的时间，避免用人单位遭受不必要的损失。另一方面试用期为劳动者寻找适合的企业和工作提供了考察和检验的时间，维护了劳动者的利益和权利。

（1）试用期的时间。试用期的时间长短在一定程度上取决于劳动合同的长度，但是试用期最长不能超过六个月。根据《劳动合同法》第十九条，劳动合同期限三个月以上不满一年的，试用期不得超过一个月；劳动合同期限一年以上不满三年的，试用期不得超过二个月；三年以上固定期限和无固定期限的劳动合同，试用期不得超过六个月。同一用人单位与同一劳动者只能约定一次试用期。用人单位不得以任何理由任意增加或延长试用期。以完成一定工作任务为期限的劳动合同或者劳动合同期限不满三个月的，不得约定试用期。试用期包含在劳动合同期限内。劳动合同仅约定试用期的，试用期不成立，该期限为劳动合同期限。

（2）试用期的工资。试用期工资待遇一般低于转正后劳动者的正式工资，但是，为了保证劳动者的收益，我国劳动法律对试用期劳动者的工资进行了限定。《劳动合同法》第二十条规定："劳动者在试用期的工资不得低于本单位相同岗位最低档工资或者劳动合同约定工资的百分之八十，并不得低于用人单位所在地的最低工资标准。"劳动者虽然处于试用期，但也付出了正常的劳动，为用人单位创造了价值，用人单位应当给予他们劳动报酬。虽然用人单位可以自主确定工资水平，但是不得随意压低试用期员工的工资。

(3) 试用期劳动合同解除。一般来讲，试用期内经过双方的了解和考查，认知了彼此。用人单位在试用期解除劳动合同的，应当向劳动者说明理由，证明其不符合录用条件。根据《劳动合同法》第二十一条："在试用期中，除劳动者有本法第三十九条和第四十条第一项、第二项规定的情形外，用人单位不得解除劳动合同。用人单位在试用期解除劳动合同的，应当向劳动者说明理由。"这一法条规定了用人单位可以与试用期劳动者解除劳动合同的必备条件，即只有在劳动者不符合录用条件、因病不能工作或者不能胜任工作时，用人单位才能在试用期与劳动者解除劳动合同。

用人单位可解除劳动合同的条件是其必须举证证明劳动者在试用期间不符合录用条件，这实际上是限制了用人单位随意解除劳动合同，增加了用人单位的举证责任，如果用人单位没有证据证明劳动者在试用期间不符合录用条件，用人单位就不能解除劳动合同，否则，需承担因违法解除劳动合同所带来的一切法律后果。另外，根据有关规定，试用期满后，用人单位不得再以试用期间不符合录用条件而解除劳动合同。这就必然要求解除理由必须合法、合理、有理有据，否则将导致在劳动争议中败诉。用人单位必须制定和细化岗位说明书，记录劳动者的工作过程和业绩，以此作为抗辩的理由根据。

8.2.3 劳动合同履行、变更

1. 劳动合同的履行

根据《劳动合同法》第二十九条，用人单位与劳动者应当按照劳动合同的约定，全面履行各自的义务。合同履行期间，用人单位应当按照劳动合同约定和国家规定，向劳动者及时足额支付劳动报酬。用人单位拖欠或者未足额支付劳动报酬的，劳动者可以依法向当地人民法院申请支付令，人民法院应当依法发出支付令。用人单位应当严格执行劳动定额标准，不得强迫或者变相强迫劳动者加班。用人单位安排加班的，应当按照国家有关规定向劳动者支付加班费。

劳动合同在履行过程中，用人单位变更名称、法定代表人、主要负责人或者投资人等事项，不影响劳动合同的履行。用人单位发生合并或者分立等情况，原劳动合同继续有效，劳动合同由承继其权利和义务的用人单位继续履行。

2. 劳动合同的变更

劳动合同的变更是指劳动合同依法订立后，在合同尚未履行或者尚未履行完毕之前，经用人单位和劳动者双方当事人协商同意，对劳动合同内容作部分修改、补充或者删减的法律行为。劳动合同的变更是原劳动合同的派生，是双方已存在的劳动权利义务关系的发展。

根据《劳动合同法》第三十五条，用人单位与劳动者协商一致，可以变更劳动合同约定的内容。变更劳动合同，应当采用书面形式。变更后的劳动合同文本由用人单位和劳动者各执一份。劳动合同的变更是在原合同的基础上对原劳动合同内容作部分修改、补充或者删减，而不是签订新的劳动合同。原劳动合同未变更的部分仍然有效，变更后的内容就取代了原合同的相关内容，新达成的变更协议条款与原合同中其他条款具有同等法律效力，对双方当事人都有约束力。用人单位与劳动者在变更劳动合同过程中，需要注意以下问题：

（1）必须在劳动合同依法订立之后，在合同没有履行或者尚未履行完毕之前的有效时间内进行。即劳动合同双方当事人已经存在劳动合同关系，如果劳动合同尚未订立或者是已经履行完毕，则不存在劳动合同的变更问题。

（2）必须坚持平等自愿、协商一致的原则，即劳动合同的变更必须经用人单位和劳动者双方当事人的同意。平等自愿、协商一致是劳动合同订立的原则，也是其变更应遵循的原则。劳动合同关系，是通过劳动者与用人单位协商一致而形成的，其变更当然应当通过双方协商一致才能进行。劳动合同允许变更，但不允许单方变更，任何单方变更劳动合同的行为都是无效的。

（3）必须合法，不得违反法律、法规的强制性规定。劳动合同变更也并非是任意的，用人单位和劳动者约定的变更内容必须符合国家法律、法规的相关规定。

（4）变更劳动必须采用书面形式。劳动合同双方当事人经协商后对劳动合同中的约定内容的变更达成一致意见时，必须达成变更劳动合同的书面协议，任何口头形式达成的变更协议都是无效的。劳动合同变更的书面协议应当指明对劳动合同的哪些条款作出变更，并应订明劳动合同变更协议的生效日期，书面协议经用人单位和劳动者双方当事人签字盖章后生效。

（5）劳动合同的变更也要及时进行。提出变更劳动合同的主体可以是用人单位，也可以是劳动者，无论是哪一方要求变更劳动合同的，都应当及时向对方提出变更劳动合同的要求，说明变更劳动合同的理由、内容和条件等。如果应该变更的劳动合同内容没有及时变更，由于原条款继续有效，往往使劳动合同不适应变化了的新情况，从而引起不必要的争议。当事人一方得知对方变更劳动合同的要求后，应在对方规定的合理期限内及时作出答复，不得对另一方提出的变更劳动合同的要求置之不理。

管理实例 8-2

2014年6月，由于生产经营需要，北京某食品厂与某公司进行了战略性业务合并。在合并过程中，食品厂将部分员工的工作岗位、工作地点进行了相应的调整，并要求需要调整的员工自2014年8月起到新岗位、新工作地点工作。该食品厂检验员王某的工作地点也在调整之列，她多次找到公司，以离家远为由拒绝接受调整。对此，食品厂因员工不服从公司安排，视其为严重违纪，做出了解除劳动合同的处理。

最终，王某以食品厂单方变更劳动合同为由，向劳动争议仲裁委员会提请了仲裁，要求仲裁委裁定食品厂变更无效，与食品厂恢复劳动关系。

仲裁结果：经查，食品厂未依法履行劳动合同变更程序，裁定变更无效，恢复与王某的劳动关系。

资料来源：HR每日学习专栏.劳动争议15大经典案例及法规解析-三茅资料-三茅人力资源网.https://zl.hrloo.com/file/381488.

8.2.4 劳动合同的解除和终止

1. 劳动合同的解除

劳动合同的解除是指劳动合同订立后，尚未全部履行以前，由于某种原因导致劳动合同一方或双方当事人提前终止劳动关系的法律行为。解除劳动合同是劳动合同从订立到履行过程中可以预见的中间环节，依法解除劳动合同是维护劳动合同双方当事人正当权益的重要保证。根据《劳动法》的规定，劳动合同既可以由单方依法解除，也可以由双方协商一致解除。

（1）双方协商一致解除劳动合同。《劳动合同法》第三十六条规定："用人单位与劳动者协商一致，可以解除劳动合同。"协商一致解除劳动合同是指用人单位与劳动者在平等自愿基础上，互相协商，提前终止劳动合同效力的法律行为。协商解除是劳动合同自由原则的体现，是双方当事人理性选择的结果，因此双方对其产生的后果是可以预见的。

在协商解除劳动合同的过程中，一定要遵循自愿原则，一方不得有利诱、胁迫另一方的违法行为。只有在平等自愿、协商一致的基础上，劳动合同才可以顺利解除，否则就会引发劳动争议。同时，应注意究竟是由哪一方首先提出解除劳动合同，其法律后果是不一样的。如果是劳动者首先提出解除劳动合同的，法律没有规定用人单位有支付经济补偿的义务。但是，如果是用人单位提出解除劳动合同，并与劳动者协商一致解除劳动合同的，用人单位应当向劳动者支付经济补偿。

（2）劳动者单方解除劳动合同。《劳动合同法》第三十七条规定："劳动者提前三十日以书面形式通知用人单位，可以解除劳动合同。劳动者在试用期内提前三日通知用人单位，可以解除劳动合同。"劳动者的单方解除，劳动者只要符合法定程序就可以解除劳动合同,不需要特定的法定事实的发生。"提前三十日通知""试用期内提前三日通知"既是劳动者单方解除劳动合同的条件,也是解除劳动合同的程序。由于劳动合同不同于一般的合同,它具有一定的人身依附性,是以劳动者付出一定的劳动为前提的,而且劳动者在劳资关系中又处于比较弱势的地位,劳动立法一般也比较倾向于保护劳动者。但是,劳动者单方解除劳动合同,用人单位不承担支付劳动者经济补偿的义务。同时,如果劳动合同中依法约定了劳动者提前解除劳动合同的法律责任,劳动者需要承担相应的责任。

依据《劳动合同法》第三十八条规定,用人单位有下列情形之一的,劳动者可以解除劳动合同:(一)未按照劳动合同约定提供劳动保护或者劳动条件的;(二)未及时足额支付劳动报酬的;(三)未依法为劳动者缴纳社会保险费的;(四)用人单位的规章制度违反法律、法规的规定,损害劳动者权益的;(五)因本法第二十六条第一款规定的情形致使劳动合同无效的;(六)法律、行政法规规定劳动者可以解除劳动合同的其他情形。

用人单位以暴力、威胁或者非法限制人身自由的手段强迫劳动者劳动的,或者用人单位违章指挥、强令冒险作业危及劳动者人身安全的,劳动者可以立即解除劳动合同,不需事先告知用人单位。同时,如果劳动者是根据上述理由解除劳动合同的,用人单位还要依法向劳动者支付经济补偿。

(3)用人单位单方解除劳动合同。用人单位单方解除劳动合同的情形包括三种情况:劳动者有过失,用人单位解除劳动合同;劳动者无过失,用人单位提前三十天通知解除劳动合同;经济性裁员。

第一种情况,劳动者有重大过失,用人单位可以解除劳动合同。依据《劳动合同法》第三十九条规定,劳动者有下列情形之一的,用人单位可以解除劳动合同:(一)在试用期间被证明不符合录用条件的;(二)严重违反用人单位的规章制度的;(三)严重失职,营私舞弊,给用人单位造成重大损害的;(四)劳动者同时与其他用人单位建立劳动关系,对完成本单位的工作任务造成严重影响,或者经用人单位提出,拒不改正的;(五)因本法第二十六条第一款第一项规定的情形致使劳动合同无效的;(六)被依法追究刑事责任的。根据劳动法相关法条,劳动者存在严重过失,用人单位有权解除劳动合同,无须提前三十天通知,且不受用人单位不得解除劳动合同的法律限制,无须支付经济补偿。

第二种情况,劳动者无过失,用人单位可以解除劳动合同。依据《劳动合同法》第四十条规定,有下列情形之一的,用人单位提前三十日以书面形式通知劳动者本人或者额外支付劳动者一个月工资后,可以解除劳动合同:(一)劳动者患病或者非因工负伤,在规定的医疗期满后不能从事原工作,也不能从事由用人单位另行安排的工作的;(二)劳动者不能胜任工作,经过培训或者调整工作岗位,仍不能胜任工作的;(三)劳动合同订立时所依据的客观情况发生重大变化,致使劳动合同无法履行,经用人单位与劳动者协商,未能就变更劳动合同内容达成协议的。非过失解除劳动合同是劳动者无过失,而因外部环境或劳动者自身的客观原因,用人单位可以单方解除劳动合同的情形。该情形下,用人单位解除劳动合同还需要依法支付劳动者相应的经济补偿。

第三种情况,经济性裁员。依据《劳动合同法》第四十一规定,有下列情形之一,需要裁减人员二十人以上或者裁减不足二十人但占企业职工总数百分之十以上的,用人单位提前三十日向工会或者全体职工说明情况,听取工会或者职工的意见后,裁减人员方案经向劳动行政部门报告,可以裁减人员:(一)依照企业破产法规定进行重整的;(二)生产经营发生严重困难的;(三)企业转产、重大技术革新或者经营方式调整,经变更劳动合同后,仍需裁减人员的;(四)其他因劳动合同订立时所依据的客观经济情况发生重大变化,致使劳动合同无法履行的。裁减人员时,应当优先留用下列人员:(一)与本单位订立较长期限的固定期限劳动合同的;(二)与本单位订立无固定期限劳动合同的;(三)家庭无其他就业人员,有需要扶养的老人或者未成年人的。用人单位依法裁减人员,在六个月内重新招用人员的,应当通知被裁减的人员,并在同等条件下优先招用被裁减的人员。用人单位经济性裁员,需要向被裁减的劳动者根据其在企业的具体工作年限,支付相应的经济补偿。

(4) 用人单位不得解除劳动合同的情形。为了保障劳动者的合法权益,《劳动合同法》同时规定了用人单位不得解除劳动合同的具体情形。根据《劳动合同法》第四十二条,劳动者有下列情形之一的,用人单位不得依照《劳动合同法》第四十条、第四十一条的规定解除劳动合同:(一)从事接触职业病危害作业的劳动者未进行离岗前职业健康检查,或者疑似职业病病人在诊断或者医学观察期间的;(二)在本单位患职业病或者因工负伤并被确认丧失或者部分丧失劳动能力的;(三)患病或者非因工负伤,在规定的医疗期内的;(四)女职工在孕期、产期、哺乳期的;(五)在本单位连续工作满十五年,且距法定退休年龄不足五年的;(六)法律、行政法规规定的其他情形。

同时,用人单位单方解除劳动合同,应当事先将理由通知工会。用人单位违反法律、行政法规规定或者劳动合同约定的,工会有权要求用人单位纠正。用人单位应当研究工会的意见,并将处理结果书面通知工会。

管理实例 8-3

A 是某公司职工,2007 年 3 月与公司签订了为期 5 的劳动合同,2009 年 3 月,公司更换了主要负责人,新负责人以 A 不适合工作为由,要求与 A 解除劳动合同,A 不同意。公司便采取了增加 A 劳动强度,减少 A 奖金收入等办法予以刁难。A 在不堪忍受的情况下,提出如果公司提出解除劳动合同,他本人可以签字同意。但公司坚持让 A 自己先写"辞职报告",然后由公司批准。A 坚决不同意这样做,但公司许诺:如 A 照办,公司可以给予 A 一笔比较丰厚的生活补助,还可以按照劳动法有关规定支付解除劳动合同的经济补偿金。在这样的情况下,A 于 2009 年 5 月向公司递交了"辞职报告",立即被公司批准,但此后的生活补助和经济补偿金却毫无踪影。A 找公司索要,公司拿出 A 的"辞职报告"说,生活补助是单位对被辞退人员的抚恤,根据劳动法规定,经济补偿金在用人单位提出解除劳动合同时才支付,A 是自动辞职,没有上述两项待遇。A 非常气愤,提出申诉,并提供了公司要求他递交"辞职报告"的证据。劳动争议仲裁委员会经审理,裁决公司支付 A 两个月工资的经济补偿金,仲裁费用由公司承担。单位自用工之日起超过一个月不满一年未与劳动者订立书面劳动合同的,应当向劳动者每月支付 2 倍的工资;用人单位自用工之日起满一年仍然未与劳动者订立书面劳动合同的,除按照以上规定支付 2 倍的工资外,还应当视为用人单位与劳动者已订立无固定期限劳动合同。

案例改编自:欧德赵. 50 大劳资纠纷经典案例及相关法规解析 - 三茅资料 - 三茅人力资源网. https://zl.hrloo.com/file/360930.

2. 劳动合同的终止

劳动合同终止是指企业劳动合同法律效力的终止,也就是双方当事人之间劳动关系的终结,彼此之间原有的权利和义务关系不复存在。根据《劳动合同法》第四十四条,有下列情形之一的,劳动合同终止:(一)劳动合同期满的;(二)劳动者开始依法享受基本养老保险待遇的;(三)劳动者死亡,或者被人民法院宣告死亡或者宣告失踪的;(四)用人单位被依法宣告破产的;(五)用人单位被吊销营业执照、责令关闭、撤销或者用人单位决定提前解散的;(六)法律、行政法规规定的其他情形。这一规定明确了劳动合同终止的具体情形。劳动合同签订后,双方当事人不得随意终止劳动合同,而应依法终止。但是,当用人单位与劳动者终止劳动合同时,需要重视或正确处理以下问题:

(1)用人单位或劳动者一方在合同期限届满时,强迫对方续订合同。企业劳动合同期满即行终止,不存在任何附带条件。确定是因生产或工作的需要,可以续订合同,但必须征得双方当事人的同意;任何一方无权强迫另一方续订合同。否则,所续订的合同是无效的,续订行为本身也是违法的。

(2)合同到期后,双方当事人既不办理续订合同手续,也不终止合同,继续保持事实上的劳动关系。这种情况的出现,往往是源于双方当事人或一方当事人的法律意识淡薄。保持事实上的劳动关系,往往会给双方当事人的权益带来损害,因为事实上的劳动关系得不到法律的保护。

(3)双方当事人续订手续的办理缺乏合法性或完备性。比如,合同期限届满后，用人单位不与劳动者协商，不经劳动者签字，而是由他人代为办理。通过这种方式续订的合同不具有法律效力，对用人单位会带来潜在损失。劳动者一方一旦不承认续订合同的有效性，或采取不辞而别的行为，用人单位的损失将无从追偿。

管理实例 8-4

小王 2004 年大学毕业后与北京××公司签订了为期 3 年的劳动合同，工作岗位为财务经理，约定岗位工资 4000 元/月。2007 年 6 月 30 日合同到期后，双方均没有提出续订劳动合同，但是一直保持劳动关系至 2007 年 10 月。2007 年 10 月 26 日，宏成公司准备缩减人员，发现小王的劳动合同到期后没有续签，就书面通知其双方的劳动关系将于 2007 年 10 月 31 日终止。小王经咨询劳动法专业人士后认为双方已经形成事实劳动关系，根据北京市的规定，双方至少还应签订为期一年的劳动合同；但××公司则认为双方当时没有劳动合同，可以随时终止劳动关系。双方对此无法达成一致意见。但后来公司转变想法，愿意与小王续订一年的劳动合同，但以小王平时工作不努力为由，将其岗位调整为副经理，薪水降低 1000 元。小王不服，于 2007 年 11 月 13 日提起劳动争议仲裁，要求续订一年的劳动合同，岗位和薪水维持原水平不变。

劳动争议仲裁委员会认为：小王的申诉请求事实清楚，证据确凿、充分，且符合法律规定，裁决支持小王的申诉请求。

【本案件适用相关法律条款】

《劳动合同法》作了重要规定：用人单位自用工之日起超过一个月不满一年未与劳动者订立书面劳动合同的，应当向劳动者每月支付 2 倍的工资；用人单位自用工之日起满一年仍然未与劳动者订立书面劳动合同的，除按照以上规定支付 2 倍的工资外，还应当视为用人单位与劳动者已订立无固定期限劳动合同。

资料来源：HR 每日学习专栏．劳动争议 15 大经典案例及法规解析－三茅资料－三茅人力资源网．https://zl.hrloo.com/file/381488．

8.3 劳动争议管理

8.3.1 劳动争议的定义

劳动争议，又称劳动纠纷或劳资争议，是指劳动关系双方当事人在实现劳动权利和履行义务的过程中发生的纠纷。劳动争议是现实中较为常见的纠纷，用人单位与职工建立劳动关系后,一般都能相互合作,认真履行劳动合同。但由于各种原因,双方之间产生纠纷也是难以避免的事情。劳动争议的发生,不仅使正常的劳动关系得不到维护,还会使劳动者的合法利益受到损害,不利于社会的稳定。因此,应当正确把握劳动纠纷的特点,积极预防劳动纠纷的发生,对已发生的劳动争议进行及时的处理,才能维护劳动关系当事人的合法权益。

根据我国《劳动法》第七十七条,用人单位与劳动者发生劳动争议,当事人可以依法申请调解、仲裁、提起诉讼,也可以协商解决。《劳动争议调解仲裁法》第五条中明确规定:"发生劳动争议,当事人不愿协商、协商不成或者达成和解协议后不履行的,可以向调解组织申请调解;不愿调解、调解不成或者达成调解协议后不履行的,可以向劳动争议仲裁委员会申请仲裁;对仲裁裁决不服的,除本法另有规定外,可以向人民法院提起诉讼。"由此可见,协商、调节、仲裁和诉讼是劳动争议处理的主要方法。

8.3.2 劳动争议的种类及范围

1. 劳动争议的种类

劳动争议按照不同的标准,可划分为以下几种:

(1) 按照劳动争议当事人人数多少的不同,可分为个人劳动争议和集体劳动争议。个人劳动争议是劳动者个人与用人单位发生的劳动争议;集体劳动争议是指劳动者一方当事人在三人以上、有共同理由的劳动争议。

(2) 按照劳动争议的内容,可分为:因履行劳动合同发生的争议;因履行集体合同发生的争议;因企业开除、除名、辞退职工和职工辞职、自动离职发生的争议;因执行国家有关工作时间和休息休假、工资、保险、福利、培训、劳动保护的规定发生的争议等。

(3) 按照当事人国籍的不同,可分为国内劳动争议与涉外劳动争议。国内劳动争议是指中国的用人单位与具有中国国籍的劳动者之间发生的劳动争议;涉外劳动争议是指具有涉外因素的劳动争议,包括中国在国(境)外设立的机构与中国派往该机构工作的人员之间发生的劳动争议、外商投资企业的用人单位与劳动者之间发生的劳动争议。

2. 劳动争议的范围

从劳动争议的范围上看,劳动争议既包括因劳动权利和劳动义务发生分歧而引起的争议,还包括劳动者和用人单位在法律、合同虽无明确规定,但在劳动过程中事实上存在的劳动纠纷以及一方当事人(通常是指劳动者方面)在争取新的权利时发生的争议。从劳动争议的参加方来看，劳动争议的参加方是劳动关系的当事人，也就是用人单位和劳动者。至于劳动者与劳动者之间、用人单位与用人单位之间、劳动者或用人单位与政府行政机关之间发生的纠纷，即便与劳动关系有关，也不是劳动争议。2008年5月1日正式实施的《中华人民共和国劳动争议调解仲裁法》进一步明确了劳动争议的范围。根据该法第二条的规定，劳动争议的范围主要包括以下方面：

（1）因确认劳动关系发生的争议；
（2）因订立、履行、变更、解除和终止劳动合同发生的争议；
（3）因除名、辞退和辞职、离职发生的争议；
（4）因工作时间、休息休假、社会保险、福利、培训以及劳动保护发生的争议；
（5）因劳动报酬、工伤医疗费、经济补偿或者赔偿金等发生的争议；
（6）法律、法规规定的其他劳动争议。

《劳动争议调解仲裁法》对劳动争议范围的重新界定，扩大了我国劳动争议处理的范围，除了通过劳动保障监察或者行政渠道能够解决的争议以外，都尽可能纳入劳动争议调解仲裁的范畴。

8.3.3 劳动争议处理的原则

劳动法第七十八条规定："解决劳动争议，应当根据合法、公正、及时处理的原则，依法维护劳动争议当事人的合法权益。"并规定："调解原则适用于仲裁和诉讼程序"。这一规定确立了处理劳动争议的基本原则，即调解原则；及时处理原则；以事实为依据，以法律为准绳的原则；当事人在适用法律上一律平等的原则。这是处理劳动争议必须遵守的基本原则。

1. 调解原则

调解是劳动争议的基本手段，贯穿于劳动争议处理的全过程。调解的原则并不意味着强制调解，而是要求在自愿的前提下，尽量调解解决劳动争议。调解与自愿原则是密不可分的，当事人是否申请调解委员会调解，当事人是否接受调解建议，是否达成调解协议完全出于自愿不得强迫。调解协议的内容还必须符合有关法律、法规的规定，否则自愿达成的协议也无效。在调解中要注意防止久调不决的现象，即能够调解的就调解，不能够调解的就尽快进入裁决或者判决。

2. 及时处理原则

及时处理原则要求劳动争议当事人、劳动争议调解委员会、劳动争议仲裁委员会及人民法院在劳动争议案件处理过程中，必须按照法律规定及时行使权利、履行职责。当事人应及时申请调解或仲裁，超过法定时间将不予受理。当事人应及时参加调解、仲裁活动，否则调解无法进行，仲裁则可能被视为撤诉或被缺席仲裁。若当事人不服，则应及时仲裁起诉，若不服一审判决，则应及时上诉，否则失去起诉权、上诉权，合法权益将得不到保障、调解委员会调解争议要及时，不能超过三十天；仲裁委员会受理争议案件要及时，不应超过七天，仲裁要及时，不能超过六十天；人民法院审判要及时，审判不应超过六个月，否则应承担相应的法律责任。及时处理的原则有助于及时维护双方当事人的合法权益，及时稳定劳动关系，使劳动者与用人单位生活、生产秩序正常化，使社会秩序稳定。

3. 以事实为依据，以法律为准绳原则

以事实为依据，以法律为准绳是我国法制的基本原则，在处理劳动争议时，要求调解委员会、仲裁委员会及人民法院都必须对争议的事实进行深入、细致、客观的调查、分析，查明事实真相，这是准确适用法律、公正处理争议的基础。在查清事实的基础上，应当依照法律规定依法进行调解、仲裁和审判。处理劳动争议是一项政策性很强的工作，既不能主观臆断，更不能徇私枉法。以法律为准绳要求处理劳动争议判断是非、责任要以劳动法律、法规为依据；处理争议的程序要依法；处理的结果要合法，不得侵犯社会公共利益和他人的利益。

4. 当事人在适用法律上一律平等的原则

依法维护劳动争议双方当事人的合法权益体现了当事人适用法律上一律平等的原则。这一原则要求，调解委员会、仲裁委员会、人民法院在处理劳动争议案件时，对劳动争议的任何一方当事人都应同等对待，其法律地位完全平等，双方当事人平等地享有和承担法律赋予的权利义务，不应因身份、地位的不同而采取不同的标准对待。用人单位与劳动者在申请调解、仲裁和诉讼时，在参加调解、仲裁、诉讼活动时都享有同等的权利，时效一样、陈述事实、进行辩论和举证、申请回避、是否达成调解协议，不服仲裁裁决是否向法院起诉等方面权利是同等的，承担的义务也是同等的。

8.3.4 劳动争议处理的解决途径

根据《劳动法》《劳动争议调解仲裁法》的规定，我国劳动争议处理的方式包括协商、调解、仲裁和诉讼，实行协商和"一调一裁两审"的处理程序。为了进一步保护劳动者权益，对于几种特殊的案件，可以实行一裁终局制，即不能再向法院起诉，裁决书具有最终效力，可以申请法院强制执行。

劳动争议实行"一调一裁两审"的处理程序是指发生劳动争议后，当事人除先进行协商外，可以向企业劳动争议调解委员会申请调解；调解不成，或者不愿意调解的，当事人可以向劳动争议仲裁委员会申请仲裁；对仲裁裁决不服的，可以向人民法院提起诉讼，其诉讼程序按照民事诉讼法的规定，实行两审终审制。"一调一裁两审"的制度将仲裁作为诉讼的一个前置程序，不经仲裁，当事人不能直接向人民法院提起诉讼。

8.3.5　劳动争议协商

劳动争议的协商解决是处理劳动争议的一个独立程序。从当事人可以完全自行解决争议，也可以请求第三方介入协助解决争议。协商具有自治性、争议主体的合意性和非严格的规范性等特征，是解决劳动争议的第一个环节。依据《企业劳动争议协商调解规定》，协商的具体步骤如下：

（1）一方当事人可以通过与另一方当事人约见、面谈等方式协商解决。

（2）劳动争议当事人的劳动者一方可以要求所在企业工会参与或者协助其与企业进行协商。工会也可以主动参与劳动争议的协商处理，维护劳动者合法权益。劳动者可以委托其他组织或者个人作为其代表进行协商。

（3）一方当事人提出协商要求后，另一方当事人应当积极作出口头或者书面回应。5日内不作出回应的，视为不愿协商。

协商的期限由当事人书面约定，在约定的期限内没有达成一致的，视为协商不成。当事人可以书面约定延长期限。

（4）协商达成一致，应当签订书面和解协议。和解协议对双方当事人具有约束力，当事人应当履行。

（5）发生劳动争议，当事人不愿协商、协商不成或者达成和解协议后，一方当事人在约定的期限内不履行和解协议的，可以依法向调解委员会或者乡镇、街道劳动就业社会保障服务所等其他依法设立的调解组织申请调解，也可以依法向劳动人事争议仲裁委员会申请仲裁。

8.3.6　劳动争议的调解

劳动争议调解是指调解组织对用人单位与劳动者之间发生的劳动争议，在查明事实、分清是非、明确责任的基础上，依照国家劳动法律、法规，以及依法制定的企业规章和劳动合同，通过民主协商的方式，推动双方互谅互让，达成协议，消除纷争的一种活动。

作为一项法律制度，调解在劳动争议处理中具有"第一道防线"的功能，在协调劳动关系、化解社会矛盾、维护社会稳定、促进经济发展和社会进步方面，发挥着重要作用。加强劳动争议调解，健全调解机制，更多采用教育、协商、疏导等办法，把劳动关系矛盾化解在基层，解决在萌芽状态，是维护劳动争议当事人合法权益、构建和谐社会的重要方面。工会在劳动争议调解中，承担着重要职责，发挥着不可替代的重要作用。

1. 劳动争议调解组织

根据《劳动争议调解仲裁法》第十条规定，发生劳动争议，当事人可以到下列调解组织申请调解：

（1）企业劳动争议调解委员会；
（2）依法设立的基层人民调解组织；
（3）在乡镇、街道设立的具有劳动争议调解职能的组织。

企业劳动争议调解委员会由职工代表和企业代表组成。职工代表由工会成员担任或者由全体职工推举产生，企业代表由企业负责人指定。企业劳动争议调解委员会主任由工会成员或者双方推举的人员担任。劳动争议调解组织的调解员应当由公道正派、联系群众、热心调解工作，并具有一定法律知识、政策水平和文化水平的成年公民担任。

2. 劳动争议调解过程

当事人申请劳动争议调解既可以书面申请，也可以口头申请。口头申请的，调解组织应当当场记录申请人基本情况、申请调解的争议事项、理由和时间。调解劳动争议，应当充分听取双方当事人对事实和理由的陈述，耐心疏导，帮助其达成协议。经调解达成协议的，应当制作调解协议书。调解协议书由双方当事人签名或者盖章，经调解员签名并加盖调解组织印章后生效，对双方当事人具有约束力，当事人应当履行。

自劳动争议调解组织收到调解申请之日起十五日内未达成调解协议的，当事人可以依法申请仲裁。达成调解协议后，一方当事人在协议约定期限内不履行调解协议的，另一方当事人可以依法申请仲裁。

因支付拖欠劳动报酬、工伤医疗费、经济补偿或者赔偿金事项达成调解协议，用人单位在协议约定期限内不履行的，劳动者可以持调解协议书依法向人民法院申请支付令。人民法院应当依法发出支付令。

8.3.7 劳动争议的仲裁

劳动争议仲裁是指为了公正及时解决劳动争议，保护当事人合法权益，促进劳动关系和谐稳定，劳动争议仲裁委员会根据当事人的申请，依法对劳动争议在事实上作出判断、在权利义务上作出裁决的一种法律制度。

1. 仲裁机构

劳动争议仲裁委员会是劳动争议的仲裁机构。《劳动争议调解仲裁法》第十七条规定："劳动争议仲裁委员会按照统筹规划、合理布局和适应实际需要的原则设立。省、自治区人民政府可以决定在市、县设立；直辖市人民政府可以决定在区、县设立。直辖市、设区的市也可以设立一个或者若干个劳动争议仲裁委员会。劳动争议仲裁委员会不按行政区划层层设立。"该条款对劳动争议仲裁机构的设立和权限进行了明确的规定。劳动争议仲裁规则由国务院劳动行政部门依法规定，省、自治区、直辖市人民政府劳动行政部门对本行政区域的劳动争议仲裁工作进行指导。

劳动争议仲裁委员会依法履行以下职责：聘任、解聘专职或者兼职仲裁员；受理劳动争议案件；讨论重大或者疑难的劳动争议案件；对仲裁活动进行监督。劳动争议仲裁委员会下设办事机构，负责办理劳动争议仲裁委员会的日常工作。劳动争议仲裁委员会依照三方原则，由劳动行政部门代表、工会代表和企业方面代表组成，具有更高的公平感和可靠性，有利于仲裁活动的展开。仲裁委员会的组成人员必须是单数，这样才能有效实行少数服从多数的原则。劳动争议仲裁不收费。劳动争议仲裁委员会的经费由财政予以保障。

2. 申请和受理

根据《劳动争议调解仲裁法》第二十七条，劳动争议申请仲裁的时效期间为一年。仲裁时效期间从当事人知道或者应当知道其权利被侵害之日起计算。因当事人一方向对方当事人主张权利，或者向有关部门请求权利救济，或者对方当事人同意履行义务而中断。从中断时起，仲裁时效期间重新计算。因不可抗力或者有其他正当理由，当事人不能在规定的仲裁时效期间申请仲裁的，仲裁时效中止。从中止时效的原因消除之日起，仲裁时效期间继续计算。劳动关系存续期间因拖欠劳动报酬发生争议的，劳动者申请仲裁不受本条第一款规定的仲裁时效期间的限制；但是，劳动关系终止的，应当自劳动关系终止之日起一年内提出。劳动争议仲裁申请人申请仲裁应当提交书面仲裁申请，并按照被申请人人数提交副本。书写仲裁申请确有困难的，可以口头申请，由劳动争议仲裁委员会记入笔录，并告知对方当事人。

劳动争议仲裁委员会收到仲裁申请之日起五日内，认为符合受理条件的，应当受理，并通知申请人；认为不符合受理条件的，应当书面通知申请人不予受理，并说明理由。对劳动争议仲裁委员会不予受理或者逾期未作出决定的，申请人可以就该劳动争议事项向人民法院提起诉讼。劳动争议仲裁委员会受理仲裁申请后,应当在五日内将仲裁申请书副本送达被申请人。被申请人收到仲裁申请书副本后,应当在十日内向劳动争议仲裁委员会提交答辩书。劳动争议仲裁委员会收到答辩书后,应当在五日内将答辩书副本送达申请人。被申请人未提交答辩书的,不影响仲裁程序的进行。

3. 开庭

劳动争议仲裁委员会裁决劳动争议案件实行仲裁庭制。仲裁庭由三名仲裁员组成,设首席仲裁员。简单劳动争议案件可以由一名仲裁员独任仲裁。劳动争议仲裁委员会应当在受理仲裁申请之日起五日内将仲裁庭的组成情况、开庭日期、地点书面通知双方当事人。当事人有正当理由的,可以在开庭三日前请求延期开庭。是否延期,由劳动争议仲裁委员会决定。申请人收到书面通知,无正当理由拒不到庭或者未经仲裁庭同意中途退庭的,可以视为撤回仲裁申请。被申请人收到书面通知,无正当理由拒不到庭或者未经仲裁庭同意中途退庭的,可以缺席裁决。仲裁庭对专门性问题认为需要鉴定的,可以交由当事人约定的鉴定机构鉴定;当事人没有约定或者无法达成约定的,由仲裁庭指定的鉴定机构鉴定。

根据《劳动争议调解仲裁法》,当事人在仲裁过程中有权进行质证和辩论。质证和辩论终结时,首席仲裁员或者独任仲裁员应当征询当事人的最后意见。当事人提供的证据经查证属实的,仲裁庭应当将其作为认定事实的根据。劳动者无法提供由用人单位掌握管理的与仲裁请求有关的证据,仲裁庭可以要求用人单位在指定期限内提供。用人单位在指定期限内不提供的,应当承担不利后果。

当事人申请劳动争议仲裁后,可以自行和解。达成和解协议的,可以撤回仲裁申请。与此同时,仲裁庭在作出裁决前,也应当先行调解。先行调解是劳动争议仲裁的必经程序。调解达成协议的,仲裁庭应当制作调解书。调解书应当写明仲裁请求和当事人协议的结果。调解书由仲裁员签名,加盖劳动争议仲裁委员会印章,送达双方当事人。调解书经双方当事人签收后,发生法律效力。调解不成或者调解书送达前,一方当事人反悔的,仲裁庭应当及时作出裁决。

4. 裁决

仲裁庭裁决劳动争议案件,应当自劳动争议仲裁委员会受理仲裁申请之日起四十五日内结束。案情复杂需要延期的,经劳动争议仲裁委员会主任批准,可以延期并书面通知当事人,但是延长期限不得超过十五日。逾期未作出仲裁裁决的,当事人可以就该劳动争议事项向人民法院提起诉讼。

仲裁庭裁决劳动争议案件时，其中一部分事实已经清楚，可以就该部分先行裁决。仲裁庭对追索劳动报酬、工伤医疗费、经济补偿或者赔偿金的案件，根据当事人的申请，可以裁决先予执行，移送人民法院执行。

劳动争议仲裁裁决应当按照多数仲裁员的意见作出，少数仲裁员的不同意见应当记入笔录。仲裁庭不能形成多数意见时，裁决应当按照首席仲裁员的意见作出。裁决书应当载明仲裁请求、争议事实、裁决理由、裁决结果和裁决日期。裁决书由仲裁员签名，加盖劳动争议仲裁委员会印章。对裁决持不同意见的仲裁员，可以签名，也可以不签名。

对于案情简单、事实清楚、争议标的较小的案件，根据《劳动争议调解仲裁法》采取一裁终局制度。一裁终局制度是指劳动争议仲裁庭对申请仲裁的纠纷进行仲裁后，裁决立即发生法律效力，当事人不得就同一纠纷再向劳动争议仲裁委员会申请仲裁或向人民法院起诉的制度。劳动争议案件实行一裁终局制度的案件主要包括两类：（一）追索劳动报酬、工伤医疗费、经济补偿或者赔偿金，不超过当地月最低工资标准十二个月金额的争议；（二）因执行国家的劳动标准在工作时间、休息休假、社会保险等方面发生的争议。

劳动者对仲裁裁决不服的，可以自收到仲裁裁决书之日起十五日内向人民法院提起诉讼。用人单位有证据证明一裁终局仲裁裁决有下列情形之一，可以自收到仲裁裁决书之日起三十日内向劳动争议仲裁委员会所在地的中级人民法院申请撤销裁决：（一）适用法律、法规确有错误的；（二）劳动争议仲裁委员会无管辖权的；（三）违反法定程序的；（四）裁决所根据的证据是伪造的；（五）对方当事人隐瞒了足以影响公正裁决的证据的；（六）仲裁员在仲裁该案时有索贿受贿、徇私舞弊、枉法裁决行为的。人民法院经组成合议庭审查核实裁决有前款规定情形之一的，应当裁定撤销。仲裁裁决被人民法院裁定撤销的，当事人可以自收到裁定书之日起十五日内就该劳动争议事项向人民法院提起诉讼。

当事人对发生法律效力的调解书、裁决书，应当依照规定的期限履行。一方当事人逾期不履行的，另一方当事人可以依照民事诉讼法的有关规定向人民法院申请执行。受理申请的人民法院应当依法执行。当事人对劳动争议案件的仲裁裁决不服的，可以自收到仲裁裁决书之日起十五日内向人民法院提起诉讼；期满不起诉的，裁决书发生法律效力。

8.3.8　劳动争议诉讼

劳动争议诉讼是指劳动争议当事人不服劳动争议仲裁委员会的裁决，在规定的时间内向人民法院起诉，人民法院依照民事诉讼程序，依法对劳动争议案件进行审理的活动。根据我国《劳动法》第八十三条，劳动争议当事人对仲裁不服的，可以自收到仲裁裁决书之日起十五日内向人民法院提起诉讼。一方当事人在法定期限内不起诉又不履行仲裁裁决的，另一方当事人可以申请人民法院强制执行。

根据《劳动争议调解仲裁法》，劳动争议诉讼的种类主要包括三种：当事人不服劳动争议仲裁委员会裁决的劳动争议案件、劳动争议仲裁委员会不予受理的劳动争议案件、劳动仲裁委员会逾期未作出仲裁裁决的劳动争议案件。劳动争议案件由用人单位所在地或者劳动合同履行地的基层人民法院管辖。劳动合同履行地不明确的，由用人单位所在地的基层人民法院提起诉讼。当事人双方就同一仲裁裁决分别向有管辖权的人民法院起诉的，后受理的人民法院应当将案件移交给先受理的人民法院。

劳动争议诉讼是处理劳动争议的最终程序，它通过司法程序保证了劳动争议的最终彻底解决，有利于保障当事人的诉讼权，有助于监督劳动争议仲裁委员会的裁决，有利于生效的调解协议、仲裁裁决和法院判决的执行。

管理实例 8-5

追索双倍工资

刘某2008年6月1日到某单位工作，单位一直未与其签订劳动合同。2010年12月，刘某向劳动仲裁委员会提起仲裁申请，要求单位支付自2008年7月1日至2009年5月31日未签订劳动合同的双倍工资差额。

你认为刘某应该通过哪些渠道争取自身的权益？

本章小结

劳动关系是在就业组织中由雇佣行为产生的关系，是劳动力所有者（劳动者）与劳动力使用者（用人单位）之间，为实现劳动过程而引起的表现为合作、冲突、力量和权力关系的总和。对于组织而言，劳动关系管理的主要任务就是帮助劳资双方在认同组织战略目标的前提下，促成劳动关系的和谐与合作，缓和或解决劳动关系冲突的事项，保障组织生产经营活动的正常开展，实现利益相关者的利益最大化。

随着市场经济体制的建立和完善，劳动合同管理作为调整劳动关系的有效手段，在劳动管理中的作用越来越重要。企业管理好劳动合同不仅仅是尊重劳动者、保护劳动者，而且是在互利的情况下保障企业良好稳健发展，更是为落实科学发展观、构建社会主义和谐社会提供了重要保障与支持。

劳动争议是指劳动关系双方当事人在实现劳动权利和履行义务的过程中发生

的纠纷。劳动争议的发生，不仅使正常的劳动关系得不到维护，还会使劳动者的合法利益受到损害，不利于社会的稳定。因此，应当正确把握劳动纠纷的特点，积极预防劳动纠纷的发生，对已发生的劳动争议进行及时的处理，才能维护劳动关系当事人的合法权益。

思 考 题

1. 请简述劳动关系的概念与特征。
2. 请简述劳动关系管理的内涵与作用。
3. 请简述劳动合同订立的流程。
4. 请简述劳动合同履行与变更的程序。
5. 请简述劳动者可以通过何种途径解决劳动纠纷，争取自身利益。

章 末 案 例

孙某的两次跳槽

孙某曾应聘在甲公司工作，试用期满后从事技术工作，2年后跳槽至乙企业成为该企业的业务骨干。甲公司为实施新的公司战略，拟聘请孙某担任公司高管。经协商，双方签订了劳动合同，约定：（1）劳动合同期限为2年，试用期为3个月；（2）合同期满或因其他原因离职后，孙某在3年内不得从事与甲公司同类的业务工作，公司在孙某离职时一次性支付补偿金10万元。

在劳动合同期满前1个月时，孙某因病住院。经3个月后，孙某痊愈，到公司上班时，公司通知孙某劳动合同已按期终止，病休期间不支付工资，也不再向其支付10万元补偿金。孙某同意公司不支付10万元补偿金，但要求公司延续劳动合同期至病愈，并支付病休期间的病假工资和离职的经济补偿。甲公司拒绝了孙某的要求，孙某随即进入同一行业的丙公司从事与甲公司业务相竞争的工作。甲公司认为孙某违反了双方在劳动合同中的竞业限制约定，应承担违约责任。

思考题：
1. 孙某进入丙公司工作的做法是否合法？
2. 甲公司要求孙某承担违约责任的做法是否正确？有何法律依据？

案例改编自：欧德赵.50大劳资纠纷经典案例及相关法规解析－三茅资料－三茅人力资源网.https://zl.hrloo.com/file/360930.

参 考 文 献

［1］埃尔文·戈尔茨坦，凯文·伏特．组织中的培训［M］．北京：清华大学出版社，2002：93.

［2］保罗·R. 尼文，本·拉莫尔特．OKR：源自英特尔和谷歌的目标管理利器［M］．况阳，译．北京：机械工业出版社，2017（9）：84.

［3］卞玉玲．人力资源管理中的绩效管理研究［D］．昆明：昆明理工大学，2005.

［4］曾湘泉．薪酬：宏观、微观与趋势［M］．北京：中国人民大学出版社，2006.

［5］曾湘泉．薪酬管理．第2版［M］．北京：中国人民大学出版社，2010.

［6］陈丽，戴卫东．劳动关系管理．第2版［M］．北京：电子工业出版社，2010.

［7］陈振华．企业如何进行有效的招聘——宝洁公司校园招聘的启示［J］．消费导刊，2006（12）：49－50.

［8］程延园．劳动关系［M］．北京：中国人民大学出版社，2011.

［9］戴维，尤里奇．人力资源转型：为组织创造价值和达成成果［M］．北京：电子工业出版社，2015.

［10］董克用．人力资源管理概论．第3版［M］．北京：中国人民大学出版社，2011.

［11］董克用．人力资源管理概论．第4版［M］．北京：中国人民大学出版社，2015.

［12］付亚和，徐玉林．绩效管理［M］．上海：复旦大学出版社，2005：255.

［13］高淑桂，李秀元．人力资本和资源丰度对经济增长贡献度的实证分析［J］．金融经济月刊，2017（1）：158－159.

［14］高艳，靳连冬．工作分析与职位评价［M］．西安：西安交通大学出版社，2006.

［15］郭庆松．劳动关系管理［M］．天津：南开大学出版社，2001.

［16］国务院法制办公室．中华人民共和国劳动合同法［M］．北京：中国法

制出版社，2010.

[17] 国务院法制办公室. 中华人民共和国劳动争议调解仲裁法 [M]. 北京：中国法制出版社，2008.

[18] 何永福，杨国安. 人力资源战略管理 [M]. 台北：台北三民书局，1995.

[19] 贺清君. 老 HRD 手把手教你做薪酬 [M]. 北京：中国法制出版社，2015.

[20] 赫伯特，赫尼曼，等. 组织人员配置 [M]. 北京：机械工业出版社，2005.

[21] 黄健. 造就组织学习力 [M]. 上海：上海三联书店，2003：59.

[22] 黄志伟. 华为人力资源管理 [M]. 北京：古吴轩出版社，2017.

[23] 吉恩·保罗·艾森，杰西·S. 哈里奥特. 人力资源管理大数据：改变你吸引、猎取、培养和留住人才的方式 [M]. 胡明，邱黎源，徐建军，译. 北京：机械工业出版社，2017.

[24] 加里·德斯勒. 人力资源管理. 第12版 [M]. 北京：清华大学出版社，2012.

[25] 焦洋. 外资企业员工心理薪酬问题与措施 [J]. 经营与管理，2015 (10)：56-58.

[26] 杰弗里·H. 格林豪斯，等. 职业生涯管理. 第3版 [M]. 北京：清华大学出版社，2006.

[27] 金延平. 人员培训与开发 [M]. 大连：东北财经大学出版社，2011：62-63.

[28] 景跃军，刘晓红. 基于卢卡斯溢出模型的我国人力资本对经济增长贡献率测算 [J]. 东南学术，2013 (1)：105-112.

[29] 劳伦斯·S. 克雷曼. 人力资源管理：获取竞争优势的工具. 原书第4版 [M]. 吴培冠，译. 北京：机械工业出版社，2009.

[30] 雷蒙德，诺伊，等. 人力资源管理：赢得竞争的优势，第7版 [M]. 刘昕，译. 北京：中国人民大学出版社，2013.

[31] 雷蒙德·A. 诺伊，等. 雇员培训与开发. 第2版 [M]. 北京：中国人民大学出版社，2007.

[32] 李方平. 为什么中国的经济增长如此迅速？实物资本形成和人力资本形成所起的作用 [J]. 国外理论动态，2011 (10)：59-71.

[33] 李燕萍，陈建安. 人力资源战略与规划 [M]. 北京：高等教育出版社，2016.

[34] 李燕荣. 薪酬与福利管理 [M]. 天津：天津大学出版社，2008.

[35] 李永周. 薪酬管理——理论、制度与方法 [M]. 北京: 北京大学出版社, 2013.

[36] 李中斌, 等. 招聘管理 [M]. 北京: 中国社会科学出版社, 2012.

[37] 林枚, 李隽, 曹晓丽. 职业生涯开发与管理 [M]. 北京: 清华大学出版社, 北京交通大学出版社, 2010.

[38] 林平. 员工选拔与流动管理 [M]. 北京: 对外经济贸易大学出版社, 2013.

[39] 刘爱军. 薪酬管理理论与实务 [M]. 北京: 机械工业出版社, 2008.

[40] 刘超群. 互联网时代的学习革命 [J]. 中兴通讯, 2013.

[41] 刘俊振, 张亚君, 刘诗悦. 企业绿色人力资源管理: 系统框架与战略生成 [J]. 中国人力资源开发, 2014 (19): 26-31.

[42] 刘昕. 人力资源管理. 第3版 [M]. 北京: 中国人民大学出版社, 2011.

[43] 刘昕. 薪酬管理. 第5版 [M]. 北京: 中国人民大学出版社, 2017.

[44] 马尔托奇奥. 战略薪酬管理 [M]. 北京: 中国人民大学出版社, 2010.

[45] 马海刚, 彭剑锋, 西楠. HR+三支柱: 人力资源管理转型升级与实践创新 [M]. 北京: 中国人民大学出版社, 2017.

[46] 牛成喆, 李秀芬. 绩效管理的文献综述 [J]. 甘肃科技纵横, 2005, 34 (5): 103-103.

[47] 彭剑锋. 互联网时代的人力资源管理新思维 [J]. 中国人力资源开发, 2014 (16): 6-9.

[48] 彭剑锋. 人力资源管理概论. 第2版 [M]. 上海: 复旦大学出版社, 2011.

[49] 企业人力资源管理师（三级）[M]. 北京: 中国劳动社会保障出版社, 2015.

[50] 乔治·米尔科维奇, 杰里·纽曼, 巴里·格哈特. 薪酬管理: 第11版 [M]. 成得礼, 译. 北京: 中国人民大学出版社, 2014.

[51] 邱美华, 董华欣. 生涯发展与辅导 [M]. 台北: 心理出版社, 1997.

[52] 全国人大常委会法制工作委员会行政法室.《中华人民共和国劳动争议调解仲裁法》条文释义与案例精解 [M]. 北京: 中国民主法制出版社, 2010.

[53] 石金涛. 培训与开发. 第2版 [M]. 北京: 中国人民大学出版社, 2009.

[54] 石先广. 劳动合同法下的员工关系管理 [M]. 北京: 中国劳动社会保障出版社, 2008.

[55] 唐贵瑶,孙玮,贾进,陈扬.绿色人力资源管理研究述评与展望 [J]. 外国经济与管理,2015,37 (10): 82-96.

[56] 唐镰.战略劳动关系管理 [M].上海:复旦大学出版社,2011.

[57] 王红旖.战略性薪酬管理及其体系构建 [J].江西社会科学,2016 (7): 198-203.

[58] 王璞.人力资源管理工具与案例 [M].北京:机械工业出版社, 2009.

[59] 王少波.劳动关系热点问题研究 [M].北京:知识产权出版社, 2012.

[60] 王旭,等.从招聘到离职人力资源管理实务操作宝典 [M].北京:中国法制出版社,2009.

[61] 王玉姣.人力资源管理 [M].北京:清华大学出版社,2014.

[62] 王长城,姚裕群.薪酬制度与管理 [M].北京:高等教育出版社, 2005.

[63] 王振麒.劳动人事争议处理 [M].上海:复旦大学出版社,2011.

[64] 王震.人力资源管理三支柱模型:理念与实践 [J].中国人力资源开发,2015 (18): 3-4.

[65] 魏钧.人力资源管理技能开发 [M].北京:科学出版社,2008.

[66] 武欣,等.基于心理契约的组织公民行为管理 [J].管理现代化, 2005: 8-9.

[67] 萧鸣政,等.人才招聘中的误差源及其控制策略 [J].中国人才, 2007: 6-7.

[68] 徐明.战略人力资源管理:理论与实践 [M].大连:东北财经大学出版社,2015.

[69] 杨志明.劳动关系 [M].北京:中国劳动社会保障出版社,2012.

[70] 姚裕群.招聘与配置 [M].大连:东北财经大学出版社,2010.

[71] 于彬彬,蒋建军.薪酬设计实战 [M].北京:机械工业出版社, 2015.

[72] 虞晓红.经济增长理论演进与经济增长模型浅析 [J].生产力研究, 2005 (2): 12-14.

[73] 张丽.长庆局采油二处人力资源规划研究 [D].西安:西安理工大学,2006.

[74] 张颖.互联网企业薪酬体系 [M].北京:人民邮电出版社,2016.

[75] 赵海霞.国外可变薪酬激励效果及其影响因素研究述评 [J].外国经济与管理,2009 (4): 59-65.

[76] 赵建伟. 人员素质测评理论与方法 [M]. 成都: 四川大学出版社, 2007.

[77] 赵曙明, 张正堂, 程德俊. 人力资源管理与开发 [M]. 北京: 高等教育出版社, 2009.

[78] 赵曙明. 人力资源战略与规划. 第4版 [M]. 北京: 中国人民大学出版社, 2017.

[79] 中国社会科学院语言研究所词典编辑室. 现代汉语词典 [M]. 北京: 商务印书馆第五版, 2005.

[80] 庄文静. 人力资源转型, 你必须顺势而为 [J]. 中外管理, 2017 (10): 104-105.

[81] Grove D. A., Ostroff C. Program Evaluation in Developing Human Resources [M]. ed. K. N. Wexley (Washington, DC: Bureau of National Affairs), 1999: 185-220.

[82] Martin McCracken, Mary Wallace. Exploring Strategic Maturity in HRD - rhetoric, Aspiration or Reality [J]? Journal of European Industrial Training, 2002: 434.

[83] R. F. Mager, Preparing Instructional Objectives [M]. Atanda: Center for Effective Performance, 1997: 21.

[84] Raymond A. Employee Training and Development [J]. 2015, 49 (1): 153-162.